통합기본서
IBK기업은행

시대에듀

2025 하반기 시대에듀 All-New
IBK기업은행 필기시험 통합기본서

Always with you

사람의 인연은 길에서 우연하게 만나거나 함께 살아가는 것만을 의미하지는 않습니다.
책을 펴내는 출판사와 그 책을 읽는 독자의 만남도 소중한 인연입니다.
시대에듀는 항상 독자의 마음을 헤아리기 위해 노력하고 있습니다. 늘 독자와 함께하겠습니다.

 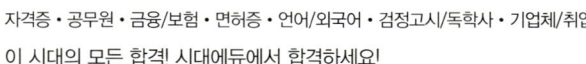  

자격증 · 공무원 · 금융/보험 · 면허증 · 언어/외국어 · 검정고시/독학사 · 기업체/취업
이 시대의 모든 합격! 시대에듀에서 합격하세요!
www.youtube.com ➜ 시대에듀 ➜ 구독

머리말 PREFACE

IBK기업은행은 '글로벌 경쟁력을 갖춘 초일류 금융그룹'을 비전으로 기술력과 미래 가능성 중심의 여신관행 혁신, 모험자본 공급 확대, 성장단계별 맞춤형 지원체계 구축 등을 통해 혁신 금융의 기반을 확립하여 새로운 미래를 만들고자 한다.

IBK기업은행은 인재를 채용하기 위해 필기시험을 시행하여 지원자가 업무에 필요한 역량을 갖추고 있는지 평가한다. 신입행원 필기시험은 NCS 직업기초능력과 직무수행능력으로 구성되어 있다.

이에 시대에듀에서는 IBK기업은행 필기시험을 준비하는 수험생들이 시험에 효과적으로 대비할 수 있도록 다음과 같은 특징을 가진 본서를 출간하게 되었다.

도서의 특징

❶ 2025년 상반기 기출복원문제를 수록하여 최근 출제경향을 한눈에 파악하도록 하였다.
❷ NCS 직업기초능력 출제영역별 대표기출유형과 기출응용문제를 수록하여 체계적인 학습이 가능하도록 하였다.
❸ 직무수행능력(경제·경영·금융 + 시사상식 + IT·디지털)의 빈출키워드별 이론 더하기 및 기출응용문제로 필기시험을 완벽하게 준비하도록 하였다.
❹ 최종점검 모의고사와 온라인 모의고사 5회분(직무별 2회 + NCS 통합 1회)을 수록하여 시험 전 자신의 실력을 스스로 평가할 수 있도록 하였다.
❺ IBK기업은행 실제 면접 기출 질문을 수록하여 한 권으로 채용 전반에 대비하도록 하였다.

끝으로 본서가 IBK기업은행 필기시험을 준비하는 여러분 모두에게 합격의 기쁨을 전달하기를 진심으로 기원한다.

SDC(Sidae Data Center) 씀

INTRODUCE
IBK기업은행 기업분석

◆ **비전**

최고의 서비스를 혁신적으로 제공하는
글로벌 초일류 금융그룹

◆ **경영방향**

가치금융
관련된 모두의 가치를 높임

튼튼한 은행

시장선도
- 中企 성장지원 강화
- 미래성장동력 확보
- 기술 생태계 활성화
- 그룹 시너지 제고

내실경영
- 선제적 리스크 관리
- 지속적 균형성장
- 최고의 디지털 경쟁력
- 실질적 글로벌 성과

반듯한 금융

고객신뢰
- 고객 최우선 경영
- 금융소비자 보호
- 내부통제 고도화
- 금융사고 제로

사회책임
- 포용적 금융
- 금융접근 편의성 제고
- 기업시민 역할 수행
- 글로벌 ESG 실천

행복하고 보람 있는 조직

| 공정한 인사 | 균등한 기회 | 역량 있는 인재 |
| 일과 삶의 균형 | 신뢰와 화합 | 활기찬 조직 |

합격의 공식 Formula of pass | 시대에듀 www.sdedu.co.kr

◆ **핵심가치**

◆ **인재육성**

글로벌 역량을 갖춘 핵심인재 육성

다양한 분야의 전문인력 육성

자기주도의 경력개발 지원

국내 최고의 연수시설 및 Infra 구축

INTRODUCE
IBK기업은행 기업분석

◆ Symbol Mark

◆ CI 의미

1
사각형이 기울어진 것은 정적인 형태에서 벗어나 앞으로 나가고자 하는
역동성과 진취성을 표현
- Young IBK의 정신 중 바로 '도전정신'을 의미

2
사각형 내부는 IBK를 도형화하여 디자인한 것
- 기업은행이 고객과 함께 하늘을 열어가는 큰 새의 날개처럼 밝은 미래를 열어간다는 약속을 의미
- 파란색의 하늘과 구름은 기존 CI의 장점을 보존한 것으로 성공, 희망, 미래를 의미하며, Young IBK의 정신 중 바로 '창의'를 의미

3
'I'자는 바로 고객 자신을 의미
- 지금까지의 고객 개념이 3인칭이었다면 이제부터는 바로 "나"인 1인칭이라는 신개념 창조
- 모든 것에 우선하는 바로 "나", 즉 고객을 최우선으로 하겠다는 IBK의 철학을 상징
- 국민 4천 8백만 명의 눈높이에 맞춰 '나를 위해 존재하는 은행', '나의 성공을 약속하는 은행'으로 거듭나겠다는 의미

4
가운데의 'B'자는 하늘 높이 날면서 먼 곳까지도 두루 살피는 큰 새를
형상화한 것으로 'Win-Wing'이라는 애칭을 보유
- "Win-Wing"(심벌의 가운데에 있는 날개)
- "Win"은 고객의 성공, 희망, 미래를 열어가는 '성공 날개'가 되겠다는 IBK의 약속을 상징
- "Wing"은 Global Leading Bank로서 고객과 함께 힘차게 비상하겠다는 기업은행의 약속을 상징
- "Win-Wing"의 가운데 붉은색 삼각형은 끊임없는 고객과 은행의 교류와 발전, 전진을 의미하며, Young IBK의 정신 중 바로 '열정'을 상징

합격의 공식 Formula of pass | 시대에듀 www.sdedu.co.kr

◆ 브랜드 슬로건

'금융으로 만나는 새로운 세상'은 IBK의 전문성을 바탕으로
변함없이 고객과 함께, 꿈을 실현하여, 더 나은 세상으로 바꾸어 나가겠다는 의지를 표현

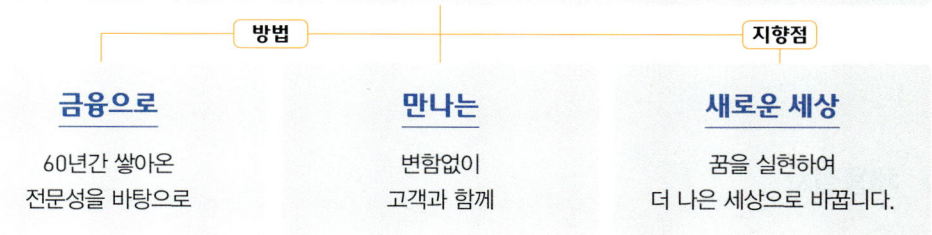

방법		지향점
금융으로	**만나는**	**새로운 세상**
60년간 쌓아온 전문성을 바탕으로	변함없이 고객과 함께	꿈을 실현하여 더 나은 세상으로 바꿉니다.

◆ IBK 대표 캐릭터

▶ 기은센   ▶ 기운찬 가족

INFORMATION

신입행원 채용 안내

◆ 지원방법
① IBK기업은행 홈페이지(www.ibk.co.kr)
② 채용 전용 홈페이지(ibk.incruit.com)

◆ 지원자격
① 해외여행에 결격사유가 없는 자로 남성의 경우 병역필 또는 면제자
② 당행 인사규정 「채용의 제한」 대상자 등이 아닌 자
※ 분야별 복수지원자는 일괄 불합격 처리 <u>예</u> 금융일반 ↔ 디지털 분야 복수지원

◆ 채용절차

서류심사 → 필기시험 → 실기시험 → 면접시험 → 최종합격자 발표

◆ 필기시험

채용공고	접수기간	서류발표	필기시험	필기발표
2025.02.27	2025.02.27~03.17	2025.03.28	2025.04.12	2025.04.17
2024.08.28	2024.08.28~09.19	2024.10.04	2024.10.19	2024.10.24
2024.03.12	2024.03.12~03.27	2024.04.11	2024.04.27	2024.05.02
2023.09.05	2023.09.05~09.19	2023.10.06	2023.10.21	2023.10.31
2023.03.21	2023.03.21~04.04	2023.04.20	2023.05.13	2023.05.18

❖ 자세한 채용절차는 직무별 채용방침에 따라 변경될 수 있으니 반드시 채용공고를 확인하기 바랍니다.

ANALYSIS
2025년 상반기 기출분석

총평

2025년 상반기 IBK기업은행 필기시험은 PSAT형으로 출제되었으며, 지난 시험과 문항 수, 출제 영역이 동일했지만 난도가 매우 높아졌다는 후기가 대부분이었다. 직업기초능력의 경우 의사소통능력 · 문제해결능력 · 조직이해능력 · 자원관리능력 · 수리능력 · 정보능력 6가지 영역이 출제되었는데 다른 영역에 비해 문제해결능력, 자원관리능력, 수리능력의 비중이 높은 편이었다. 대부분 하나의 지문에 문제가 2개 있는 세트 문제로 출제되었으며, 지문의 길이가 매우 길고 복잡해 문제 풀이에 많은 시간이 소요되었다는 후기가 많았다. 또한, 최근 금융 관련 이슈에 대한 내용으로 출제된 문제들이 많아 평소 관련 뉴스나 정보를 찾아보았다면 도움이 되었을 거라 생각된다. 직무수행능력은 금융일반/디지털/IT 분야에 따라 상이한 범위가 출제되었으며, 직업기초능력에 비해 출제 수준이 평이했다는 후기가 많았다.

◆ 영역별 출제비중

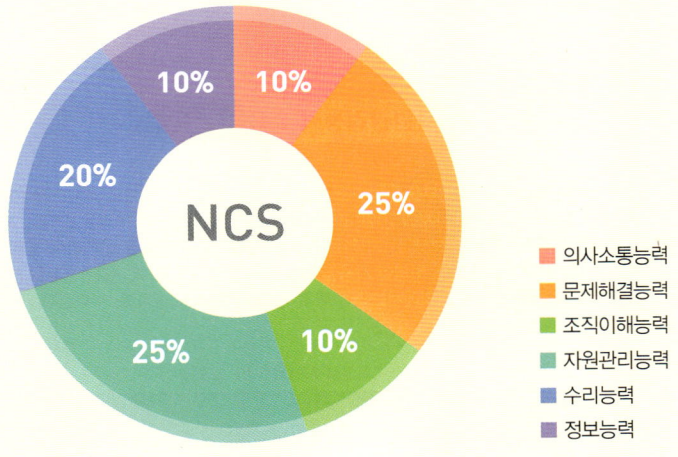

◆ 영역별 출제특징

구분	출제특징
의사소통능력	• 넥스트레이드, 마이데이터, 다크패턴 관련 법조문, 혁신바우처 사업 등에 대한 지문이 출제됨
문제해결능력	• 중소기업 대출 금리지원 대상자를 찾는 문제 • 상품코드에 대한 자료를 제시하고 상품과 코드를 바르게 연결한 것과 성립할 수 없는 코드를 찾는 문제
조직이해능력	• 문제해결능력 및 자원관리능력과 결합한 자료/도표 문제가 출제됨
자원관리능력	• 영업점에 배치할 직원을 찾는 문제 • 회사 승진 규정 및 점수 반영 방법에 따라 승진할 사람과 바뀐 규정에 근거한 승진 대상자를 찾는 문제
수리능력	• 응용수리보다 자료해석 위주로 출제됨 • 퇴직연금 실물이전, GDP와 무역의존도, ELW/ETF/ETN 등에 대한 자료를 제시하고 이에 대한 자료계산, 자료추론, 자료변환 문제
정보능력	• 알고리즘/순서도 문제

TEST CHECK
주요 금융권 적중 문제

IBK기업은행

의사소통능력 ▶ 내용일치

04 다음은 우리나라 국고제도에 대한 개요이다. 이에 대한 설명으로 적절하지 않은 것은?

〈우리나라 국고제도의 개요〉

- 국고금의 범위
  국고금에는 중앙정부가 징수하는 국세와 관련 법규에 따른 각종 범칙금, 과징금, 연금보험료, 고용보험료, 국유재산 등에 대한 점용료·사용료, 각종 벌금 등이 있으며, 지방자치단체가 징수하는 지방세(주민세, 재산세, 자동차세 등)나 공공기관이 부과하는 공과금(전기요금, 전화요금 등)은 포함되지 않는다.
- 국고금의 종류
  국고금이 효율적이고 투명하게 관리·운용되기 위해서는 국고관련 법령에 근거한 계획적인 수입 및 지출이 필요한데, 이를 위해 한국은행은 국고금을 그 성격 및 계리체계 등을 기준으로 '수입금과 지출금', '자금관리용 국고금' 그리고 '기타의 국고금'으로 구분하여 관리한다.
  ① 수입금과 지출금
  수입금은 법령 또는 계약 등에 의해 국가가 세입으로 납입되거나 기금에 납입되는 자금을 말하...

자원관리능력 ▶ 비용계산

11 I컨벤션에서 회의실 예약 업무를 담당하고 있는 K씨는 2주 전 B기업으로부터 오전 10시 ~ 낮 12시에 35명, 오후 1시 ~ 오후 4시에 10명이 이용할 수 있는 회의실 예약문의를 받았다. K씨는 회의실 예약 설명서를 B기업으로 보냈고 B기업은 자료를 바탕으로 회의실을 선택하여 결제했다. 하지만 이용일 4일 전 B기업이 오후 회의실 사용을 취소하게 되었다고 할 때, 〈조건〉을 참고하여 B기업이 환불받게 될 금액은?(단, 회의에서는 노트북과 빔프로젝터를 이용하며, 부대장비 대여료도 환불규칙에 포함된다)

〈회의실 사용료(VAT 포함)〉

회의실	수용 인원(명)	면적(m^2)	기본임대료(원)		추가임대료(원)	
			기본시간	임대료	추가시간	임대료
대회의실	90	184	2시간	240,000	시간당	120,000
별실	36	149		400,000		200,000
세미나 1	21	43		136,000		68,000
세미나 2						
세미나 3	10	19		74,000		37,000

수리능력 ▶ 금융상품 활용

20 최과장은 'N적금'에 가입하였다. 최과장에 대한 정보가 다음과 같을 때, 최과장이 만기에 수령할 원리금을 구하면?(단, 이자 소득에 대한 세금은 고려하지 않는다)

〈정보〉

- 최과장은 만 41세로, 2024년 11월부터 자신의 명의로 I은행의 적금 상품 중 하나에 가입하고자 하였다.
- 최과장은 2024년 12월 1일에 스마트뱅킹을 통하여 I은행의 N적금에 가입하였다.
- 최과장은 가입기간 동안 매월 1일마다 20만 원을 적립한다.
- 최과장은 2025년 1월부터 급여를 I은행 입출금계좌를 통하여 지급받고 있었으며, 만기해지일까지 지속된다.
- 해당 적금 계좌에 대하여 질권설정을 하지 않았으며, 지급제한 사항도 해당되지 않는다.

KB국민은행

의사소통능력 ▶ 비판·반박하기

09 다음 중 ㉠의 입장에서 호메로스의 『일리아스』를 비판한 내용으로 적절하지 않은 것은?

> 기원전 5세기, 헤로도토스는 페르시아 전쟁에 대한 책을 쓰면서 『역사(Historiai)』라는 제목을 붙였다. 이 제목의 어원이 되는 'histor'는 원래 '목격자', '증인'이라는 뜻의 법정 용어였다. 이처럼 어원상 '역사'는 본래 '목격자의 증언'을 뜻했지만, 헤로도토스의 『역사』가 나타난 이후 '진실의 탐구' 혹은 '탐구한 결과의 이야기'라는 의미로 바뀌었다.
> 헤로도토스 이전에는 사실과 허구가 뒤섞인 신화와 전설, 혹은 종교를 통해 과거에 대한 지식이 전수되었다. 특히 고대 그리스인들이 주로 과거에 대한 지식의 원천으로 삼은 것은 『일리아스』였다. 『일리아스』는 기원전 9세기의 시인 호메로스가 오래전부터 구전되어 온 트로이 전쟁에 대해 읊은 서사시이다. 이 서사시에서는 전쟁을 통해 신들, 특히 제우스 신의 뜻이 이루어진다고 보았다. 헤로도토스는 바로 이런 신화적 세계관에 입각한 서사시와 구별되는 새로운 이야기 양식을 만들어 내고자 했다. 즉, 헤로도토스는 가까운 과거에 일어난 사건의 중요성을 인식하고, 이를 직접 확인·탐구하여 인과적 형식으로 서술함으로써 역사라는 새로운 분야를 개척한 것이다.
> 『역사』가 등장한 이후, 사람들은 역사 서술의 효용성이 과거를 통해 미래를 예측하게 하여 후세인(後世人)에게 교훈을 주는 데 있다고 인식하게 되었다. 이러한 인식에는 한 번 일어났던 일이 마치 계절처럼 되풀이하여 다시 나타난다는 순환 사관이 바탕에 깔려 있다. 그리하여 오랫동안 역사는 사람을 올바르고 지혜롭게 가르치는 '삶의 학교'로 인식되었다. 이렇게 교훈을 주기 위해서는 과거에 대한 서술이 정확하고 객관적이어야 했다.
> 물론 모든 역사가가 정확성과 객관성을 역사 서술의 우선적 원칙으로 앞세운 것은 아니다. 오히려 헬레니즘과 로마 시대의 역사가들 중 상당수는 수사학적인 표현으로 독자의 마음을 움직이는 것을 목표로 하는 역사 서술에 몰두하였다. 이런 경향은 중세 시대에도 어느 정도 지속되었다. 이들은

문제해결능력 ▶ 명제

16 제시된 명제가 모두 참일 때, 빈칸에 들어갈 명제로 가장 적절한 것은?

> • 어휘력이 좋지 않으면 책을 많이 읽지 않은 것이다.
> • 글쓰기 능력이 좋지 않으면 어휘력이 좋지 않은 것이다.
> • _____

① 글쓰기 능력이 좋으면 어휘력이 좋은 것이다.
② 책을 많이 읽지 않으면 어휘력이 좋지 않은 것이다.
③ 어휘력이 좋지 않으면 글쓰기 능력이 좋지 않은 것이다.
④ 글쓰기 능력이 좋지 않으면 책을 많이 읽지 않은 것이다.

수리능력 ▶ 거리·속력·시간

32 일정한 속력으로 달리는 기차가 길이 480m인 터널을 완전히 통과하는 데 걸리는 시간이 36초이고 같은 속력으로 길이 600m인 철교를 완전히 통과하는 데 걸리는 시간이 44초일 때, 기차의 속력은?

① 15m/s
② 18m/s
③ 20m/s
④ 24m/s

TEST CHECK
주요 금융권 적중 문제

하나은행

의사소통능력 ▶ 주제·제목찾기

10 다음 글의 중심 내용으로 가장 적절한 것은?

> 칸트는 인간이 이성을 부여받은 것은 욕망에 의해 움직이지 않게 하기 위함이라고 말하면서 자신의 행복을 우선시하기보다는 도덕적인 의무를 먼저 수행해야 한다고 주장했다. 칸트의 시각에서 볼 때 행동의 도덕적 가치를 결정하는 것은 어떠한 상황에서든 모든 사람이 그 행동을 했을 때에 아무런 모순이 생기지 않아야 한다는 보편주의이다. 내가 타인을 존중하지 않으면서 타인이 나를 존중하고 도와줄 것을 기대한다면, 이는 보편주의를 위배하는 것이다. 그러므로 남이 나에게 해주길 바라는 것을 실천하는 것이 바로 도덕적 행동이라는 것이다. 따라서 도덕적 행동이 나의 이익이나 본성과 일치하지 않더라도 나는 나의 의무를 수행해야 한다고 역설했다.

① 칸트의 도덕관에 대한 비판
② 칸트가 생각하는 도덕적 행동

수리능력 ▶ 도형

41 다음 삼각형의 면적은?

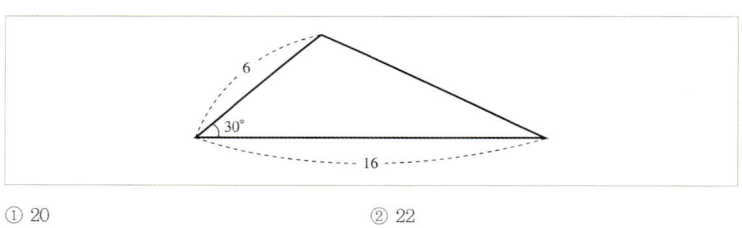

① 20　　② 22
③ 24　　④ 54

문제해결능력 ▶ 문제처리

62 H은행은 행원들의 체력증진 및 건강개선을 위해 운동 프로그램을 운영하고자 한다. 해당 프로그램을 운영할 업체는 행원들을 대상으로 한 사전조사 결과를 바탕으로 결정된다. 다음 〈조건〉에 따라 업체를 선정할 때, A ~ D업체 중 최종적으로 선정될 업체는?

〈후보 업체 사전조사 결과〉

구분	프로그램	흥미 점수	건강증진 점수
A업체	집중GX	5점	7점
B업체	필라테스	7점	6점
C업체	자율 웨이트	5점	5점
D업체	근력운동	6점	4점

〈조건〉
- H은행은 전 행원을 대상으로 후보 업체들에 대한 사전조사를 하였다. 각 후보 업체에 대한 흥미 점수와 건강증진 점수는 전 행원이 10점 만점으로 부여한 점수의 평균값이다.
- 흥미 점수와 건강증진 점수를 2 : 3의 가중치로 합산하여 1차 점수를 산정하고, 1차 점수가 높은 후보 업체 3개를 1차 선정한다.

신한은행

의사소통능력 ▶ 주제·제목찾기

32 다음 글의 중심 내용으로 가장 적절한 것은?

> 발전된 산업 사회는 인간을 단순한 수단으로 지배하기 위해 새로운 수단을 발전시키고 있다. 여러 사회 과학과 심층 심리학이 이를 위해 동원되고 있다. 목적이나 이념의 문제를 배제하고 가치 판단으로부터의 중립을 표방하는 사회 과학자들은 인간 조종을 위한 기술적·합리적인 수단을 개발해 대중 지배에 이바지한다. 마르쿠제는 이런 발전된 산업 사회에서의 도구화된 지성을 비판하면서 이것을 '현대인의 일차원적 사유'라고 불렀다. 비판과 초월을 모르는 도구화된 사유라는 것이다.
> 발전된 산업 사회는 이처럼 사회 과학과 도구화된 지성을 동원해 인간을 조종하고 대중을 지배할 뿐만 아니라 향상된 생산력을 통해 인간을 매우 효율적으로 거의 완전하게 지배한다. 즉, 발전된 산업 사회는 높은 생산력을 통해 늘 새로운 수요들을 창조하고, 모든 선전 수단을 동원하여 이러한 새로운 수요들을 인간의 삶을 위해 불가결한 것으로 만든다. 그리하여 인간이 새로운 수요들을 지향하지 않을 수 없게 한다. 이렇게 사이 사회는 늘 새로운 수요의 창조와 공급을 통해 인간의 삶을

수리능력 ▶ 자료추론

42 다음은 엔화 대비 원화 환율과 달러화 대비 원화 환율 추이 자료이다. 이에 대한 〈보기〉의 설명 중 옳은 것을 모두 고르면?

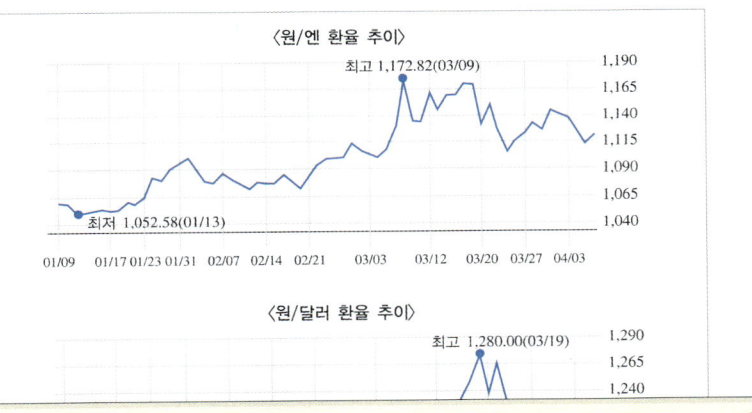

문제해결능력 ▶ 참·거짓

53 다음 다섯 사람이 얘기를 하고 있다. 이 중 두 사람은 진실만을 말하고, 세 사람은 거짓만을 말하고 있다. 지훈이 거짓을 말할 때, 진실만을 말하는 사람을 짝지은 것은?

- 동현 : 정은이는 지훈이와 영석이를 싫어해.
- 정은 : 아니야. 난 둘 중 한 사람은 좋아해.
- 선영 : 동현이는 정은이를 좋아해.
- 지훈 : 선영이는 거짓말만 해.
- 영석 : 선영이는 동현이를 싫어해.
- 선영 : 맞아. 그런데 정은이는 지훈이와 영석이 둘 다 좋아해.

① 동현, 선영 ② 정은, 영석

STRUCTURES

도서 200% 활용하기

2025년 상반기 기출복원문제로 출제경향 파악

▶ 2025년 4월 12일에 시행된 IBK기업은행 필기시험의 기출복원문제를 수록하였다.
▶ 'NCS 직업기초능력 + 직무수행능력'의 최근 출제경향을 파악할 수 있도록 하였다.

합격의 공식 Formula of pass | 시대에듀 www.sdedu.co.kr

대표기출유형&기출응용문제로 영역별 체계적 학습

▶ '의사소통·문제해결·조직이해·자원관리·수리·정보능력'의 대표기출유형과 기출응용문제를 수록하였다.
▶ 출제영역별 유형분석과 유형풀이 Tip을 통해 체계적인 학습이 가능하도록 하였다.

STRUCTURES
도서 200% 활용하기

직무수행능력 완벽 대비

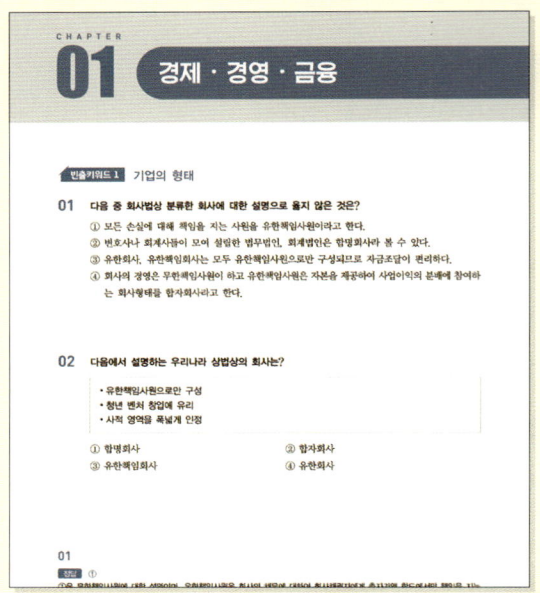
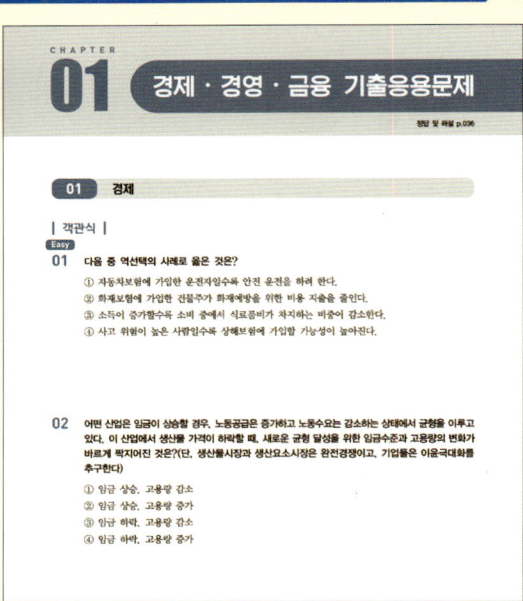

▶ '경제·경영·금융 + 시사상식 + IT·디지털' 이론 및 기출응용문제를 수록하여 필기시험을 완벽히 준비하도록 하였다.

최종점검 모의고사로 실전 연습

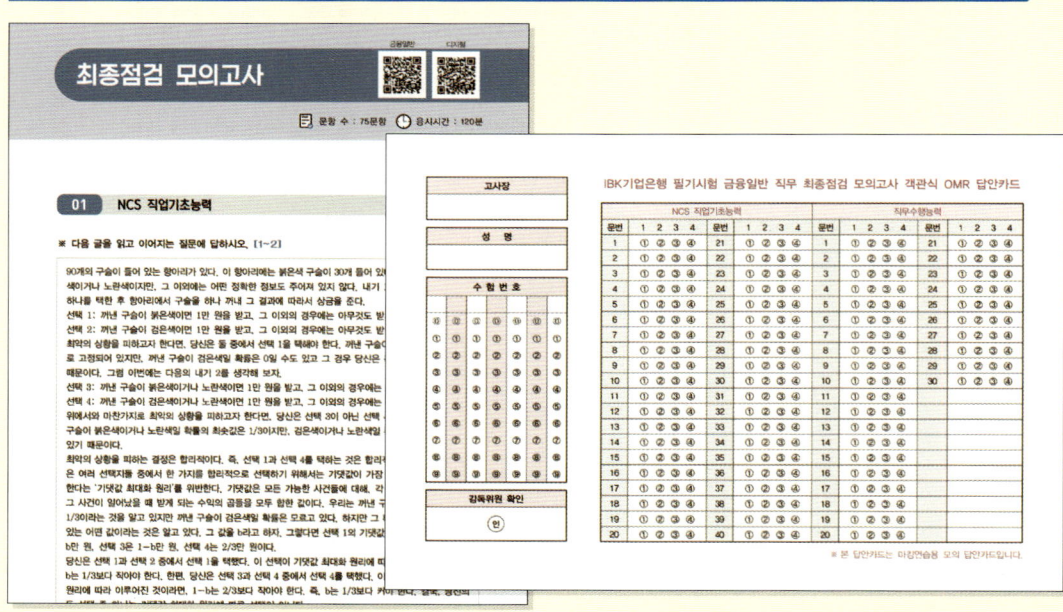

▶ 최종점검 모의고사와 OMR 답안카드를 수록하여 실제 시험처럼 최종 마무리 연습을 할 수 있도록 하였다.

합격의 공식 Formula of pass | 시대에듀 www.sdedu.co.kr

Easy & Hard로 난이도별 시간 분배 연습

▶ Easy & Hard 표시로 문제별 난이도에 따라 시간을 적절하게 분배하여 풀이하는 연습이 가능하도록 하였다.

면접까지 한 권으로 준비

▶ 면접 전략과 IBK기업은행 실제 면접 기출 질문을 수록하여 한 권으로 채용 전반에 대비하도록 하였다.

STUDY PLAN

학습플랜

1주 완성 학습플랜

본서에 수록된 전 영역을 단기간에 끝낼 수 있도록 구성한 학습플랜이다. 한 번에 전 영역을 공부하지 않고, 한 영역을 집중적으로 공부할 수 있도록 하였다. 필기시험에 대한 기초 학습은 되어 있으나, 학습 계획 세우기에 자신이 없는 분들이나 미리 시험에 대비하지 못해 단시간에 많은 분량을 봐야 하는 수험생에게 추천한다.

ONE WEEK STUDY PLAN

	1일 차 ☐	2일 차 ☐	3일 차 ☐
Start!	____월 ____일	____월 ____일	____월 ____일

4일 차 ☐	5일 차 ☐	6일 차 ☐	7일 차 ☐
____월 ____일	____월 ____일	____월 ____일	____월 ____일

STUDY CHECK BOX

구분	1일 차	2일 차	3일 차	4일 차	5일 차	6일 차	7일 차
기출복원문제							
PART 1							
PART 2							
최종점검 모의고사							
다회독 제1회							
다회독 제2회							
오답분석							

스터디 체크박스 활용법
1주 완성 학습플랜에서 계획한 학습량을 어느 정도 실천하였는지 표시하여 자신의 학습량을 효율적으로 관리한다.

구분	1일 차	2일 차	3일 차	4일 차	5일 차	6일 차	7일 차
PART 1	의사소통 능력	×	×	완료			

CONTENTS
이 책의 차례

A d d +   2025년 상반기 기출복원문제   2

PART 1   NCS 직업기초능력

CHAPTER 01 의사소통능력   4
대표기출유형 01 문장삽입
대표기출유형 02 빈칸추론
대표기출유형 03 내용일치
대표기출유형 04 나열하기
대표기출유형 05 주제 · 제목 찾기
대표기출유형 06 비판 · 반박하기
대표기출유형 07 추론하기

CHAPTER 02 문제해결능력   48
대표기출유형 01 명제
대표기출유형 02 참 · 거짓
대표기출유형 03 순서추론
대표기출유형 04 문제처리
대표기출유형 05 환경분석

CHAPTER 03 조직이해능력   76
대표기출유형 01 경영전략
대표기출유형 02 조직구조
대표기출유형 03 업무이해

CHAPTER 04 자원관리능력   90
대표기출유형 01 시간계획
대표기출유형 02 비용계산
대표기출유형 03 품목확정
대표기출유형 04 인원선발

CHAPTER 05 수리능력   116
대표기출유형 01 응용수리
대표기출유형 02 금융상품 활용
대표기출유형 03 자료계산
대표기출유형 04 자료추론
대표기출유형 05 자료변환

CHAPTER 06 정보능력   144
대표기출유형 01 알고리즘 설계
대표기출유형 02 엑셀 함수
대표기출유형 03 프로그램 언어(코딩)

PART 2   직무수행능력

CHAPTER 01 경제 · 경영 · 금융   156
CHAPTER 02 시사상식   222
CHAPTER 03 IT · 디지털   240

PART 3   최종점검 모의고사   272

PART 4   면접

CHAPTER 01 면접 유형 및 실전 대책   334
CHAPTER 02 IBK기업은행 실제 면접   345

별 책   정답 및 해설

PART 1 NCS 직업기초능력   2
PART 2 직무수행능력   36
PART 3 최종점검 모의고사   50

Add+

2025년 상반기 기출복원문제

※ 기출복원문제는 수험생들의 후기를 통해 시대에듀에서 복원한 문제로 실제 문제와 다소 차이가 있을 수 있으며, 본 저작물의 무단전재 및 복제를 금합니다.

2025년 상반기 기출복원문제

※ 정답 및 해설은 기출복원문제 바로 뒤 p.026에 있습니다.

01 NCS 직업기초능력

※ 다음 글을 읽고 이어지는 질문에 답하시오. [1~2]

(가) 한국거래소 단일 체제로 운영되었던 국내 주식시장이 넥스트레이드의 출범으로 복수 거래 시장 체제로 바뀌게 되었다. 이는 자본시장 인프라 경쟁체제 도입을 통한 시장 선진화와 투자자 효용증대를 위한 것으로 업계 관계자들은 이를 두고 이전보다 거래비용과 처리속도, 주문방식, 거래시간 등 인프라 환경이 투자자에게 유리하게 바뀔 수 있을 것이라며 넥스트레이드의 출범에 대해 긍정적으로 보고 있다.

(나) 먼저 투자자의 시장 접근성과 거래편의성을 향상시키기 위한 정규시장 전후로 거래시간이 확대된다. 정규시장보다 1시간 일찍 개장하는 프리마켓(08:00~08:50)과 정규시장 폐장 후 경쟁접속매매 방식으로 거래되는 애프터마켓(15:40~20:00)이 도입되어 현행 거래소의 거래시간에서 5시간 30분 확대된 12시간 동안 거래가 가능해진 것이다. 이러한 애프터마켓의 도입으로 해외 투자자가 해당 국가의 낮에 우리 주식을 거래할 수 있게 됨으로써 해외 투자자의 국내시장 접근성이 용이해져 야간시장 유동성 증가도 기대되고 있다.

(다) 또한 넥스트레이드는 새로운 호가 유형인 '중간가호가(Mid Point Order)'와 '스톱지정가호가(Stop Limit Order)'를 제공하겠다고 밝혔다. 중간가호가란 최우선매수・매도호가의 중간 가격(산술평균 가격)으로 매매하고자 하는 주문을 말하며, 이를 통해 안정적이고 풍부한 유동성이 확보될 것으로 기대된다. 스톱지정가호가란 시장가격이 투자자가 사전에 설정한 가격(Stop Price)에 도달하는 경우 지정가호가로 매매하도록 전환되는 주문을 말한다. 다만, 두 호가 모두 넥스트레이드에서만 가능하며, 프리・애프터마켓 운영시간이 아닌 기존 정규시장에서만 사용이 가능하다.

(라) 이와 더불어 거래소 경쟁체제로 인해 기존 대비 투자비용을 절감할 수 있을 것으로 기대된다. 넥스트레이드가 거래소 경쟁체제 확립과 투자자 편익 향상을 위해 거래소보다 20~40% 낮은 수수료를 제공하겠다고 밝혔기 때문이다. 거래유형에 구분 없이 일률적으로 수수료를 부과하던 기존의 방식을 탈피해 기존 호가 잔량을 이용하여 거래를 체결하는 '테이커(Taker)'에는 기존 거래소 대비 80% 수준인 0.00182%를 부과하고, 시장에 유동성을 공급하는 '메이커(Maker)'에게는 이보다 더 낮은 0.00134%의 수수료를 부과하는 등 투자자 친화적인 수수료방식으로 진행할 예정이다.

01 다음 중 윗글의 대한 설명으로 가장 적절한 것은?

① 기존에는 국내 주식시장이 독점으로 운영되어 투자자들에게 불리했다.
② 애프터마켓의 도입 전에는 해외 투자자가 우리나라 주식을 거래할 수 없었다.
③ 중간가호가와 스톱지정가호가는 넥스트레이드에서만 할 수 있는 매매 주문이다.
④ 거래소 경쟁체제의 도입으로 모든 거래소에서 거래유형에 따라 부과되는 수수료가 상이해졌다.

02 윗글에서 다음 〈보기〉의 문장이 들어갈 위치로 가장 적절한 곳은?

> **보기**
> 이에 대해 넥스트레이드 측은 "우리나라도 시간의 문제일 뿐, 언젠가는 24시간 주식거래체계를 갖추어야 국내 및 해외 투자자 니즈를 만족시키고, 글로벌 경쟁에서 뒤떨어지지 않을 것"이라고 덧붙였다.

① (가) 문단의 뒤 ② (나) 문단의 뒤
③ (다) 문단의 뒤 ④ (라) 문단의 뒤

※ 다음 글을 읽고 이어지는 질문에 답하시오. [3~4]

〈전자상거래 등에서의 소비자보호에 관한 법률〉

제13조(신원 및 거래조건에 대한 정보의 제공) 제6항
통신판매업자는 재화 등의 정기결제 대금이 증액되거나 재화 등이 무상으로 공급된 후 유료 정기결제로 전환되는 경우에는 그 증액 또는 전환이 이루어지기 전 대통령령으로 정하는 기간 내에 그 증액 또는 전환의 일시, 변동 전후의 가격 및 결제방법에 대하여 소비자의 동의를 받고, 증액 또는 전환을 취소하거나 해지하기 위한 조건·방법과 그 효과를 소비자에게 고지하여야 한다.

제21조의2(온라인 인터페이스 운영에 있어서 금지되는 행위) 제1항
전자상거래를 하는 사업자 또는 통신판매업자는 온라인 인터페이스(웹사이트 또는 모바일 앱 등의 소프트웨어로서 소비자와 사업자 사이의 매개체를 말한다)를 운영하는 경우 다음 각 호의 어느 하나에 해당하는 행위(다크 패턴)를 하여서는 아니 된다.

1. 사이버몰을 통하여 소비자에게 재화 등의 가격을 알리는 표시·광고의 첫 화면에서 소비자가 그 재화 등을 구매·이용하기 위하여 필수적으로 지급하여야 하는 총금액(재화 등의 가격 외에 재화 등의 제공을 위하여 필수적으로 수반되는 비용까지 포함한 것을 말한다) 중 일부 금액만을 표시·광고하는 방법으로 소비자를 유인하거나 소비자와 거래하는 행위. 다만, 총금액을 표시·광고할 수 없는 정당한 사유가 있고 그 사유를 총리령으로 정하는 바에 따라 소비자에게 알린 경우는 제외한다.
2. 재화 등의 구매·이용, 회원가입, 계약체결 등이 진행되는 중에 소비자에게 다른 재화 등의 구매·이용, 회원가입, 계약체결 등에 관한 청약의사가 있는지 여부를 묻는 선택항목을 제공하는 경우 소비자가 직접 청약의사 여부를 선택하기 전에 미리 청약의사가 있다는 표시를 하여 선택항목을 제공하는 방법으로 소비자의 다른 재화 등의 거래에 관한 청약을 유인하는 행위
3. 소비자에게 재화 등의 구매·이용, 회원가입, 계약체결 또는 구매취소, 회원탈퇴, 계약해지(이하 "구매 등"이라 한다)에 관한 선택항목을 제시하는 경우 그 선택항목들 사이에 크기·모양·색깔 등 시각적으로 현저한 차이를 두어 표시하는 행위로서 다음 각 목의 어느 하나에 해당하는 경우
    가. 소비자가 특정 항목만을 선택할 수 있는 것처럼 잘못 알게 할 우려가 있는 행위
    나. 소비자가 구매 등을 하기 위한 조건으로서 특정 항목을 반드시 선택하여야만 하는 것으로 잘못 알게 할 우려가 있는 행위
4. 정당한 사유 없이 다음 각 목의 어느 하나에 해당하는 방법으로 소비자의 구매취소, 회원탈퇴, 계약해지 등을 방해하는 행위
    가. 재화 등의 구매, 회원가입, 계약체결 등의 절차보다 그 취소, 탈퇴, 해지 등의 절차를 복잡하게 설계하는 방법
    나. 재화 등의 구매, 회원가입, 계약체결 등의 방법과는 다른 방법으로만 그 취소, 탈퇴, 해지 등을 할 수 있도록 제한하는 방법
5. 소비자가 이미 선택·결정한 내용에 관하여 그 선택·결정을 변경할 것을 팝업창 등을 통하여 반복적으로 요구하는 방법으로 소비자의 자유로운 의사결정을 방해하는 행위. 다만, 그 선택·결정의 변경을 요구할 때 소비자가 대통령령으로 정하는 기간 이상 동안 그러한 요구를 받지 아니하도록 선택할 수 있게 한 경우는 제외한다.

03 다음 중 윗글에 대한 설명으로 가장 적절한 것은?

① 통신판매업자는 일정 기간 무상으로 재화 등이 제공되었다가 기간 경과 후 유료 정기결제로 전환되어 결제가 이루어졌을 경우, 그 즉시 소비자에게 고지하여야 한다.
② 소비자가 특정 재화 등의 계약체결을 진행하는 도중 다른 재화 등에 대하여 추가 설명하며 이에 대한 청약 의사가 있는지를 묻는 등 추가 선택항목을 제공하고 이로 유인하는 행위를 하여서는 안 된다.
③ 회원가입과 재화 등의 구매는 모바일과 PC 모두 가능하지만, 탈퇴와 재화 등의 구매취소는 PC에서만 가능하도록 하는 것은 모두 위법사항이다.
④ 소비자가 이미 선택한 항목에 대해 다른 선택지로 변경하는 것이 더 유리하다고 광고하는 창은 소비자가 일정 기간 동안 해당 내용을 보지 않겠다고 선택할 수 있는 경우 반복적으로 제시할 수 있다.

04 윗글을 참고할 때, 다음 〈보기〉 중 다크 패턴 위반에 해당하는 것을 모두 고르면?

> **보기**
> ㉠ 소비자가 구매를 진행하는 최종 단계에서 부가가치세나 구매수수료 등을 고지하여 소비자가 예상하지 못했던 비용이 추가되는 경우
> ㉡ 소비자가 특정 제품을 구매하려고 표시할 때, 해당 제품과 함께 사용하면 좋을 제품들에 대한 추가 선택항목들을 자동적으로 선택하도록 한 경우
> ㉢ 회원가입 클릭 버튼은 화면 상단에 크게 표시한 반면, 회원탈퇴는 복잡한 경로를 거쳐 찾기 힘들도록 표시한 경우
> ㉣ 소비자가 이미 선택을 마쳤음에도 불구하고 그 선택을 변경하도록 유인하는 일회성 팝업창을 띄워 유인하는 경우

① ㉠, ㉡
② ㉢, ㉣
③ ㉠, ㉡, ㉢
④ ㉠, ㉡, ㉢, ㉣

※ 다음은 I퇴직연금에 대한 상품설명서이다. 이어지는 질문에 답하시오. **[5~6]**

〈I퇴직연금 상품설명서〉

- I퇴직연금은 65세 정년퇴직한 사람만 퇴직 후 연금을 수령할 수 있다(정년퇴직일은 65세가 된 해 마지막 날임).
- I퇴직연금은 가입일로부터 매월 소득의 10%를 납입하여야 하며, 정년퇴직 시 납입을 중단하고 매월 1,200,000원을 지급받는다.
- I퇴직연금 상품은 정년퇴직일에 일시금으로 받을 수 있는 옵션이 있는데, 이는 납입기간이 30년 이상이거나, 총 납입금액이 2억 원 이상인 경우에만 가능하다.
- I퇴직연금은 정년퇴직일 이후 공모펀드, ETF, 예금 중 하나에 실물이전이 가능하며, 실물이전 후 상품의 리스크에 따른 추정 수익률은 다음과 같다.

구분	추정 수익률
공모펀드	• 30% 확률로 이전금의 30% 상승 • 20% 확률로 이전금의 20% 상승 • 50% 확률로 이전금의 10% 하락
ETF	• 15% 확률로 이전금의 100% 상승 • 25% 확률로 이전금의 50% 상승 • 55% 확률로 이전금의 30% 하락 • 5% 확률로 이전금의 50% 하락
예금	• 100% 확률로 이전금의 5% 상승

※ 기대 수익률은 상품별 추정 수익률의 확률 가중 평균하여 백분율로 표시한 것임
- 실물이전은 퇴직연금 납입액의 50%를 이전할 수 있으며 단 1회만 할 수 있다.
- 실물이전을 통해 선택한 상품의 가입기간은 5년이며, 5년 만기 후 해당 상품에 특성에 따른 금액을 일시금으로 수령한다. 단, 이 기간 동안 연금액은 수령하지 못한다.
- 실물이전을 하지 않은 채 연금을 받다가 사망하여 퇴직연금 총 납입금이 수령액보다 많다면, 잔여 납입금을 일시불로 상속할 수 있다. 이 경우 상속세는 5%이다.

05 다음 중 I퇴직연금 상품에 대한 설명으로 옳지 않은 것은?

① I퇴직연금에서 실물이전할 경우 기대 수익률이 가장 높은 상품은 공모펀드이다.
② I퇴직연금을 40세에 가입하고, 월 소득이 800만 원일 때 정년퇴직일에 일시금으로 수령할 수 있다.
③ 월 소득이 600만 원인 사람이 I퇴직연금에 20년간 가입 후 정년퇴직을 하여 10년간 연금을 수령하였다면, 납입금과 수령액은 동일하다.
④ I퇴직연금 납입금이 5천만 원이고, 실물이전을 하지 않은 상태에서 30개월간 연금을 받다 사망한 경우 상속 가능한 실제 금액은 1,330만 원이다.

06 다음은 A씨의 급여상황 및 노후대책 계획이다. A씨가 정년퇴직 후 얻을 수 있는 최대금액은?(단, 금액은 연금 수령액과 실물이전 투자 수익을 모두 반영한다)

- 26세에 취업한 A씨는 65세에 정년퇴직을 하며, 연봉은 5년 단위로 재협상한다. 재협상 시 A씨의 연봉은 600만 원씩 상승한다.
- A씨의 최초 월급은 200만 원이며 그 외 수입은 없다.
- A씨는 36세에 I퇴직연금 상품에 가입할 예정이며, 정년퇴직까지 I퇴직연금을 유지할 예정이다.
- A씨는 76세에 실물이전을 진행할 예정이다.
- A씨는 85세 끝까지 연금을 받을 것으로 가정한다.

① 2억 8,800만 원   ② 2억 9,250만 원
③ 2억 9,412만 원   ④ 3억 5,302만 원

※ 다음은 혁신바우처 사업에 대한 설명이다. 이어지는 질문에 답하시오. [7~8]

〈혁신바우처 사업〉

1. **사업 목적**

   최근 3년간 평균 매출액이 120억 원 이하인 제조 소기업을 대상으로 컨설팅, 기술지원, 마케팅 3가지 분야에서 분야당 최대 1개의 프로그램을 이용할 수 있도록 바우처 형태로 제공하는 사업

2. **지원 내용**

   최근 3년간 평균 매출액 규모에 따라서 정부 지원 비율을 최소 45%에서 최대 85% 범위 내에서 차등하여 적용(정부 지원금 최대 한도는 5천만 원)

구분	정부 지원 비율	자기부담 비율
3억 원 이하	85%	15%
3억 원 초과 10억 원 이하	75%	25%
10억 원 초과 50억 원 이하	65%	35%
50억 원 초과 120억 원 이하	45%	55%

3. **세부 내용**

구분	프로그램	지원 내용	한도(백만 원)
컨설팅	경영 기술전략	• 생산·품질관리, 기술사업화 전략, 노무, 인사, 조직, 세무, 재무, 회계, 경영전략, 구조개선 및 사업전환, 영업전략 • 노동법 대응(최저임금제, 근로시간 등)	15
컨설팅	제조혁신 추진전략	• 스마트공장 진단 및 실용화, 활성화, 고도화를 위한 전략 수립	15
기술 지원	시제품 제작	• 디자인 목업, 제품 형상 구현(샘플금형, 비금형, 정밀 미세가공, 섬유, 식품)	30
기술 지원	시스템 및 시설구축	• 생산관리 정보화, 기술유출방지 시스템, 연구시설, 스마트공장 구축, 공정설계, 생산정보 디지털화 지원 등	20
기술 지원	기술이전 및 지식재산권 획득	• 기술이전에 필요한 기술료 지원 지식재산권(IP) 획득 지원(분쟁대응 포함)	15
기술 지원	제품 시험·인증	• 하드웨어(성능, 안전성, 신뢰성, 조달품 적합, 유해물질 분석, 자가품질검사), 소프트웨어(보안해킹, 웹/앱) • 제품 또는 품질 관련 국내인증 취득 등	15
마케팅	디자인 개선	• 제품 디자인, 포장 디자인 등	15
마케팅	브랜드 지원	• CI디자인개발, BI개발, 브랜드 스토리·슬로건 등	20
마케팅	홍보 지원	• 온라인(광고, 홍보영상, 홈페이지 등) 및 오프라인 매체(방송, 신문, 옥외광고, 홍보물 제작 등)를 활용한 제품홍보	20

4. **지원 제외 대상**
   - 금융기관으로부터 불량거래처로 규제 중이거나 국세 및 지방세 체납이 확인된 기업
     ※ 단, 신용회복위원회의 프리워크아웃, 개인워크아웃 제도에서 채무조정합의서를 체결한 경우, 법원의 개인회생 제도에서 변제계획인가를 받거나 파산면책 선고자, 회생인가를 받은 기업, 재기컨설팅 신청기업은 지원 가능
   - 그 외 개별 지원 프로그램에서 지원 제외 대상으로 열거한 기업
   - 신청 시 동 사업을 수행(바우처 잔액 보유) 중인 기업

07 다음 중 혁신바우처 사업에 대한 설명으로 옳지 않은 것은?

① 한 기업이 브랜드 지원 프로그램과 홍보 지원 프로그램을 동시에 이용하는 것은 제한된다.
② 경영 기술전략, 시제품 제작, 홍보 지원 프로그램을 지원받으면 최대 6천 5백만 원까지 지원받을 수 있다.
③ 스마트공장화에 관심이 있는 제조 소기업은 제조혁신 추진전략과 시스템 및 시설구축 프로그램을 이용하는 것이 유리하다.
④ 최근 3년 평균 매출액이 4억 원인 제조 소기업에 지급된 혁신바우처 정부 지원금이 3천만 원이면 자가부담 금액은 1천만 원이다.

08 다음 중 혁신바우처 지원 제외 대상 기업에 해당하지 않는 곳은?

① 주 업종은 소매업이나 제조업을 영위 중인 A기업
② 국세와 지방세의 체납은 없지만 공공요금의 체납이 확인된 B기업
③ 신용회복위원회의 프리워크아웃 제도를 통해 채권자와 채무를 조정 중인 C기업
④ 동 사업의 컨설팅 분야와 기술 지원 분야에서 바우처를 지원받아 프로그램을 이용 중인 상태에서 마케팅 분야에서의 지원을 신청한 D기업

※ 다음은 I기업 직원의 5월 소득 및 지출 관련 자료이다. 이어지는 질문에 답하시오(단, I기업의 직원은 제시된 6명뿐이다). [9~10]

<I기업 직원의 5월 소득 관련 자료>

구분	월 기본급	근속연수	근무지	비고
A사원	2,230천 원	2년	서울	–
B대리	2,750천 원	4년	경기	–
C대리	3,125천 원	5년	경기	장애 1급
D과장	3,500천 원	6년	인천	–
E차장	3,780천 원	10년	인천	–
F부장	4,200천 원	14년	세종	장애 5급

※ 월 급여 책정 원칙 : 월 기본급+근속급여(근속연수×100천 원)+직위 급여+근무지 급여+장애 급여
• 직위 급여(천 원) : 사원(50), 대리(70), 과장(100), 차장(150), 부장(200)
• 근무지 급여(천 원) : 서울(0), 경기(30), 인천(50), 세종(100)
• 장애 급여(천 원) : 1급(250), 2급(200), 3급(150), 4급(100), 5급(50), 6급(30)

<I기업 직원의 5월 지출 관련 자료>

(단위 : 원)

구분	식비	주거비	통신비	세금	교육비	기타	합계
A사원	420,000	735,000	150,000	340,000	250,000	550,000	2,445,000
B대리	550,000	800,000	150,000	415,000	100,000	650,000	2,665,000
C대리	750,000	580,000	200,000	500,000	300,000	963,000	3,293,000
D과장	950,000	873,000	150,000	350,000	800,000	1,155,000	4,278,000
E차장	1,150,000	967,000	150,000	515,000	1,330,000	830,000	4,942,000
F부장	1,450,000	875,000	200,000	465,000	1,400,000	925,000	5,315,000

<I기업 직원의 5월 기타 지출 항목 중 세부 자료>

(단위 : 원)

구분	잡화비	여행비	금융상품 투자		업무비	합계
			예금	적금		
A사원	100,000	150,000	100,000	100,000	100,000	550,000
B대리	100,000	250,000	150,000	100,000	50,000	650,000
C대리	203,000	260,000	200,000	200,000	100,000	963,000
D과장	200,000	800,000	50,000	100,000	5,000	1,155,000
E차장	230,000	200,000	100,000	200,000	100,000	830,000
F부장	105,000	100,000	500,000	200,000	20,000	925,000

09 다음 중 위 자료에 대한 설명으로 옳지 않은 것은?

① I기업 직원들의 5월 소득 평균은 450만 원 이상이다.
② I기업 직원들 중 월 소득에서 월 지출을 뺀 금액이 가장 많은 사람은 C대리이다.
③ I기업 직원들 중 근속연수가 가장 짧은 직원의 월 소득과 월 지출은 250만 원 이하이다.
④ I기업 직원들의 지출은 모두 200만 원 이상이며, 이들의 평균 월 지출은 350만 원 이상이다.

10 다음 중 I기업 전체 직원의 금융상품 투자금액에서 각 직원이 차지하는 비율을 바르게 나타낸 그래프는?

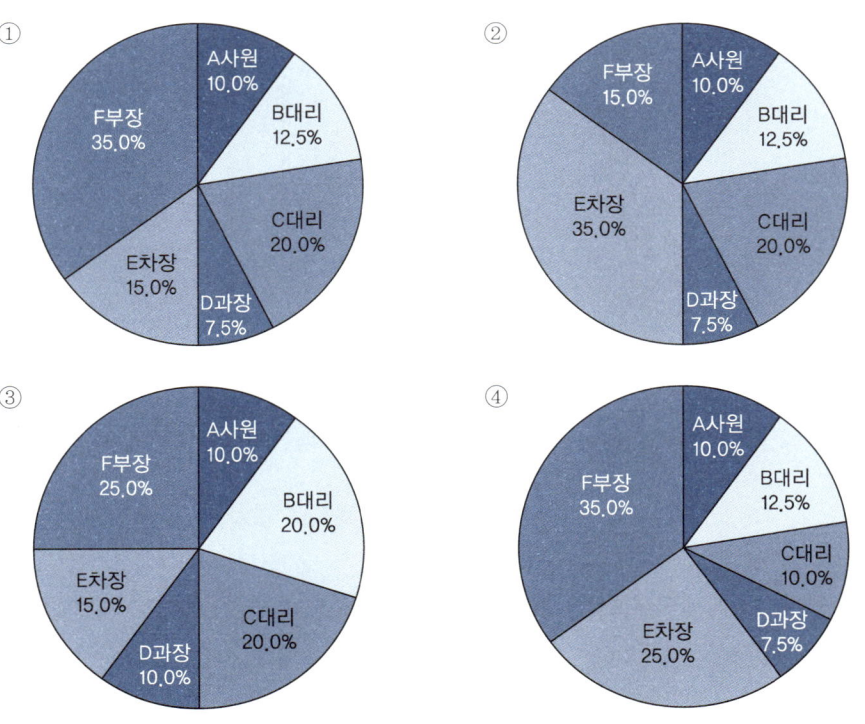

※ 다음은 2024년 세계 주요 국가의 경제 지표이다. 이어지는 질문에 답하시오. [11~12]

〈2024년 세계 주요 국가의 경제 지표〉

구분	국민총소득 (억 USD)	국내총생산 (억 USD)	소비자물가 상승률(%)	경제성장률(%)	수출액 (억 USD)	수입액 (억 USD)
미국	110,000	175,000	3.5	6.3	98,000	88,000
캐나다	74,500	140,000	3.7	2.7	65,000	73,000
멕시코	42,000	48,000	14.7	−0.4	13,000	18,000
중국	135,000	151,000	5.2	3.1	99,000	73,500
러시아	74,000	73,000	17.1	−1.1	20,500	24,500
프랑스	72,400	97,600	6.3	2.1	60,700	12,400
영국	60,700	84,300	5.7	1.6	44,500	31,300
이집트	22,000	27,000	3.2	−1.2	13,000	5,000
호주	57,200	77,400	5.8	−1.3	45,200	18,000

※ [무역의존도(%)]=(수출액)+(수입액)÷(국내총생산)×100

11 다음 중 위 자료에 대한 설명으로 옳지 않은 것은?(단, 제시된 국가 이외는 고려하지 않는다)

① 2024년 세계 주요 국가들은 모두 소비자물가가 상승하였다.
② 국내총생산이 세 번째로 높은 나라는 경제성장률 역시 세 번째로 높다.
③ 국민총소득 상위 3곳의 국내총생산 합은 나머지 국가들의 국내총생산 합보다 많다.
④ 수출액과 수입액의 차이가 세 번째로 큰 국가는 소비자물가 상승률이 5% 이하이다.

12 다음 중 위 자료에서 국내총생산 상위 3개국을 무역의존도가 높은 순서대로 바르게 나열한 것은?

① 중국 – 캐나다 – 미국
② 중국 – 미국 – 캐나다
③ 미국 – 중국 – 캐나다
④ 미국 – 캐나다 – 중국

※ 다음은 I은행의 승진 규정과 대리 직급 승진 대상자의 평가 점수이다. 이어지는 질문에 답하시오.
[13~14]

〈I은행의 승진 규정〉
- 승진 대상자는 업무실적, 팀워크, 전문성, 성실성을 평가한다.
- 평가 항목별 점수는 100점을 만점으로 한다.
- 최종 평가 점수는 평가 항목별 점수에서 다음의 가중치를 반영하여 합산한다.

구분	업무실적	팀워크	전문성	성실성
가중치	40%	15%	25%	20%

- 최종 평가 점수가 동일할 경우, 업무실적과 전문성 점수의 평균이 더 높은 사람을 선정한다.

〈대리 직급 승진 대상자 개별 평가 점수〉
(단위 : 점)

구분	업무실적	팀워크	전문성	성실성
A주임	60	90	84	98
B주임	70	86	84	96
C주임	91	76	96	53
D주임	84	92	76	80

13 다음 중 I은행 승진 규정에 따라 대리로 진급하는 사람은?

① A주임　　　　　　　　　　② B주임
③ C주임　　　　　　　　　　④ D주임

14 I은행은 특별 프로젝트를 진행하기 위해 제시된 승진 대상자들 중 1명을 대리로 진급시켜 팀장 직책을 부여하려 한다. 승진 규정을 다음과 같이 변경할 때, 팀장이 되는 사람은?

- 최종 평가 점수는 평가 항목별 점수에서 다음의 가중치를 반영하여 합산한다.

구분	업무실적	팀워크	전문성	성실성
가중치	15%	30%	40%	15%

- 최종 평가 점수가 동일할 경우, 팀워크와 전문성 점수의 평균이 더 높은 사람을 선정한다.

① A주임　　　　　　　　　　② B주임
③ C주임　　　　　　　　　　④ D주임

※ 다음은 IBK 부모급여우대적금 상품설명서이다. 이어지는 질문에 답하시오. [15~16]

〈IBK 부모급여우대적금 상품설명서〉

구분	세부내용
가입대상	• 실명의 개인(단, 개인사업자 및 외국인 비거주자 제외) • 1인 1계좌
상품유형	• 정기적금(자유적립식)
가입방법	• 신규 및 해지 : 영업점, 비대면 채널(i_ONE Bank)
가입금액	• 최소 1만 원 이상, 월 50만 원 이내(만 원 단위)
계약기간	• 1년제
이자지급시기	• 만기일시지급식(만기 또는 중도해지 요청 시 이자를 지급)
기본이자율	• 연 2.5%

우대이자율	• 최고 연 4.0%p(계약기간 동안 아래 조건을 충족하고, 만기해지 시 우대이자율 제공)
	　① 부모급여나 아동수당을 6개월 이상 입금받는 경우 : 연 2.0%p
	　　(부모 또는 자녀 명의 당행 입출금식 통장으로 입금 시)
	　② 주택청약종합저축 신규 가입 후 만기시점까지 보유한 경우 : 연 1.0%p
	　　(부모 또는 자녀 명의 가입 시)
	　③ 한부모가족 지원대상자 : 연 1.0%p
	　　(부모 또는 자녀 명의 한부모가족 증명서를 제출한 경우)
	• 가족 실적합산
	
	        | 구분 | 내용 |
	        |---|---|
	        | 가족등록 | • 적금 가입자 기준으로 가족(1명)을 등록할 수 있으며, 부모 – 자녀 관계만 1 : 1로 등록 가능
	• 등록하는 가족 1명은 IBK 부모급여우대적금 가입 필수 아님
	• 등록방법 : 가족관계 확인서류를 지참하여 영업점 방문 |
	        | 실적합산 | • 가족등록 후 계약기간 중 충족된 실적은 합산하여 우대이자율 제공
	(적금 가입과 우대조건을 충족한 고객의 명의가 달라도 합산하여 실적 인정) |

만기 후 이자율	• 만기 시점 이후 예치된 기간에만 적용 　- 만기 후 1개월 이내 : (기본이자율)×50% 　- 만기 후 1개월 초과 6개월 이내 : (기본이자율)×30% 　- 만기 후 6개월 초과 : (기본이자율)×20%
중도해지이자율	• 납입기간 경과 비율[(경과일수)÷(계약일수)×100)]에 따라 차등 적용 　- 납입기간 경과비율 10% 미만 : (기본이자율)×5% 　- 납입기간 경과비율 10% 이상 20% 미만 : (기본이자율)×10% 　- 납입기간 경과비율 20% 이상 40% 미만 : (기본이자율)×20% 　- 납입기간 경과비율 40% 이상 60% 미만 : (기본이자율)×40% 　- 납입기간 경과비율 60% 이상 80% 미만 : (기본이자율)×60% 　- 납입기간 경과비율 80% 이상 : (기본이자율)×80% • 중도해지이자율의 최저 이자율은 연 0.1%
계약해지방법	• 영업점 및 비대면 채널(i_ONE Bank)을 통해 해지 가능 • 만기자동해지 서비스 신청 가능

15 다음은 행원과 고객의 상담 내용이다. 고객의 문의에 대한 행원의 답변으로 적절하지 않은 것은?

> 행원 : 안녕하세요. IBK 예금몰 상담원 ○○○입니다. 무엇을 도와드릴까요?
> 고객 : 안녕하세요. 제가 지인으로부터 IBK기업은행 적금 중 아동수당 관련하여 우대금리를 받을 수 있다고 추천을 받았는데 문의사항이 있어서 전화 드렸습니다.
> 행원 : 네, 고객님. 혹시 IBK 부모급여우대적금 말씀하시는 걸까요?
> 고객 : 네, 맞아요. 해당 상품에 가입하기 위한 특별한 조건이 있을까요?
> 행원 : ① 네, 고객님. IBK 부모급여우대적금 상품의 경우 부모와 자녀 간 실적을 공유하여 부모급여나 아동수당을 수급하는 분들에 한해 가입이 가능한 자유적립식 적금 상품입니다.
> 고객 : 부모와 자녀 간 실적을 공유한다는 것은 무슨 의미인가요?
> 행원 : ② 부모와 자녀 간 가족등록이 된 경우 적금 가입을 하신 분 이외에 등록된 부모님이나 자녀분이 우대이자율 조건을 충족하신 경우 적금 가입을 하신 분의 실적으로 합산되는 것을 의미합니다.
> 고객 : 그러면 만약 제가 부모우대적금에 가입을 하고, 제 딸의 명의로 된 IBK기업은행 통장에 아동수당이 6개월 이상 지급된다면 제가 가입한 적금에서 해당 우대이자율을 받을 수 있는 건가요?
> 행원 : ③ 네 그렇습니다. 이러한 가족 실적합산을 적용받으시기 위해서는 반드시 가족등록이 필요하며, 가족관계 확인서류를 지참하여 영업점을 방문해 주셔야 합니다.
> 고객 : 감사합니다. 한 가지 더 궁금한 것이 있는데, 혹시 해당 적금에는 얼마나 많이 입금할 수 있나요?
> 행원 : ④ IBK 부모급여우대적금의 경우 1년제 상품입니다. 월마다 최대 50만 원씩 입금하실 수 있으므로 최대 입금액은 600만 원입니다.
> 고객 : 감사합니다. 조만간 관련 서류 챙겨서 영업점 방문하도록 하겠습니다.
> 행원 : 네, 감사합니다. 고객님의 방문을 기다리도록 하겠습니다. IBK 예금몰 상담원 ○○○이었습니다.

16 다음과 같은 상황에서 A고객이 받을 수 있는 최고 이자율은?

> 6살 아들이 있는 내국인 A고객은 IBK기업은행 영업점에 방문하여 자신의 명의로 IBK 부모급여우대적금에 가입하였으며 동시에 자신의 아들과 가족등록을 완료하였다. 가입 당시 A고객의 아들은 IBK기업은행의 통장에 8개월 동안 아동수당을 받고 있었으며, 아들의 명의로 주택청약종합저축을 가입하여 계속 유지하였다. A고객은 적금에 매월 10만 원씩 입금하였고 9개월 동안 유지하다가 중도해지하였다.

① 연 0.1%   ② 연 1.5%
③ 연 2.0%   ④ 연 3.3%

※ 다음은 I은행 고객 데이터베이스에 적용되는 상품 코드 부여 규칙이다. 이어지는 질문에 답하시오.
[17~18]

<I은행 고객 데이터베이스 상품 코드 부여 규칙>

상품 종류	계약 대상	계약 연령층	계약 기간	적용 이율
예적금 : DP 대출 : LN 펀드 : FD 신탁 : TR 외환 : FX 보험 : IS	개인 : IC 법인 : CC	법인 : 0 10대 : 1 20대 : 2 30대 : 3 40대 : 4 …	단기 : S 중기 : M 장기 : L 펀드·외환 : N	고정 이율 : FR 변동 이율 : VR 펀드·외환 : NA

※ 상품 코드는 [상품 종류][한글 상품명 앞 2글자] - [계약 대상][계약 연령층][계약 기간][개월(연) 수][적용 이율] 순서로 부여됨
　예 디데이적금, 26살 개인, 12개월, 고정이율 → DP디데-IC2S12FR
※ 12개월 이하는 단기, 13 ~ 36개월은 중기, 3년 초과는 장기이며, 개월 수와 연 수는 2자리 숫자로 표시함
※ 펀드·외환은 계약 기간, 적용 이율 표기가 곤란하므로 개월(연) 수에는 00을, 적용 이율에는 적용 불가(NA)를 부여함

17 위 상품 코드 부여 규칙에 따를 때, 다음 〈보기〉에서 성립할 수 없는 코드는 모두 몇 개인가?

보기
• IS내일-IC2L20VR
• FD제일-CC0N00NA
• OP더굴-CC0L10VR
• TR믿음-CC2M24FR
• LN드림-IC3M24VR
• FX플러-IC3L05NA
• DP모아-IC2M48FR
• DP준비-IC4S12FR

① 1개　　② 2개
③ 3개　　④ 4개

18 다음과 같은 상황에서 A씨가 계약한 상품의 데이터베이스 코드로 옳은 것은?

첫 직장에 입사한 22살 A씨는 전셋집을 구하기 위하여 I은행에서 대출 상담을 받았다. 상담 결과 "파워신용대출" 상품으로 10년까지 기간을 연장하여 계약하고, 고정 이율을 적용하여 상환하기로 하였다.

① LN대출-IC2L10FR　　② LN파워-CC2L10FR
③ LN파워-IC2L10FR　　④ LN파워-IC2L10VR

19 지수는 짝수일마다 통장에 10,000원씩 저축한다. 4월 1일부터 30일까지 저축한 금액이 얼마인지 알아보려고 할 때 ⓐ, ⓑ, ⓒ에 들어갈 내용이 바르게 연결된 것은?(단, 현재 통장잔액은 0원이다)

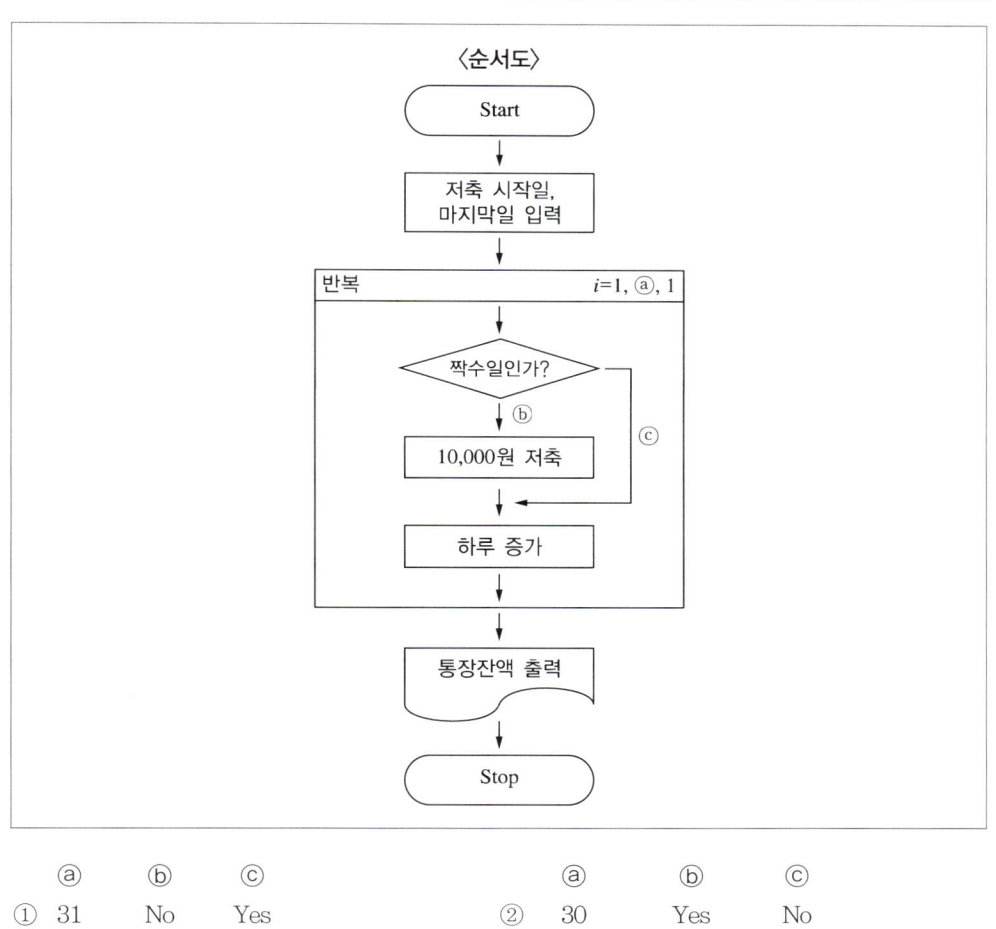

	ⓐ	ⓑ	ⓒ		ⓐ	ⓑ	ⓒ
①	31	No	Yes	②	30	Yes	No
③	30	No	Yes	④	10,000	No	Yes

02 직무수행능력

| 금융일반 - 객관식 |

01 다음 중 매트릭스 조직에 대한 설명으로 옳지 않은 것은?

① 직무조직과 기능조직을 결합시킨 형태의 구조를 가진다.
② 조직 구성원들은 1명의 상급자를 가지고 조직적으로 업무를 수행한다.
③ 문제해결을 위해 다양한 전문지식의 활용이 가능하다.
④ 환경변화에 신속한 대응이 가능하다.

02 다음에서 설명하는 기업집중 형태는?

- 동일시장 내 여러 기업이 출자하여 공동판매회사를 설립한다.
- 참가기업은 독립성을 유지하나 판매는 공동판매회사를 통해 이루어진다.
- 참가기업 간 리스크를 분산하고 보상은 최대화할 수 있다.

① 콘체른　　　　　　　　② 트러스트
③ 카르텔　　　　　　　　④ 신디케이트

03 다음 중 배블런 효과에 대한 설명으로 옳지 않은 것은?

① 가격이 상승해도 수요가 증가한다.
② 소비자들이 비싼 상품을 구입하는 과시욕을 보인다.
③ 주로 명품, 보석 등 사치재에 나타난다.
④ 소비자들이 상품의 효용가치를 고려하여 비싼 가격을 주고 구입한다.

04 다음 중 WACC(가중평균자본비용)에 대한 설명으로 옳지 않은 것은?

① WACC는 기업의 자본구조를 고려하여 자본비용을 가중평균한 값이다.
② 미래현금흐름을 현재가치로 환산할 때 WACC를 할인율로 사용한다.
③ WACC가 높으면 기업가치가 상승하게 된다.
④ 기업은 WACC를 통해 자본시장에서 자금을 조달하고, 기업가치를 측정할 수 있다.

05 다음 상황을 참고하여 계산한 A기업의 당기순이익은?

- A기업은 올해 20억 원의 수익을 올렸으며, 비용은 10억 원이 들었다.
- A기업은 제공 서비스에 대한 요금 5억 원을 미리 받았으며, 당기 중에 아직 제공되지 않았다.
- A기업은 연간 임차료로 1억 원을 미리 지불하였으며, 해당 임차료는 당기 중에 사용되었다.

① 4억 원　　　　　　　　　② 9억 원
③ 10억 원　　　　　　　　 ④ 14억 원

06 다음 중 보수행렬에 대한 설명으로 옳지 않은 것은?

① 각 참여자의 전략과 그에 따른 보수를 표로 나타낸 것이다.
② 전략형 게임을 시각화할 때 사용하며 게임에 대한 분석을 더욱 쉽게 할 수 있다.
③ 3인 이상 다수의 참여자가 있는 게임에 적용이 편리하다.
④ 보수행렬은 연산과정을 나타내지 않는다.

07 다음 중 GDP 대비 수출 의존도에 대한 설명으로 옳지 않은 것은?

① 수출 의존도가 높을수록 수출이 증가하면 경제성장률도 높아진다.
② GDP 대비 수출 의존도를 통해 한 나라의 무역 의존도를 파악할 수 있다.
③ 수출 의존도가 높을수록 글로벌 경기 변화의 영향을 크게 받는다.
④ 우리나라의 경우 다른 선진국에 비해 무역 의존도가 낮은 편이다.

08 다음 중 외부 불경제에 따른 세금인 피구세에 대한 설명으로 옳지 않은 것은?

① 외부 불경제를 유발하는 주체에게 외부비용만큼 세금을 부과하는 것이다.
② 피구세를 도입하면 사회 전체적으로 외부비용이 증가하게 된다.
③ 피구세를 통해 외부효과를 내부화시켜 사회적 이익이 증대될 수 있다.
④ 교통체증, 매연 등을 유발하는 차량에게 유류세를 부과하는 것은 피구세에 해당한다.

09 다음 상황에서 총수요를 구하면?

• 소비 : 100,000원	• 투자 : 40,000원
• 수입 : 100,000원	• 정부지출 : 30,000원
• 수출 : 150,000원	

① 80,000원
② 160,000원
③ 220,000원
④ 320,000원

10 다음 중 확실성 등가에 대한 설명으로 옳지 않은 것은?

① 기대효용이론을 바탕으로 계산할 수 있다.
② 투자자는 불확실한 투자기회를 평가할 때 활용할 수 있다.
③ 개인의 선호도에 따라 합리적인 선택을 할 수 있게 한다.
④ 보험 가입을 통해 받게 되는 보험금은 확실성 등가의 한 예이다.

금융일반 - 주관식

01 다음 정보를 바탕으로 계산한 A기업의 PER은?

- A기업의 주가 : 8,000원
- A기업의 당기순이익 : 20억 원
- A기업의 발행주식수 : 400만 주

(   )

02 다음 〈보기〉 중 마샬-러너 조건에 대한 설명으로 옳은 것의 개수는?

보기

㉠ 환율 절하를 통해 무역수지를 개선하려면 수출 증가 및 수입 감소 정도가 환율 절하 크기보다 커야 한다.
㉡ J-커브 효과는 환율 절하 초기에 무역수지가 악화되었다가 이후 개선되는 현상을 말한다.
㉢ 수출 및 수입의 수요 탄력성이 일정하다고 가정한다.
㉣ 양국의 수입 수요 탄력성의 합이 1보다 작아야 한다.

(개)

03 어떤 투자자는 다음 정보를 바탕으로 A기업의 주식에 투자하려고 한다. A기업의 베타 값은?

- 무위험수익률(r_f)은 3%이다.
- 시장포트폴리오의 기대수익률[$E(r_m)$]은 9%이다.
- A기업 주식의 기대수익률[$E(r_a)$]은 10.2%이다.

(   )

| 디지털 - 객관식 |

01 다음 중 K-Means 알고리즘에 대한 설명으로 옳지 않은 것은?

① K값(군집의 수)을 사용자가 직접 지정해야 한다.
② 군집화 과정에서 각 데이터는 가장 가까운 중심점에 할당된다.
③ 반복적으로 군집의 중심점을 업데이트하며 수렴을 시도한다.
④ 군집의 모양이 반드시 원형(구형)일 필요는 없다.

02 다음 중 경사하강법의 모멘텀에 대한 설명으로 옳지 않은 것은?

① 모멘텀의 기본값은 1이다.
② 빠르게 수렴하도록 하여 안정적으로 최적화한다.
③ 이전 기울기에 영향을 받는 정도를 의미한다.
④ 모멘텀을 사용하면 지역 최솟값에 빠질 위험을 줄일 수 있다.

03 다음 중 FCFS(First Come First Served) 스케줄링에 대한 설명으로 옳은 것은?

① 선점형 스케줄링이다.
② 우선순위가 높은 프로세스가 먼저 실행된다.
③ 도착 순서대로 처리하는 비선점형 스케줄링이다.
④ 실행 시간이 짧은 프로세스가 우선권을 갖는다.

04 다음 중 SQL의 LEFT JOIN에 대한 설명으로 옳은 것은?

① 왼쪽 테이블의 모든 레코드와 오른쪽 테이블의 일치하는 레코드를 결합한다.
② 오른쪽 테이블의 모든 레코드와 왼쪽 테이블의 일치하는 레코드를 결합한다.
③ 두 테이블에서 일치하는 레코드만 결합한다.
④ 두 테이블의 모든 레코드를 결합한다.

05 다음 중 단일 퍼셉트론에서 입력 $X_1=1$, $X_2=0$, 가중치 $W_1=0.5$, $W_2=0.3$, 편향 $B=-0.2$, 활성화 함수가 계단함수일 때의 출력 값은?

① 0 ② 1
③ 0.3 ④ 0.5

06 다음 중 파이썬에서 (1,2,3)+(4,5)의 결과는?

① (1,2,3,4,5) ② (5,7,3)
③ 오류 발생 ④ (1,2,3,4,5,None)

07 다음 중 OSI 7계층에서 각 계층과 전송단위(PDU; Protocol Data Unit)가 옳게 짝지어진 것은? (단, 네트워크 계층은 '인터넷계층'이라고 표현하며, 해당 계층의 전송단위는 '데이터그램'으로 표기한다)

① 물리계층 – 비트, 데이터링크계층 – 프레임
② 전송계층 – 비프레임, 인터넷계층 – 세그먼트
③ 세션계층 – 데이터그램, 응용계층 – 프레임
④ 인터넷계층 – 데이터그램, 응용계층 – 메시지

08 다음 C코드에서 main 함수의 n값으로 옳은 것은?

```
void func(int x)
{
x=10;
}
int main()
{
int n=5;
func(n);
return 0;
}
```

① 5
② 10
③ 컴파일 오류
④ 정의되지 않음

디지털 - 주관식

01 인공 신경망의 뉴런이 입력값 [1, 2]와 가중치 [1, 1]을 가지며 편향은 0이다. 이때 최종 출력값은? (단, 활성화 함수는 없다)

(   )

02 다음 프로그램의 실행 결과는?

```c
#include <stdio.h>
int main() {
    int a=10;
    int *p=&a;
    int **pp=&p;
    printf("%d", **pp);
    return 0;
}
```

(   )

2025년 상반기 기출복원문제 정답 및 해설

01 NCS 직업기초능력

01	02	03	04	05	06	07	08	09	10
③	②	④	③	①	②	②	②	①	①
11	12	13	14	15	16	17	18	19	
④	②	③	①	①	②	④	③	②	

01 정답 ③

중간가호가와 스톱지정가호가는 넥스트레이드가 제공하는 호가 유형으로 넥스트레이드에서만 사용이 가능하며, 사용 가능한 시간도 프리・애프터마켓 운영시간이 아닌 기존 정규시장 운영시간 내에서만 가능하다.

오답분석
① 첫 번째 문단에서 기존에는 한국거래소 단일 체제로 운영되었음을 알 수 있으나, 이 체제가 투자자들에게 불리했다는 내용은 제시문에서 찾을 수 없다. 다만 복수 거래소 체제로의 전환으로 이전보다 투자자들에게 유리해질 것으로 기대되는 상황이다.
② 애프터마켓의 도입 전에도 해외 투자자는 우리나라 주식의 거래가 가능했다. 다만 애프터마켓의 도입으로 이전보다 거래시간이 확대되어 해외 투자가가 해당 국가의 낮 시간에 우리나라 주식을 거래할 수 있게 되어 접근이 용이해졌다.
④ 거래소 경쟁체제의 도입으로 넥스트레이드가 내놓은 정책이 거래유형에 따라 달리 수수료를 부과하는 방식일 뿐, 한국거래소는 기존과 동일하게 거래유형에 구분 없이 획일적인 수수료 부과방식을 유지한다.

02 정답 ②

보기의 문장은 주식거래 시간의 확대와 해외 투자자에 대한 내용이 모두 포함된 문단 뒤에 오는 것이 적절하다. (나) 문단에서 국내 주식시장 거래시간이 확대되었고, 이로 인해 해외 투자자들의 국내 주식시장 거래가 용이해졌다고 하였으므로 보기의 문장이 들어갈 위치로 가장 적절한 곳은 (나) 문단의 뒤이다.

03 정답 ④

제21조의2 제1항 제5호에 따르면 원칙적으로 소비자가 이미 선택한 내용에 대하여 변경을 요구하는 창을 반복하여 소비자에게 제시하는 것은 위법이지만, 만일 소비자가 일정 기간 이상 동안 해당 요구를 받지 않겠다고 선택할 수 있게 한 경우는 제외된다.

오답분석
① 제13조 제6항에 따르면 통신판매업자는 무상으로 제공된 재화 등이 유료 정기결제로 전환되는 경우에는 결제가 이루어진 그 즉시가 아니라 증액이나 전환이 이루어지기 전에 소비자에게 고지하여야 한다.
② 제21조의2 제1항 제2호에 따르면 소비자가 특정 재화 등의 청약을 진행하는 중에 다른 재화 등에 대해 추가 선택항목을 제공하고 유인하는 것은 위법이 아니지만, 추가된 선택항목에 대하여 소비자가 청약 의사가 있다고 선택하기도 전에 미리 표시를 하여 소비자를 유인하는 행위는 위법에 해당한다.
③ 제21조의2 제1항 제4호에 따르면 회원가입과 재화 등의 구매 방법과 탈퇴와 재화 등의 구매취소 방법을 달리하거나 후자를 어렵게 하는 것은 소비자를 방해하는 행위에 해당하나, 정당한 사유가 있는 경우라면 이는 가능하다.

04 정답 ③

㉠ 제21조의2 제1항 제1호에 따르면 소비자에게 재화 등의 가격을 알릴 때 필수적으로 지급하여야 하는 총금액 중 일부 금액만을 표시하는 것은 위법에 해당한다.
㉡ 제21조의2 제1항 제2호에 따르면 소비자가 재화의 구매가 진행되는 중에 다른 재화의 구매에 대한 의사가 있는지를 묻는 선택항목을 제공하는 경우, 소비자가 이에 대해 직접 선택하기 전에 미리 그러한 의사가 있다고 표시하여 선택항목을 제공하는 것은 위법에 해당한다.
㉢ 제21조의2 제1항 제3호에 따르면 회원가입 또는 회원탈퇴 등 선택항목들 사이에서 크기나 모양, 색깔 등 시각적인 차이를 두어 표시하는 것은 위법에 해당한다.

오답분석
㉣ 제21조의2 제1항 제5호에 따르면 소비자가 이미 선택한 내용에 대해서 그것을 변경할 것을 요구하는 팝업창을 반복적으로 요구하는 것은 위법이지만, 일회성 팝업창의 경우는 위법으로 볼 수 없다.

05 정답 ①

기대 수익률은 실물이전 상품별 추정 수익률의 확률 가중평균이므로 이를 계산하면 다음과 같다.
- 공모펀드 : $[(0.3\times0.3)+(0.2\times0.2)-(0.5\times0.1)]\times100=8\%$
- ETF : $[(0.15\times1)+(0.25\times0.5)-(0.55\times0.3)-(0.05\times0.5)]\times100=8.5\%$
- 예금 : $(1\times0.05)\times100=5\%$

따라서 ETF의 기대 수익률이 가장 높다.

오답분석

② 월 소득이 800만 원이라면 매월 소득의 10%를 납입하므로 월 납입금은 800,000원이다. I퇴직연금을 40세에 가입하였으므로 총 납입금액을 구하면 $800,000\times12\times(65-40)=240,000,000$원이다. 이는 2억 원 이상이므로 퇴직연금을 일시금으로 수령할 수 있다.

③ 월 소득이 600만 원이었다면 월 납입금은 600,000원이다. 이를 20년간 납입하였다면, 납입금액은 $600,000\times12\times20=144,000,000$원이다. 정년퇴직 후 수령하는 금액은 1,200,000원이며 이를 10년간 수령하였다면 $1,200,000\times12\times10=144,000,000$원이므로 납입금과 연금 수령액이 동일하다.

④ 사망하기까지 30개월간 연금을 받았으므로 연금 수령액은 $1,200,000\times30=36,000,000$원이다. 납입금이 50,000,000원이므로 $50,000,000-36,000,000=14,000,000$원이 상속 가능 금액이다. 이때 5%의 상속세가 부과되므로 상속 가능한 실제 금액은 $14,000,000\times(1-0.05)=13,300,000$원으로 1,330만 원이다.

06 정답 ②

A씨는 5년마다 연봉이 600만 원씩 상승하므로 월급은 매년 $600\div12=50$만 원이 상승한다. 연령대별 월급, 월 납입액과 월 수령액을 계산하면 다음과 같다.

(단위 : 만 원)

구분	월급	월 납입액	월 수령액
26~30세	200	–	–
31~35세	250	–	–
36~40세	300	30	–
41~45세	350	35	–
46~50세	400	40	–
51~55세	450	45	–
56~60세	500	50	–
61~65세	550	55	–
66~70세	–	–	120
71~75세	–	–	120
76~80세	–	–	실물이전 수익금
81~85세	–	–	120

A씨의 총 납입액은 $(30+35+40+45+50+55)\times12\times5=1$억 5,300만 원이다. 76세에 실물이전을 하며, 최대 수익률을 가정하므로 추정 수익률이 100% 상승인 ETF를 선택한다. 이는 납입액의 50%에 대해 100% 투자 수익률이므로 1억 5,300만$\times0.5=7,650$만 원의 수익을 얻는다.

따라서 15년간 매월 120만 원씩 연금을 받고, 76~80세 5년 동안 7,650만 원의 수익을 얻었으므로 A씨가 정년퇴직 후 얻을 수 있는 금액의 최대치는 $(120\times12\times15)+7,650=2$억 9,250만 원이다.

07 정답 ②

경영 기술전략, 시제품 제작, 홍보 지원의 한도는 $15+30+20=65$백만 원(6천 5백만 원)이지만, 정부 지원금 최대 한도는 5천만 원으로 제한되어 있다.

오답분석

① 사업목적에 따르면 컨설팅, 기술지원, 마케팅 3가지 분야에서 분야당 최대 1개의 프로그램만 이용이 가능하다. 따라서 브랜드 지원 프로그램과 홍보지원 프로그램은 모두 마케팅 분야에 해당하므로 두 프로그램을 동시에 이용하는 것은 불가능하다.

③ 스마트공장화에 관심이 있는 제조 소기업은 스마트공장 진단 및 실용화를 지원하는 컨설팅 분야의 제조혁신 추진전략 프로그램과 스마트공장의 구축을 지원하는 기술지원 분야의 시스템 및 시설구축 프로그램을 이용하는 것이 유리하다.

④ 최근 3년 평균 매출액이 4억 원 이하인 제조 소기업의 정부지원 비율은 75%이고, 자가부담 비율은 25%이므로 자가부담 금액은 정부지원 금액의 3분의 1이다. 따라서 3천만$\div3=1$천만 원이다.

08 정답 ②

국세 및 지방세 체납이 확인된 기업은 지원 제외 대상이다. 그러나 공공요금의 경우 국민이 수도, 전기 등 공공서비스를 이용한 대가로 지불하는 요금이므로 국세 및 지방세가 아니다. 따라서 B기업은 혁신바우처 사업 지원 제외 대상이 아니다.

오답분석

① 혁신바우처 사업은 제조 소기업을 대상으로 하는 사업으로 제조기업이란 제조업이 주업종인 기업이다. 따라서 제조업을 영위한다 하더라도 주업종이 소매업이라면 이는 제조기업이라 볼 수 없으므로 해당 사업 지원 대상에 해당하지 않는다.

③ 채권자와 채무를 조정 중인 기업이 아닌 조정이 완료되어 합의서를 체결한 기업에 한해 지원 제외 대상에서 제외된다.

④ 해당 사업 신청 시에 이미 같은 사업을 수행 중인 기업의 경우 지원 대상에서 제외된다.

09 정답 ①

I기업 직원 6명의 5월 소득을 계산하면 다음과 같다.
- A : $2,230+(2\times100)+50+0+0=2,480$천 원
- B : $2,750+(4\times100)+70+30+0=3,250$천 원
- C : $3,125+(5\times100)+70+30+250=3,975$천 원
- D : $3,500+(6\times100)+100+50+0=4,250$천 원
- E : $3,780+(10\times100)+150+50+0=4,980$천 원
- F : $4,200+(14\times100)+200+100+50=5,950$천 원

따라서 I기업 직원들의 5월 소득 평균은 $(2,480+3,250+3,975+4,250+4,980+5,950)\div6=4,147.5$천 원($=414$만 7천 5백 원)으로 450만 원 이하이다.

오답분석

② I기업 직원별 월 소득에서 월 지출을 뺀 금액을 계산하면 다음과 같다.
- A : $2,480-2,445=35$천 원
- B : $3,250-2,665=585$천 원
- C : $3,975-3,293=682$천 원
- D : $4,250-4,278=-28$천 원
- E : $4,980-4,942=38$천 원
- F : $5,950-5,315=635$천 원

따라서 그 금액이 가장 많은 사람은 C대리이다.

③ 근속연수가 가장 짧은 직원은 A사원이다. A사원의 월 소득은 248만 원($=2,480$천 원)이며, 월 지출 또한 244.5만 원으로 모두 250만 원 이하이다.

④ I기업 직원들의 평균 월 지출을 만 원 단위로 계산하면 $(244.5+266.5+329.3+427.8+494.2+531.5)\div6=382.3$만 원이므로 350만 원 이상이다.

10 정답 ①

I기업 직원 6명의 총 금융상품 투자금액을 만 원 단위로 계산하면 $20+25+40+15+30+70=200$만 원이다. 전체 직원의 금융상품 투자금액에서 각 직원이 차지하는 비율은 다음과 같다.
- A : $20\div200\times100=10\%$
- B : $25\div200\times100=12.5\%$
- C : $40\div200\times100=20\%$
- D : $15\div200\times100=7.5\%$
- E : $30\div200\times100=15\%$
- F : $70\div200\times100=35\%$

따라서 바르게 나타낸 것은 ①이다.

11 정답 ④

주요 국가별 수출액과 수입액의 차이는 다음과 같다.
- 미국 : $|98,000-88,000|=10,000$억 USD
- 캐나다 : $|65,000-73,000|=8,000$억 USD
- 멕시코 : $|13,000-18,000|=5,000$억 USD
- 중국 : $|99,000-73,500|=25,500$억 USD
- 러시아 : $|20,500-24,500|=4,000$억 USD
- 프랑스 : $|60,700-12,400|=48,300$억 USD
- 영국 : $|44,500-31,300|=13,200$억 USD
- 이집트 : $|13,000-5,000|=8,000$억 USD
- 호주 : $|45,200-18,000|=27,200$억 USD

따라서 수출액과 수입액의 차이가 세 번째로 큰 국가는 중국이며, 중국의 소비자물가 상승률은 5.2%로 5% 이상이다.

오답분석

① 제시된 자료에서 모든 국가의 소비자물가 상승률이 양의 값을 가지므로 2024년 세계 주요 국가들은 모두 소비자물가가 상승하였다.

② 국내총생산이 세 번째로 높은 나라는 캐나다이며, 경제성장률이 세 번째로 높은 나라도 캐나다이다.

③ 국민총소득 상위 3곳은 중국, 미국, 캐나다이며 이들의 국내총생산의 합은 $151,000+175,000+140,000=466,000$억 USD이다. 나머지 국가의 국내총생산의 합은 $48,000+73,000+97,600+84,300+27,000+77,400=407,300$억 USD이므로 옳다.

12 정답 ②

제시된 자료에서 국내총생산 상위 3개국은 미국, 중국, 캐나다이다. 각국의 무역의존도를 계산하면 다음과 같다.
- 미국 : $(98,000+88,000)\div175,000\times100\fallingdotseq106\%$
- 중국 : $(99,000+73,500)\div151,000\times100\fallingdotseq114\%$
- 캐나다 : $(65,000+73,000)\div140,000\times100\fallingdotseq99\%$

따라서 중국 - 미국 - 캐나다 순으로 무역의존도가 높다.

13 정답 ③

I은행 승진 규정에 따라 승진 대상자별 최종 평가 점수를 계산하면 다음과 같다.

(단위 : 점)

구분	업무실적	팀워크	전문성	성실성	최종 평가 점수
A주임	60×0.4 $=24$	90×0.15 $=13.5$	84×0.25 $=21$	98×0.2 $=19.6$	78.1
B주임	70×0.4 $=28$	86×0.15 $=12.9$	84×0.25 $=21$	96×0.2 $=19.2$	81.1
C주임	91×0.4 $=36.4$	76×0.15 $=11.4$	96×0.25 $=24$	53×0.2 $=10.6$	82.4
D주임	84×0.4 $=33.6$	92×0.15 $=13.8$	76×0.25 $=19$	80×0.2 $=16$	82.4

C주임과 D주임의 최종 평가 점수가 동일하므로 업무실적과 전문성 점수의 평균을 구해야 한다.
- C주임 : $(91+96)\div2=93.5$점
- D주임 : $(84+76)\div2=80$점

따라서 대리로 진급하는 사람은 C주임이다.

14 정답 ①

변경된 승진 규정에 따라 승진 대상자별 최종 평가 점수를 구하면 다음과 같다.

(단위 : 점)

구분	업무실적	팀워크	전문성	성실성	최종 평가 점수
A주임	60×0.15 =9	90×0.3 =27	84×0.4 =33.6	98×0.15 =14.7	84.3
B주임	70×0.15 =10.5	86×0.3 =25.8	84×0.4 =33.6	96×0.15 =14.4	84.3
C주임	91×0.15 =13.65	76×0.3 =22.8	96×0.4 =38.4	53×0.15 =7.95	82.8
D주임	84×0.15 =12.6	92×0.3 =27.6	76×0.4 =30.4	80×0.15 =12	82.6

A주임과 B주임의 최종 평가 점수가 동일하므로 팀워크와 전문성 점수의 평균을 구해야 한다.
- A주임 : (90+84)÷2=87점
- B주임 : (86+84)÷2=85점

따라서 팀장이 되는 사람은 A주임이다.

15 정답 ①

IBK 부모급여우대적금에서 부모급여나 아동수당의 수급은 우대이자율 조건 중의 하나로 상품가입을 위한 필수 조건은 아니다. 따라서 부모급여나 아동수당을 수급하는 사람에 한해 가입이 가능한 자유적립식 적금 상품이라는 행원의 답변은 적절하지 않다.

[오답분석]
② 우대이자율의 가족 실적합산에서 가족등록 후 계약기간 중 충족된 실적은 합산하여 우대이자율 제공한다고 명시되어 있으며, 적금 가입과 우대조건을 충족한 고객의 명의가 달라도 합산하여 실적을 인정해 주므로 적절한 답변이다.
③ 가족등록을 하기 위해서는 반드시 가족관계 확인서류를 지참하여 영업점에 방문해야 하므로 적절한 답변이다.
④ IBK 부모급여우대적금은 1년(12개월) 계약 상품으로 월 최대 50만 원씩 입금할 수 있다. 따라서 최대 입금액은 50×12=600만 원이다.

16 정답 ②

A고객은 9개월 동안 적금을 유지하다가 중도해지하였으므로 중도해지이자율에 따라 이자율이 결정되며, 우대이자율은 적용되지 않는다. 1년(12개월) 계약 상품에서 9개월까지 유지하였으므로 납입기간 경과비율은 9÷12×100=75%이다. 그러므로 중도해지이자율은 (기본이자율)×60%이다. 따라서 A고객이 받을 수 있는 최고 이자율은 2.5×0.6=연 1.5%이다.

17 정답 ④

- FX플러-IC3L05NA : 외환(FX)은 계약 기간에 N00이 부여되어야 한다.
- OP더굴-CC0L10VR : OP는 없는 상품 종류이다.
- DP모아-IC2M48FR : 중기(M) 계약 기간은 최장 3년, 즉 36개월이므로 M36을 초과하는 개월 수는 표기할 수 없다.
- TR믿음-CC2M24FR : 법인(CC)의 경우 계약 연령층에 0이 부여되어야 한다.

따라서 성립할 수 없는 코드는 4개이다.

18 정답 ③

A씨의 조건에 따라 부여되는 코드는 다음과 같다.
- 대출 : LN
- 상품명 : 파워
- 개인 : IC
- 20대 : 2
- 10년(장기) : L10
- 고정 이율 : FR

따라서 올바른 코드는 LN파워-IC2L10FR이다.

19 정답 ②

4월의 마지막 날은 30일이기 때문에 ⓐ는 30이다. 지수는 짝수일마다 10,000원씩 저축하므로 홀수일에는 저축하지 않고, 다음 날로 넘어가야 한다. 따라서 ⓑ는 Yes, ⓒ는 No이다.

02 직무수행능력

| 금융일반 – 객관식 |

01	02	03	04	05	06	07	08	09	10
②	④	④	③	②	③	④	②	③	④

01 정답 ②

매트릭스 조직은 조직 구성원들이 2명 이상 다수의 상급자를 가지기 때문에, 역할갈등 등의 문제가 발생할 수 있다.

오답분석
① 프로젝트 관리(직무조직)와 스텝(기능조직)을 결합시킨 형태이다.
③·④ 매트릭스 조직은 개별 구성원의 창의력, 사기 등을 제고하여 환경변화에 신속하게 대응하고 적극적으로 문제를 해결할 수 있는 환경을 부여할 수 있는 장점이 있다.

02 정답 ④

신디케이트는 여러 기업이 출자하여 공동으로 판매조직을 만들고, 각 기업은 경영의 독립성을 유지하면서도 판매 활동만 공동으로 수행하는 기업집중 형태이다.

오답분석
① 콘체른 : 법률적으로 독립된 각각의 기업이 출자 등을 통해 지배, 종속 관계를 형성하는 기업집중 형태이다.
② 트러스트 : 시장독점을 위해 기업들이 독립성을 상실하고 합동하는 기업집중 형태이다.
③ 카르텔 : 같은 제품을 생산하는 기업들이 시장통제를 위해 서로 가격, 생산량 등을 담합하여 경쟁을 피하는 기업집중 형태이다.

03 정답 ④

배블런 효과는 소비자들이 상품의 효용가치를 고려하지 않고 단지 상품을 통해 자신을 표현하고 타인의 시선을 얻기 위한 심리적 욕구가 작용하는 것을 의미한다.

04 정답 ③

WACC가 높으면 미래현금흐름의 현재가치가 그만큼 낮아지므로 기업가치가 하락하게 된다.

05 정답 ②

당기순이익은 총수익에서 총비용을 빼서 계산하므로 20-10=10억 원이다. 단, 당기 중에 사용된 선수수익과 선급금은 수익과 비용에 반영되어야 하므로, 당기 중에 사용된 선급금(연간 임차료 1억 원)을 총비용에 더하여야 한다. 따라서 A기업의 당기순이익은 20-11=9억 원이다.

06 정답 ③

보수행렬은 2차원으로 표현되기 때문에 3인 이상의 게임에는 적용하기 어렵다.

07 정답 ④

우리나라의 GDP 대비 수출 의존도는 다른 선진국에 비해 높은 편으로 수출이 경제성장에 큰 역할을 차지하고 있다.

08 정답 ②

피구세를 도입하면 사회 전체적으로 외부비용이 감소하게 되어 사회적 이익이 증대되는 효과를 얻을 수 있다.

09 정답 ③

(총수요)=(소비)+(투자)+(정부지출)+(수출)-(수입)이다. 따라서 총수요는 100,000+40,000+30,000+150,000-100,000=220,000원이다.

10 정답 ④

확실성 등가(Certainty Equivalent)는 불확실한 상황에서 기대효용과 동일한 효용을 가져다주는 확실한 금액을 의미한다. 보험에 가입해 받는 보험금은 확실성 등가가 아니라, 특정 사건이 발생했을 때 지급되는 금액이므로 적절하지 않은 예시이다. 한편 보험료(프리미엄)는 확실성 등가와 기대값의 차이, 즉 위험프리미엄의 예시로 적절하다.

금융일반 - 주관식

01	02	03		
16	3	1.2		

01
정답 16

PER은 주가를 주당순이익으로 나눈 값이다. A기업의 주당순이익은 20억 원÷400만 주=500원이므로 A기업의 PER은 8,000÷500=16이다.

02
정답 3

㉠ 마샬 – 러너 조건은 환율이 절하될 때 무역수지가 개선되기 위해서는 수출 증가와 수입 감소(수출과 수입의 가격 탄력성의 합)가 환율 절하율보다 커야 한다는 조건이다.
㉡ J-커브 효과는 환율 절하 직후에는 무역수지가 일시적으로 악화되지만, 시간이 지나면서 수출 증가와 수입 감소로 무역수지가 개선되는 현상을 의미한다.
㉢ 마샬 – 러너 조건을 도출할 때는 수출과 수입의 수요 탄력성이 일정하다는 가정을 전제로 한다.

오답분석
㉣ 마샬 – 러너 조건에 따르면 두 나라의 수입(또는 수출) 수요 탄력성의 합이 1보다 커야 환율 절하가 무역수지 개선으로 이어진다. 1보다 작으면 오히려 무역수지가 악화된다.

03
정답 1.2

자본자산가격결정모형(CAPM) 공식을 통해 해당 주식의 베타(β) 값을 구하면 다음과 같다.
$E(r_a) = r_f + \beta \times [E(r_m) - r_f]$
$10.2 = 3 + \beta \times (9-3)$
→ $7.2 = \beta \times 6$
→ $\beta = \dfrac{7.2}{6}$
∴ $\beta = 1.2$
따라서 A기업의 베타 값은 1.2이다.

디지털 - 객관식

01	02	03	04	05	06	07	08
④	①	③	①	②	①	④	①

01
정답 ④

K-Means 알고리즘은 각 군집을 중심점(Centroid)으로부터의 거리 기준(유클리드 거리 등)으로 할당하기 때문에 데이터의 군집이 원형(구형, Spherical)에 가까울수록 좋은 성능을 보인다. 중심점 기반이므로 반달 모양 등 복잡하게 휘어진 형태의 군집에서는 군집화 성능이 떨어질 수 있으며, 기본적으로 군집의 모양이 원형에 가까울 것을 전제로 한다.

02
정답 ①

모멘텀 값이 1에 가까우면 진동이 커질 수 있으므로, 일반적으로 0.9 정도로 설정한다.

오답분석
② 모멘텀은 진동을 줄이고, 평탄한 방향으로 더 빠르게 이동할 수 있게 하여 수렴 속도와 안정성을 높여준다.
③ 모멘텀 계수는 이전 단계의 기울기를 얼마나 반영할지 결정하는 하이퍼파라미터이다.
④ 모멘텀을 적용하면 관성 효과로 인해 작은 지역 최솟값(Local Minimum)을 탈출할 가능성이 높아진다.

03
정답 ③

FCFS는 가장 먼저 도착한 프로세스를 먼저 처리하는 비선점형 스케줄링이다.

04
정답 ①

LEFT JOIN은 왼쪽 테이블의 모든 행을 포함하고, 오른쪽 테이블에서 조건에 맞는 행을 결합한다. 오른쪽 테이블에 일치하는 행이 없으면 NULL로 채워진다.

05
정답 ②

순입력은 $(1 \times 0.5) + (0 \times 0.3) + (-0.2) = 0.3 > 0$이므로 계단함수의 출력 값은 1이다.

06
정답 ①

파이썬에서 튜플의 +연산은 두 튜플을 이어붙이는 연산이다.

07

정답 ④

[오답분석]
① 데이터링크계층까지는 맞으나 응용계층이 포함되어 있지 않다.
②·③ 계층에 맞지 않은 전송단위를 나열하고 있다.

08

정답 ①

C언어에서는 인자가 값으로 전달된다. main에서의 n은 5인데 func(n)을 호출하면 n의 값이 복사되어 x에 들어간다. 원본 n은 그대로 5이므로 5가 출력된다.

| 디지털 – 주관식 |

01	02		
3	10		

01

정답 3

입력값과 가중치의 곱의 합을 계산하면 $(1 \times 1) + (2 \times 1) = 1 + 2 = 3$이며, 편향이 0이므로 최종 출력값은 3이다.

02

정답 10

이중포인터 **pp는 포인터 *p의 주소를 저장하고, *p는 변수 a의 주소를 저장한다. 따라서 **pp는 a의 값을 참조하며, 출력 결과는 10이다.

PART 1
NCS 직업기초능력

- **CHAPTER 01** 의사소통능력
- **CHAPTER 02** 문제해결능력
- **CHAPTER 03** 조직이해능력
- **CHAPTER 04** 자원관리능력
- **CHAPTER 05** 수리능력
- **CHAPTER 06** 정보능력

CHAPTER 01 의사소통능력

합격 CHEAT KEY

의사소통능력은 평가하지 않는 금융권이 없을 만큼 필기시험에서 중요도가 높은 영역이다. 또한, 의사소통능력의 문제 출제 비중은 가장 높은 편이다. 이러한 점을 볼 때, 의사소통능력은 NCS를 준비하는 수험생이라면 반드시 정복해야 하는 과목이다.

국가직무능력표준에 따르면 의사소통능력의 세부 유형은 문서이해, 문서작성, 의사표현, 경청, 기초외국어로 나눌 수 있다. 문서이해·문서작성과 같은 제시문에 대한 주제 찾기, 내용일치 문제의 출제 비중이 높으며, 공문서·기획서·보고서·설명서 등 문서의 특성을 파악하는 문제도 출제되고 있다. 따라서 이러한 분석을 바탕으로 전략을 세우는 것이 매우 중요하다.

01 문제에서 요구하는 바를 먼저 파악하라!

의사소통능력에서 가장 중요한 것은 제한된 시간 안에 빠르고 정확하게 답을 찾아내는 것이다. 그러기 위해서는 우리가 의사소통능력을 공부하는 이유를 잊지 말아야 한다. 우리는 지식을 쌓기 위해 의사소통능력 지문을 보는 것이 아니다. 의사소통능력에서는 지문이 아니라 문제가 주인공이다! 지문을 보기 전에 문제를 먼저 파악해야 한다. 주제 찾기 문제라면 첫 문장과 마지막 문장 또는 접속어를 주목하자! 내용일치 문제라면 지문과 문항의 일치 / 불일치 여부만 파악한 뒤 빠져나오자! 지문에 빠져드는 순간 소중한 시험 시간은 속절없이 흘러 버린다!

02 잠재되어 있는 언어능력을 발휘하라!

의사소통능력에는 끝이 없다! 의사소통의 방대함에 포기한 적이 있는가? 세상에 글은 많고 우리가 학습할 수 있는 시간은 한정적이다. 이를 극복할 수 있는 방법은 다양한 글을 접하는 것이다. 실제 시험장에서 어떤 내용의 지문이 나올지 아무도 예측할 수 없다. 따라서 평소에 신문, 소설, 보고서 등 여러 글을 접하는 것이 필요하다. 잠재되어 있는 글에 대한 안목이 시험장에서 빛을 발할 것이다.

03 상황을 가정하라!

업무 수행에 있어 상황에 따른 언어 표현은 중요하다. 같은 말이라도 상황에 따라 다르게 해석될 수 있기 때문이다. 그런 의미에서 자신의 의견을 효과적으로 전달할 수 있는 능력을 평가하는 것은 당연하다. 따라서 다양한 상황에서의 언어표현능력을 함양하기 위한 연습의 과정이 요구된다. 업무를 수행하면서 발생할 수 있는 여러 상황을 가정하고 그에 따른 올바른 언어표현을 정리하는 것이 필요하다. 의사표현 영역의 경우 출제 빈도가 높지는 않지만 상황에 따른 판단력을 평가하는 문항인 만큼 대비하는 것이 필요하다.

04 말하는 이의 입장에서 생각하라!

잘 듣는 것 또한 하나의 능력이다. 상대방의 이야기에 귀 기울이고 공감하는 태도는 업무를 수행하는 관계 속에서 필요한 요소이다. 그런 의미에서 다양한 상황에서의 듣는 능력을 평가하는 것이다. 말하는 이가 요구하는 듣는 이의 태도를 파악하고, 이에 따른 판단을 할 수 있도록 언제나 말하는 사람의 입장이 되는 연습이 필요하다.

05 반복만이 살길이다!

학창 시절 외국어를 공부하던 때를 떠올려 보자! 셀 수 없이 많은 표현들을 익히기 위해 얼마나 많은 반복의 과정을 거쳤는가? 의사소통능력 역시 그러하다. 하나의 문제 유형을 마스터하기 위해 가장 중요한 것은 바로 여러 번, 많이 풀어 보는 것이다.

대표기출유형

01 문장삽입

| 유형분석 |

- 논리적인 흐름에 따라 글을 이해할 수 있는지 평가한다.
- 한 문장뿐 아니라 여러 개의 문장이나 문단을 삽입하는 문제가 출제될 가능성이 있다.

다음 글의 빈칸에 들어갈 문장을 〈보기〉에서 골라 순서대로 바르게 나열한 것은?

21세기는 각자의 개성이 존중되는 다원성의 시대이다. 역사 분야에서도 역사를 바라보는 관점에 따라 다양한 역사 서술들이 이루어지고 있다. 이렇게 역사 서술이 다양해질수록 역사 서술에 대한 가치 판단의 요구는 증대될 수밖에 없다. 그렇다면 이 시대의 역사 서술은 어떤 기준으로 평가되어야 할까?

역사 서술 방법 중에 가장 널리 알려진 것은 근대 역사가들이 표방한 객관적인 역사 서술 방법일 것이다. 이들에게 역사란 과거의 사실을 어떤 주관도 개입시키지 않은 채 객관적으로만 서술하는 것이다. 하지만 역사가는 특정한 국가와 계층에 속해 있고 이에 따라 특정한 이념과 가치관을 가지므로 객관적일 수 없다. 역사가의 주관적 관점은 사료를 선별하는 과정에서부터 이미 개입되기 시작하며 사건의 해석과 평가라는 역사 서술에 지속적으로 영향을 주게 된다. _____

이러한 역사 서술의 주관성 때문에 역사가 저마다의 관점에 따른 다양한 역사 서술이 존재하게 된다. _____ 역사학자 카(E. H. Carr)는 역사 서술에 대해 '역사는 과거와 현재의 대화이다.'라는 말을 남겼다. 이 말은 현재를 거울삼아 과거를 통찰하고 과거를 거울삼아 현재를 바라보며 더 나은 미래를 창출하는 것으로 해석할 수 있다. 이러한 견해에 의하면 역사 서술의 가치는 과거와 현재의 합리적인 소통 가능성에 따라 판단될 수 있다.

_____ 이 기준을 지키지 못한 역사 서술은 과거나 현재를 왜곡할 우려가 있으며, 결과적으로 미래를 올바르게 바라보지 못하게 만드는 원인이 될 수 있다. 이를테면 수많은 반증 사례가 있음에도 자신의 관점에 부합하는 사료만을 편파적으로 선택한 역사 서술은 '사실성'의 측면에서 신뢰받기 어렵다. 사료를 배열하고 이야기를 구성하는 과정이 지나치게 자의적이라면 '타당성'의 측면에서 비판받을 것이다. 또한 사료의 선택과 해석의 방향이 과거의 잘못을 미화하기 위한 것이라면 '진정성'의 측면에서도 가치를 인정받지 못하게 될 것이다.

보기

㉠ 이에 따라 우리는 다양한 역사 서술 속에서 우리에게 가치 있는 역사 서술이 무엇인지를 판단할 필요가 있다.
㉡ 따라서 역사 서술에 역사가의 주관은 개입될 수밖에 없으므로 완전히 객관적인 역사 서술은 불가능한 일이다.
㉢ 과거와 현재의 합리적 소통 가능성은 역사 서술의 사실성, 타당성, 진정성 등을 준거로 판단할 수 있다.

① ㉠, ㉡, ㉢　　　　　　　　　　　　　　② ㉠, ㉢, ㉡
③ ㉡, ㉠, ㉢　　　	　　　　　　　　　　④ ㉢, ㉠, ㉡

> **정답** ③
> - 첫 번째 빈칸 : 빈칸 앞의 내용에서는 역사가가 특정한 이념과 가치관을 가지므로 객관적일 수 없으며, 역사가의 주관적 관점이 역사 서술에 지속적으로 영향을 준다고 하였다. 따라서 빈칸에는 완전히 객관적인 역사 서술은 불가능하다는 내용의 ㉡이 적절함을 알 수 있다.
> - 두 번째 빈칸 : 빈칸 앞 문장의 '다양한 역사 서술이 존재'한다는 내용을 통해 빈칸에는 이러한 '다양한 역사 서술' 속에서 가치 있는 역사 서술이 무엇인지를 판단할 필요가 있다는 내용의 ㉠이 적절함을 알 수 있다.
> - 세 번째 빈칸 : 빈칸 뒤 문장의 '이 기준'은 ㉢의 '역사 서술의 사실성, 타당성, 진정성'을 의미하며, 빈칸 뒤에서는 이러한 '역사 서술의 사실성, 타당성, 진정성' 측면에 대해 각각 이야기하고 있다. 따라서 빈칸에는 ㉢이 적절함을 알 수 있다.
>
> **유형풀이 Tip**
> - 보기를 먼저 읽고, 선택지로 주어진 빈칸의 앞・뒤 문장을 읽어 본다. 그리고 빈칸 부분에 보기를 넣었을 때 그 흐름이 어색하지 않은 위치를 찾는다.
> - 보기 문장의 중심이 되는 단어가 빈칸의 앞뒤에 언급되어 있는지 확인하도록 한다.

대표기출유형 01 기출응용문제

※ 다음 글의 빈칸에 들어갈 문장을 〈보기〉에서 골라 순서대로 바르게 나열한 것을 고르시오. [1~2]

01

요즘에는 낯선 곳을 찾아갈 때, 지도를 해석하며 어렵게 길을 찾지 않아도 된다. 기술력의 발달에 따라, 제공되는 공간 정보를 바탕으로 최적의 경로를 탐색할 수 있게 되었기 때문이다. _____ 이처럼 공간 정보가 시간에 따른 변화를 반영할 수 있게 된 것은 정보를 수집하고 분석하는 정보 통신 기술의 발전과 밀접한 관련이 있다.

공간 정보의 활용은 '위치정보시스템(GPS)'과 '지리정보시스템(GIS)' 등의 기술적 발전과 휴대 전화나 태블릿 PC 등 정보 통신 기기의 보급을 기반으로 한다. 위치정보시스템은 공간에 대한 정보를 수집하고 지리정보시스템은 정보를 저장, 분류, 분석한다. 이렇게 분석된 정보는 사용자의 요구에 따라 휴대 전화나 태블릿 PC 등을 통해 최적화되어 전달된다.

길 찾기를 예로 들어 이 과정을 살펴보자. 휴대 전화 애플리케이션을 이용해 사용자가 가려는 목적지를 입력하고 이동 수단으로 버스를 선택하였다면, 우선 사용자의 현재 위치가 위치정보시스템에 의해 실시간으로 수집된다. 그리고 목적지와 이동 수단 등 사용자의 요구와 실시간으로 수집된 정보에 따라 지리정보시스템은 탑승할 버스 정류장의 위치, 다양한 버스 노선, 최단 시간 등을 분석하여 제공한다. _____

_____ 예를 들어, 여행지와 관련한 공간 정보는 여행자의 요구와 선호에 따라 선별적으로 분석되어 활용된다. 나아가 유동 인구를 고려한 상권 분석과 교통의 흐름을 고려한 도시 계획 수립에도 공간 정보 활용이 가능하게 되었다. 획기적으로 발전되고 있는 첨단 기술이 적용된 공간 정보가 국가 차원의 자연재해 예측 시스템에도 활발히 활용된다면 한층 정밀한 재해 예방 및 대비가 가능해질 것이다. 이로 인해 우리의 삶도 더 편리하고 안전해질 것으로 기대된다.

보기

㉠ 어떤 곳의 위치 좌표나 지리적 형상에 대한 정보뿐만 아니라 시간에 따른 공간의 변화를 포함한 공간 정보를 이용할 수 있게 되면서 가능해진 것이다.
㉡ 더 나아가 교통 정체와 같은 돌발 상황과 목적지에 이르는 경로의 주변 정보까지 분석하여 제공한다.
㉢ 공간 정보의 활용 범위는 계속 확대되고 있다.

① ㉠, ㉡, ㉢ ② ㉠, ㉢, ㉡
③ ㉡, ㉠, ㉢ ④ ㉢, ㉠, ㉡

Easy 02

_____ 저축은 미래의 소비를 위해 현재의 소비를 억제하는 것을 의미하는데, 이때 그 대가로 주어지는 것이 이자이다. 하지만 저금리 상황에서는 현재의 소비를 포기하는 대가로 보상받는 비용인 이자가 적기 때문에 사람들은 저축을 신뢰하지 못하게 되는 것이다.

화폐의 효용성과 합리적인 손익을 따져 본다면 저금리 시대의 저축률은 줄어드는 것이 당연하다. 물가 상승에 비해 금리가 낮을 때에는 시간이 경과할수록 화폐의 가치가 떨어지게 되어 저축으로부터 얻을 수 있는 실질적인 수익이 낮아지거나 오히려 손해를 입을 수 있기 때문이다.

_____ 2012년에 3.4%였던 가계 저축률이 2014년에는 6.1%로 상승한 것이다. 왜 그럴까? 사람들이 저축을 하는 데에는 단기적인 금전상의 이익 이외에 또 다른 요인이 작용하기 때문이다. 살아가다 보면 예기치 않은 소득 감소나 질병 등으로 인해 갑자기 돈이 필요한 상황이 생길 수 있다. 이자율이 낮다고 해서 돈이 필요한 상황에 대비할 필요가 없어지는 것은 아니다. 이런 점에서 볼 때 금리가 낮음에도 불구하고 사람들이 저축을 하는 것은 장래에 닥칠 위험을 대비하기 위한 적극적인 의지의 반영인 것이다.

저금리 상황 속에서 저축을 하지 않는 것이 당장은 경제적인 이득을 얻는 것처럼 보일 수 있다. _____ 또한 고령화가 급격하게 진행되는 추세 속에서 노후 생활을 위한 소득 보장의 안전성을 저해하는 등 사회 전반의 불안감을 높일 수도 있다. 따라서 눈앞에 보이는 이익에만 치우쳐서 저축이 가지는 효용 가치를 단기적인 측면으로 한정해서 바라보아서는 안 된다.

우리의 의사 결정은 대개 미래가 불확실한 상황에서 이루어지며 우리가 직면하는 불확실성은 확률적으로도 파악하기 힘든 것이 대부분이다. 따라서 저축의 효용성은 단기적 이익보다 미래의 불확실성에 대비하기 위한 거시적 관점에서 그 중요성을 생각해야 한다.

보기

㉠ 그런데 한국은행이 발표한 최근 자료를 보면, 금리가 낮은 수준에 머물고 있을 때에도 저축률이 상승하였음을 알 수 있다.
㉡ 저금리가 유지되고 있는 사회에서는 저축에 대한 사람들의 인식이 상당히 회의적이다.
㉢ 하지만 이는 미래에 쓸 수 있는 경제 자원을 줄어들게 만들고 개인의 경제적 상황을 오히려 악화시킬 수도 있다.

① ㉠, ㉡, ㉢
② ㉠, ㉢, ㉡
③ ㉡, ㉠, ㉢
④ ㉢, ㉡, ㉠

※ 다음 글에서 〈보기〉의 문장 ㉠, ㉡이 들어갈 위치로 가장 적절한 곳을 고르시오. [3~4]

03

현대 사회가 다원화되고 복잡해지면서 중앙 정부는 물론, 지방자치단체 또한 정책 결정 과정에서 능률성과 효과성을 우선시하는 경향이 커져 왔다. 이로 인해 전문적인 행정 담당자를 중심으로 한 정책 결정이 빈번해지고 있다. 그러나 지방자치단체의 정책 결정은 지역 주민의 의사와 무관하거나 배치되어서는 안 된다는 점에서 이러한 정책 결정은 지역 주민의 의사에 보다 부합하는 방향으로 보완될 필요가 있다. (가)

행정 담당자 주도로 이루어지는 정책 결정의 문제점을 극복하기 위해 그동안 지방자치단체 자체의 개선 노력이 없었던 것은 아니다. (나) 이 둘은 모두 행정 담당자 주도의 정책 결정을 보완하기 위해 시장 경제의 원리를 부분적으로 받아들였다는 점에서는 공통되지만, 운영 방식에는 차이가 있다. 민간화는 지방자치단체가 담당하는 특정 업무의 운영권을 민간 기업에 위탁하는 것으로, 기업 선정을 위한 공청회에 주민들이 참여하는 등의 방식으로 주민들의 요구를 반영하는 것이다. (다) 하지만 민간화를 통해 수용되는 주민들의 요구는 제한적이므로 전체 주민의 이익이 반영되지 못하는 경우가 많고, 민간 기업의 특성상 공익의 추구보다는 기업의 이익을 우선한다는 한계가 있다. 경영화는 민간화와는 달리, 지방자치단체가 자체적으로 민간 기업의 운영 방식을 도입하는 것을 말한다. 주민들을 고객으로 대하며 주민들의 요구를 충족하고자 하는 것이다. (라)

이러한 한계를 해소하고 지방자치단체의 정책 결정 과정에서 지역 주민 전체의 의견을 보다 적극적으로 반영하기 위해서는 주민 참여 제도의 활성화가 요구된다. 현재 우리나라의 지방자치단체가 채택하고 있는 간담회, 설명회 등의 주민 참여 제도는 주민들의 의사를 간접적으로 수렴하여 정책에 반영하는 방식인데, 주민들의 의사를 더욱 직접적으로 반영하기 위해서는 주민 투표, 주민 소환, 주민 발안 등의 직접 민주주의 제도를 활성화하는 방향으로 주민 참여 제도가 전환될 필요가 있다.

보기
㉠ 지역 주민의 요구를 수용하기 위해 도입한 '민간화'와 '경영화'가 대표적인 사례이다.
㉡ 그러나 주민 감시나 주민자치위원회 등을 통한 외부의 적극적인 견제가 없으면 행정 담당자들이 기존의 관행에 따라 업무를 처리하는 경향이 나타나기도 한다.

	㉠	㉡		㉠	㉡
①	(가)	(나)	②	(가)	(다)
③	(나)	(다)	④	(나)	(라)

04

흔히 어떤 대상이 반드시 가져야만 하고, 그것을 다른 대상과 구분해 주는 속성을 본질이라고 한다. X의 본질이 무엇인지 알고 싶으면 X에 대한 필요충분한 속성을 찾으면 된다. 다시 말해서 모든 X에 대해 그리고 오직 X에 대해서만 해당되는 것을 찾으면 된다. 예컨대 모든 까투리가 그리고 오직 까투리만이 꿩이면서 동시에 암컷이므로, '암컷인 꿩'은 까투리의 본질이라고 생각된다. 그러나 암컷인 꿩은 애초부터 까투리의 정의라고 우리가 규정한 것이므로 그것을 본질이라고 말하기에는 허망하다. 다시 말해서 본질은 따로 존재하여 우리가 발견한 것이 아니라 까투리라는 낱말을 만들면서 사후적으로 구성된 것이다.

서로 다른 개체를 동일한 종류의 것이라고 판단하고 의사소통에 성공하기 위해서는 개체들이 공유하는 무엇인가가 필요하다. 본질주의는 그것이 우리와 무관하게 개체 내에 본질로서 존재한다고 주장한다. (가) 반면에 반(反)본질주의는 그런 본질이란 없으며, 인간이 정한 언어 약정이 본질주의에서 말하는 본질의 역할을 충분히 달성할 수 있다고 주장한다. (나)

'본질'이 존재론적 개념이라면 거기에 언어적으로 상관하는 것은 '정의'이다. 그런데 어떤 대상에 대해서 약정적이지 않으면서 완벽하고 정확한 정의를 내리기 어렵다는 사실은 반본질주의의 주장에 힘을 실어 준다. (다) 사람을 예로 들어 보자. '이성적 동물'은 사람에 대한 정의로 널리 알려져 있다. 그러면 이성적이지 않은 갓난아이를 사람의 본질에 대한 반례로 제시할 수 있다. 이번에는 '사람은 사회적 동물이다.'라고 정의를 제시할 수도 있다. 그러나 사회를 이루고 산다고 해서 모두 사람인 것은 아니다. 개미나 벌도 사회를 이루고 살지만 사람은 아니다.

서양의 철학사는 본질을 찾는 과정이라고 말할 수 있다. 본질주의는 사람뿐만 아니라 자유나 지식 등의 본질을 찾는 시도를 계속해 왔지만, 대부분의 경우 아직까지 본질적인 것을 명확히 찾는 데 성공하지 못했다. (라) 우리가 본질을 명확히 찾지 못하는 까닭은 우리의 무지 때문이 아니라 그런 본질이 있다는 잘못된 가정에서 출발했기 때문이라는 것이다. 사물의 본질이라는 것은 단지 인간의 가치가 투영된 것에 지나지 않는다는 것이 반본질주의의 주장이다.

〈보기〉

㉠ 이른바 본질은 우리가 관습적으로 부여하는 의미를 표현한 것에 불과하다는 것이다.
㉡ 그래서 숨겨진 본질을 밝히려는 철학적 탐구는 실제로는 부질없는 일이라고 반본질주의로부터 비판을 받는다.

	㉠	㉡		㉠	㉡
①	(가)	(나)	②	(가)	(다)
③	(나)	(다)	④	(나)	(라)

02 빈칸추론

유형분석

- 글의 전반적인 흐름을 파악하고 있는지 평가한다.
- 첫 문장, 마지막 문장 또는 글의 중간 등 다양한 위치에 빈칸이 주어질 수 있다.

다음 글의 빈칸에 들어갈 내용으로 가장 적절한 것은?

역사적으로 볼 때 지식은 개별 분과 학문, 즉 학제 안에서 생산되어 왔으며, 학제는 지식이 생산되는 가장 일반적인 장소이다. 학제는 뚜렷한 경계가 있는 지식 영역으로 공통의 언어, 연구 대상과 질문, 방법론적 가정과 도구, 이론과 모범 사례들을 지닌다. 학제가 작용하는 방식은 '학제적 코드'라는 개념을 통해 이해할 수 있는데, 이는 학제가 의례화되고 규범화된 특정 방식으로 지식 생산을 통제하고 표준화한다는 것을 의미한다.

그런데 학제적 연구는 현대사회에서 인류가 직면한 문제들을 다루는 데 있어 한계를 드러내고 있다. 이러한 문제들이 학제의 경계선에 맞춰 발생하지 않기 때문이다. 기후변화, 디지털 격차, 구조적 불평등과 같은 많은 문제들이 본질적으로 학제의 질서에 따라 정의될 수 없는 초학제적인 문제이므로, 이러한 문제를 다루려는 시도는 초학제적이어야 한다.

초학제적 연구는 학제가 아니라 문제에서 시작된다. 학제적 연구의 전통에서 문제 도출은 연구자의 학제에 근거하지만, 초학제적 연구에서는 학제의 이론이나 방법과 상관없이 문제 자체가 연구 과정의 중심에 놓인다. 연구자의 질문이 '내 학제에서 수용 가능한 문제는 무엇이며, 내 학제는 이 문제를 어떻게 다룰 것인가?'에서 '현실 세계에서 해결되어야 할 문제는 무엇이며, 어떻게 하면 그러한 문제를 가장 완전하게 다룰 수 있는가?'로 바뀌는 것이다. 이렇듯 초학제적 연구는 문제 해결을 위해 학제의 의례와 규범을 초월하며, 개별 학제들로 환원될 수 없는 새로운 개념적, 이론적, 방법론적 프레임워크를 혁신적으로 개발한다.

그런데 초학제적 연구의 필요성이 강조될수록 연구자들은 두려움을 느낀다. 학제가 무용화될 것이라고 여기는 것이다. 그러나 초학제적 연구에서 강조되는 중요한 자산은 자신의 학제에 정통할 수 있는 연구자의 역량이다. 학제를 초월한다는 것은 연구자가 자신의 뿌리를 잘라내는 것이 아니라 지평을 넓히는 것을 의미한다. 그래야만 자신의 학제와 다른 학제들로부터 자원과 전문성을 끌어모으고 혁신적으로 통합하여 현실세계의 문제에 총체적으로 대응할 수 있기 때문이다. 따라서 _____고 결론지을 수 있다.

① 학제에 정통한 연구자일수록 초학제적 연구의 필요성을 수용하지 못한다
② 초학제적 연구를 수행하려는 연구자는 학제 내 수용성을 고려하여 주제를 선정해야 한다
③ 학제의 의례와 규범에 따라 기존의 프레임워크를 개선하는 탁월한 연구자가 초학제적 연구를 선도하게 된다
④ 초학제적 연구는 현실의 문제를 해결하기 위해 학제적 코드를 초월하지만 학제의 폐쇄를 가져오지는 않는다

정답 ④

마지막 문단에 따르면 초학제는 연구자가 자신의 뿌리, 즉 학제를 잘라내는 것이 아니라 학제를 초월하는 것을 의미한다. 이를 통해 초학제적 연구가 학제를 무용화시킬 것이라는 우려를 반박하는 것이다. 그러므로 '초학제적 연구는 현실의 문제를 해결하기 위해 학제적 코드를 초월한다.'는 것과 초학제적 연구는 '학제의 폐쇄를 가져오지는 않는다.'는 것 또한 빈칸에 들어갈 내용으로 적절하다. 따라서 빈칸에는 ④가 들어가는 것이 가장 적절하다.

오답분석

① 마지막 문단에 따르면 자신의 학제에 정통한 연구자일수록 초학제적 연구를 잘 수행해 현실 세계의 문제를 해결할 수 있다.
② 세 번째 문단에 따르면 학제적 연구에서 문제 도출은 연구자의 학제에 근거하므로, '학제 내 수용성을 고려하여 주제를 선정'하는 경우는 초학제적 연구가 아니라 학제적 연구를 수행할 때이다.
③ 세 번째 문단에 따르면 학제의 의례와 규범을 따르는 것이 아니라 초월하여 새로운 개념적, 이론적, 방법론적 프레임워크를 혁신적으로 개발한다.

유형풀이 Tip

- 글을 모두 읽고 풀기에는 시간이 부족하다. 따라서 빈칸의 앞·뒤 문장만을 통해 내용을 파악할 수 있어야 한다.
- 주어진 문장을 각각 빈칸에 넣었을 때 그 흐름이 어색하지 않은지 확인하도록 한다.

대표기출유형 02 기출응용문제

※ 다음 글의 빈칸에 들어갈 내용으로 가장 적절한 것을 고르시오. **[1~2]**

01

몰랐지만 넘겨짚어 시험의 정답을 맞힌 경우와 제대로 알고 시험의 정답을 맞힌 경우를 구별할 수 있을까? 또 무작정 외워서 쓴 경우와 제대로 이해하고 쓴 경우는 어떤가? 전자와 후자는 서로 다르게 평가받아야 할까, 아니면 동등한 평가를 받아야 할까?

선택형 시험의 평가는 오로지 답안지에 표기된 선택지가 정답과 일치하는가의 여부에만 달려 있다. 이는 위의 첫 번째 물음이 항상 긍정으로 대답되지는 않으리라는 사실을 말해준다. 그러나 만일 시험관에게 답안지를 놓고 응시자와 면담할 기회가 주어진다면, 시험관은 응시자에게 정답지를 선택한 근거를 물음으로써 그가 문제에 관해 올바른 정보와 추론 능력을 가지고 있는지 검사할 수 있을 것이다. 예를 들어 한 응시자가 '대한민국의 수도가 어디냐'는 물음에 대해 '서울'이라고 답했다고 하자. 그렇게 답한 이유가 단지 '부모님이 사시는 도시라 이름이 익숙해서'였을 뿐, 정작 대한민국의 지리나 행정에 관해서는 아는 바 없다는 사실이 면접을 통해 드러났다고 하자. 이 경우에 시험관은 이 응시자가 대한민국의 수도에 관한 올바른 정보를 갖고 있다고 인정하기 어려울 것이다. 이 예는 응시자가 올바른 답을 제시하는 데 필요한 정보가 부족한 경우이다.

그렇다면 어떤 사람이 문제의 올바른 답을 추론해 내는 데 필요한 모든 정보를 갖고 있었고 실제로도 정답을 제시했다고 해서, 그가 문제에 대한 올바른 추론 능력을 가지고 있다고 할 수 있는가? 어느 도난사건을 함께 조사한 홈즈와 왓슨이 사건의 모든 구체적인 세부사항, 예컨대 범행 현장에서 발견된 흙발자국의 토양 성분뿐 아니라 올바른 결론을 내리는 데 필요한 모든 일반적 정보, 예컨대 영국의 지역별 토양의 성분에 관한 정보 등을 똑같이 갖고 있었고, 실제로 동일한 용의자를 범인으로 지목했다고 하자. 이 경우 두 사람의 추론을 동등하게 평가해야 하는가? 그렇지 않다.

예컨대 왓슨은 모든 정보를 완비하고 있었음에도 불구하고, 이름에 모음의 수가 가장 적다는 엉터리 이유로 범인을 지목했다고 하자. 이런 경우에도 우리는 왓슨의 추론에 박수를 보낼 수 있을까? 아니다. 왜냐하면 _____

① 왓슨은 일반적으로 타당한 개인적 경험을 토대로 추론했기 때문이다.
② 왓슨은 올바른 추론의 방법을 알고 있음에도 불구하고 요행을 우선시했기 때문이다.
③ 왓슨은 추론에 필요한 전문적인 훈련을 받지 못해서 범인을 잘못 골랐기 때문이다.
④ 왓슨은 올바른 추론에 필요한 정보를 가지고 있긴 했지만 그 정보와 무관하게 범인을 지목했기 때문이다.

02

태양은 지구의 생명체가 살아가는 데 필요한 빛과 열을 공급해 준다. 이런 막대한 에너지를 태양은 어떻게 계속 내놓을 수 있을까?

16세기 이전까지는 태양을 포함한 별들이 지구상의 물질을 이루는 네 가지 원소와 다른, 불변의 '제5원소'로 이루어졌다고 생각했다. 하지만 밝기가 변하는 신성(新星)이 별 가운데 하나라는 사실이 알려지면서 별이 불변이라는 통념은 무너지게 되었다. 또한, 태양의 흑점 활동이 관측되면서 태양 역시 불덩어리일지도 모른다고 생각하기 시작했다. 그 후 섭씨 5,500℃로 가열된 물체에서 노랗게 보이는 빛이 나오는 것을 알게 되면서 유사한 빛을 내는 태양의 온도도 비슷할 것이라고 추측하게 되었다.

19세기에는 에너지 보존 법칙이 확립되면서 새로운 에너지 공급이 없다면 태양의 온도가 점차 낮아져야 한다는 결론을 내렸다. 그렇다면 과거에는 태양의 온도가 훨씬 높았어야 했고, 지구의 바다가 펄펄 끓어야 했을 것이다. 하지만 실제로는 그렇지 않았고, 사람들은 태양의 온도를 일정하게 유지해 주는 에너지원이 무엇인지에 대해 생각하게 되었다.

20세기 초 방사능이 발견되면서 방사능 물질의 붕괴에서 나오는 핵분열 에너지를 태양의 에너지원으로 생각하였다. 그러나 태양빛의 스펙트럼을 분석한 결과 태양에는 우라늄 등의 방사능 물질 대신 수소와 헬륨이 있다는 것을 알게 되었다. 즉, 방사능 물질의 붕괴에서 나오는 핵분열 에너지가 태양의 에너지원이 아니었던 것이다.

현재 태양의 에너지원은 수소 원자핵 네 개가 헬륨 원자핵 하나로 융합하는 과정의 질량 결손으로 인해 생기는 핵융합 에너지로 알려져 있다. 태양은 엄청난 양의 수소 기체가 중력에 의해 뭉쳐진 것으로, 그 중심으로 갈수록 밀도와 압력, 온도가 증가한다. 태양에서의 핵융합은 천만℃ 이상의 온도를 유지하는 중심부에서만 일어난다. 높은 온도에서만 원자핵들은 높은 운동 에너지를 가지게 되며, 그 결과로 원자핵들 사이의 반발력을 극복하고 융합되기에 충분히 가까운 거리로 근접할 수 있기 때문이다. 태양빛이 핵융합을 통해 나온다는 사실은 태양으로부터 온 중성미자가 관측됨으로써 더 확실해졌다.

중심부의 온도가 올라가 핵융합 에너지가 늘어나면 그 에너지로 인한 압력으로 수소를 밖으로 밀어내어 중심부의 밀도와 온도를 낮추게 된다. 이렇게 온도가 낮아지면 방출되는 핵융합 에너지가 줄어들며, 그 결과 압력이 낮아져서 수소가 중심부로 들어오게 되어 중심부의 밀도와 온도를 다시 높인다. 이렇듯 태양 내부에서 중력과 핵융합 반응의 평형 상태가 유지되기 때문에 _____ 태양은 이미 50억 년간 빛을 냈고, 앞으로도 50억 년 이상 더 빛날 것이다.

① 태양의 핵융합 에너지가 폭발적으로 증가할 수 있게 된다.
② 태양 외부의 밝기가 내부 상태에 따라 변할 수 있게 된다.
③ 태양이 오랫동안 안정적으로 빛을 낼 수 있게 된다.
④ 태양이 일정한 크기를 유지할 수 있었다.

※ 다음 대화의 빈칸에 들어갈 내용으로 가장 적절한 것을 고르시오. [3~4]

03

갑 : 2024년에 A보조금이 B보조금으로 개편되었다고 들었습니다. 2023년에 A보조금을 수령한 민원인이 B보조금의 신청과 관련하여 문의하였습니다. 민원인이 중앙부처로 바로 연락하였다는데 B보조금 신청 자격을 알 수 있을까요?

을 : B보조금 신청 자격은 A보조금과 같습니다. 해당 지자체에 농업경영정보를 등록한 농업인이어야 하고 지급 대상 토지도 해당 지자체에 등록된 농지 또는 초지여야 합니다.

갑 : 네. 민원인의 자격 요건에 변동 사항은 없다는 것을 확인했습니다. 그 외에 다른 제한 사항은 없을까요?

을 : 대상자 및 토지 요건을 모두 충족하더라도 전년도에 A보조금을 부정한 방법으로 수령했다고 판정된 경우에는 B보조금을 신청할 수가 없어요. 다만 부정한 방법으로 수령했다고 해당 지자체에서 판정하더라도 수령인은 일정 기간 동안 중앙부처에 이의를 제기할 수 있습니다. 이의 제기 심의 기간에는 수령인이 부정한 방법으로 수령하지 않은 것으로 봅니다.

갑 : 우리 중앙부처의 2023년 A보조금 부정 수령 판정 현황이 어떻게 되죠?

을 : 2023년 A보조금 부정 수령 판정 이의 제기 신청 기간은 만료되었습니다. 부정 수령 판정이 총 15건이 있었는데, 그중 11건에 대한 이의 제기 신청이 들어왔고 1건은 심의 후 이의 제기가 받아들여져 인용되었습니다. 9건은 이의 제기가 받아들여지지 않아 기각되었고 나머지 1건은 아직 이의 제기 심의 절차가 진행 중입니다.

갑 : 그렇다면 제가 추가로 _____만 확인하고 나면 다른 사유를 확인하지 않고서도 민원인이 현재 B보조금 신청 자격이 되는지를 바로 알 수 있겠네요.

① 민원인의 부정 수령 판정 여부, 민원인의 이의 제기 여부, 이의 제기 심의 절차 진행 중인 건이 민원인이 제기한 건인지 여부

② 민원인의 부정 수령 판정 여부, 민원인의 이의 제기 여부, 이의 제기 기각 건에 민원인이 제기한 건이 포함되었는지 여부

③ 민원인의 농업인 및 농지 등록 여부, 민원인의 이의 제기 여부, 이의 제기 심의 절차 진행 중인 건의 심의 완료 여부

④ 민원인의 부정 수령 판정 여부, 민원인의 이의 제기 여부, 이의 제기 인용 건이 민원인이 제기한 건인지 여부

04

갑 : 안녕하십니까? 저는 공립학교인 A고등학교 교감입니다. 우리 학교의 교육 방침을 명확히 밝히는 조항을 학교 규칙(이하 '학칙')에 새로 추가하려고 합니다. 이때 준수해야 할 것이 무엇입니까?

을 : 네. 학교에서 학칙을 제정하고자 할 때에는 「초·중등교육법」(이하 '교육법')에 어긋나지 않는 범위에서 제정이 이루어져야 합니다.

갑 : 그렇군요. 그래서 교육법 제8조 제1항의 학교의 장은 '법령'의 범위에서 학칙을 제정할 수 있다는 규정에 근거해서 학칙을 만들고 있습니다. 그런데 최근 우리 도(道) 의회에서 제정한 「학생인권조례」의 내용을 보니, 우리 학교에서 만들고 있는 학칙과 어긋나는 것이 있습니다. 이러한 경우에 법적 판단은 어떻게 됩니까?

을 : _____

갑 : 교육법 제8조 제1항에서는 '법령'이라는 용어를 사용하고, 제10조 제2항에서는 '조례'라는 용어를 사용하고 있으니 교육법에서는 법령과 조례를 구분하는 것으로 보입니다.

을 : 그것은 다른 문제입니다. 교육법 제10조 제2항의 조례는 법령의 위임을 받아 제정되는 위임입법입니다. 제8조 제1항에서의 법령에는 조례가 포함된다고 해석하고 있으며, 이 경우에 제10조 제2항의 조례와는 그 성격이 다르다고 할 수 있습니다.

갑 : 교육법 제8조 제1항은 초·중등학교 운영의 자율과 책임을 위한 것인데 이러한 조례로 인해서 오히려 학교 교육과 운영이 침해당하는 것 아닙니까?

을 : 교육법 제8조 제1항의 목적은 학교의 자율과 책임을 당연히 존중하는 것입니다. 다만 학칙을 제정할 때에도 국가나 지자체에서 반드시 지킬 것을 요구하는 최소한의 한계를 법령의 범위라는 말로 표현한 것입니다. 더욱이 학생들의 학습권, 개성을 실현할 권리 등은 헌법에서 보장된 기본권에서 나오고 교육법 제18조의4에서도 학생의 인권을 보장하도록 규정하고 있습니다. 최근 「학생인권조례」도 이러한 취지에서 제정되었습니다.

① 학칙의 제정을 통하여 학교 운영의 자율과 책임뿐 아니라 학생들의 학습권과 개성을 실현할 권리가 제한될 수 있습니다.
② 법령에 조례가 포함된다고 해석할 여지는 없지만 교육법의 체계상 「학생인권조례」를 따라야 합니다.
③ 교육법 제10조 제2항에 따라 조례는 입법 목적이나 취지와 관계없이 법령에 포함됩니다.
④ 법령의 범위에 있는 「학생인권조례」의 내용에 반하는 학칙은 교육법에 저촉됩니다.

03 내용일치

| 유형분석 |

- 짧은 시간 안에 글의 내용을 정확하게 이해할 수 있는지 평가한다.
- 은행 금융상품 관련 글을 읽고 이해하기, 고객 문의에 답변하기 등의 유형이 빈번하게 출제된다.

다음 글의 내용으로 적절하지 않은 것은?

> 1인당 국내총생산이나 1인당 가처분소득 등은 한 사회의 삶의 질을 나타내기 위한 지표로 흔히 사용된다. 그런데 이러한 지표들이 삶의 질을 제대로 보여주는지는 미심쩍다. 가령 폭력이 증가해서 안전 대책과 경찰력에 더 많은 투자가 이루어지는 사회에서도 1인당 국내총생산은 상승할 수 있다. 1인당 가처분소득 역시 삶의 질을 온전히 보여주지는 못하는데, 특히 경제적 불평등의 정도와 저소득층을 위한 사회 안전망의 수준에 대해서는 아무것도 말해주지 않는다.
> 삶의 질을 보다 정확히 비교할 수 있는 지표를 한 가지만 선택해야 한다면, 영아사망률이 그 대안이 될 수 있다. 영아사망률은 출생아 1천 명당 1세 미만의 사망자 수로 집계되는데, 이는 삶의 수준을 보여주는 무척 강력한 지표이다. 낮은 영아사망률은 양질의 생활에 필요한 환경, 예를 들면 훌륭한 수준의 의료 체계, 위생적인 생활환경, 취약 계층을 위한 사회적 지원 제도 등이 조성되어 있다는 것을 의미한다. 또한 이용하기 쉬운 사회기반시설 등이 마련되지 않으면 영아사망률을 낮추기가 어렵다. 즉, 영아사망률에는 생후 첫해의 생존을 좌우하는 제반 조건들에 대한 정보가 담겨 있는 셈이다.
> 산업화가 시작되기 전의 서구 사회에서는 영아사망률이 잔혹할 정도로 높았다. 1750년경 서구의 평균 영아사망률은 출생아 1천 명당 300~400명에 달했다. 그 수치는 점진적으로 낮아지다가 1950년에 이르러서야 35~65명으로 떨어졌다. 그리고 2020년 기준 OECD 회원국의 평균 영아사망률은 4.1명이며, 38개 회원국 중에서 영아사망률이 3.0명 미만인 국가는 14개국이다. 이 국가들은 대체로 인구가 많지 않고 인종적·민족적으로 동질적인 사회를 이루고 있다는 특징을 보인다. 대표적으로 아이슬란드, 핀란드, 노르웨이와 같은 몇몇 유럽 국가들이 이에 해당한다. 반면, 인구가 많거나 인종적·민족적으로 이질적인 사회에서는 영아사망률을 OECD 평균 수준까지 낮추기는 어렵다. 예를 들어 미국과 멕시코의 영아사망률은 2020년 기준 각각 5.4명, 13.8명으로 OECD 평균을 상회하는데, 이 국가들이 영아사망률을 4.1명 수준으로까지 낮추기는 무척 어려울 것으로 보인다.

① OECD 회원국에서는 1인당 국내총생산이 높을수록 영아사망률이 낮다.
② 인구가 많은 사회는 OECD 평균 수준까지 영아사망률을 낮추기 어렵다.
③ 산업화 이후 서구 사회의 평균 영아사망률은 산업화가 시작되기 전보다 낮아졌다.
④ 낮은 영아사망률은 양질의 생활에 필요한 환경이 조성되어 있다는 것을 의미한다.

정답 ①

OECD 회원국 가운데 대체로 인구가 많지 않고 인종적·민족적으로 동질적인 국가들은 영아사망률이 OECD 회원국 평균보다 낮고, 반대로 인구가 많고 인종적·민족적으로 이질적인 국가들은 영아사망률이 OECD 회원국 평균보다 높다. 즉, OECD 회원국에서는 인구가 적고 인종적·민족적으로 동질적일수록 영아사망률이 낮다고 볼 수 있다. 또한 첫 번째 문단에서 1인당 국내총생산이라는 지표가 삶의 질을 제대로 보여주는지는 미심쩍다고 하였다. 따라서 제시된 내용만으로는 OECD 회원국에서의 1인당 국내총생산과 영아사망률의 상관관계를 정확히 알 수 없다.

오답분석

② 마지막 문단에 따르면 OECD 평균 영아사망률은 4.1명이며(2020년 기준), 인구가 많거나 인종적·민족적으로 이질적인 사회에서는 영아사망률을 OECD 평균 수준까지 낮추기 어렵고 예컨대 미국과 멕시코의 영아사망률은 각각 5.4명, 13.8명으로 4.1명 수준까지 낮추기는 무척 어려울 것으로 보인다고 하였다.
③ 마지막 문단에서 산업화 시작 전인 1750년경 출생아 1,000명당 300~400명에 달할 정도로 높았던 서구 사회의 평균 영아사망률은 점진적으로 낮아지다가 1950년에 이르러서 35~65명으로 떨어졌다고 하였다.
④ 두 번째 문단에 따르면 영아사망률은 삶의 수준을 보여주는 강력한 지표로서, 낮은 영아사망률은 의료 체계, 위생적인 생활환경, 사회적 지원 제도 등 양질의 생활에 필요한 환경을 갖추고 있다는 것을 의미한다.

유형풀이 Tip

- 글을 읽기 전에 문제와 선택지를 먼저 읽어보고 글의 주제를 대략적으로 파악해야 한다.
- 선택지를 통해 글에서 찾아야 할 정보가 무엇인지 먼저 인지한 후 글을 읽어야 문제 풀이 시간을 단축할 수 있다.

대표기출유형 03 기출응용문제

※ 다음 글의 내용으로 적절하지 않은 것을 고르시오. [1~2]

01 [Hard]

> WTO 설립협정은 GATT 체제에서 관행으로 유지되었던 의사결정 방식인 총의 제도를 명문화하였다. 동 협정은 의사결정 회의에 참석한 회원국 중 어느 회원국도 공식적으로 반대하지 않는 한, 검토를 위해 제출된 사항은 총의에 의해 결정되었다고 규정하고 있다. 또한 이에 따르면 회원국이 의사결정 회의에 불참하더라도 그 불참은 반대가 아닌 찬성으로 간주된다.
>
> 총의 제도는 회원국 간 정치·경제적 영향력의 차이를 보완하기 위하여 도입되었다. 그러나 회원국 수가 확대되고 이해관계가 첨예화되면서 현실적으로 총의가 이루어지기 쉽지 않았다. 이로 인해 WTO 체제 내에서 모든 회원국이 참여하는 새로운 무역협정이 체결되는 것이 어려웠고 결과적으로 무역자유화 촉진 및 확산이 저해되고 있다. 이러한 문제의 해결 방안으로 '부속서 4 복수국간 무역협정 방식'과 '임계질량 복수국간 무역협정 방식'이 모색되었다.
>
> '부속서 4 복수국간 무역협정 방식'은 WTO 체제 밖에서 복수국간 무역협정을 체결하고 이를 WTO 설립협정 부속서 4에 포함하여 WTO 체제로 편입하는 방식이다. 복수국간 무역협정이 부속서 4에 포함되기 위해서는 모든 WTO 회원국 대표로 구성되는 각료회의의 승인이 있어야 한다. 현재 부속서 4에의 포함 여부가 논의 중인 전자상거래협정은 협정 당사국에게만 전자상거래시장을 개방하고 기술이전을 허용한다. '부속서 4 복수국간 무역협정 방식'은 협정상 혜택을 비당사국에 허용하지 않음으로써 해당 무역협정의 혜택을 누리고자 하는 회원국들의 협정 참여를 촉진하여 결과적으로 자유무역을 확산하는 기능을 한다.
>
> '임계질량 복수국간 무역협정 방식'은 WTO 체제 밖에서 일부 회원국 간 무역협정을 채택하되 해당 협정의 혜택을 보편적으로 적용하여 무역자유화를 촉진하는 방식이다. 즉, 채택된 협정의 혜택은 최혜국대우원칙에 따라 협정 당사국뿐 아니라 모든 WTO 회원국에 적용되는 반면, 협정의 의무는 협정 당사국에만 부여된다. 다만, 해당 협정이 발효되기 위해서는 협정 당사국들의 협정 적용대상 품목의 무역량이 해당 품목의 전세계 무역량의 90% 이상을 차지하여야 한다. '임계질량 복수국간 무역협정 방식'의 대표적인 사례는 정보통신기술(ICT)제품의 국제무역 활성화를 위해 1996년 채택되어 1997년 발효된 정보기술협정이다.

① '임계질량 복수국간 무역협정 방식'에 따라 채택된 협정의 혜택을 받는 국가는 해당 협정의 의무를 부담하는 국가보다 적을 수 없다.
② WTO의 의사결정 회의에 제안된 특정 안건을 지지하는 경우, 총의 제도에 따르면 그 회의에 불참하더라도 해당 안건에 대한 찬성의 뜻을 유지할 수 있다.
③ WTO 회원국은 전자상거래협정에 가입하지 않는다면 동 협정의 법적 지위에 영향을 미칠 수 없다.
④ WTO 각료회의가 총의 제도를 유지한다면 '부속서 4 복수국간 무역협정 방식'의 도입 목적은 충분히 달성하기 어렵다.

02

몬테카를로 방법은 무작위 추출된 난수를 이용하여 함수의 값을 추정하는 통계학적 방법으로, 물리학과 공학 등의 분야에서 수치 적분이나 최적화 문제 등을 해결하는 데 많이 쓰인다.

원의 넓이를 구하는 문제를 통해 몬테카를로 방법이 어떻게 적용되는지 알아보자. 종이에 한 변의 길이가 2인 정사각형을 그리고 그 안에 반지름이 1인 원을 그렸다고 하자. 다트를 무작위로 계속 던진다면, 원의 넓이는 r이고 정사각형의 넓이는 4이므로 우리가 그린 정사각형 안에 맞은 다트 중 원의 내부에 존재하는 다트의 상대 빈도는 $r/4$일 것이다. 따라서 정사각형 안에 있는 다트와 원 안에 있는 다트의 숫자를 비교한다면, 원의 넓이를 대략적으로 구할 수 있다.

이때 던진 다트의 수가 적다면 실제 원의 넓이와 이 방법으로 얻은 원의 넓이 사이에는 큰 차이가 있겠지만, 더 많은 다트를 던질수록 그 차이는 줄어들 것이다. 이런 식으로 무한히 많은 다트를 던진다면, 최종적으로는 올바른 원의 넓이를 알 수 있을 것이다. 그러나 무한히 많은 다트를 던질 수는 없으므로, 현실적으로는 오차가 일정 수준 이하가 될 때까지 다트를 던지고, 이때 원 내부에 있는 다트의 상대 빈도를 계산함으로써 원의 넓이를 적당한 오차 범위 내에서 추정한다. 해석학적으로 적분하기 극히 어려운 복잡한 도형의 넓이 산출 등에 이러한 추정 방법이 많이 사용된다.

몬테카를로 방법을 적용한 유명한 사례는 미국의 원자폭탄 개발 계획인 맨해튼 프로젝트로, 몬테카를로 방법이라는 이름이 명명된 계기이기도 했다. 핵분열 중 중성자가 원자핵과 충돌하는 과정을 이해하기 위해 사용된 새로운 수학적 방법을 카지노로 유명한 휴양지, 몬테카를로의 이름을 따서 명명한 것이다. 핵분열 과정에서 우라늄 원자핵에 중성자가 충돌하면, 이를 통해 2~3개의 중성자가 방출되고 이 중성자들이 또 다른 원자핵에 충돌하는 연쇄반응이 이어지는데, 이때 중성자의 경로는 매우 복잡해 예측하기 어렵다. 바로 이렇게 복잡한 경로를 추정하고 반응의 결과를 예측하는 데 몬테카를로 방법이 사용된 것이다.

① 핵분열에서 중성자의 경로를 추정하는 데 몬테카를로 방법이 사용되었다.
② 몬테카를로 방법은 무작위 추출된 난수를 이용하여 문제의 답을 찾는 방법이다.
③ 단순한 모양의 도형의 넓이를 추정할 때는 몬테카를로 방법을 적용할 수 없다.
④ 해석학적으로 적분을 통해 넓이를 계산하기 어려운 모양을 가진 도형의 넓이는 몬테카를로 방법으로 추정할 수 있다.

03 다음 글의 내용으로 가장 적절한 것은?

> 예로부터 진실을 부정하는 사람들은 자신이 믿고 싶지 않은 사실에는 지나치게 높은 검증 기준을 들이대는 반면, 자기 의견에 부합하는 것에는 검증 기준을 낮추거나 덮어두고 맹신한다. 그 결과는 일부 사실들이 은폐되는 것으로 끝나지 않는다. 신뢰할 수 있는 방식으로 사실을 수집하고 활용하여 세계에 대한 믿음을 구축하는 과정 자체가 변질된다. 또한, 어떤 사실들은 개인의 감정과 무관하게 참이며 그런 사실들을 찾으려고 노력할 때 우리 모두에게 이익이 된다는 건전한 사고방식이 위협받는다. 진실이 위협받는 위기는 과거에도 늘 있어 왔지만 진실이 밝혀지면 위기는 대부분 해소되었다. 반면 오늘날에는 많은 사람이 거리낌 없이 현실을 왜곡해 자기 생각에 꿰맞추려 하며, 그러한 현상은 광범위하게 나타난다.
> 최근 유럽에서 '올해의 단어'로 선정된 이른바 '탈진실'은 객관적 사실보다 개인의 신념과 감정에 호소하는 것이 여론 형성에 더 큰 영향을 발휘하는 현상을 의미한다. 대표적 사례로 2016년 영국의 유럽연합 탈퇴 국민투표와 미국의 대선을 들 수 있다. 국가 차원의 중요한 결정을 숙의하는 과정에서 사실이 아닌 터무니없는 주장들이 난무하고 여론 형성에 크게 영향을 미쳤다. 이 같은 탈진실 현상은 어떤 사실이든 마음대로 선별하고 수정할 수 있다는 신념으로 이어져 정치 전략으로 악용되고 있다는 점에서 문제의 심각성이 크다.
> 탈진실 현상의 발생 원인으로 공적 기관과 전통 미디어에 대한 불신, 정치적 양극화와 포퓰리즘 등 다양한 것들이 언급된다. 이와 같은 외부적 요인도 있겠지만 인간 내부에서도 그 요인을 찾아볼 수 있다. 명백한 사실이나 쉽게 확인할 수 있는 사실에 아무 이유 없이 이의를 제기하는 사람은 거의 없다. 이의를 제기하는 이들은 자신이 얻을 수 있는 이익이 있기 때문이다. 불편한 진실 때문에 자신의 감정이 불쾌해지거나 신념을 포기하느니 차라리 진실을 외면하거나 왜곡하는 쪽을 택하는 것이다. 이는 의식 차원에서도 일어나지만 무의식 차원에서도 일어난다.

① 우리의 감정과 무관하게 참인 것은 우리에게 이익이 되지 않는다.
② 탈진실 현상의 발생 원인에는 정치적 요인뿐 아니라 심리적 요인도 있다.
③ 진실을 부정하는 사람은 사실을 검증할 때마다 동일한 검증 기준을 제시한다.
④ 2016년 이후 서구 사회에서 탈진실 현상이 처음 발생하였고 이후 전세계적으로 보편화되었다.

04 다음은 I은행에서 여신거래 시 활용하는 기본약관의 일부이다. 이를 적절하게 이해하지 못한 직원은?

제3조 이자 등과 지연배상금

① 이자·보증료·수수료 등(이하 "이자 등"이라고 함)의 이율·계산방법·지급의 시기 및 방법에 관해, 은행은 법령이 허용하는 한도 내에서 정할 수 있으며 채무자가 해당사항을 계약 체결 전에 상품설명서 및 홈페이지 등에서 확인할 수 있도록 합니다.

② 이자 등의 율은 거래계약 시에 다음의 각 호 중 하나를 선택하여 적용할 수 있습니다.
  1. 채무의 이행을 완료할 때까지 은행이 그 율을 변경할 수 없음을 원칙으로 하는 것
  2. 채무의 이행을 완료할 때까지 은행이 그 율을 수시로 변경할 수 있는 것

③ 제2항 제1호를 선택한 경우에 채무이행 완료 전에 국가경제·금융사정의 급격한 변동 등으로 계약 당시에 예상할 수 없는 현저한 사정변경이 생긴 때에는 은행은 채무자에 대한 개별통지에 의하여 그 율을 인상·인하할 수 있기로 합니다. 이 경우 변경요인이 없어진 때에는 은행은 없어진 상황에 부합되도록 변경하여야 합니다.

④ 제2항 제2호를 선택한 경우에 이자 등의 율에 관한 은행의 인상·인하는 건전한 금융관행에 따라 합리적인 범위 내에서 이루어져야 합니다.

⑤ 채무자가 은행에 대한 채무의 이행을 지체한 경우에는, 곧 지급하여야 할 금액에 대하여 법령이 정하는 제한 내에서 은행이 정한 율로, 1년을 365일(윤년은 366일)로 보고 1일 단위로 계산한 지체일수에 해당하는 지연배상금을 지급하기로 하되, 금융사정의 변화, 그 밖의 상당한 사유로 인하여 법령에 의하여 허용되는 한도 내에서 율을 변경할 수 있습니다. 다만, 외국환거래에 있어서는 국제관례·상관습 등에 따릅니다.

⑥ 은행이 이자 등과 지연배상금의 계산방법·지급의 시기 및 방법을 변경하는 경우에, 그것이 법령에 의하여 허용되는 한도 내이고 금융사정 및 그 밖의 여신거래에 영향을 미치는 상황의 변화로 인하여 필요한 것일 때에는 변경 후 최초로 이자를 납입하여야 할 날부터 그 변경된 사항이 적용됩니다.

⑦ 제4항, 제5항 및 제6항에 따라 변경하는 경우 은행은 그 변경 기준일로부터 1개월간 모든 영업점 및 은행이 정하는 전자매체 등에 이를 게시하여야 합니다. 다만, 특정 채무자에 대하여 개별적으로 변경하는 경우에는 개별통지를 해야 합니다.

… 생략 …

---

① A사원 : 은행에서 율을 변경할 수 없는 것을 원칙으로 하는 것은 고정금리를, 수시로 변경할 수 있다고 하는 것은 변동금리를 적용한다는 의미이네.

② B주임 : 은행이 율을 변경할 수 없는 조건으로 계약했다고 하더라도 국가경제가 급격하게 변화하면 율을 인상·인하할 수 있구나.

③ C대리 : 지연배상금이라 하면 보통 연체이자를 의미하는데, 1년을 365일로 보고 지체일수에 해당하는 만큼 은행에서 규정한 연체이자율에 의해 지급하도록 하고 있구나.

④ D주임 : 대출 취급 시 적용하는 이자 등과 지연배상금이 변경될 경우에는 변경 기준일로부터 40일간 모든 전자매체 등에 게시해야 하는구나.

대표기출유형 04 나열하기

│유형분석│
- 글의 논리적인 전개 구조를 파악할 수 있는지 평가한다.
- 첫 문단(단락)이 제시되지 않은 문제가 출제될 가능성이 있다.

다음 문단을 논리적 순서대로 바르게 나열한 것은?

(가) 개념사를 역사학의 한 분과로 발전시킨 독일의 역사학자 코젤렉은 '개념은 실재의 지표이자 요소'라고 하였다. 이 말은 실타래처럼 얽혀 있는 개념과 정치·사회적 실재, 개념과 역사적 실재의 관계를 정리하기 위한 중요한 지침으로 작용한다. 그에 의하면 개념은 정치적 사건이나 사회적 변화 등의 실재를 반영하는 거울인 동시에 정치·사회적 사건과 변화의 실제적 요소이다.

(나) 개념은 정치적 사건과 사회적 변화 등에 직접 관련되어 있거나 그것을 기록, 해석하는 다양한 주체들에 의해 사용된다. 이러한 주체들, 즉 '역사 행위자'들이 사용하는 개념은 여러 의미가 포개어진 층을 이룬다. 개념사에서는 사회·역사적 현실과 관련하여 이러한 층들을 파헤치면서 개념이 어떻게 사용되어 왔는가, 이 과정에서 그 의미가 어떻게 변화했는가, 어떤 함의들이 거기에 투영되었는가, 그 개념이 어떠한 방식으로 작동했는가 등에 대해 탐구한다.

(다) 이상에서 보듯이 개념사에서는 개념과 실재를 대조하고 과거와 현재의 개념을 대조함으로써, 그 개념이 대응하는 실재를 정확히 드러내고 있는가, 아니면 실재의 이해를 방해하고 더 나아가 왜곡하는가를 탐구한다. 이를 통해 코젤렉은 과거에 대한 '단 하나의 올바른 묘사'를 주장하는 근대 역사학의 방법을 비판하고, 과거의 역사 행위자가 구성한 역사적 실재와 현재 역사가가 만든 역사적 실재를 의미있게 소통시키고자 했다.

(라) 사람들이 '자유', '민주', '평화' 등과 같은 개념들을 사용할 때, 그 개념이 서로 같은 의미를 갖는 것은 아니다. '자유'의 경우, '구속받지 않는 상태'를 강조하는 개념으로 쓰이는가 하면, '자발성'이나 '적극적인 참여'를 강조하는 개념으로 쓰이기도 한다. 이러한 정의와 해석의 차이로 인해 개념에 대한 논란과 논쟁이 늘 있어 왔다. 바로 이러한 현상에 주목하여 출현한 것이 코젤렉의 '개념사'이다.

(마) 또한 개념사에서는 '무엇을 이야기 하는가.'보다는 '어떤 개념을 사용하면서 그것을 이야기하는가.'에 관심을 갖는다. 개념사에서는 과거의 역사 행위자가 자신이 경험한 '현재'를 서술할 때 사용한 개념과 오늘날의 입장에서 '과거'의 역사 서술을 이해하기 위해 사용한 개념의 차이를 밝힌다. 그리고 과거의 역사를 현재의 역사로 번역하면서 양자가 어떻게 수렴될 수 있는가를 밝히는 절차를 밟는다.

① (가) – (나) – (다) – (라) – (마)
② (라) – (가) – (나) – (마) – (다)
③ (라) – (나) – (가) – (다) – (마)
④ (마) – (나) – (가) – (다) – (라)

정답 ②

제시문은 코젤렉의 '개념사'에 대한 정의와 특징에 대한 글이다. 따라서 (라) 개념에 대한 논란과 논쟁 속에서 등장한 코젤렉의 개념사 – (가) 코젤렉의 개념사와 개념에 대한 분석 – (나) 개념에 대한 추가적인 분석 – (마) 개념사에 대한 추가적인 분석 – (다) 개념사의 목적과 코젤렉의 주장 순으로 나열하는 것이 적절하다.

유형풀이 Tip

- 각 문단에 위치한 지시어와 접속어를 살펴본다. 문두에 접속어가 오거나 문장 중간에 지시어가 나오는 경우 글의 첫 번째 문단이 될 수 없다.
- 각 문단의 첫 문장과 마지막 문장에 집중하면서 글의 순서를 하나씩 맞춰 나간다.
- 선택지를 참고하여 문단의 순서를 생각해 보는 것도 시간을 단축하는 좋은 방법이 될 수 있다.

대표기출유형 04 기출응용문제

※ 다음 문단을 논리적 순서대로 바르게 나열한 것을 고르시오. [1~2]

01

(가) 이에 따라 오픈뱅킹시스템의 기능을 확대하고, 보안성을 강화하기 위한 정책적 노력이 필요할 것으로 판단된다. 오픈뱅킹시스템이 금융 인프라로서 지속성, 안정성, 확장성 등을 가지기 위해서는 오픈뱅킹시스템에 대한 법적 근거가 필요하다. 법제화와 함께 오픈뱅킹시스템에서 발생할 수 있는 사고에 대한 신속하고 효율적인 해결 방안에 대해 이해관계자 간의 긴밀한 협의도 필요하다. 오픈뱅킹시스템의 리스크를 경감하고, 사고 발생 시 신속하고 효율적으로 해결하는 체계를 갖춰 소비자의 신뢰를 얻는 것이 오픈뱅킹시스템, 나아가 마이데이터업을 포함하는 오픈뱅킹의 성패를 좌우할 열쇠이기 때문이다.

(나) 우리나라 정책 당국도 은행뿐만 아니라 모든 금융회사가 보유한 정보를 개방하는 오픈뱅킹을 선도해서 추진하고 있다. 먼저 은행권과 금융결제원이 공동으로 구축한 오픈뱅킹시스템이 지난해 전면 시행되었다. 은행 및 핀테크 사업자는 오픈뱅킹시스템을 이용해 은행계좌에 대한 정보 조회와 은행계좌로부터의 이체 기능을 편리하게 개발하였다. 현재 저축은행 등의 제2금융권 계좌에 대한 정보 조회와 이체 기능을 추가하는 방안이 논의 중이다.

(다) 핀테크의 발전과 함께 은행이 보유한 정보를 개방하는 오픈뱅킹 정책이 각국에서 추진되고 있다. 오픈뱅킹은 은행이 보유한 고객의 정보에 해당 고객의 동의를 받아 다른 금융회사 및 핀테크 사업자 등 제3자가 접근할 수 있도록 허용하는 정부의 정책 또는 은행의 자발적인 활동을 의미한다.

(라) 한편 올해 1월에 개정된 신용정보법이 7월에 시행됨에 따라 마이데이터 산업이 도입되었다. 마이데이터란 개인이 각종 기관과 기업에 산재하는 신용정보 등 자신의 개인정보를 확인하여 직접 관리하고 활용할 수 있는 서비스를 말한다. 향후 마이데이터 사업자는 고객의 동의를 받아 금융회사가 보유한 고객의 정보에 접근하는 오픈뱅킹업을 수행할 예정이다.

① (나) - (가) - (다) - (라)
② (나) - (다) - (라) - (가)
③ (다) - (가) - (라) - (나)
④ (다) - (나) - (라) - (가)

02

(가) '정합설'은 관념과 대상의 일치가 불가능하다는 반성에서 출발한다. 새로운 경험이나 지식이 옳은지 그른지 실재에 비추어 보아서는 확인할 수 없으므로, 이미 가지고 있는 지식의 체계 중 옳다고 판별된 체계에 비추어 볼 수밖에 없다는 것이다. 즉, 새로운 지식이 기존의 지식 체계에 모순됨이 없이 들어맞는지 여부에 의해 지식의 옳고 그름을 가릴 수밖에 없다는 주장이 바로 정합설이다. '모든 사람은 죽는다.'라는 것은 우리가 옳다고 믿는 명제이지만, '모든 사람' 속에는 우리의 경험이 미치지 못하는 사람들도 포함된다. 이처럼 감각적 판단으로 확인할 수 없는 전칭 판단*이나 고차적인 과학적 판단들의 진위를 가려내는 데 적합한 이론이 정합설이다.

(나) 우리가 일상생활, 특히 학문적 활동에서 추구하고 있는 진리란 어떤 것인가? 도대체 어떤 조건을 갖춘 지식을 진리라고 할 수 있을까? 여기에 대해서는 세 가지 학설이 있다.

(다) 실용주의자들은 대응설이나 정합설과는 아주 다른 관점에서 진리를 고찰한다. 그들은 지식을 그 자체로 다루지 않고 생활상의 수단으로 본다. 그래서 지식이 실제 생활에 있어서 만족스러운 결과를 낳거나 실제로 유용할 때 '참'이라고 한다. 관념과 생각 그 자체는 참도 아니고 거짓도 아니며, 행동을 통해 생활에 적용되어 유용하면 비로소 진리가 되고 유용하지 못하면 거짓이 되는 것이다.

(라) 그러나 진리가 행동과 관련되어 있다는 것은 행동을 통한 실제적인 결과를 기다려야 비로소 옳고 그름의 판단이 가능하다는 뜻이 된다. 하지만 언제나 모든 것을 다 실행해 볼 수는 없다. 또한 '만족스럽다'든가 '실제로 유용하다'든가 하는 개념은 주관적이고 상대적이어서 옳고 그름을 가리는 논리적 기준으로는 불명확하다. 바로 이 점에서 실용설이 지니는 한계가 분명하게 드러나는 것이다.

(마) 하지만 정합설에도 역시 한계가 있다. 어떤 명제가 기존의 지식 체계와 정합**할 때 '참'이라고 하는데, 그렇다면 기존의 지식 체계의 진리성은 어떻게 확증할 수 있을까? 그것은 또 그 이전의 지식 체계와 정합해야 하는데, 이 과정은 무한히 거슬러 올라가 마침내는 더 이상 소급할 수 없는 단계에까지 이르고, 결국 기존의 지식 체계와 비교할 수 없게 된다.

(바) '대응설'에서는 어떤 명제나 생각이 사실이나 대상에 들어맞을 때 그것을 진리라고 주장한다. 우리는 특별한 장애가 없는 한 대상을 있는 그대로 정확하게 파악한다고 믿는다. 가령 앞에 있는 책상이 모나고 노란색이라고 할 때 우리의 시각으로 파악된 관념은 앞에 있는 대상이 지니 있는 성질을 있는 그대로 반영한 것으로 생각한다.

(사) 그러나 우리의 감각은 늘 거울과 같이 대상을 있는 그대로 모사하는 것일까? 조금만 생각해 보아도 우리의 감각이 언제나 거울과 같지는 않다는 것을 알 수 있다. 감각 기관의 생리적 상태, 조명, 대상의 위치 등 모든 것이 정상적이라 할지라도 감각 기관의 능력에는 한계가 있다. 그래서 인간의 감각은 외부의 사물을 있는 그대로 모사하지는 못한다.

*전칭 판단 : 대상의 모든 범위에 걸쳐서 긍정하거나 부정하는 판단
**정합 : 모순이 없이 꼭 들어맞음

① (가) - (마) - (나) - (사) - (다) - (라) - (바)
② (나) - (바) - (사) - (가) - (마) - (다) - (라)
③ (나) - (사) - (바) - (다) - (라) - (마) - (가)
④ (바) - (사) - (마) - (나) - (가) - (다) - (라)

※ 다음 글을 읽고, 이어질 문단을 논리적 순서대로 바르게 나열한 것을 고르시오. [3~4]

03

고전학파에서는 시장에서 임금이나 물가 등의 가격 변수가 완전히 탄력적으로 작용하기 때문에 경기적 실업을 자연스럽게 해소될 수 있는 일시적 현상으로 본다.

(가) 이렇게 실질임금이 상승하게 되면 경기적 실업으로 인해 실업 상태에 있던 노동자들은 노동 시장에서 일자리를 적극적으로 찾으려고 하고, 이로 인해 노동의 초과공급이 발생하게 된다. 그래서 노동자들은 노동 시장에서 경쟁하게 되고 이러한 경쟁으로 인해 명목임금은 탄력적으로 하락하게 된다. 명목임금의 하락은 실질임금의 하락으로 이어지게 되고 실질임금은 경기가 침체되기 이전과 동일한 수준으로 돌아간다.
(나) 이들에 의하면 노동자들이 받는 화폐의 액수를 의미하는 명목임금이 변하지 않은 상태에서, 경기 침체로 인해 물가 하락하게 되면 명목임금을 물가로 나눈 값, 즉 임금의 실제 가치를 의미하는 실질임금은 상승하게 된다. 예를 들어 물가가 10% 정도 하락하게 되면 명목임금으로 구매할 수 있는 재화의 양이 10% 정도 늘어날 수 있고, 이는 물가가 하락하기 전보다 실질임금이 10% 정도 상승했다는 의미이다.
(다) 결국 기업에서는 명목임금이 하락한 만큼 노동의 수요량을 늘릴 수 있게 되므로 노동의 초과공급은 사라지고 실업이 자연스럽게 해소된다. 따라서 고전학파에서는 인위적 개입을 통해 경기적 실업을 감소시키려는 정부의 역할에 반대한다.

① (가) - (나) - (다)
② (가) - (다) - (나)
③ (나) - (가) - (다)
④ (다) - (가) - (나)

04

둘 이상의 기업이 자본과 조직 등을 합하여 경제적으로 단일한 지배 체제를 형성하는 것을 '기업 결합'이라고 한다. 기업은 이를 통해 효율성 증대나 비용 절감, 국제 경쟁력 강화와 같은 긍정적 효과들을 기대할 수 있다. 하지만 기업이 속한 사회에는 간혹 역기능이 나타나기도 하는데, 시장의 경쟁을 제한하거나 소비자의 이익을 침해하는 경우가 그러하다. 가령, 시장 점유율이 각각 30%와 40%인 경쟁 기업들이 결합하여 70%의 점유율을 갖게 될 경우, 경쟁이 제한되어 지위를 남용하거나 부당하게 가격을 인상할 수 있는 것이다. 이 때문에 정부는 기업 결합의 취지와 순기능을 보호하는 한편, 시장과 소비자에게 끼칠 폐해를 가려내어 이를 차단하기 위한 법적 조치들을 강구하고 있다. 하지만 기업 결합의 위법성을 섣불리 판단해서는 안 되므로 여러 단계의 심사 과정을 거치도록 하고 있다.

(가) 문제는 어떻게 시장을 확정할 것인지인데, 대개는 한 상품의 가격이 오른다고 가정할 때 소비자들이 이에 얼마나 민감하게 반응하며 다른 상품으로 옮겨 가는지를 기준으로 한다.
(나) 반면에 결합이 성립된다면 정부는 그것이 영향을 줄 시장의 범위를 획정함으로써, 그 결합이 동일 시장 내 경쟁자 간에 이루어진 수평 결합인지, 거래 단계를 달리하는 기업 간의 수직 결합인지, 이 두 결합 형태가 아니면서 특별한 관련이 없는 기업 간의 혼합 결합인지를 규명하게 된다.
(다) 이 심사는 기업 결합의 성립 여부를 확인하는 것부터 시작한다. 여기서는 해당 기업 간에 단일 지배 관계가 형성되었는지가 관건이다.
(라) 그 민감도가 높을수록 그 상품들은 서로에 대해 대체재, 즉 소비자에게 같은 효용을 줄 수 있는 상품에 가까워진다. 이 경우 생산자들이 동일 시장 내의 경쟁자일 가능성도 커진다.
(마) 예컨대 주식 취득을 통한 결합의 경우, 취득 기업이 피취득 기업을 경제적으로 지배할 정도의 지분을 확보하지 못하면, 결합의 성립이 인정되지 않고 심사도 종료된다.

이런 분석에 따라 시장의 범위가 정해지면, 그 결합이 시장의 경쟁을 제한하는지를 판단하게 된다. 하지만 설령 그럴 우려가 있는 것으로 판명되더라도 곧바로 위법으로 보지는 않는다. 정부가 당사자들에게 결합의 장점이나 불가피성에 관해 항변할 기회를 부여하여 그 타당성을 검토한 후에, 비로소 시정 조치 부과 여부를 최종 결정하게 된다.

① (가) - (다) - (나) - (마) - (라)
② (가) - (라) - (나) - (다) - (마)
③ (다) - (라) - (나) - (가) - (마)
④ (다) - (마) - (나) - (가) - (라)

대표기출유형 05 주제·제목 찾기

| 유형분석 |

- 글의 목적이나 핵심 주장을 정확하게 구분할 수 있는지 평가한다.
- 문단별 주제·화제, 글쓴이의 주장·생각, 표제와 부제 등 다양한 유형으로 출제될 수 있다.

다음 글의 중심 내용으로 가장 적절한 것은?

지식에 대한 상대주의자들은 한 문화에서 유래한 어떤 사고방식이 있을 때, 다른 문화가 그 사고방식을 수용하게 만들만큼 논리적으로 위력적인 증거나 논증은 있을 수 없다고 주장한다. 왜냐하면 문화마다 사고방식의 수용 가능성에 대한 서로 다른 기준을 가지고 있기 때문이다. 이를 바탕으로 그들은 서로 다른 문화권의 과학자들이 이론적 합의에 합리적으로 이를 수 없다고 주장한다. 이러한 주장은 한 문화의 기준과 그 문화에서 수용되는 사고방식이 함께 진화하여 분리 불가능한 하나의 덩어리를 형성한다고 믿기 때문에 나타난다.

예를 들어 문화적 차이가 큰 A와 B의 두 과학자 그룹이 있다고 하자. 그리고 A그룹은 수학적으로 엄밀하고 놀라운 예측에 성공하는 이론만을 수용하고, B그룹은 실제적 문제에 즉시 응용 가능한 이론만을 수용한다고 하자. 그렇다면 각 그룹은 어떤 이론을 만들 때, 자신들의 기준을 만족할 수 있는 이론만을 만들 것이다. 그 결과 A그룹에서 만든 이론은 엄밀하고 놀라운 예측을 제공하겠지만, 응용 가능성의 기준에서 보면 B그룹에서 만든 이론보다 못할 것이다. 즉, A그룹이 만든 이론은 A그룹만이 수용할 것이고, B그룹이 만든 이론은 B그룹만이 수용할 것이다. 이처럼 문화마다 다른 기준은 자신의 문화에서 만들어진 이론만 수용하도록 만들 것이다. 이것이 상대주의자의 주장이다.

그러나 한 사람이 특정 문화나 세계관의 기준을 채택한다고 해서 그 사람이 반드시 그 문화나 세계관의 특정 사상이나 이론을 고집하는 것은 아니다. 다음과 같은 상상을 해 보자. A그룹이 어떤 이론을 만들었는데, 그 이론이 고도로 엄밀하고 놀라운 예측에 성공함과 동시에 즉각적으로 응용할 수 있는 것이라 하자. 그렇다면 A그룹뿐 아니라 B그룹도 그 이론을 받아들일 것이다. 실제로 데카르트주의자들은 뉴턴 물리학이 데카르트 물리학보다 데카르트적인 기준을 잘 만족했기 때문에 결국 뉴턴 물리학을 받아들였다.

① 문화마다 다른 평가 기준을 따르더라도 자기 문화에서 형성된 과학 이론만을 수용하는 것은 아니다.
② 과학의 발전 과정에서 이론 선택은 문화의 상대적인 기준에 따라 이루어진다.
③ 과학자들은 당대의 다른 이론보다 탁월한 이론에 대해서는 자기 문화의 기준으로 평가하지 않는다.
④ 과학의 발전 과정에서 엄밀한 예측 가능성과 실용성을 판단하는 기준이 항상 고정된 것은 아니다.

정답 ①

제시문은 지식에 대한 상대주의자들의 주장을 반박하는 글이다. 상대주의자들은 서로 다른 문화권의 과학자들이 이론적 합의에 합리적으로 이를 수 없다고 주장한다. 하지만 마지막 문단에 따르면 한 사람이 특정 문화의 기준을 채택한다고 그 사람이 반드시 그 문화의 특정 사상이나 이론을 고집하는 것은 아니라고 주장한다. 따라서 문화마다 다른 평가 기준을 따르더라도 자기 문화에서 형성된 과학 이론만을 수용하는 것은 아니라는 것이 제시문의 중심 내용이므로 ①이 가장 적절하다.

유형풀이 Tip

- 글의 중심이 되는 내용은 주로 글의 맨 앞이나 맨 뒤에 위치한다. 따라서 글의 첫 문단과 마지막 문단을 먼저 확인한다.
- 첫 문단과 마지막 문단에서 실마리가 잡히지 않은 경우 그 문단을 뒷받침해 주는 부분을 읽어가면서 제목이나 주제를 파악해 나간다.

대표기출유형 05   기출응용문제

01 다음 글의 주제로 가장 적절한 것은?

> 금융당국은 은행의 과점체제를 해소하고, 은행과 비은행의 경쟁을 촉진시키는 방안으로 은행의 고유 전유물이었던 통장을 보험 및 카드 업계로의 도입을 검토하겠다고 밝혔다.
>
> 이는 전자금융거래법을 개정해 대금결제업, 자금이체업, 결제대행업 등 모든 전자금융업 업무를 관리하는 종합지급결제사업자를 제도화하여 비은행에 도입한다는 것으로, 이를 통해 비은행권은 간편결제 · 송금 외에도 은행 수준의 보편적 지급결제 서비스가 가능해지는 것이다.
>
> 특히 금융당국이 은행업 경쟁촉진 방안으로 검토 중인 은행업 추가 인가나 소규모 특화은행 도입 등 여러 방안 중에서 종합지급결제사업자 제도를 중점으로 검토 중인 이유는 은행의 유효경쟁을 촉진시킴으로써 은행의 과점 이슈를 가장 빠르게 완화할 수 있을 것으로 판단되기 때문이다.
>
> 이는 소비자 측면에서도 기대효과가 있는데, 은행 계좌가 없는 금융소외계층은 종합지급결제사업자 제도를 통해 금융 서비스를 제공받을 수 있고, 기존 방식에서 각 은행에 지불하던 지급결제 수수료가 절약돼 그만큼 보험료가 인하될 가능성도 기대해 볼 수 있기 때문이다. 보험사 및 카드사 측면에서도 기존 방식에서는 은행을 통해 진행했던 방식이 해당 제도가 확립된다면 직접 처리할 수 있게 되어 방식이 간소화될 수 있다는 장점이 있다.
>
> 하지만 이 또한 현실적으로 많은 문제들이 제기되는데, 그중 하나가 소비자보호 사각지대의 발생이다. 비은행권은 은행권과 달리 예금보험제도가 적용되지 않을 뿐더러 은행권에 비해 규제 수준이 상대적으로 낮기 때문에 금융소비자 보호 등 리스크 관리가 우려되기 때문이다. 또한 종합지급결제업 자체가 사실상 은행업과 크게 다르지 않기 때문에 은행권의 극심한 반발도 예상된다.

① 은행의 과점체제 해소를 위한 방안
② 종합지급결제사업자 제도의 득과 실
③ 은행의 권리를 침해하는 비은행 업계
④ 은행과 비은행 경쟁 속 소비자의 실익

02 다음 글의 중심 내용으로 가장 적절한 것은?

서점에 들러 책을 꾸준히 사거나 도서관에서 계속해서 빌리는 사람들이 있다. 그들이 지금까지 사들이거나 빌린 책의 양만 본다면 겉보기에는 더할 나위 없이 훌륭한 습관처럼 보인다. 그러나 과연 그 모든 사람들이 처음부터 끝까지 책을 다 읽었고, 그 내용을 온전히 이해하고 있는지를 묻는다면 이야기는 달라진다. 한 권의 책을 사거나 빌리기 위해 우리는 돈을 지불하고, 틈틈이 도서관을 들리는 수고로움을 감수하지만, 우리가 단순히 책을 손에 쥐고 있다는 사실만으로는 그 안에 담긴 지혜를 배우는 필요조건을 만족시키지 못하기 때문이다. 그러므로 책을 진정으로 소유하기 위해서는 책의 '소유방식'이 바뀌어야 하고, 더 정확히 말하자면 책을 대하는 방법이 바뀌어야 한다.

책을 읽는 데 가장 기본이 되는 것은 천천히, 그리고 집중해서 읽는 것이다. 보통의 사람들은 책의 내용이 쉽게 읽히지 않을수록 빠르게 책장을 넘겨버리려고 하는 경향이 있다. 지겨움을 견디기 힘들기 때문이다. 그러나 속도가 빨라지면 이해하지 못하고 넘어가는 부분은 점점 더 많아지고, 급기야는 중도에 포기하는 경우가 생기고 만다. 그러므로 지루하고 이해가 가지 않을수록 천천히 읽어야 한다. 천천히 읽으면 이해되지 않던 것들이 이해되기 시작하고, 비로소 없던 흥미도 생기는 법이다. 또한, 어떤 책을 읽더라도 그것을 자신의 이야기로 읽는 것이다. 책을 남의 이야기처럼 읽어서는 결코 자신의 것으로 만들 수 없다. 다른 사람이 쓴 남의 이야기라고 할지라도, 자신과 글쓴이의 입장을 일치시키며 읽어나가야 한다. 그리하여 책을 다 읽은 후 그 내용을 자신만의 말로 설명할 수 있다면, 그것은 성공한 책 읽기라고 할 수 있을 것이다. 남의 이야기처럼 읽는 글은 어떤 흥미도, 그 글을 통해 얻어가는 지식도 있을 수 없다.

그러나 아무 책이나 이러한 방식으로 읽으라는 것은 아니다. 어떤 책을 선택하느냐 역시 책 읽는 이의 몫이기 때문이다. 좋은 책은 쉽게 읽히고, 누구나 이해할 수 있을 만큼 쉽게 설명되어 있는 책이 좋은 책이다. 그런 책을 분별하기 어렵다면 주변으로부터 책을 추천받거나 온라인 검색을 해보는 것도 좋다. 그렇다고 해서 책이 쉽게 읽히지 않는다고 하더라도 쉽게 좌절하거나 포기해서도 안 됨은 물론이다.

현대사회에서는 더 이상 독서의 양에 따라 지식의 양을 판단할 수 없다. 지금 이 시대에 중요한 것은 얼마나 많은 지식이 나의 눈과 귀를 거쳐 가느냐가 아니라, 우리에게 필요한 것들을 얼마나 잘 찾아내어 효율적으로 습득하며, 이를 통해 나의 지식을 확장할 수 있느냐인 것이다.

① 책은 쉽게 읽혀야 한다.
② 글쓴이의 입장을 생각하며 책을 읽어야 한다.
③ 독서의 목적은 책의 내용을 온전히 소유하는 것이다.
④ 독서 이외의 다양한 정보 습득 경로를 확보해야 한다.

03 다음 글의 중심 화제로 가장 적절한 것은?

> 경제학에서는 한 재화나 서비스 등의 공급이 기업에 집중되는 양상에 따라 시장 구조를 크게 독점시장, 과점시장, 경쟁시장으로 구분하고 있다. 소수의 기업이 공급의 대부분을 차지할수록 독점시장에 가까워지고, 다수의 기업이 공급을 나누어 가질수록 경쟁시장에 가까워진다. 이렇게 시장 구조를 구분하기 위해서 사용하는 지표 중의 하나가 바로 '시장집중률'이다.
> 시장집중률을 이해하기 위해서는 먼저 '시장점유율'에 대한 이해가 있어야 한다. 시장점유율이란 시장 안에서 특정 기업이 차지하고 있는 비중을 의미하는데, 생산량·매출액 등을 기준으로 측정할 수 있다. Y기업의 시장점유율을 생산량 기준으로 측정한다면 '(Y기업의 생산량)÷(시장 내 모든 기업의 생산량의 총합)×100'으로 나타낼 수 있다.
> 시장점유율이 시장 내 한 기업의 비중을 나타내 주는 수치라면, 시장집중률은 시장 내 일정 수의 상위 기업들이 차지하는 비중을 나타내 주는 수치, 즉 일정 수의 상위 기업의 시장점유율을 합한 값이다. 몇 개의 상위 기업을 기준으로 삼느냐는 나라마다 자율적으로 결정하고 있는데, 우리나라에서는 상위 3대 기업의 시장점유율을 합한 값을, 미국에서는 상위 4대 기업의 시장점유율을 합한 값을 시장집중률로 채택하여 사용하고 있다.
> 이렇게 산출된 시장집중률을 통해 시장 구조를 구분해 볼 수 있는데, 시장집중률이 높으면 그 시장은 공급이 소수의 기업에 집중되어 있는 독점시장으로 구분하고, 시장집중률이 낮으면 공급이 다수의 기업에 의해 분산되어 있는 경쟁시장으로 구분한다. 한국개발연구원에서는 어떤 산업에서의 시장집중률이 80% 이상이면 독점시장, 60% 이상 80% 미만이면 과점시장, 60% 미만이면 경쟁시장으로 구분하고 있다.
> 시장집중률을 측정하는 기준에는 여러 가지가 있기 때문에 어느 것을 기준으로 삼느냐에 따라 측정 결과에 차이가 생기며, 이에 대한 경제학적인 해석도 달라진다. 어느 시장의 시장집중률을 '생산량' 기준으로 측정했을 때 A, B, C기업이 상위 3대 기업이고 시장집중률이 80%로 측정되었다고 하더라도, '매출액' 기준으로 측정했을 때는 D, E, F기업이 상위 3대 기업이 되고 시장집중률이 60%가 될 수도 있다. 이처럼 시장집중률은 시장 구조를 구분하는 데 매우 유용한 지표이며, 이를 통해 시장 내의 공급이 기업에 집중되는 양상을 파악해 볼 수 있다.

① 시장 구조의 변천사
② 시장집중률의 개념과 의의
③ 독점시장과 경쟁시장의 비교
④ 우리나라 시장점유율의 특성

04 다음 글의 제목으로 가장 적절한 것은?

> 일반적으로 소비자들은 합리적인 경제 행위를 추구하기 때문에 최소 비용으로 최대 효과를 얻으려 한다는 것이 소비의 기본 원칙이다. 그들은 '보이지 않는 손'이라고 일컬어지는 시장 원리 아래에서 생산자와 만난다. 그러나 이러한 일차적 의미의 합리적 소비가 언제나 유효한 것은 아니다. 생산보다는 소비가 화두가 된 소비 자본주의 시대에 소비는 단순히 필요한 재화, 그리고 경제학적으로 유리한 재화를 구매하는 행위에 머물지 않는다. 최대 효과 자체에 정서적이고 사회 심리학적인 요인이 개입하면서, 이제 소비는 개인이 세계와 만나는 다분히 심리적인 방법이 되어버린 것이다. 곧 인간의 기본적인 생존 욕구를 충족시켜 주는 합리적 소비 수준에 머물지 않고, 자신을 표현하는 상징적 행위가 된 것이다. 이처럼 오늘날의 소비문화는 물질적 소비 차원이 아닌 심리적 소비 형태를 띠게 된다. 소비 자본주의의 화두가 과소비가 아니라 '과시 소비'로 넘어간 것이다. 과시 소비의 중심에는 신분의 논리가 있다. 신분의 논리는 유용성의 논리, 나아가 시장의 논리로 설명되지 않는 것들을 설명해 준다. 혈통으로 이어지던 폐쇄적 계층 사회는 소비 행위에 대해 계급에 근거한 제한을 부여했다. 먼 옛날 부족 사회에서 수장들만이 걸칠 수 있었던 장신구에서부터, 제아무리 권문세가의 정승이라도 아흔아홉 칸을 넘을 수 없던 집이 좋은 예이다. 권력을 가진 자는 힘을 통해 자기의 취향을 주위 사람들과 분리시킴으로써 경외감을 강요하고, 그렇게 자기 취향을 과시함으로써 잠재적 경쟁자들을 통제한 것이다.
>
> 가시적 신분 제도가 사라진 현대 사회에서도 이러한 신분의 논리는 여전히 유효하다. 이제 개인은 소비를 통해 자신의 물질적 부를 표현함으로써 신분을 과시하려 한다.

① 계층별 소비 규제의 필요성
② 신분사회에서 의복 소비와 계층의 관계
③ 소비가 곧 신분이 되는 과시 소비의 원리
④ 소득을 고려하지 않은 무분별한 과소비의 폐해

06 비판·반박하기

유형분석

- 글의 주장과 논점을 파악하고, 이에 대립하는 내용을 판단할 수 있는지 평가한다.
- 서로 상반되는 주장 두 개를 제시하고, 하나의 관점에서 다른 하나를 비판·반박하는 문제 유형이 출제될 수 있다.

다음 글의 주장에 대한 비판으로 가장 적절한 것은?

사회 현상을 볼 때는 돋보기로 세밀하게, 그리고 때로는 멀리 떨어져서 전체 속에 어떻게 위치하고 있는가를 동시에 봐야 한다. 숲과 나무는 서로 다르지만 따로 떼어 생각할 수 없기 때문이다. 현대 사회 현상의 최대 쟁점인 과학 기술에 대해 평가할 때도 마찬가지이다. 로봇 탄생의 숲을 보면, 그 로봇 개발에 투자한 사람과 로봇을 개발한 사람들의 의도가 드러난다. 그리고 나무인 로봇을 세밀히 보면, 그 로봇이 생산에 이용되는지 아니면 감옥의 죄수들을 감시하기 위한 것인지 그 용도를 알 수가 있다. 이 광범한 기술의 성격을 객관적이고 물질적이어서 가치관이 없다고 쉽게 생각하면 로봇에 당하기 십상이다.

자동화는 자본주의의 실업을 늘려 실업자에 대해 생계의 위협을 가하는 측면뿐 아니라, 기존 근로자에 대한 감시를 더욱 효율적으로 해내는 역할도 수행한다. 자동화를 적용하는 기업 측에서는 자동화가 인간의 삶을 증대시키는 이미지로 일반 사람들에게 인식되기를 바란다. 그래야 자동화 도입에 대한 노동자의 반발을 무마하고 기업가의 구상을 관철시킬 수 있기 때문이다. 그러나 자동화나 기계화 도입으로 인해 실업을 두려워하고, 업무 내용이 바뀌는 것을 탐탁해 하지 않았던 유럽의 노동자들은 자동화 도입에 대해 극렬히 반대했던 경험들을 갖고 있다.

지금도 자동화·기계화는 좋은 것이라는 고정관념을 가진 사람들이 많고, 현실에서 이러한 고정관념이 가져오는 파급 효과는 의외로 크다. 예를 들어 은행에 현금을 자동으로 세는 기계가 등장하면 은행원들이 현금을 세는 작업량은 줄어든다. 손님들도 기계가 현금을 재빨리 세는 것을 보고 감탄해 하면서 행원이 세는 것보다 더 많은 신뢰를 보낸다. 그러나 현금 세는 기계의 도입에는 이익 추구라는 의도가 숨어 있다. 현금 세는 기계는 행원의 수고를 덜어 준다. 그러나 현금 세는 기계를 들여옴으로써 실업자가 생기고 만다. 사람이 잘만 이용하면 잘 써먹을 수 있을 것만 같은 기계가 엄청나게 혹독한 성품을 지닌 프랑켄슈타인으로 돌변하는 것이다.

자동화와 정보화를 추진하는 핵심 조직이 기업이란 것에서도 알 수 있듯이 기업은 이윤 추구에 도움이 되지 않는 행위는 무가치하다고 판단한다. 그러므로 자동화는 그 계획 단계에서부터 기업의 의도가 스며들어가 탄생된다. 또한 그 의도대로 자동화나 정보화가 진행되면, 다른 한편으로 의도하지 않은 결과를 초래한다. 자동화와 같은 과학 기술이 풍요를 생산하는 수단이라고 생각하는 것은 하나의 고정관념에 불과하다.

채플린이 제작한 영화 「모던 타임즈」에 나타난 것처럼 초기 산업화 시대에는 기계에 종속된 인간의 모습이 가시적으로 드러날 수밖에 없었다. 그래서 이러한 종속에 저항하고자 하는 인간의 노력도 적극적인 모습을 보였다. 그러나 현대의 자동화기기는 그 첨병이 정보 통신기기로 바뀌면서 문제는 질적으로 달라진다. 무인 생산까지 진전된 자동화나 정보 통신화는 인간에게 단순 노동을 반복시키는 그런 모습을 보이지 않는다.

그래서인지는 몰라도 정보 통신은 별 무리 없이 어느 나라에서나 급격하게 개발·보급되고 보편화되어 있다. 그런데 문제는 이 자동화기기가 생산에만 이용되는 것이 아니라, 노동자를 감시하거나 관리하는 데도 이용될 수 있다는 것이다. 오히려 정보 통신의 발달로 이전보다 사람들은 더 많은 감시와 통제를 받게 되었다.

① 기업의 이윤 추구가 사회 복지 증진과 직결될 수 있음을 간과하고 있어.
② 기계화·정보화가 인간의 삶의 질 개선에 기여하고 있음을 경시하고 있어.
③ 기계화를 비판하는 주장만 되풀이할 뿐, 구체적인 근거를 제시하지 않고 있어.
④ 화제의 부분적 측면에 관계된 이론을 소개하여 편향적 시각을 갖게 하고 있어.

정답 ②

제시문은 기계화·정보화의 긍정적인 측면보다는 부정적인 측면을 부각시키고 있다. 따라서 기계화·정보화가 인간의 삶의 질 개선에 기여하고 있음을 경시한다고 비판할 수 있다.

유형풀이 Tip

- 대립하는 두 의견의 쟁점을 찾은 후, 제시문 또는 보기에서 양측 주장의 근거를 찾아 각 주장에 연결하며 답을 찾는다.
- 문제의 난도를 높이기 위해 글의 후반부에 주장을 뒷받침할 수 있는 근거를 제시하고 선택지에 그 근거에 대한 반박을 실어 놓는 경우도 있다. 하지만 주의할 점은 제시문의 '주장'에 대한 반박을 찾는 것이지, 이를 뒷받침하기 위해 제시된 '근거'에 대한 반박을 찾는 것이 아니라는 것이다.

대표기출유형 06 기출응용문제

01 다음 글의 주장에 대한 비판으로 가장 적절한 것은?

> 저작권은 저자의 권익을 보호함으로써 활발한 저작 활동을 촉진하여 인류의 문화 발전에 기여하기 위한 것이다. 그러나 이렇게 공적 이익을 추구하기 위한 저작권이 현실에서는 일반적으로 지나치게 사적 재산권을 행사하는 도구로 인식되고 있다. 저작물 이용자들의 권리를 보호하기 위해 마련한, 공익적 성격의 법조항도 법적 분쟁에서는 항상 사적 재산권의 논리에 밀려 왔다.
> 저작권 소유자 중심의 저작권 논리는 실제로 저작권이 담당해야 할 사회적 공유를 통한 문화 발전을 방해한다. 몇 해 전의 '애국가 저작권'에 대한 논란은 이러한 문제를 단적으로 보여준다. 저자 사후 50년 동안 적용되는 국내 저작권법에 따라 애국가가 포함된 〈한국 환상곡〉의 저작권이 작곡가 안익태의 유족들에게 2015년까지 주어진다는 사실이 언론을 통해 알려진 것이다. 누구나 자유롭게 이용할 수 있는 국가(國歌)마저 공공재가 아닌 개인 소유라는 사실에 많은 사람들이 놀랐다.
> 창작은 백지 상태에서 완전히 새로운 것을 만드는 것이 아니라 저작자와 인류가 쌓은 지식 간의 상호 작용을 통해 이루어진다. "내가 남들보다 조금 더 멀리 보고 있다면, 이는 내가 거인의 어깨 위에 올라서 있는 난쟁이이기 때문"이라는 뉴턴의 겸손은 바로 이를 말한다. 이렇듯 창작자의 저작물은 인류의 지적 자원에서 영감을 얻은 결과이다. 그러한 저작물을 다시 인류에게 되돌려 주는 데 저작권의 의의가 있다. 이러한 생각은 이미 1960년대 프랑스 철학자들에 의해 형성되었다. 예컨대 기호학자인 바르트는 '저자의 죽음'을 거론하면서 저자가 만들어 내는 텍스트는 단지 인용의 조합일 뿐 어디에도 '오리지널'은 존재하지 않는다고 단언한다.
> 전자 복제 기술의 발전과 디지털 혁명은 정보나 자료의 공유가 지니는 의의를 잘 보여주고 있다. 인터넷과 같은 매체 환경의 변화는 원본을 무한히 복제하고 자유롭게 이용함으로써 누구나 창작의 주체로서 새로운 문화 창조에 기여할 수 있도록 돕는다. 인터넷 환경에서 이용자는 저작물을 자유롭게 교환할 뿐 아니라 수많은 사람들과 생각을 나눔으로써 새로운 창작물을 생산하고 있다. 이러한 상황은 저작권을 사적 재산권의 측면에서보다는 공익적 측면에서 바라볼 필요가 있음을 보여준다.

① 저작권의 사회적 공유에 대해 일관성 없는 주장을 하고 있다.
② 저작물이 개인의 지적·정신적 창조물임을 과소평가하고 있다.
③ 저작권의 사적 보호가 초래한 사회적 문제의 사례가 적절하지 않다.
④ 인터넷이 저작권의 사회적 공유에 미치는 영향을 드러내지 못하고 있다.

Hard

02 다음 글에 대한 평가로 가장 적절한 것은?

> 우리나라는 눈부신 경제 성장을 이룩하였고 일인당 국민 소득도 빠른 속도로 증가해 왔다. 소득이 증가하면 더 행복해질 것이라는 믿음과 달리, 한국 사회 구성원들의 전반적인 행복감은 높지 않은 실정이다. 전반적인 물질적 풍요에도 불구하고 왜 한국 사람들의 행복감은 그만큼 높아지지 않았을까? 이 물음에 대한 다음과 같은 두 가지 답변이 있다.
>
> (가) 일반적으로 소득이 일정한 수준에 도달한 이후에는 소득의 증가가 반드시 행복의 증가로 이어지지는 않는다. 인간이 살아가기 위해서는 물질재와 지위재가 필요하다. 물질재는 기본적인 의식주의 욕구를 충족시키는 데 필요한 재화이며, 경제 성장에 따라 공급이 늘어난다. 지위재는 대체재의 존재 여부나 다른 사람들의 요구에 따라 가치가 결정되는 비교적 희소한 재화나 서비스이며, 그 효용은 상대적이다. 경제 성장의 초기 단계에서는 물질재의 공급을 늘리면 사람들의 만족감이 커지지만, 경제가 일정 수준 이상으로 성장하면 점차 지위재가 중요해지고 물질재의 공급을 늘려서는 해소되지 않는 불만이 쌓이게 되는 이른바 '풍요의 역설'이 발생한다. 따라서 한국 사람들이 경제 수준이 높아진 만큼 행복하지 않은 이유는 소득 증가에 따른 자연스러운 현상이다.
>
> (나) 한국 사회의 행복 수준은 단순히 풍요의 역설로 설명할 수 없다. 행복에 대한 심리학적 연구에 따르면 타인과 비교하는 성향이 강한 사람일수록 행복감이 낮아지게 된다. 비교성향이 강한 사람은 사회적 관계에서 자신보다 우월한 사람들을 준거집단으로 삼아 비교하기 쉽고 이로 인해 상대적 박탈감이 커질 수 있기 때문이다. 한국과 같은 경쟁 사회에서는 진학이나 구직 등에서 과열 경쟁이 벌어지고 등수에 의해 승자와 패자가 구분된다. 이 과정에서 비교 우위를 차지하지 못한 사람들은 좌절을 경험하기 쉬운데, 비교 성향이 강할수록 좌절감은 더 크다. 따라서 한국 사회의 행복감이 낮은 이유는 한국 사람들이 다른 사람들과 비교하는 성향이 매우 높은 데에서 찾을 수 있다.

① 경제적 수준이 비슷한 나라들과 비교하여 한국의 지위재가 상대적으로 풍부하다는 사실은 (가)를 강화한다.

② 한국 사회는 일인당 소득 수준이 비슷한 다른 나라들과 비교하더라도 행복감의 수준이 상당히 낮다는 조사 결과는 (가)를 강화한다.

③ 한국보다 소득 수준이 높고 대학 입학을 위한 입시 경쟁이 매우 치열한 나라가 있다는 사실은 (나)를 약화한다.

④ 자신보다 우월한 사람들을 준거집단으로 삼는 경향이 한국보다 강함에도 불구하고 행복감이 더 높은 나라가 있다는 사실은 (나)를 약화한다.

03 다음 글을 읽고 글쓴이의 태도를 비판한 내용으로 가장 적절한 것은?

> 생물 다양성(Biodiversity)이란 원래 한 지역에 살고 있는 생물의 종(種)이 얼마나 다양한가를 표현하는 말이었다. 그런데 오늘날에는 종의 다양성은 물론이고, 각 종이 가지고 있는 유전적 다양성과 생물이 살아가는 생태계의 다양성까지를 포함하는 개념으로 확장해서 사용한다. 특히 최근에는 생태계를 유지시키고 인류에게 많은 이익을 가져다준다는 점이 부각되면서 생물 다양성의 가치가 크게 주목받고 있다.
> 생물 다양성의 가장 기본적인 가치로 생태적 봉사 기능을 들 수 있다. 생물은 생태계의 엔지니어라 불릴 정도로 환경을 조절하고 유지하는 커다란 힘을 가지고 있다. 숲의 경우를 예로 들어 보자. 나무들은 서늘한 그늘을 만들어 주고 땅 속에 있는 물을 끌어 올려 다양한 생물종이 서식할 수 있는 적절한 환경을 제공해 준다. 숲이 사라지면 수분 배분 능력이 떨어져 우기에는 홍수가 나고 건기에는 토양이 완전히 말라 버린다. 이로 인해 생물 서식지의 환경이 급격하게 변화되고 마침내 상당수의 종이 사라지게 된다. 이처럼 숲을 이루고 있는 나무, 물, 흙과 그곳에서 살아가는 다양한 생명체는 서로 유기적인 관계를 형성하면서 생태계의 환경을 조절하고 유지하는 역할을 담당하는 것이다.
> 또한 생물 다양성은 경제적으로도 커다란 가치가 있다. 대표적인 사례로 의약품 개발을 꼽을 수 있다. 자연계에 존재하는 수많은 식물 중에서 인류는 약 20,000여 종의 식물을 약재로 사용해 왔다. 그 가운데 특정 약효 성분을 추출하여 상용화한 것이 이제 겨우 100여 종에 불과하다는 사실을 고려하면, 전체 식물이 가지고 있는 잠재적 가치는 상상을 뛰어넘는다. 그리고 부전나비의 날개와 사슴벌레의 다리 등에서 항암 물질을 추출한 경우나 야생의 미생물에서 페니실린, 마이신 등 약 3,000여 가지의 항생제를 추출한 경우에서도 알 수 있듯이, 동물과 미생물 역시 막대한 경제적 이익을 가져다준다. 의약품 개발 외에도 다양한 생물이 화장품과 같은 상품 개발에 이용되고 있으며, 생태 관광을 통한 부가가치 창출에도 기여한다.
> 생물 다양성은 학술적으로도 매우 중요하다. 예를 들어 다윈(C. Darwin)은 현존하는 여러 동물들의 상이한 눈을 비교하여, 정교하고 복잡한 인간의 눈이 진화해 온 과정을 추적하였다. 그에 따르면 인간의 눈은 해파리에서 나타나는 원시적 빛 감지 세포로부터, 불가사리처럼 빛의 방향을 감지할 수 있는 오목한 원시 형태의 눈을 거친 다음, 빛에 대한 수용력과 민감도를 높인 초기 수정체 형태의 눈을 지나, 선명한 상을 제공하는 현재의 눈으로 진화되었다는 것이다. 이 사례에서 보듯이 모든 생물종은 고유한 형태적 특성을 가지고 있어서 생물 진화의 과정을 추적하는 데 중요한 정보를 제공해 준다. 형태적 특성 외에도 각각의 생물종이 지닌 독특한 생리적·유전적 특성 등에 대한 비교 연구를 통해 생물을 더 깊이 있게 이해할 수 있다. 그리고 이렇게 축적된 정보는 오늘날 눈부시게 성장하고 있는 생명과학의 기초가 된다.
> 이와 같이 인간은 생물 다양성에 기초하여 무한한 생태적·경제적 이익을 얻고 과학 발전의 토대를 구축한다. 그런데 최근 급격한 기후 변화와 산업화 및 도시화에 따른 자연 파괴로 생물 다양성이 크게 감소하고 있다. 따라서 이를 억제하기 위한 생태계 보존 대책을 시급히 마련해야 한다. 동시에 생물 다양성 보존을 위한 연구 기관을 건립하고 전문 인력의 양성 체계를 갖추어야 할 것이다.

① 문제 해결을 위한 실천 의지가 전혀 없다.
② 생물 다양성의 경제적 가치를 지나치게 강조하고 있다.
③ 생물 다양성 문제를 주로 인간 중심적 시각으로 해석하고 있다.
④ 자연을 우선시하여 자연과 인간의 공존 가능성을 모색하고 있다.

04 다음 글의 밑줄 친 (가)와 (나)에 대한 평가로 적절한 것을 〈보기〉에서 모두 고르면?

연역과 귀납, 이 두 종류의 방법은 지적 작업에서 사용될 수 있는 모든 추론을 포괄한다. 철학과 과학을 비롯한 모든 지적 작업에 연역적 방법이 필수적이라는 것을 부정하는 사람은 아무도 없다. 귀납적 방법의 경우 사정은 크게 다르다. 귀납적 방법이 철학적 작업에 들어설 여지가 없다고 믿는 사람이 있는가 하면, 한 걸음 더 나아가 어떠한 지적 작업에도 귀납적 방법이 불필요하다고 주장하는 사람들도 있다.

(가) 귀납적 방법이 철학이라는 지적 작업에서 불필요하다는 견해는 독단적인 철학관에 근거한다. 이런 견해에 따르면 철학적 주장의 정당성은 선험적인 것으로, 경험적 지식을 확장하기 위해 사용되는 귀납적 방법에 의존할 수 없다. 그러나 이런 견해는 철학적 주장이 경험적 가설에 의존해서는 안 된다는 부당하게 편협한 철학관과 '귀납적 방법'의 모호성을 딛고 서 있다. 실제로 철학사에 나타나는 목적론적 신 존재 증명이나 외부 세계의 존재에 관한 형이상학적 논증 가운데는 귀납적 방법인 유비 논증과 귀추법을 교묘히 적용하고 있는 것도 있다.

(나) 모든 지적 작업에서 귀납적 방법의 필요성을 부정하는 견해는 중요한 철학적 성과를 낳기도 하였다. 포퍼의 철학이 그런 사례 가운데 하나이다. 포퍼는 귀납적 방법의 정당화 가능성에 관한 회의적 결론을 받아들이고, 과학의 탐구가 귀납적 방법으로 진행된다는 견해는 근거가 없음을 보인다. 그에 따르면, 과학의 탐구 과정은 연역 논리 법칙에 따라 전개되는 추측과 반박의 작업으로 이루어진다. 이런 포퍼의 이론은 귀납적 방법의 필요성에 대한 전면적인 부정이 낳을 수 있는 흥미로운 결과 가운데 하나라고 할 수 있다.

보기
㉠ 과학의 탐구가 귀납적 방법에 의해 진행된다는 주장은 (가)를 반박한다.
㉡ 철학의 일부 논증에서 귀추법의 사용이 불가피하다는 주장은 (나)를 반박한다.
㉢ 연역 논리와 경험적 가설 모두 의존하는 지적 작업이 있다는 주장은 (가), (나) 모두를 반박한다.

① ㉠
② ㉡
③ ㉠, ㉢
④ ㉡, ㉢

대표기출유형 07 추론하기

유형분석

- 문맥을 통해 글에 명시적으로 드러나 있지 않은 내용을 유추할 수 있는지 평가한다.
- 글 뒤에 이어질 내용 찾기, 글을 뒷받침할 수 있는 근거 찾기 등 다양한 유형으로 출제될 수 있다.

다음 글을 읽고 추론할 수 있는 내용으로 가장 적절한 것은?

우리의 선택은 상대방의 선택에 어떤 영향을 받을까? 상대방이 무엇을 선택하든 상관없이 나에게 가장 높은 이익을 가져다주는 전략을 'D전략'이라고 하고, 상대방이 무엇을 선택하든 상관없이 나에게 가장 낮은 이익을 가져다주는 전략을 'S전략'이라고 하자. 예를 들어, 두 사람 갑, 을이 각각 상대방의 선택에 따라 자신에게 유리한 전략을 세우려고 한다. 두 사람은 P와 Q 중에서 어떤 선택을 할지 고려하고 있다. 갑은 을이 P를 선택할 경우 Q보다 P를 선택하는 것이 더 높은 이익을 얻고, 을이 Q를 선택할 경우에도 Q보다 P를 선택하는 것이 더 높은 이익을 얻는다면, P를 선택하는 것이 갑의 D전략이 된다. 또한 을이 P나 Q 어떤 것을 선택하든지 갑은 P보다 Q를 선택하는 것이 더 낮은 이익을 얻는다면, Q는 갑의 S전략이 된다. 이를 일상적 상황에 적용해서 설명해 보자.

두 스마트폰 회사가 있다. 각 회사는 TV 광고를 해야 할지를 결정해야 한다. 각 회사가 선택할 수 있는 전략에는 TV 광고를 자제하는 전략과 대대적으로 TV 광고를 하는 공격적인 전략 두 가지가 있다. 두 회사 모두 광고를 하지 않을 경우 각 회사는 5억 원의 순이익을 올린다. 한 회사가 광고를 하는데 다른 회사는 하지 않을 경우, 광고를 한 회사는 6억 원의 순이익을 올릴 수 있다. 반면 광고를 하지 않은 회사의 매출은 대폭 감소하여 단지 2억 원의 순이익을 올릴 수 있다. 두 회사가 모두 경쟁적으로 TV 광고를 할 경우 상대방 회사에 비해 판매를 더 늘릴 수 없는 반면 막대한 광고비를 지출해야 하므로 각자의 순이익은 3억 원에 머문다. 또 다른 예를 생각해 보자. 어떤 지역에 경쟁관계에 있는 두 병원이 있다. 각 병원에는 우수한 의료장비가 완비되어 있으며, 현재 꾸준한 이익을 내고 있다. 각 병원은 값비싼 첨단 의료장비의 구입을 고려하고 있다. 주민들은 첨단 의료장비를 갖춘 병원을 더 신뢰하여 감기만 걸려도 첨단 장비를 갖춘 병원으로 달려간다. 한 병원이 다른 병원에는 없는 첨단 장비를 구비한 경우를 가정해 보자. 첨단 장비를 갖춘 병원은 총수입이 늘어나며, 첨단 장비를 사는 데 드는 비용을 제하고 최종적으로 4억 원의 순이익을 확보하여 이전보다 순이익이 증가할 것이다. 반면에 첨단 장비를 갖추지 못한 병원은 환자를 많이 잃게 되어 순이익이 1억 원에 머물게 된다. 한편 두 병원이 모두 첨단 장비를 도입할 경우, 환자는 반반씩 차지할 수 있지만 값비싼 장비의 도입 비용으로 인하여 각 병원의 순이익은 2억 원이 된다.

① 각 회사의 광고 자제와 각 병원의 첨단 장비 구입은 S전략이다.
② 각 회사의 공격적인 광고와 각 병원의 기존 장비 유지는 S전략이다.
③ 각 회사의 공격적인 광고와 각 병원의 기존 장비 유지는 D전략이다.
④ 각 회사의 공격적인 광고와 각 병원의 첨단 장비 구입은 D전략이다.

정답 ④

제시문의 스마트폰 회사 예시를 표로 정리하면 다음과 같다

회사 A \ 회사 B	공격적 광고	광고 자제
공격적 광고	(3억 원, 3억 원)	(6억 원, 2억 원)
광고 자제	(2억 원, 6억 원)	(5억 원, 5억 원)

회사 B가 공격적 광고를 하는 경우, 회사 A는 함께 공격적 광고를 하는 경우가 광고를 자제하는 경우에 비해 큰 수익을 낼 수 있다. 회사 B가 광고를 자제하는 경우에도 마찬가지로 공격적 광고 전략을 취하는 경우가 광고를 자제하는 경우에 비해 더 큰 수익을 낼 수 있으므로, 회사 A에게 공격적 광고 전략은 'D전략'에 해당한다. 반대로, 회사 A에게 광고 자제 전략은 'S전략'에 해당한다. 이러한 방식을 병원의 예시에 동일하게 적용하면, 각 병원은 자기 병원을 제외한 다른 한 병원이 어떤 전략을 취하는지와 상관없이 첨단 장비를 도입하는 전략이 더 큰 순이익을 가져다주므로, 첨단 장비 도입이 'D전략'에 해당한다는 것을 알 수 있다. 따라서 스마트폰 회사 예시에서는 각 회사의 공격적 광고가, 병원 예시에서는 각 병원의 첨단 장비 구입이 D전략에 해당한다.

유형풀이 Tip

글에 명시적으로 드러나 있지 않은 부분을 추론하여 답을 도출해야 하는 유형이기 때문에 자신의 주관적인 판단보다는 제시된 글에 대한 이해를 기반으로 문제를 풀어야 한다.

추론하기 문제는 다음 두 가지 유형으로 구분할 수 있다.

1) 세부적인 내용을 추론하는 유형 : 주어진 선택지를 먼저 읽고 지문을 읽으면서 답이 아닌 선택지를 지워나가는 방법이 효율적이다.
2) 글쓴이의 주장 / 의도를 추론하는 유형 : 글에 나타난 주장·근거·논증 방식을 파악하는 유형으로, 주장의 타당성을 평가하여 글쓴이의 관점을 이해하며 읽는다.

대표기출유형 07 기출응용문제

※ 다음 글을 읽고 추론할 수 없는 것을 고르시오. [1~2]

01

> 인간 대상 연구를 수행하는 자가 소속된 모든 대학이나 병원 등의 기관은 「생명윤리 및 안전에 관한 법률」에 따라 기관생명윤리위원회(IRB)를 반드시 설치해야 한다. IRB는 연구 대상자의 보호에 관한 윤리에 중점을 두고 연구를 심의한다. 인간이 연구 대상자가 되는 연구라면 모두 심의의 대상이고, 여기에는 임상시험, 실험조사, 심층 인터뷰, 설문조사 등을 수행한 경우가 포함된다. 따라서 인간 대상 연구를 수행하려는 기관 소속 연구자들은 IRB에 연구계획서를 제출하여 심의를 받고, IRB 규정을 준수해야 한다.
>
> 기본적으로 IRB의 심의 절차는 심의 규정에 따라 진행되는데, 이때 가장 중요한 평가 사항은 연구자가 연구 대상자로부터 적법한 절차에 따라 참여에 대한 동의를 받았는가이다. IRB는 연구 대상자가 서명한 동의서뿐만 아니라 연구의 잠재적 위험 가능성, 개인정보의 취득 여부와 보관 및 폐기 방법, 연구 결과의 활용 계획 등과 같은 정보가 연구계획서에 포함되어 있는지 확인한다. 그리고 연구 대상자로부터 참여 동의를 받기 이전에 이러한 내용을 충분히 설명했는지 확인한다.
>
> 이러한 심의 과정에서는 연구 대상자의 특성이 중요하게 고려된다. 예를 들어 만일 연구 대상자가 외국인일 경우 동의서 양식을 비롯한 모든 문서화된 정보는 연구 대상자가 온전히 이해할 수 있는 언어로 제공되어야 한다. 또한 정확한 의사소통을 위해 필요하다면 통역사 등을 입회자로 참석하게 하여 연구에 대한 설명과 질의응답이 원활하게 이루어질 수 있도록 해야 한다.
>
> 취약한 환경에 있는 연구 대상자에 대한 적절한 보호 여부도 IRB의 심사에서 관건이 된다. 연구 참여를 거부할 경우 조직의 위계상 상급자로부터 받게 될 불이익에 대한 우려가 참여의 결정에 영향을 줄 가능성이 있는 연구 대상자가 이러한 유형에 해당된다. 설령 연구자와 직접적인 연관이 없을지라도 같은 기관에 소속된 구성원들의 경우 이러한 유형에 해당하는 것으로 간주해야 한다. 이에 IRB는 이들의 참여 동기가 윤리적 측면에서 타당한지, 참여 결정이 위력이나 권위에 의한 것이 아니라 진정한 자발적 선택에 의한 것인지를 엄밀하게 심사한다.

① 대학 소속 연구자가 중국인 유학생들을 심층 인터뷰하는 경우 연구에 대한 설명을 위해 통역사를 입회자로 참여시킬 수 있다.
② 병원 소속 연구자가 임상시험 이전에 개발 중인 약의 효과와 안전성에 관한 문헌들을 조사하는 경우 IRB의 심의를 받아야 한다.
③ 병원 의사가 임상시험을 수행하는 경우 참여하려는 환자들에게 해당 시험의 잠재적 위험 가능성에 대해 충분히 설명해야 한다.
④ 대학원생이 학위논문을 위해 설문조사를 수행하는 경우 연구 대상자에 관한 개인정보의 보관·폐기 방법을 연구계획서에 밝혀야 한다.

02

오늘날 한국 사회에서는 유교적 전통에 기반한 가부장과 부모세대의 권위가 약화되고 결혼과 가족에 대한 자유로운 선택과 개인주의적인 삶의 방식을 추구하는 사람들이 증가하고 있다. 이런 현상은 가족주의, 즉 사회의 최소 구성단위는 개인이 아니라 가족이며 개인은 가족을 통해서만 사회와 관계를 맺을 수 있다고 보는 관념이 쇠퇴하고 그 영향력을 상실해 가고 있다는 주장을 뒷받침한다. 그러나 한국 사회는 특히 제도의 측면에서 가족주의가 여전히 강하게 작동하는, 이른바 '제도적 가족주의'가 공고한 사회라고 할 수 있다. 이는 주요 사회제도들이 개인이 아닌 가족을 기본단위로 설계되고 가족주의 원리에 따라 운용되고 있다는 점에서 잘 드러난다. 서구 사회의 '제도적 개인주의'가 가족이 아닌 개인을 중심으로 제도들을 재편함으로써 개인이 삶의 단위가 되도록 유도한다면, 한국 사회의 제도적 가족주의는 제도를 통해 사회 구성원으로 하여금 가족 단위로 생존하고 가족 의존적 삶을 살아가도록 유도하는 것이다.

그 대표적인 예로 가족 부양자 모델에 근거하고 있는 다양한 종류의 소득보장제도를 들 수 있다. 국민연금제도는 1가구 1연금의 원칙에 따라 가족을 기본단위로 운용되며, 국민기초생활보장제도도 빈곤 가구에 대한 부양 책임을 우선적으로 가족에 두고 있다. 또한 육아휴직, 조부모양육수당, 가족요양보호사 등 아동 및 노인의 돌봄을 위한 정책과 효행 장려 및 지원에 관한 법률에서도 돌봄과 부양에 대한 책임을 가족에게 부과하고 있다.

그런데 가부장의 권위가 약화되고 다양한 삶의 방식이 출현하고 있는 현실에서 제도적 가족주의의 존속은 사회적 문제를 유발하고 있다. 첫째, 가족을 형성하지 않거나 못한 개인, 그리고 가족에게 돌봄을 제대로 받지 못하는 개인에게는 불이익이 초래될 수 있다. 둘째, 가족 구성원들 사이에 갈등이 발생할 수 있다. 가족 내부적으로는 가족주의 가치관을 공유하지 않음에도 불구하고, 가족 외부적으로 가족 단위의 생존과 역할을 강요당함으로써 가족 구성원들은 부양과 돌봄을 둘러싸고 갈등을 겪는 것이다.

① 제도적 가족주의의 존속은 1인 가구의 구성원에게 불리하게 작용할 수 있다.
② 제도적 개인주의는 가족이 아닌 개인을 기본단위로 사회제도를 설계하고 운영한다.
③ 한국 사회에서 관념으로서의 가족주의는 약화되고 있으나 제도로서의 가족주의는 여전히 강하게 작동한다.
④ 1가구 1연금을 원칙으로 하는 국민연금제도는 제도적 가족주의로 인해 발생하는 문제를 해결하기 위해 도입된 정책이다.

03 다음 글에 나타난 A ~ C에 대한 판단으로 가장 적절한 것은?

> 정책 네트워크는 다원주의 사회에서 정책 영역에 따라 실질적인 정책 결정권을 공유하고 있는 집합체이다. 정책 네트워크는 구성원 간의 상호 의존성, 외부로부터 다른 사회 구성원들의 참여 가능성, 의사결정의 합의 효율성, 지속성의 특징을 고려할 때 다음 세 가지 모형으로 분류될 수 있다.
>
> | 특징
모형 | 상호 의존성 | 외부 참여 가능성 | 합의 효율성 | 지속성 |
> | --- | --- | --- | --- | --- |
> | A | 높음 | 낮음 | 높음 | 높음 |
> | B | 보통 | 보통 | 보통 | 보통 |
> | C | 낮음 | 높음 | 낮음 | 낮음 |
>
> A는 의회의 상임위원회, 행정 부처, 이익집단이 형성하는 정책 네트워크로서 안정성이 높아 마치 소정부와 같다. 행정부 수반의 영향력이 작은 정책 분야에서 집중적으로 나타나는 형태이다. A에서는 참여자 간의 결속과 폐쇄적 경계를 강조하며, 배타성이 매우 강해 다른 이익집단의 참여를 철저하게 배제하는 것이 특징이다.
>
> B는 특정 정책과 관련해 이해관계를 같이하는 참여자들로 구성된다. B가 특정 이슈에 대해 유기적인 연계 속에서 기능하면, 전통적인 관료제나 A의 방식보다 더 효과적으로 정책 목표를 달성할 수 있다. B의 주요 참여자는 정치인, 관료, 조직화된 이익집단, 전문가 집단이며, 정책 결정은 주요 참여자 간의 합의와 협력에 의해 일어난다.
>
> C는 특정 이슈를 중심으로 이해관계나 전문성을 가진 이익집단, 개인, 조직으로 구성되고, 참여자는 매우 자율적이고 주도적인 행위자이며 수시로 변경된다. 배타성이 강한 A만으로 정책을 모색하면 정책 결정에 영향을 미칠 수 있는 C와 같은 개방적 참여자들의 네트워크를 놓치기 쉽다. C는 관료제의 영향력이 작고 통제가 약한 분야에서 주로 작동하는데, 참여자가 많아 합의가 어려워 결국 정부가 위원회나 청문회를 활용하여 의견을 조정하려는 경우가 종종 발생한다.

① 외부 참여 가능성이 높은 모형은 관료제의 영향력이 작고 통제가 약한 분야에서 나타나기 쉽다.
② 상호 의존성이 보통인 모형에서는 배타성이 강해 다른 이익집단의 참여를 철저하게 배제한다.
③ 합의 효율성이 높은 모형이 가장 효과적으로 정책 목표를 달성할 수 있다.
④ A에 참여하는 이익집단의 정책 결정 영향력이 B에 참여하는 이익집단의 정책 결정 영향력보다 크다.

04 다음은 한국은행 금융통화위원회가 통화정책방향에 대해 발표한 의결서이다. 이를 보고 추론할 수 있는 내용으로 적절하지 않은 것은?

〈통화정책방향〉

금융통화위원회는 다음 통화정책방향 결정 시까지 한국은행 기준금리를 현 수준(1.50%)에서 유지하여 통화정책을 운용하기로 하였다.

세계경제는 견조한 성장세를 지속하였다. 국제금융시장을 보면, 대외건전성이 취약한 일부 신흥시장국에서 환율 급등, 자본유출 등의 불안한 움직임이 다시 나타났다. 앞으로 세계경제의 성장세는 보호무역주의 확산 움직임, 주요국 통화정책 정상화 속도, 미국 정부 정책방향 등에 영향을 받을 것으로 보인다.

국내경제는 설비 및 건설 투자의 조정이 지속되었으나 소비와 수출이 양호한 흐름을 보이면서 견실한 성장세를 이어간 것으로 판단된다. 고용 상황은 취업자 수 증가폭이 크게 축소되는 등 더욱 부진한 모습을 보였다. 앞으로 국내경제는 지난 7월 전망경로와 대체로 부합하는 잠재성장률 수준의 성장세를 지속할 것으로 예상된다. 투자가 둔화되겠으나 소비는 꾸준한 증가세를 이어가고 수출도 세계경제의 호조에 힘입어 양호한 흐름을 지속할 것으로 예상된다.

소비자물가는 석유류가격의 상승세가 확대되었으나, 서비스요금과 농산물가격의 상승세가 둔화되면서 1%대 중반의 오름세를 이어갔다. 근원인플레이션율(식료품 및 에너지 제외 지수)은 1% 수준으로 하락하였으며 일반인 기대인플레이션율은 2%대 중후반을 나타내었다. 소비자물가 상승률은 당분간 1%대 중반 수준을 보이다가 오름세가 확대되면서 목표수준에 점차 근접할 것으로 전망된다. 근원인플레이션율도 완만하게 상승할 것으로 보인다.

금융시장은 대체로 안정된 모습을 보였다. 장기시장금리는 일부 신흥시장국 금융불안, 고용 부진 등으로 하락하였다. 주가는 미・중 무역분쟁 등으로 하락하였다가 그 우려가 다소 완화되면서 반등하였다. 원/달러 환율은 세계적인 달러화 가치 변동에 따라 등락하였다. 가계대출은 증가규모가 다소 축소되었으나 예년보다 높은 증가세를 지속하였다. 주택가격은 보합세를 나타내었으나 수도권 일부 지역에서 상승세가 확대되었다.

① 앞으로 세계경제에 보호무역주의가 확산될 것이다.
② 소비자물가 상승률은 점차 증가할 것이다.
③ 석유류가격과 농산물가격은 서로 상반되는 증감 추세를 보인다.
④ 주가는 환율 외에도 국제분쟁의 영향을 받는다.

CHAPTER 02
문제해결능력

합격 CHEAT KEY

문제해결능력은 업무를 수행하면서 여러 가지 문제 상황이 발생하였을 때, 창의적이고 논리적인 사고를 통하여 이를 올바르게 인식하고 적절히 해결하는 능력을 말한다. 하위능력으로는 사고력과 문제처리능력이 있다.

문제해결능력은 NCS 기반 채용을 진행하는 대다수의 금융권에서 채택하고 있으며, 문항 수는 평균 24% 정도로 상당히 많이 출제되고 있다. 하지만 많은 수험생들은 더 많이 출제되는 다른 영역에 몰입하고 문제해결능력에는 집중하지 않는 실수를 하고 있다. 다른 영역보다 더 많은 노력이 필요할 수는 있지만 그렇기에 차별화를 할 수 있는 득점 영역이므로 포기하지 말고 꾸준하게 노력해야 한다.

01 질문의 의도를 정확하게 파악하라!

문제해결능력은 문제에서 무엇을 묻고 있는지 정확하게 파악하여 먼저 풀이 방향을 설정하는 것이 가장 효율적인 방법이다. 특히, 조건이 주어지고 답을 찾는 창의적·분석적인 문제가 주로 출제되고 있기 때문에 처음에 정확한 풀이 방향이 설정되지 않는다면 시간만 허비하고 결국 문제도 풀지 못하게 되므로 첫 번째로 출제의도 파악에 집중해야 한다.

02 중요한 정보는 반드시 표시하라!

위에서 말한 출제의도를 정확히 파악하기 위해서는 문제의 중요한 정보를 반드시 표시하거나 메모하여 하나의 조건, 단서도 잊고 넘어가는 일이 없도록 해야 한다. 실제 시험에서는 시간의 압박과 긴장감으로 정보를 잘못 적용하거나 잊어버리는 실수가 많이 발생하므로 사전에 충분한 연습이 필요하다.

가령 명제 문제의 경우 주어진 명제와 그 명제의 대우를 본인이 한눈에 파악할 수 있도록 기호화, 도식화하여 메모하면 흐름을 이해하기가 더 수월하다. 이를 통해 자신만의 풀이 순서와 방향, 기준 또한 생길 것이다.

03 반복 풀이를 통해 취약 유형을 파악하라!

길지 않은 한정된 시간 동안 모든 문제를 다 푸는 것은 조금은 어려울 수도 있다. 따라서 고득점을 할 수 있는 효율적인 문제 풀이 방법을 찾아야 한다. 이때, 반복적인 문제 풀이를 통해 자신이 취약한 유형을 파악하는 것이 중요하다. 취약 유형 파악은 종료 시간이 임박했을 때 빛을 발할 것이다. 풀 수 있는 문제부터 빠르게 풀고 취약한 유형은 나중에 푸는 효율적인 문제 풀이를 통해 최대한 고득점을 맞는 것이 중요하다. 그러므로 본인의 취약 유형을 파악하기 위해서 많은 문제를 풀어 봐야 한다.

04 타고나는 것이 아니므로 열심히 노력하라!

대부분의 수험생들이 문제해결능력은 공부해도 실력이 늘지 않는 영역이라고 생각한다. 하지만 그렇지 않다. 문제해결능력이야말로 노력을 통해 충분히 고득점이 가능한 영역이다. 정확한 질문 의도 파악, 취약한 유형의 반복적인 풀이, 빈출유형 파악 등의 방법으로 충분히 실력을 향상시킬 수 있다. 자신감을 갖고 공부하기 바란다.

대표기출유형 01 명제

| 유형분석 |

- 연역추론을 활용해 주어진 문장을 치환하여 성립하지 않는 내용을 찾는 문제이다.

다음 대화가 모두 참이라고 할 때, 빈칸에 들어갈 내용이 바르게 연결된 것은?

- 갑 : A와 B 모두 회의에 참석한다면, C도 참석해.
- 을 : C는 회의 기간 중 해외 출장이라 참석하지 못해.
- 갑 : 그럼 A와 B 중 적어도 한 사람은 참석하지 못하겠네.
- 을 : 그래도 A와 D 중 적어도 한 사람은 참석해.
- 갑 : 그럼 A는 회의에 반드시 참석하겠군.
- 을 : 너는 ____㉠____ 고 생각하고 있구나?
- 갑 : 맞아. 그리고 우리 생각이 모두 참이면, E와 F 모두 참석해.
- 을 : 그래. 그 까닭은 ____㉡____ 때문이지.

① ㉠ : B와 D가 모두 불참한다
  ㉡ : E와 F 모두 회의에 참석하면 B는 불참하기
② ㉠ : B와 D가 모두 불참한다
  ㉡ : E와 F 모두 회의에 참석하면 B도 참석하기
③ ㉠ : B가 회의에 불참한다
  ㉡ : B가 회의에 참석하면 E와 F 모두 참석하기
④ ㉠ : D가 회의에 불참한다
  ㉡ : B가 회의에 불참하면 E와 F 모두 참석하기

정답 ④

대화 내용을 기호화하여 정리하면 다음과 같다.
- (A ∧ B) → C
- ~C
- ~A ∨ ~B
- A ∨ D
- A
- ㉠
- E ∧ F
- ㉡

두 번째와 세 번째 대화를 통해 A가 참석한다는 것을 도출하기 위해서는 ㉠에는 ~D가 들어가야 한다.
A가 반드시 참석하므로 세 번째 대화를 통해 ~B임을 알 수 있으며, E와 F가 모두 참석한다는 것을 도출하기 위해 ㉡에는 ~B → (E ∧ F)가 들어가야 한다.
따라서 바르게 연결된 것은 ④이다.

유형풀이 Tip

- 명제 유형의 문제에서는 항상 '명제의 역은 성립하지 않지만, 대우는 항상 성립한다.'
- 단어의 첫 글자나 알파벳을 이용하여 명제를 도식화한 후 명제의 대우를 활용하여 명제들을 연결하여 답을 찾는다.
  [예] 채식주의자라면 고기를 먹지 않을 것이다.
    → (역) 고기를 먹지 않으면 채식주의자이다.
    → (이) 채식주의자가 아니라면 고기를 먹을 것이다.
    → (대우) 고기를 먹는다면 채식주의자가 아닐 것이다.

명제의 역, 이, 대우

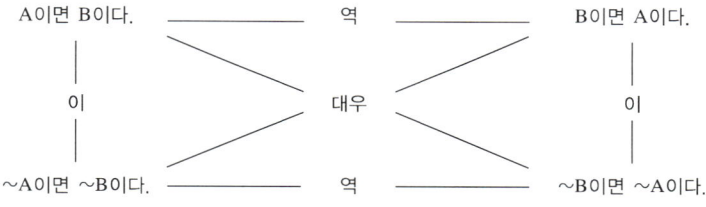

대표기출유형 01   기출응용문제

※ 제시된 명제가 모두 참일 때, 빈칸에 들어갈 명제로 가장 적절한 것을 고르시오. [1~2]

01

- 도서관에 간 날은 공부를 충분히 한 날이다.
- _____
- 그러므로 집에 늦게 돌아온 날은 공부를 충분히 한 날이다.

① 도서관에 간 날은 집에 늦게 돌아온 날이다.
② 집에 늦게 돌아오지 않은 날은 도서관에 간 날이다.
③ 도서관에 가지 않은 날은 집에 늦게 돌아온 날이 아니다.
④ 공부를 충분히 하지 않은 날은 집에 늦게 돌아오지 않은 날이다.

02

- 허리에 통증이 심하면 나쁜 자세로 공부했다는 것이다.
- 공부를 오래 하면 성적이 올라간다.
- _____
- 성적이 떨어졌다는 것은 나쁜 자세로 공부했다는 것이다.

① 성적이 올라갔다는 것은 좋은 자세로 공부했다는 것이다.
② 좋은 자세로 공부한다고 해도 허리의 통증은 그대로이다.
③ 성적이 떨어졌다는 것은 공부를 별로 하지 않았다는 증거다.
④ 허리에 통증이 약하면 공부를 오래 할 수 있다.

03 A~G 7명은 주말 여행지를 고르기 위해 투표를 진행하였다. 다음 〈조건〉과 같이 투표를 진행하였을 때, 투표를 하지 않은 사람을 모두 고르면?

> **조건**
> - D나 G 중 적어도 1명이 투표하지 않으면, F는 투표한다.
> - F가 투표하면, E는 투표하지 않는다.
> - B나 E 중 적어도 1명이 투표하지 않으면, A는 투표하지 않는다.
> - A를 포함하여 투표한 사람은 모두 5명이다.

① B, E
② B, F
③ C, D
④ C, F

04 I은행의 S지점에서 근무 중인 A과장, B대리, C대리, D대리, E사원은 2명 또는 3명으로 팀을 이루어 세종특별시, 서울특별시, 광주광역시, 인천광역시 네 지역으로 출장을 가야 한다. 지역별로 출장을 가는 팀을 구성하는 〈조건〉이 다음과 같을 때, 항상 참이 되는 것은?(단, 모든 직원은 1회 이상의 출장을 가며, 지역별 출장일은 서로 다르다)

> **조건**
> - A과장은 네 지역으로 모두 출장을 간다.
> - B대리는 모든 특별시로 출장을 간다.
> - C대리와 D대리가 함께 출장을 가는 경우는 단 한 번뿐이다.
> - 광주광역시에는 E사원을 포함한 2명의 직원이 출장을 간다.
> - 한 지역으로만 출장을 가는 사람은 E사원뿐이다.

① B대리는 D대리와 함께 출장을 가지 않는다.
② B대리는 C대리와 함께 출장을 가지 않는다.
③ C대리는 특별시로 출장을 가지 않는다.
④ D대리는 E사원과 함께 출장을 가지 않는다.

※ 다음 글이 참일 때, 〈보기〉 중 반드시 참인 것을 모두 고르시오. [5~6]

Hard
05

인간은 누구나 건전하고 생산적인 사회에서 타인과 함께 평화롭게 살아가길 원한다. 도덕적이고 문명화된 사회를 가능하게 하는 기본적인 사회 원리를 수용할 경우에만 인간은 생산적인 사회에서 평화롭게 살 수 있다. 기본적인 사회 원리를 수용한다면, 개인의 권리는 침해당하지 않는다. 인간의 본성에 의해 요구되는 인간 생존의 기본 조건, 즉 생각의 자유와 자신의 이성적 판단에 따라 행동할 수 있는 자유가 인정되지 않는다면, 개인의 권리는 침해당한다.

물리적 힘의 사용이 허용되는 경우에만 개인의 권리는 침해당한다. 어떤 사람이 다른 사람의 삶을 빼앗거나 그 사람의 의지에 반하는 것을 강요하기 위해서는 물리적 수단을 사용할 수밖에 없기 때문이다. 이성적인 수단인 토론이나 설득을 사용하여 다른 사람의 의견이나 행동에 영향을 미친다면, 개인의 권리는 침해당하지 않는다.

인간이 생산적인 사회에서 평화롭게 사는 것은 매우 중요하다. 왜냐하면 인간이 생산적인 사회에서 평화롭게 살 수 있을 경우에만 인간은 지식 교환의 가치를 사회로부터 얻을 수 있기 때문이다.

보기

㉠ 생각의 자유와 자신의 이성적 판단에 따라 행동할 수 있는 자유가 인정될 경우에만 인간은 생산적인 사회에서 평화롭게 살 수 있다.
㉡ 물리적 힘이 사용되는 것이 허용되지 않는다면, 인간은 생산적 사회에서 평화롭게 살 수 있다.
㉢ 물리적 힘이 사용되는 것이 허용된다면, 생각의 자유와 자신의 이성적 판단에 따라 행동할 수 있는 자유가 인정되지 않는다.
㉣ 개인의 권리가 침해당한다면, 인간은 지식 교환의 가치를 사회로부터 얻을 수 없다.

① ㉠, ㉢
② ㉠, ㉣
③ ㉡, ㉢
④ ㉢, ㉣

06

이번에 우리 공장에서 발생한 화재사건에 대해 조사해 보았습니다. 화재의 최초 발생 장소는 A지역으로 추정됩니다. 화재의 원인에 대해서는 여러 가지 의견이 존재합니다.

첫째, 화재의 원인을 새로 도입한 기계 M의 오작동으로 보는 견해가 존재합니다. 만약 기계 M의 오작동이 화재의 원인이라면 기존에 같은 기계를 도입했던 X공장과 Y공장에서 이미 화재가 났을 것입니다. 확인 결과 이미 X공장에서 화재가 났었다는 것을 파악할 수 있었습니다.

둘째, 방화로 인한 화재의 가능성이 존재합니다. 만약 화재의 원인이 방화일 경우 감시카메라에 수상한 사람이 찍히고 방범용 비상벨이 작동했을 것입니다. 또한 방범용 비상벨이 작동했다면 당시 근무 중이던 경비원 갑이 B지역과 C지역 어느 곳으로도 화재가 확대되지 않도록 막았을 것입니다. B지역으로 화재가 확대되지는 않았고, 감시카메라에서 수상한 사람을 포착하여 조사 중에 있습니다.

셋째, 화재의 원인이 시설 노후화로 인한 누전일 가능성도 제기되고 있습니다. 화재의 원인이 누전이라면 기기관리자 을 또는 시설관리자 병에게 화재의 책임이 있을 것입니다. 만약 을에게 책임이 있다면 정에게는 책임이 없습니다.

보기

㉠ 이번 화재 전에 Y공장에서 화재가 발생했어도 기계 M의 오작동이 화재의 원인은 아닐 수 있다.
㉡ 병에게 책임이 없다면, 정에게도 책임이 없다.
㉢ C지역으로 화재가 확대되었다면, 방화는 이번 화재의 원인이 아니다.
㉣ 정에게 이번 화재의 책임이 있다면, 시설 노후화로 인한 누전이 이번 화재의 원인이다.

① ㉠, ㉢
② ㉡, ㉣
③ ㉠, ㉡, ㉢
④ ㉡, ㉢, ㉣

대표기출유형 02 참·거짓

| 유형분석 |

- 주어진 문장을 토대로 논리적으로 추론하여 참 또는 거짓을 구분하는 문제이다.

다음 글의 내용이 참일 때, 반드시 거짓인 것은?

> 호텔 A에서 살인 사건이 발생했고, 손님 중에 범인(들)이 있다. 이 사건에 대하여 갑, 을, 병 세 사람이 각각 다음과 같이 두 개씩 진술을 했다. 이 세 사람 중 한 사람의 진술은 모두 참이고 다른 한 사람의 진술은 모두 거짓이며, 또 다른 한 사람의 진술은 하나는 참이고 다른 하나는 거짓이다.
> - 갑 : 이 사건의 범인은 단독범이고, 그는 이 호텔의 2층에 묵고 있다.
>   이 호텔 2층의 방은 모두 손님이 투숙하고 있어 2층에는 빈방이 없다.
> - 을 : 이 사건이 단독범의 소행이라면, 그 범인은 이 호텔의 5층에 투숙하고 있다.
>   이 사건의 범인은 단독범이 아니고 그들은 같은 방에 투숙하고 있지도 않다.
> - 병 : 이 사건이 단독범의 소행이 아니라면, 범인들은 같은 방에 투숙하고 있다.
>   이 호텔의 모든 방은 손님이 투숙하고 있어 빈방이 없다.

① 갑의 진술 둘 다 거짓일 수 있다.
② 2층에는 빈방이 없지만, 다른 층에는 빈방이 있다.
③ 병의 진술이 둘 다 거짓이라면, 갑의 진술 중 하나는 거짓이다.
④ 을의 진술이 둘 다 거짓이라면, 이 사건은 단독범의 소행이 아니다.

정답 ③

갑·을·병의 진술을 기호로 나타낸 뒤, 제시된 조건을 만족시키는 가능한 경우를 표로 나타내면 다음과 같다.

구분		경우 1	경우 2	경우 3
갑	단독 ∧ 2층	×	○	×
	~2층 빈방	○	○	○
을	if 단독 → 5층	○	×	×
	~단독 ∧ ~같은 방	○	×	×
병	if ~단독 → 같은 방	×	○	○
	~빈방	×	×	○

병의 진술이 둘 다 거짓인 경우, 갑의 진술이 둘 다 참이라고 가정하면 이는 을의 두 진술과 모두 충돌하므로 을의 진술은 둘 다 거짓이어야 한다. 이는 조건에 부합하지 않으므로 병의 진술이 둘 다 거짓이라면 갑의 진술 중 하나는 거짓이어야 한다.

오답분석

① 갑의 진술이 둘 다 거짓인 경우 2층에 빈방이 있어야 하므로 자동적으로 병의 두 번째 진술이 거짓이 되고, 병의 첫 번째 진술은 참이어야 한다. 그런데 이때 병의 첫 번째 진술은 을의 두 번째 진술과 모순되므로, 을의 두 번째 진술이 거짓이어야 하는데 조건에 따라 을은 두 진술 모두 참을 말하는 사람이어야 하므로 모순이 발생한다. 따라서 갑의 진술이 둘 다 거짓일 수 없다.
② 경우 3과 같이 2층을 포함하여 전체 층에 빈방이 없는 경우가 가능하다.
④ 경우 2와 같이 을의 진술이 둘 다 거짓이면서 단독범의 소행인 경우가 가능하다.

유형풀이 Tip

참·거짓 유형의 90% 이상은 다음 두 가지 방법으로 풀 수 있다.
주어진 진술을 빠르게 훑으며 다음 두 가지 중 어떤 경우에 해당하는지 확인한 후 문제를 풀어나간다.
1) 2명 이상의 발언 중 한쪽이 진실이면 다른 한쪽이 거짓인 경우
   ① A가 진실이고 B가 거짓인 경우, B가 진실이고 A가 거짓인 경우 두 가지로 나눌 수 있다.
   ② 두 가지 경우에서 각 발언의 진위 여부를 판단한다.
   ③ 주어진 조건과 비교한다(범인의 숫자가 맞는지, 진실 또는 거짓을 말한 인원수가 조건과 맞는지 등).
2) 2명 이상의 발언 중 한쪽이 진실이면 다른 한쪽도 진실인 경우와 한쪽이 거짓이면 다른 한쪽도 거짓인 경우
   ① A와 B가 모두 진실인 경우, A와 B가 모두 거짓인 경우 두 가지로 나눌 수 있다.
   ② 두 가지 경우에서 각 발언의 진위 여부를 판단한다.
   ③ 주어진 조건과 비교한다(범인의 숫자가 맞는지, 진실 또는 거짓을 말한 인원수가 조건과 맞는지 등).

대표기출유형 02 기출응용문제

Hard

01 다음 글에서 추론할 수 있는 것은?

> 다문화 자녀들이 한국생활에 잘 적응하도록 돕기 위해서는 이들과 문화적으로 교류할 수 있는 인재가 필요하다. 이에 정부는 다문화 자녀들과 문화적으로 소통할 수 있는 대학인재를 양성하기로 하였다. 이를 위해 장학제도가 마련되었는데, 올해 다문화 모집분야는 이해, 수용, 확산, 융합, 총 4분야이고, 분야마다 한 명씩 선정되었다.
> 최종심사에 오른 갑, 을, 병, 정, 무는 심사결과에 대해 다음과 같이 추측하였는데, 이 중 넷은 옳았지만 하나는 틀렸다.
> • 갑 : 을이 이해분야에 선정되었거나, 정이 확산분야에 선정되었다.
> • 을 : 무가 수용분야에 선정되었거나, 정이 확산분야에 선정되지 않았다.
> • 병 : 을은 이해분야에 선정되지 않았고, 무는 수용분야에 선정되지 않았다.
> • 정 : 갑은 융합분야에 선정되었고, 무는 수용분야에 선정되었다.
> • 무 : 병을 제외한 나머지 학생들이 선정되었고, 정이 확산분야에 선정되었다.

① 갑은 선정되지 않았다.
② 을이 이해분야에 선정되었다.
③ 병이 확산분야에 선정되었다.
④ 정이 수용분야에 선정되었다.

02 매주 금요일은 마케팅팀 동아리가 있는 날이다. 동아리 회비를 담당하고 있는 F팀장은 점심시간 후, 회비가 감쪽같이 사라진 것을 발견했다. 점심시간 동안 사무실에 있었던 사람은 A ~ E 5명이고, 이들 중 2명은 범인, 3명은 범인이 아니다. 범인은 거짓말을 하고, 범인이 아닌 사람은 진실을 말한다고 할 때, 다음 중 옳은 것은?

> • A는 B, D 중 1명이 범인이라고 주장한다.
> • B는 C가 범인이라고 주장한다.
> • C는 B가 범인이라고 주장한다.
> • D는 A가 범인이라고 주장한다.
> • E는 A와 B가 범인이 아니라고 주장한다.

① A와 D 중 범인이 있다.
② B가 범인이다.
③ C와 E가 범인이다.
④ D는 범인이 아니다.

03 A~E사원이 강남, 여의도, 상암, 잠실, 광화문 다섯 지역에 각각 출장을 간다. 다음 대화에서 A~E 중 1명은 거짓말을 하고 나머지 4명은 진실을 말하고 있을 때, 반드시 거짓인 것은?

- A : B는 상암으로 출장을 가지 않는다.
- B : D는 강남으로 출장을 간다.
- C : B는 진실을 말하고 있다.
- D : C는 거짓말을 하고 있다.
- E : C는 여의도, A는 잠실로 출장을 간다.

① A는 광화문으로 출장을 가지 않는다.
② B는 여의도로 출장을 가지 않는다.
③ C는 강남으로 출장을 가지 않는다.
④ E는 상암으로 출장을 가지 않는다.

04 다섯 사람이 이야기를 하고 있는데, 이 중 두 사람은 진실만을 말하고 세 사람은 거짓만을 말하고 있다. 지훈이가 거짓을 말할 때, 다음 중 진실만을 말하는 사람을 바르게 짝지은 것은?

- 동현 : 정은이는 지훈이와 영석이를 싫어해.
- 정은 : 아니야. 난 둘 중 한 사람은 좋아해.
- 선영 : 동현이는 정은이를 좋아해.
- 지훈 : 선영이는 거짓말만 해.
- 영석 : 선영이는 동현이를 싫어해.
- 선영 : 맞아. 그런데 정은이는 지훈이와 영석이 둘 다 좋아해.

① 선영, 영석　　　　　　　　② 정은, 영석
③ 동현, 영석　　　　　　　　④ 정은, 선영

대표기출유형

03 순서추론

| 유형분석 |

- 조건을 토대로 순서·위치 등을 추론하여 배열·배치하는 문제이다.
- 방·숙소 배정하기, 부서 찾기, 날짜 찾기, 테이블 위치 찾기 등 다양한 유형의 문제가 출제된다.

A~E 5명이 다음 〈조건〉과 같이 일렬로 나란히 자리에 앉는다고 할 때, 바르게 추론한 것은?(단, 자리의 순서는 왼쪽을 기준으로 첫 번째 자리로 한다)

조건
- D는 A의 바로 왼쪽에 있다.
- B와 D 사이에 C가 있다.
- A는 마지막 자리가 아니다.
- A와 B 사이에 C가 있다.
- B는 E의 바로 오른쪽에 앉는다.

① D는 두 번째 자리에 앉을 수 있다.
② E는 네 번째 자리에 앉을 수 있다.
③ C는 두 번째 자리에 앉을 수 있다.
④ C는 E의 오른쪽에 앉을 수 있다.

정답 ②

첫 번째 조건에서 D는 A의 바로 왼쪽에 앉으며, 마지막 조건에서 B는 E의 바로 오른쪽에 앉으므로 'D-A', 'E-B'를 각각 한 묶음으로 생각할 수 있다. 두 번째 조건에 따라 C는 세 번째 자리에 앉아야 하며, 세 번째 조건에 의해 'D-A'는 각각 첫 번째, 두 번째 자리에 앉아야 한다. 이를 표로 정리하면 다음과 같다.

첫 번째 자리	두 번째 자리	세 번째 자리	네 번째 자리	다섯 번째 자리
D	A	C	E	B

오답분석
① D는 첫 번째 자리에 앉는다.
③ C는 세 번째 자리에 앉는다.
④ C는 E의 왼쪽에 앉는다.

유형풀이 Tip

- 주어진 명제를 자신만의 방법으로 도식화하여 빠르게 문제를 해결한다.
- 경우의 수가 여러 개인 명제보다 1~2개인 명제를 먼저 도식화하면, 그만큼 경우의 수가 줄어들어 문제를 빠르게 해결할 수 있다.

대표기출유형 03   기출응용문제

※ I은행에 지원한 A ~ D 4명은 모두 필기전형에 합격했고, 최종 합격까지 면접만 남겨두고 있다. 면접은 다음 〈조건〉에 따라 진행될 예정이다. 이어지는 질문에 답하시오. **[1~2]**

조건
- 면접은 월요일부터 수요일까지 진행되며, 각 지원자는 해당하는 요일에 면접을 본다.
- A ~ D 중 1명은 월요일에, 2명은 화요일에 면접을 보며, 나머지 1명은 수요일에 면접을 본다.
- A와 B는 같은 요일에 면접을 보지 않는다.
- A와 C는 같은 요일에 면접을 보지 않는다.
- D는 세 사람과 같은 요일에 면접을 보지 않는다.

01   다음 중 반드시 참인 것은?

① A는 월요일에 면접을 본다.
② C는 수요일에 면접을 본다.
③ D는 수요일에 면접을 본다.
④ B는 화요일에 면접을 본다.

02   A가 네 사람 중 가장 먼저 면접을 본다고 할 때, 다음 중 참이 아닌 것은?

① B는 화요일에 면접을 본다.
② C는 화요일에 면접을 본다.
③ D는 화요일에 면접을 본다.
④ B와 C는 같은 요일에 면접을 본다.

03 I은행의 사내 체육대회에서 A ~ F 6명은 키가 큰 순서에 따라 2명씩 1팀, 2팀, 3팀으로 나뉘어 배치된다. 다음 〈조건〉에 따라 배치된다고 할 때, 키가 가장 큰 사람은 누구인가?

> **조건**
> - A, B, C, D, E, F의 키는 서로 다르다.
> - 2팀의 B는 A보다 키가 작다.
> - D보다 키가 작은 사람은 4명이다.
> - A는 1팀에 배치되지 않는다.
> - E와 F는 한 팀에 배치된다.

① A ② B
③ C ④ E

04 세미나에 참석한 A사원, B사원, C주임, D주임, E대리는 각자 숙소를 배정받았다. A사원, D주임은 여자이고, B사원, C주임, E대리는 남자이다. 다음 〈조건〉과 같이 숙소가 배정되었을 때, 옳지 않은 것은?

> **조건**
> - 숙소는 5층이며 층마다 1명씩 배정한다.
> - E대리의 숙소는 D주임의 숙소보다 위층이다.
> - 1층에는 주임을 배정한다.
> - 1층과 3층에는 남직원을 배정한다.
> - 5층에는 사원을 배정한다.

① D주임은 2층에 배정된다.
② 5층에 A사원이 배정되면 4층에 B사원이 배정된다.
③ 5층에 B사원이 배정되면 4층에 A사원이 배정된다.
④ C주임은 1층에 배정된다.

05 I은행에 재직 중인 김대리는 10월에 1박 2일로 할머니댁을 방문하려고 한다. 다음 〈조건〉을 참고할 때, 다음 중 김대리가 할머니댁으로 가는 날짜로 가능한 날은?

> **조건**
> - 10월은 1일부터 31일까지이며, 1일은 목요일, 9일은 한글날이다.
> - 10월 1일은 추석이며, 추석 다음 날부터 5일간 제주도 여행을 가고, 돌아오는 날이 휴가 마지막 날이다.
> - 김대리는 휴가 외에 연차를 이틀 더 쓸 수 있다.
> - 제주도 여행에서 돌아오는 마지막 날이 있는 주가 첫째 주이다.
> - 김대리는 셋째 주 화요일부터 4일간 외부출장이 있으며, 그다음 주 수요일과 목요일은 프로젝트 발표가 있다.
> - 할머니댁은 주말이나 공휴일, 휴가가 아닌 연차를 사용하여 방문할 것이다.

① 3 ~ 4일 ② 6 ~ 7일
③ 12 ~ 13일 ④ 21 ~ 22일

Hard

06 각 지역 대표 8명이 다음 〈조건〉에 따라 원탁에 앉아 회의를 진행한다고 할 때, 경인 지역 대표의 맞은편에 앉은 사람을 바르게 추론한 것은?

> **조건**
> - 서울, 부산, 대구, 광주, 대전, 경인, 춘천, 속초 대표가 참여하였다.
> - 서울 대표는 12시 방향에 앉아 있다.
> - 서울 대표의 오른쪽 두 번째 자리에는 대전 대표가 앉아 있다.
> - 부산 대표는 경인 대표의 왼쪽에 앉는다.
> - 광주 대표의 양 옆자리는 대전 대표와 부산 대표이다.
> - 광주 대표와 대구 대표는 마주 보고 있다.
> - 속초 대표의 양 옆자리는 서울 대표와 대전 대표이다.

① 대전 대표 ② 부산 대표
③ 대구 대표 ④ 속초 대표

04 문제처리

| 유형분석 |

- 상황과 정보를 토대로 조건에 적절한 것을 찾는 문제이다.
- 자원관리능력 영역과 결합한 계산 문제가 출제될 가능성이 있다.

다음 글과 상황을 근거로 판단할 때, 갑과 을이 각각 선택할 은행과 그 은행에서 적용받을 최종금리가 바르게 연결된 것은?

A, B, C은행은 고객의 계좌를 개설할 때, 다음과 같이 최종금리를 결정하고 있다.
[최종금리(%)]=(기본금리)+(특별금리)+(우대금리)

〈은행별 기본금리와 특별금리〉

구분	기본금리	특별금리
A은행	4.2%	0.5%
B은행	4.0%	0.5%
C은행	3.8%	0.5%

※ 특별금리 조건 : 연소득 2,400만 원 이하

〈은행별 우대금리〉

구분	우대금리 조건	최대가산 우대금리
A은행	• 주택청약 보유 0.5%p • 공과금 자동이체 0.5%p • K카드 실적 월 30만 원 이상 0.5%p	1.0%p
B은행	• 최초 신규고객 1.0%p • 공과금 자동이체 0.5%p	1.5%p
C은행	• 급여이체 0.7%p • 최초 신규고객 0.6%p • K카드 실적 월 60만 원 이상 0.4%p	1.7%p

〈상황〉

갑과 을은 A, B, C은행 중 적용받을 최종금리가 가장 높은 은행을 각각 선택하여 계좌를 개설하려 한다. 이들은 아래와 같은 대화를 나누었다.
- 갑 : 나는 여태 A은행만 이용해 왔고, 주택청약도 보유하고 있어. 공과금 자동이체 계좌는 다른 은행으로 바꿀 수 있지만, 급여이체 계좌는 바꿀 수 없어. 나는 한 달에 K카드를 40만 원 사용해. 나는 연소득 2,200만 원이야.
- 을 : 나는 B은행만 이용해 왔어. 급여이체와 공과금 자동이체를 어떤 은행에서 하더라도 괜찮아. 나는 한 달에 K카드를 70만 원 사용해. 나는 연소득 3,600만 원이야.

	갑	을
①	A은행, 5.7%	A은행, 5.2%
②	A은행, 6.2%	C은행, 5.5%
③	B은행, 6.0%	C은행, 5.5%
④	C은행, 6.0%	A은행, 5.7%

정답 ③

- 갑 : 연소득 2,200만 원으로 특별금리 조건인 연소득 2,400만 원 이하에 해당하여 특별금리를 적용받는다. 갑이 은행별로 적용받을 수 있는 최종금리는 다음과 같다.
  - A은행 : 4.2+0.5+1.0=5.7%(우대금리 조건에 모두 해당하여 우대금리가 총 1.5%이나 최대가산 우대금리가 1.0%p이므로 1.0%p의 우대금리만 적용받을 수 있다)
  - B은행 : 4.0+0.5+1.0(최초 신규고객)+0.5(공과금 자동이체)=6.0%
  - C은행 : 3.8+0.5+0.6(최초 신규고객)=4.9%

  따라서 갑은 B은행을 선택하고, 6.0%의 최종금리를 적용받을 것이다.

- 을 : 연소득 3,600만 원으로 특별금리 조건인 연소득 2,400만 원 이하에 해당하지 않아 특별금리를 적용받지 못한다. 을이 A은행과 C은행에서 적용받을 수 있는 최종금리는 다음과 같다.
  - A은행 : 4.2+0.5(공과금 자동이체)+0.5(카드 실적 달성)=5.2%
  - B은행 : 4.0+0.5(공과금 자동이체)=4.5%
  - C은행 : 3.8+0.7(급여이체)+0.6(최초 신규고객)+0.4(카드 실적 달성)=5.5%

  따라서 을은 C은행을 선택하고, 5.5%의 최종금리를 적용받을 것이다.

유형풀이 Tip

- 문제에서 묻는 것을 파악한 후, 필요한 상황과 정보를 활용하여 문제를 풀어간다.
- 전체적으로 적용되는 공통 조건과 추가로 적용되는 조건이 동시에 제시될 수 있다. 따라서 공통 조건이 무엇인지 먼저 판단한 후 경우에 따라 추가 조건을 고려하여 풀이한다.
- 추가 조건은 표 하단에 작은 글자로 제시될 수 있으며, 문제를 해결하는 데 중요한 변수가 될 수 있으므로 유의한다.

대표기출유형 04 기출응용문제

01 다음 글과 상황을 근거로 판단할 때, 을의 주민등록번호 앞 6자리로 가능한 것은?

> - 청년 교통비 지원사업의 내용은 다음과 같다.
>   - 매년 4월 10일에 지원금 지급
>   - 지급일 기준 만 20세 이상 만 35세 이하의 청년에게 지원금 지급
>   - 홀수해에는 지급 대상자 중 홀수일에 태어난 사람에게, 짝수해에는 지급 대상자 중 짝수일에 태어난 사람에게 기념품 증정
>
> 〈상황〉
> - 청년 교통비 지원사업 담당자 갑은 지급내역을 정리하다가 2023년에 지원금을 받은 을의 주민등록번호 앞 6자리가 지워져 있음을 발견하였다.
> - 갑은 을의 주민등록번호 앞 6자리와 관련하여 다음과 같은 특징을 기억하고 있다.
>   - 3가지 숫자로만 구성되어 있다.
>   - 같은 숫자가 연속되는 부분이 있다.
> - 을은 2022년에 지원금을 받았으나 기념품은 받지 못했다.
> - 을은 2028년에도 지원금을 받을 수 있다.

① 920202
② 931118
③ 000610
④ 010411

02 다음 글과 상황을 근거로 판단할 때, 청년미래공제에 참여 가능한 기업을 모두 고르면?

〈청년미래공제 참여기업 모집 공고문〉

• 목적 : 미취업 청년의 중소기업 유입을 촉진하고, 청년 근로자의 장기 근속과 자산 형성을 지원
• 참여 자격
 − 고용보험 피보험자 5인 이상 중소기업
 − 고용보험 피보험자 1인 이상 5인 미만 기업이라도 청년기업은 참여 가능
 ※ 청년기업 : 14세 이상 39세 이하인 청년이 현재 대표이면서 사업을 개시한 날부터 7년이 지나지 않은 기업
• 참여 제한
 − 청년수당 가입유지율이 30% 미만인 기업은 참여불가. 단, 청년수당 가입 인원이 2인 이하인 경우는 참여 가능
 ※ [청년수당 가입유지율(%)] = $\frac{[청년수당\ 6개월\ 이상\ 가입\ 유지\ 인원(ⓒ)]}{[청년수당\ 가입\ 인원(㉠)]} \times 100$

〈상황〉
현재 중소기업 A~E에 대한 정보는 다음과 같다.

구분	고용보험 피보험자 수	대표자 나이	사업 개시 경과연수	㉠	㉡
A	45	39	8	25	7
B	30	40	8	25	23
C	4	40	6	2	2
D	2	39	6	2	0
E	2	38	8	2	2

① A, C
② A, D
③ B, D
④ C, E

Easy

03 다음은 국민행복카드에 대한 자료이다. 이에 대한 설명으로 옳지 않은 것을 〈보기〉에서 모두 고르면?

- 국민행복카드
  '보육료', '유아학비', '건강보험 임신·출산 진료비 지원', '청소년산모 임신·출산 의료비 지원' 및 '사회서비스 전자바우처' 등 정부의 여러 바우처 지원을 공동으로 이용할 수 있는 통합카드입니다. 국민행복카드로 어린이집·유치원 어디서나 사용이 가능합니다.
- 발급방법
  [온라인]
  - 보조금 신청 : 정부 보조금을 신청하면 어린이집 보육료와 유치원 유아학비 인증이 가능합니다.
  - 보조금 신청서 작성 및 제출 : 복지로 홈페이지
  - 카드 발급 : 6개 카드사 중 원하시는 카드사를 선택해 발급받으시면 됩니다.
    ※ 연회비는 무료
  - 카드 발급처 : 복지로 홈페이지, 임신육아종합포털 아이사랑, 6개 제휴카드사 홈페이지

  [오프라인]
  - 보조금 신청 : 정부 보조금을 신청하면 어린이집 보육료와 유치원 유아학비 인증이 가능합니다.
  - 보조금 신청서 작성 및 제출 : 읍면동 주민센터
  - 카드 발급 : 6개 제휴카드사
    ※ 연회비는 무료
  - 카드 발급처 : 읍면동 주민센터, 해당 카드사 지점
    ※ 어린이집 ↔ 유치원으로 기관 변경 시에는 복지로 또는 읍면동 주민센터에서 반드시 보육료·유아학비 자격변경 신청이 필요

보기

㉠ 국민행복카드 신청을 위한 보육료 및 학비 인증을 위해서는 별도 절차 없이 정부 보조금 신청을 하면 된다.
㉡ 온라인이나 오프라인 둘 중 어떤 발급경로를 선택하더라도 연회비는 무료이다.
㉢ 국민행복카드 신청을 위한 보조금 신청서는 읍면동 주민센터, 복지로 혹은 카드사의 홈페이지에서 작성할 수 있으며 작성처에 제출하면 된다.
㉣ 오프라인으로 신청한 경우, 카드를 발급받기 위해서는 읍면동 주민센터 혹은 전국 은행 지점을 방문하여야 한다.

① ㉠, ㉡
② ㉠, ㉢
③ ㉡, ㉢
④ ㉢, ㉣

Hard

04 A회사는 창립 10주년을 맞이하여 전 직원 단합대회를 준비하고 있다. 이를 위해 사장 B는 여행상품 한 가지를 선정할 계획을 갖고 있는데, 직원 투표 결과를 참고하여 결정하려고 한다. 직원 투표 결과와 여행상품별 1인당 경비가 다음과 같이 주어져 있으며, 추가로 행사를 위한 부서별 고려사항을 참고하여 선택할 경우 〈보기〉에서 옳은 것을 모두 고르면?

〈여행상품 직원 투표 결과〉

구분		투표 결과(명)					
상품명	1인당 비용(원)	총무팀	영업팀	개발팀	홍보팀	공장 1	공장 2
A	500,000	2	1	2	0	15	6
B	750,000	1	2	1	1	20	5
C	600,000	3	1	0	1	10	4
D	1,000,000	3	4	2	1	30	10
E	850,000	1	2	0	2	5	5

〈여행상품별 혜택 정리〉

구분	날짜	장소	식사제공	차량지원	편의시설	체험시설
A	5/10 ~ 5/11	해변	○	○	×	×
B	5/10 ~ 5/11	해변	○	○	○	×
C	6/7 ~ 6/8	호수	○	○	○	×
D	6/15 ~ 6/17	도심	○	×	○	○
E	7/10 ~ 7/13	해변	○	○	○	×

〈부서별 고려사항〉

- 총무팀 : 행사 시 차량 지원 가능함
- 영업팀 : 6월 초순에 해외 바이어와 가격 협상 회의 일정
- 공장 1 : 3일 연속 공장 비가동 시 품질 저하 예상됨
- 공장 2 : 7월 중순 공장 이전 계획 있음

보기

㉠ 총 여행상품 비용은 1억 500만 원이 필요하다.
㉡ 가장 인기가 높은 여행상품은 B이다.
㉢ 공장 1은 여행상품 선택에 가장 큰 영향력을 발휘했다.

① ㉠   ② ㉠, ㉡
③ ㉠, ㉢   ④ ㉡, ㉢

05 환경분석

| 유형분석 |

- 상황에 대한 환경분석을 통해 주요 과제 및 해결방안을 도출하는 문제이다.
- SWOT 분석뿐 아니라 3C 분석을 활용하는 문제가 출제될 수 있으므로, 해당 분석 도구에 대한 사전 학습이 요구된다.

국내 I금융그룹의 SWOT 분석 결과가 다음과 같을 때, 분석 결과에 대응하는 전략과 그 내용이 바르게 짝지어진 것은?

〈SWOT 분석 결과〉

S(강점)	W(약점)
• 탄탄한 국내시장 지배력 • 뛰어난 위기관리 역량 • 우수한 자산건전성 지표 • 수준 높은 금융 서비스	• 은행과 이자수익에 편중된 수익구조 • 취약한 해외 비즈니스와 글로벌 경쟁력 • 낙하산식 경영진 교체와 관치금융 우려 • 외화 자금 조달 리스크

O(기회)	T(위협)
• 해외 금융시장 진출 확대 • 기술 발달에 따른 핀테크의 등장 • IT 인프라를 활용한 새로운 수익 창출 • 계열사 간 협업을 통한 금융 서비스	• 새로운 금융 서비스의 등장 • 은행의 영향력 약화 가속화 • 글로벌 금융사와의 경쟁 심화 • 비용 합리화에 따른 고객 신뢰 저하

① SO전략 : 해외 비즈니스 TF팀 신설로 상반기 해외 금융시장 진출 대비
② ST전략 : 금융 서비스를 다방면으로 확대해 글로벌 경쟁사와의 경쟁에서 우위 차지
③ WO전략 : 국내의 탄탄한 시장점유율을 기반으로 핀테크 사업 진출
④ WT전략 : 국내 금융사의 우수한 자산건전성 지표를 홍보하여 고객 신뢰 회복

정답 ②

수준 높은 금융 서비스를 통해 글로벌 경쟁에서 우위를 차지하는 것은 강점을 이용해 글로벌 금융사와의 경쟁 심화라는 위협을 극복하는 ST전략이다.

오답분석

① 해외 비즈니스 TF팀을 신설해 해외 금융시장 진출을 확대하는 것은 글로벌 경쟁력이 낮다는 약점을 극복하고 해외 금융시장 진출 확대라는 기회를 활용하는 WO전략이다.
③ 탄탄한 국내 시장점유율이 국내 금융그룹의 핀테크 사업 진출의 기반이 되는 것은 강점을 통해 기회를 살리는 SO전략이다.
④ 우수한 자산건전성 지표를 홍보하여 고객 신뢰를 회복하는 것은 강점으로 위협을 극복하는 ST전략이다.

유형풀이 Tip

SWOT 분석

기업의 내부환경과 외부환경을 분석하여 강점(Strength), 약점(Weakness), 기회(Opportunity), 위협(Threat) 요인을 규정하고 이를 토대로 경영전략을 수립하는 기법으로, 미국의 경영컨설턴트인 알버트 험프리(Albert Humphrey)에 의해 고안되었다. SWOT 분석의 가장 큰 장점은 기업의 내·외부환경 변화를 동시에 파악할 수 있다는 것이다. 기업의 내부환경을 분석하여 강점과 약점을 찾아내며, 외부환경 분석을 통해서는 기회와 위협을 찾아낸다. SWOT 분석은 외부로부터의 기회는 최대한 살리고 위협은 회피하는 방향으로 자신의 강점은 최대한 활용하고 약점은 보완한다는 논리에 기초를 두고 있다. SWOT 분석에 의한 경영전략은 다음과 같이 정리할 수 있다.

Strength 강점 기업 내부환경에서의 강점			Weakness 약점 기업 내부환경에서의 약점
	S	W	
	O	T	
Opportunity 기회 기업 외부환경으로부터의 기회			Threat 위협 기업 외부환경으로부터의 위협

3C 분석

자사(Company)	고객(Customer)	경쟁사(Competitor)
• 자사의 핵심역량은 무엇인가? • 자사의 장단점은 무엇인가? • 자사의 다른 사업과 연계되는가?	• 주 고객군은 누구인가? • 그들은 무엇에 열광하는가? • 그들의 정보 습득 / 교환은 어디에서 일어나는가?	• 경쟁사는 어떤 회사가 있는가? • 경쟁사의 핵심역량은 무엇인가? • 잠재적인 경쟁사는 어디인가?

대표기출유형 05 기출응용문제

01 다음은 분식점에 대한 SWOT 분석 결과이다. 이에 대응하는 전략과 그 내용이 바르게 짝지어진 것은?

〈분식점 SWOT 분석 결과〉

강점(Strength)	약점(Weakness)
• 좋은 품질의 재료만 사용 • 청결하고 차별화된 이미지	• 타 분식점에 비해 한정된 메뉴 • 배달서비스를 제공하지 않음
기회(Opportunity)	위협(Threat)
• 분식점 앞에 곧 학교가 들어설 예정 • 최근 TV프로그램 섭외 요청을 받음	• 프랜차이즈 분식점들로 포화상태 • 저렴한 길거리 음식으로 취급하는 경향이 있음

① SO전략 : TV프로그램에 출연해 좋은 품질의 재료만 사용한다는 점을 부각시킨다.
② ST전략 : 비싼 재료들을 사용하여 가격을 올려 저렴한 길거리 음식이라는 인식을 바꾼다.
③ WO전략 : TV프로그램 출연용으로 다양한 메뉴를 일시적으로 개발한다.
④ WT전략 : 다른 분식점들과 차별화된 전략을 유지하기 위해 배달서비스를 시작한다.

02 I공단의 안전본부 사고분석 개선처에 근무하는 B대리는 혁신우수 연구대회에 출전하여 첨단장비를 활용한 차종별 보행자사고 모형개발 자료를 발표했다. 연구 추진방향을 도출하기 위해 SWOT 분석을 한 결과가 다음과 같을 때, 이에 대응하는 전략과 그 내용을 짝지은 것으로 적절하지 않은 것은?

〈보행자사고 모형개발 SWOT 분석 결과〉

강점(Strength)	약점(Weakness)
10년 이상 지속적인 교육과 연구로 신기술 개발을 위한 인프라 구축	보행자사고 모형개발을 위한 예산 및 실차 실험을 위한 연구소 부재
기회(Opportunity)	위협(Threat)
첨단 과학장비(3D스캐너, MADYMO) 도입으로 정밀 시뮬레이션 분석 가능	교통사고에 대한 국민의 관심과 분석수준 향상으로 공단의 사고분석 질적 제고 필요

① SO전략 : 과학장비를 통한 정밀 시뮬레이션 분석을 토대로 국내 차량의 전면부 형상을 취득하고 보행자사고를 분석해 신기술 개발에 도움을 준다.
② ST전략 : 지속적 교육과 연구로 쌓아온 데이터를 바탕으로 사고분석 프로그램 신기술 개발을 통해 사고분석 질적 향상에 기여한다.
③ WO전략 : 실차 실험 대신 과학장비를 통한 시뮬레이션 연구로 모형개발을 한다.
④ WT전략 : 신기술 개발을 위한 연구대회를 개최해 인프라를 더욱 탄탄히 구축한다.

03 귀하의 회사는 보조배터리를 개발하여 중국시장에 진출하고자 한다. 귀하의 상사가 3C 분석 결과를 건네며, 사업 계획에 반영하고 향후 해결해야 할 회사의 전략 과제가 무엇인지 정리하여 보고하라는 지시를 내렸다. 다음 중 회사에서 해결해야 할 전략 과제로 적절하지 않은 것은?

〈보조배터리 3C 분석 결과〉

Customer	Competitor	Company
• 전반적인 중국시장은 매년 10% 성장 • 중국시장 내 보조배터리 제품의 규모는 급성장 중임 • 20 ~ 30대 젊은 층이 중심 • 온라인 구매가 약 80% 이상 • 인간공학 지향	• 중국기업들의 압도적인 시장점유 • 중국기업들 간의 치열한 가격경쟁 • A/S 및 사후관리 취약 • 생산 및 유통망 노하우 보유	• 국내시장 점유율 1위 • A/S 등 고객서비스 부문 우수 • 해외 판매망 취약 • 온라인 구매시스템 미흡(보안, 편의 등) • 높은 생산원가 구조 • 높은 기술개발력

① 중국시장의 판매유통망 구축
② 온라인 구매시스템 강화
③ 고객서비스 부문 강화
④ 원가 절감을 통한 가격경쟁력 강화

04 다음은 SWOT 분석에 대한 설명과 유전자 관련 업무를 수행 중인 A사의 SWOT 분석 결과 자료이다. 이를 참고하여 〈보기〉 중 빈칸 (가), (나)에 들어갈 내용을 바르게 짝지은 것은?

SWOT 분석은 기업의 내부환경과 외부환경을 분석하여 강점(Strength), 약점(Weakness), 기회(Opportunity), 위협(Threat) 요인을 규정하고 이를 토대로 경영전략을 수립하는 기법으로, 미국의 경영컨설턴트인 알버트 험프리(Albert Humphrey)에 의해 고안되었다.
• 강점(Strength) : 내부환경(자사 경영자원)의 강점
• 약점(Weakness) : 내부환경(자사 경영자원)의 약점
• 기회(Opportunity) : 외부환경(경쟁, 고객, 거시적 환경)에서 비롯된 기회
• 위협(Threat) : 외부환경(경쟁, 고객, 거시적 환경)에서 비롯된 위협

〈A사 SWOT 분석 결과〉

강점(Strength)	약점(Weakness)
• 유전자 분야에 뛰어난 전문가로 구성 • _____(가)_____	• 유전자 실험의 장기화
기회(Opportunity)	위협(Threat)
• 유전자 관련 업체 수가 적음 • _____(나)_____	• 고객들의 실험 부작용에 대한 두려움 인식

보기

㉠ 투자 유치의 어려움
㉡ 특허를 통한 기술 독점 가능
㉢ 점점 증가하는 유전자 의뢰
㉣ 높은 실험 비용

	(가)	(나)		(가)	(나)
①	㉠	㉢	②	㉠	㉣
③	㉡	㉠	④	㉡	㉢

05 다음은 레저용 차량을 생산하는 A기업에 대한 SWOT 분석 결과이다. 이를 토대로 한 경영 전략 판단으로 적절한 것을 〈보기〉에서 모두 고르면?

〈A기업 SWOT 분석 결과〉

강점(Strength)	약점(Weakness)
• 높은 브랜드 이미지 · 평판 • 훌륭한 서비스와 판매 후 보증수리 • 확실한 거래망, 딜러와의 우호적인 관계 • 막대한 R&D 역량 • 자동화된 공장 • 대부분의 차량 부품 자체 생산	• 한 가지 차종에만 집중 • 고도의 기술력에 대한 과도한 집중 • 생산설비에 막대한 투자 → 차량모델 변경의 어려움 • 한 곳의 생산공장만 보유 • 전통적인 가족형 기업 운영
기회(Opportunity)	위협(Threat)
• 소형 레저용 차량에 대한 수요 증대 • 새로운 해외시장의 출현 • 저가형 레저용 차량에 대한 선호 급증	• 휘발유의 부족 및 가격의 급등 • 레저용 차량 전반에 대한 수요 침체 • 다른 회사들과의 경쟁 심화 • 차량 안전 기준의 강화

보기

㉠ ST전략 : 기술개발을 통해 연비를 개선한다.
㉡ SO전략 : 대형 레저용 차량을 생산한다.
㉢ WO전략 : 규제 강화에 대비하여 보다 안전한 레저용 차량을 생산한다.
㉣ WT전략 : 생산량 감축을 고려한다.
㉤ WO전략 : 국내 다른 지역이나 해외에 공장들을 분산 설립한다.
㉥ ST전략 : 경유용 레저 차량 생산을 고려한다.
㉦ SO전략 : 해외시장 진출보다는 내수 확대에 집중한다.

① ㉠, ㉢, ㉤, ㉥
② ㉠, ㉣, ㉤, ㉥
③ ㉡, ㉣, ㉤, ㉥
④ ㉡, ㉣, ㉥, ㉦

06 다음은 국내 여행업계 점유율 1위의 기업으로 평가받는 A여행사에 대한 SWOT 분석 자료를 정리한 것이다. 이를 토대로 한 경영 전략 판단으로 적절하지 않은 것을 〈보기〉에서 모두 고르면?

〈A여행사 SWOT 분석 결과〉

구분	분석 결과
강점(Strength)	• 우월한 시장 점유율과 인지도를 바탕으로 한 규모의 경제로 가격 경쟁력에서 우위 • 높은 브랜드 가치를 바탕으로 한 안정화된 네트워크 조직과 자본 구조 • 국내 기업 중 최대 규모의 조직과 독보적인 브랜드 충성도 • 차별화된 개인 맞춤형 여행 패키지 상품 출시 등으로 상품 종류의 다양화를 이룸 • 본업인 여행 · 관광과 관련한 다양한 산업군에서 다각화된 사업 영위
약점(Weakness)	• 대리점과의 관계 유지 비용 • A여행사는 주로 패키지 여행 상품으로 수익을 창출하고 있는데, 시장에서 패키지 상품의 인기는 감소하는 반면 자유 여행(FIT) 상품은 상대적으로 약진함 • 코로나19로 타격을 입은 여행 산업이 아직 완전히 회복하지는 못했음
기회(Opportunity)	• 주5일제의 확산으로 여가 시간의 증가 • 코로나19 팬데믹 종식으로 인바운드(외국인들의 국내여행), 아웃바운드(내국인들의 외국여행) 수요 증가로 여행업 회복세 • 차별화된 프리미엄 여행 수요 증가세 • 저가 항공사의 저변 확대
위협(Threat)	• 코로나19 이전 대비 낮은 성장률 • 중국 · 일본과의 갈등, 환율, 유가 등 외부의 정치적 · 경제적 변수의 영향에 민감함 • 불경기 지속으로 인한 소비 심리 위축 • N사, C사, Y사 등의 이종 기업들이 여행업 진출을 본격화함으로써 여행업의 경계가 모호해지고 경쟁은 심화됨

보기

㉠ 여가 시간의 증가로 자유를 즐기려는 소비자군을 대상으로 보다 세분화된 아웃바운드 상품을 출시해 선택지를 다양하게 하는 차별화 전략은 SO전략에 해당한다.
㉡ 수십 년 동안 구축해온 해외 네트워크, 직원들의 전문적인 역량, 견실한 자본 구조를 홍보해 고객 충성도를 높이는 전략은 SO전략에 해당한다.
㉢ 여행 시장 점유율 1위라는 기업 이미지를 활용해 동종 업체와의 경쟁을 극복함으로써 부동의 1위라는 위상을 더욱 공고히 하는 전략은 ST전략에 해당한다.
㉣ 코로나19 팬데믹이 종식되어 중국 시장이 리오프닝한 것을 활용해 중국 관광객들에게 인바운드 상품을 할인 판매함으로써 코로나19 사태 이전으로의 회복을 도모하는 전략은 WO전략에 해당한다.
㉤ 자유 여행 상품보다는 주로 패키지 여행 상품으로 수익을 창출하고 있는 A여행사가 패키지 상품 판매율을 높여 자유 상품 판매에서의 부진을 상쇄하려는 전략은 WT전략에 해당한다.
㉥ A여행사가 N사 등 여행 시장에 등장한 신흥 강자와 제휴해 특화된 자유 여행 상품을 공동 출시해 판매함으로써 경쟁사와의 공존상생을 도모하는 전략은 WT전략에 해당한다.

① ㉠, ㉡, ㉣
② ㉡, ㉢, ㉤
③ ㉠, ㉡, ㉤, ㉥
④ ㉠, ㉢, ㉣, ㉥

CHAPTER 03
조직이해능력

합격 CHEAT KEY

조직이해능력은 업무를 원활하게 수행하기 위해 조직의 체제와 경영을 이해하고 국제적인 추세를 이해하는 능력이다. 현재 많은 금융권에서 출제 비중을 높이고 있는 영역이기 때문에 미리 대비하는 것이 중요하다. 실제 업무 능력에서 조직이해능력을 요구하기 때문에 중요도는 점점 높아 질 것이다.

국가직무능력표준 홈페이지 자료에 따르면 조직이해능력의 세부 유형은 조직체제이해능력·경영이해능력·업무이해능력·국제감각으로 나눌 수 있다. 조직도를 제시하는 문제가 출제되거나 조직의 체계를 파악해 경영의 방향성을 예측하고, 업무의 우선순위를 파악하는 문제가 출제된다.

조직이해능력은 NCS 기반 채용을 진행한 금융권 중 30% 정도가 다뤘으며, 문항 수는 전체에서 평균 15% 정도로 상대적으로 적게 출제되었다.

01 문제 속에 정답이 있다!

경력이 없는 경우 조직에 대한 이해가 낮을 수밖에 없다. 그러나 문제 자체가 실무적인 내용을 담고 있어도 문제 안에는 해결의 단서가 주어진다. 부담을 갖지 않고 접근하는 것이 중요하다.

02 경영·경제학원론 정도의 수준은 갖추도록 하라!

지원한 직군마다 차이는 있을 수 있으나, 경영·경제이론을 접목시킨 문제가 꾸준히 출제되고 있다. 따라서 기본적인 경영·경제이론은 익혀 둘 필요가 있다.

03 **지원하는 기업의 조직도를 파악하자!**

출제되는 문제는 각 기업의 세부내용일 경우가 많기 때문에 지원하는 기업의 조직도를 파악해 두어야 한다. 조직이 운영되는 방법과 전략을 이해하고, 조직을 구성하는 체제를 파악하고 간다면 조직이해능력영역에서 조직도가 나올 때 단시간에 문제를 풀 수 있을 것이다.

04 **실제 업무에서도 요구되므로 이론을 익혀두자!**

각 기업의 직무 특성상 일부 영역에 필기시험의 중요도가 가중되는 경우가 있어서 많은 수험생들이 해당 영역에만 집중하는 경향이 있다. 그러나 실제 업무 능력에는 NCS 직업기초능력의 10개 영역이 골고루 요구되는 경우가 많으며, 필기시험에서 조직이해능력을 출제하는 기업의 비중이 늘어나고 있기 때문에 미리 이론을 익혀 둔다면 모듈형 문제에서 고득점을 노릴 수 있다.

대표기출유형 01 경영전략

| 유형분석 |

- 경영전략에서 대표적으로 출제되는 문제는 마이클 포터(Michael Porter)의 본원적 경쟁전략이다.

다음 사례에 나타난 마이클 포터의 본원적 경쟁전략으로 옳은 것은?

> 전자제품 시장에서 경쟁회사가 가격을 낮추는 저가 전략을 사용하여 점유율을 높이려 하자, 이에 맞서 오히려 고급 기술을 적용한 고품질 프리미엄 제품을 선보이고 서비스를 강화해 시장의 점유율을 높였다.

① 차별화 전략
② 원가우위 전략
③ 집중화 전략
④ 마케팅 전략

정답 ①

마이클 포터의 본원적 경쟁전략
- 차별화 전략 : 조직이 생산품이나 서비스를 차별화하여 고객에게 가치 있고 독특하게 인식되도록 하는 전략으로, 이를 활용하기 위해서는 연구개발이나 광고를 통하여 기술, 품질, 서비스, 브랜드 이미지를 개선할 필요가 있다.
- 원가우위 전략 : 원가절감을 통해 해당 산업에서 우위를 점하는 전략으로, 이를 위해서는 대량생산을 통해 단위 원가를 낮추거나 새로운 생산기술을 개발할 필요가 있다.
- 집중화 전략 : 특정 시장이나 고객에게 한정된 전략으로, 특정 산업을 대상으로 한다. 즉, 경쟁 조직들이 소홀히 하고 있는 한정된 시장을 원가우위나 차별화 전략을 써서 집중 공략하는 방법이다.

유형풀이 Tip
- 대부분의 기업들은 마이클 포터의 본원적 경쟁전략을 사용하고 있다. 각 전략에 해당하는 대표적인 기업을 연결하고, 그들의 경영전략을 상기하며 문제를 풀어보도록 한다.
- 본원적 경쟁전략의 기본적인 이해와 구조를 물어보는 문제가 자주 출제되므로, 전략별 특징 및 개념에 대한 이론 학습이 요구된다.

대표기출유형 01　기출응용문제

01　다음은 I기업의 시장 조사 결과 보고서이다. I기업이 마련해야 할 마케팅 전략으로 옳은 것을 〈보기〉에서 모두 고르면?

- 조사 기간 : 2025년 6월 2 ~ 9일
- 조사 품목 : 돌침대
- 조사 대상 : 주부 1,000명
- 조사 결과
  - 건강에 대한 소비자의 관심 증대
  - 소비자는 가격보다 제품의 기능을 우선적으로 고려
  - 취급 점포가 너무 많아서 점포 관리가 체계적이지 못함
  - 자사 제품의 가격이 낮아서 품질도 떨어지는 것으로 인식됨

보기

㉠ 유통 경로를 늘린다.
㉡ 고급화 전략을 추진한다.
㉢ 박리다매 전략을 이용한다.
㉣ 전속적 또는 선택적 유통 전략을 도입한다.

① ㉠, ㉡
② ㉡, ㉢
③ ㉡, ㉣
④ ㉢, ㉣

Easy

02　다음 중 마이클 포터의 본원적 경쟁전략에 대한 설명으로 옳은 것은?

① 해당 사업에서 경쟁우위를 확보하기 위한 전략이다.
② 차별화 전략은 특정 산업을 대상으로 한다.
③ 원가우위 전략에서는 연구개발이나 광고를 통하여 기술, 품질, 서비스 등을 개선할 필요가 있다고 본다.
④ 집중화 전략에서는 대량생산을 통해 단위 원가를 낮추거나 새로운 생산기술을 개발할 필요가 있다고 본다.

Hard
03 I회사 마케팅부에 근무하는 B대리는 최근 제품수명주기를 설명하는 보고서를 읽게 되었다. 다음 중 〈보기〉의 ㉠~㉣의 사례에 대한 제품수명주기의 유형을 바르게 연결한 것은?

〈제품수명주기〉

▶ 제품수명주기의 정의
  제품수명주기(Product Life Cycle)는 제품이 출시되는 도입기, 매출이 성장하는 성장기, 성장률이 둔화되는 성숙기, 매출이 감소하는 쇠퇴기를 거쳐서 시장에서 사라지게 되는 과정이다.

▶ 제품수명주기의 4가지 유형

유형	그래프	설명
주기 · 재주기형	매출/시간	쇠퇴기에 접어들다가 촉진활동 강화 혹은 재포지셔닝에 의해 다시 한번 성장기를 맞이하는 경우로써 대부분의 제품에 해당한다.
연속성장형	매출/시간	새로운 제품 특성이나 용도 등을 발견함으로써 매출성장이 연속적으로 이어지는 경우이다.
패션형	매출/시간	한때 유행하였다가 일정 시간이 지나 다시 유행하는 형태로 일정 주기를 타고 성장, 쇠퇴를 거듭한다.
패드형	매출/시간	짧은 시간 내에 소비자들에 의해 급속하게 수용되었다가 매우 빨리 쇠퇴하는 형태를 보인다.

보기
㉠ A전자회사는 에어컨과 난방기를 생산하고 있다. 에어컨은 매년 7~9월의 여름에 일정하게 매출이 증가하고 있으며 난방기는 매년 12~2월에 일정하게 매출이 증가하고 있다.
㉡ B게임회사는 최근 모바일 게임의 꾸준한 업데이트를 통해 게임 유저들의 흥미를 자극시킴으로써 매출이 계속 성장하고 있다.
㉢ C출판사는 자기개발서를 출판하는 회사이다. 최근 자기개발서에 대한 매출이 줄어듦에 따라 광고 전략을 시행하였고 이로 인해 일시적으로 매출이 상승하게 되었다.
㉣ D회사는 월드컵을 맞이하여 응원 T셔츠를 제작하여 큰 매출 효과를 가졌다. 그러나 며칠이 지나지 않아 월드컵이 끝난 후 응원 T셔츠에 대한 매력이 떨어져 매출이 급감하게 되었다.

	주기 · 재주기형	연속성장형	패션형	패드형
①	㉢	㉣	㉠	㉡
②	㉢	㉡	㉠	㉣
③	㉠	㉣	㉡	㉢
④	㉡	㉣	㉠	㉢

※ 다음은 I기업의 경영전략에 대한 글이다. 이어지는 질문에 답하시오. [4~5]

지난해 I기업은 총 매출 기준으로 1조 2,490억 원을 달성했다. 이는 대한민국 인구 5,000만 명을 기준으로 했을 때, 인당 I기업 제품을 연간 약 20개를 구입한 셈이다. 평균가 1,200원 제품을 기준으로 했을 때는 연간 총 약 10억 개가 팔린 수치다. 하루 평균 약 273만 개, 시간당 약 11만 개, 분당 약 1,830개, 초당 약 30개가 팔린 것이다. I기업 매장을 이용하는 고객 수도 일일 60만 명에 이르고 있다. 요즘 SNS상에는 I기업이라는 이름보다 '다있소'라는 말이 더 많이 검색된다. "오늘 다있소에서 득템했어.", "다있소의 희귀템 추천합니다." 등은 없는 것이 없는 I기업을 지칭하는 말이다. 이같이 인식시킬 수 있었던 비결에는 I기업만의 차별화된 콘셉트와 마케팅 전략이 숨어 있기 때문이라고 회사는 설명한다. ㉠ 1,000원 상품 비중이 50% 이상, 국산 제품 비중이 50% 이상이어야 한다는 기본 경영철학하에 가격 고정이라는 카테고리 전략을 펼친 것이다. 이것에 승부를 걸어온 I기업은 전국 어디에서나 일상생활에 필요한 모든 상품을 공급한다는 차별화된 정책을 지속시키고 있다. 과거에는 불황시대의 산물로써 비춰진 적도 있었지만, 불황이나 호황에 구애받지 않는 것 또한 I기업만의 차별화된 행보다. 매월 600여 개의 신제품을 쏟아내는 것 또한 I기업만의 차별화된 소싱 능력으로 꼽을 수 있다.

04 윗글의 밑줄 친 ㉠에 해당하는 I기업의 경영전략으로 옳은 것은?

① 원가우위 전략
② 차별화 전략
③ 집중화 전략
④ 혁신 전략

05 경영전략은 전략 목표 설정, 전략 환경 분석, 경영전략 도출, 경영전략 실행, 전략 평가 및 피드백의 단계로 실행된다. 다음 중 윗글의 사례가 해당하는 단계로 옳은 것은?

① 전략 환경 분석
② 경영전략 도출
③ 경영전략 실행
④ 전략 평가 및 피드백

대표기출유형 02 조직구조

| 유형분석 |

- 조직구조 유형에 대한 특징을 물어보는 문제가 자주 출제된다.
- 기계적 조직과 유기적 조직의 차이점과 사례 등을 숙지하고 있어야 한다.
- 조직구조 형태에 따라 기능적 조직, 사업별 조직으로 구분하여 출제되기도 한다.

다음 〈보기〉 중 조직구조에 대한 설명으로 옳지 않은 것을 모두 고르면?

보기

㉠ 기계적 조직은 구성원들의 업무분장이 명확하게 이루어져 있는 편이다.
㉡ 기계적 조직은 조직 내 의사소통이 비공식적 경로를 통해 활발히 이루어진다.
㉢ 유기적 조직은 의사결정 권한이 조직 하부 구성원들에게 많이 위임되어 있으며, 업무내용이 명확히 규정되어 있는 것이 특징이다.
㉣ 유기적 조직은 기계적 조직에 비해 조직의 형태가 가변적이다.

① ㉠, ㉡
② ㉠, ㉢
③ ㉡, ㉢
④ ㉡, ㉣

정답 ③

㉡ 기계적 조직 내 의사소통은 비공식적 경로가 아닌 공식적 경로를 통해 주로 이루어진다.
㉢ 유기적 조직은 의사결정 권한이 조직 하부 구성원들에게 많이 위임되어 있으나, 업무내용은 기계적 조직에 비해 가변적이다.

오답분석

㉠ 기계적 조직은 위계질서 및 규정, 업무분장이 모두 명확하게 확립되어 있는 조직이다.
㉣ 유기적 조직에서는 비공식적인 상호 의사소통이 원활히 이루어지며, 규제나 통제의 정도가 낮아 변화에 따라 쉽게 변할 수 있는 특징을 가진다.

유형풀이 Tip

조직구조는 유형에 따라 기계적 조직과 유기적 조직으로 나눌 수 있다. 기계적 조직과 유기적 조직은 서로 상반된 특징을 가지고 있으며, 기계적 조직이 관료제의 특징과 비슷하다는 것을 파악하고 있다면, 이와 상반된 유기적 조직의 특징도 수월하게 파악할 수 있다.
1) 기계적 조직 : 구성원들의 업무나 권한이 분명하게 정의된 조직
2) 유기적 조직 : 의사결정 권한이 하부 구성원들에게 많이 위임되고 업무가 고정적이지 않은 조직

대표기출유형 02 기출응용문제

※ 다음은 I연구소의 주요 사업별 연락처이다. 이어지는 질문에 답하시오. **[1~2]**

〈주요 사업별 연락처〉

구분	담당부서	연락처
고객지원	고객지원팀	044-410-7001
감사, 부패방지 및 지도점검	감사실	044-410-7011
국제협력, 경영평가, 예산기획, 규정, 이사회	전략기획팀	044-410-7023
인재개발, 성과평가, 교육, 인사, ODA사업	인재개발팀	044-410-7031
복무노무, 회계관리, 계약 및 시설	경영지원팀	044-410-7048
품질평가 관리, 품질평가 관련 민원	평가관리팀	044-410-7062
가공품 유통 전반(실태조사, 유통정보), 컨설팅	유통정보팀	044-410-7072
대국민 교육, 기관 마케팅, 홍보관리, CS, 브랜드인증	고객홍보팀	044-410-7082
이력관리, 역학조사지원	이력관리팀	044-410-7102
유전자분석, 동일성검사	유전자분석팀	044-410-7111
연구사업 관리, 기준개발 및 보완, 시장조사	연구개발팀	044-410-7133
정부3.0, 홈페이지 운영, 대외자료제공, 정보보호	정보사업팀	044-410-7000

Easy

01 I연구소의 주요 사업별 연락처를 본 채용지원자의 반응으로 옳지 않은 것은?

① I연구소는 1개 실과 11개 팀으로 이루어져 있구나.
② 예산기획과 경영평가는 같은 팀에서 종합적으로 관리하는구나.
③ 평가업무라 하더라도 평가 특성에 따라 담당하는 팀이 달라지는구나.
④ 홈페이지 운영은 고객홍보팀에서 마케팅과 함께 하는구나.

02 다음 민원인의 요청을 해결하기 위해 연결해야 할 부서를 옳게 안내한 것은?

민원인	얼마 전 신제품 관련 평가 신청을 했습니다. 신제품 품질에 대한 등급에 대해 이의가 있습니다. 관련 건으로 담당자분과 통화하고 싶습니다.
상담직원	불편을 드려서 죄송합니다. _____ 연결해드리겠습니다. 잠시만 기다려 주십시오.

① 연구사업을 관리하고 있는 연구개발팀으로
② 기관의 홈페이지 운영을 전담하고 있는 정보사업팀으로
③ 이력관리 업무를 담당하고 있는 이력관리팀으로
④ 품질평가를 관리하는 평가관리팀으로

※ 다음은 I기업의 조직도와 조직개편안이다. 이어지는 질문에 답하시오. [3~5]

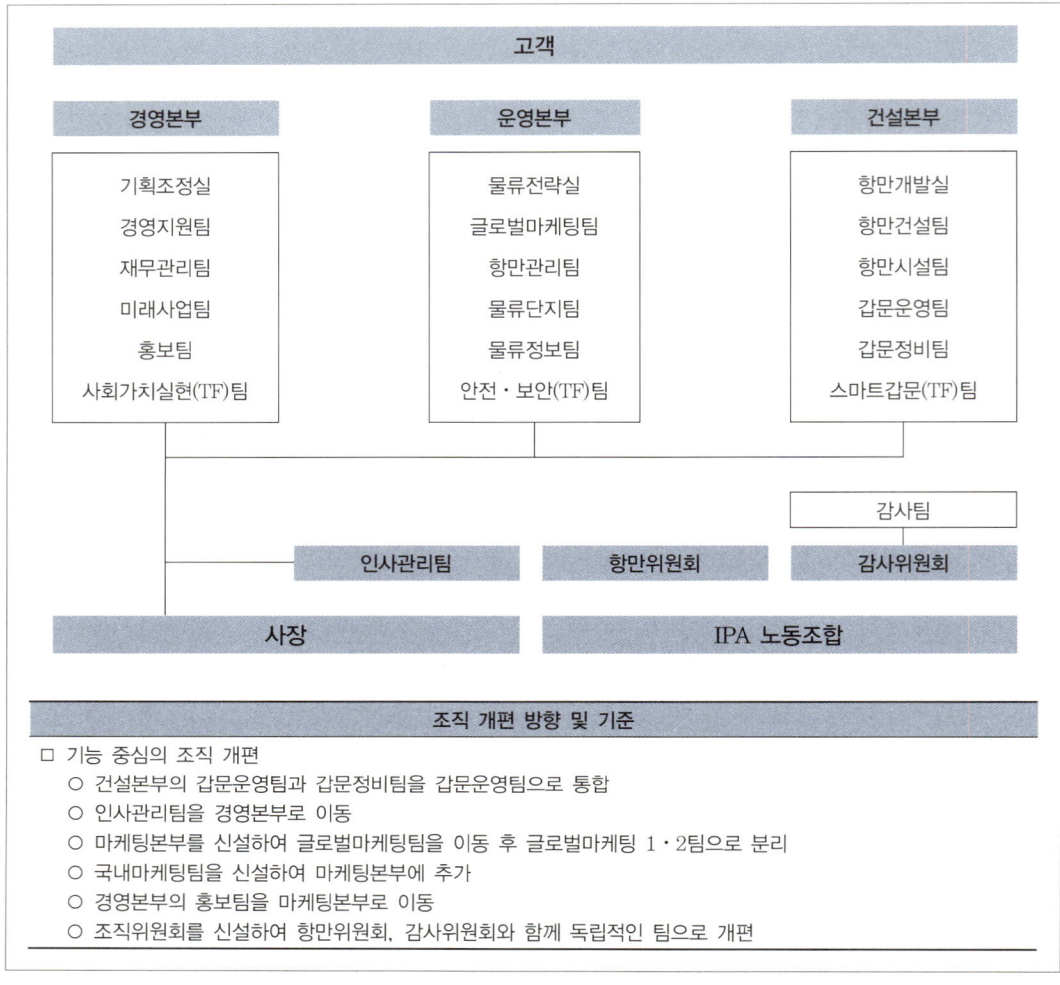

03 조직 개편 방향에 따라 조직을 개편하였다. 다음 중 새롭게 신설되는 본부로 옳은 것은?

① 마케팅본부
② 행정본부
③ 갑문운영본부
④ 물류본부

Hard

04 다음 중 조직 개편 후 경영, 운영, 건설본부에 속한 팀의 개수가 바르게 짝지어진 것은?

	경영본부	운영본부	건설본부
①	5팀	5팀	5팀
②	6팀	5팀	5팀
③	6팀	6팀	6팀
④	7팀	5팀	5팀

05 다음 중 조직 개편 후 마케팅본부에 속하는 팀으로 옳지 않은 것은?

① 글로벌마케팅1팀　　　　　　　② 글로벌마케팅2팀
③ 글로벌홍보팀　　　　　　　　④ 국내마케팅팀

대표기출유형

03 업무이해

| 유형분석 |

- 부서별 주요 업무에 대해 묻는 문제이다.
- 부서별 특징과 담당 업무에 대한 이해가 필요하다.

다음 〈보기〉는 기업의 각 부서에서 하는 일이다. 일반적인 상황에서 부서와 그 업무를 바르게 연결한 것은?

보기
㉠ 의전 및 비서 업무 ㉡ 업무분장 및 조정
㉢ 결산 관련 업무 ㉣ 임금제도
㉤ 소모품의 구입 및 관리 ㉥ 법인세, 부가가치세
㉦ 판매 예산 편성 ㉧ 보험가입 및 보상 업무
㉨ 견적 및 계약 ㉩ 국내외 출장 업무 협조
㉪ 외상매출금 청구 ㉫ 직원수급 계획 및 관리

① 총무부 : ㉠, ㉤, ㉦
② 영업부 : ㉦, ㉨, ㉪
③ 회계부 : ㉢, ㉧, ㉪
④ 인사부 : ㉠, ㉡, ㉣

정답 ②
영업부의 업무로는 판매 계획, 판매 예산 편성(㉦), 견적 및 계약(㉨), 외상매출금 청구(㉪) 및 회수, 시장조사, 판매 원가 및 판매 가격의 조사 검토 등이 있다.

오답분석
① 총무부 : ㉠, ㉤, ㉩
③ 회계부 : ㉢, ㉥, ㉧
④ 인사부 : ㉡, ㉣, ㉫

유형풀이 Tip

- 조직은 목적을 달성하기 위해 업무를 효과적으로 분배하고 처리할 수 있는 구조를 확립하고 있으며, 조직의 목적이나 규모에 따라 업무의 종류는 다양하다.
- 대부분의 조직에서는 총무, 인사, 기획, 회계, 영업으로 부서를 나누어 업무를 담당하고 있다. 따라서 5가지 업무 종류에 대해서는 미리 숙지해야 한다.

대표기출유형 03 기출응용문제

※ 다음은 시기별로 I사에서 진행하는 데이행사 중 '국산 딸기 특판전' 행사 이후의 피드백 회의이다. 이어지는 질문에 답하시오. [1~2]

회의일시	2025.06.16	부서	영업팀, 마케팅팀, 홍보팀	작성자	마케팅팀 박○○
참석자	마케팅팀 팀장, 차장 / 영업팀 팀장, 차장 / 홍보팀 팀장, 차장					
회의안건	6월 15일 진행된 '국산 딸기 특판전' 행사 피드백 및 7월 데이행사 개선 방안				
회의내용	[시식회 및 판매전 피드백 및 개정사항] 1. '소비 촉진'을 위한 특판전이었지만, 무료 시식회, 레시피 관련 행사의 참여가 높았음에도 정작 딸기 구매율은 높지 않았음. 시식의 연장을 통해 국산 딸기의 소비 확대로 연결할 필요가 있음 2. '레시피'를 통해 제품을 직접 체험하는 방안은 좋았으나, '레시피'에만 국한된 점이 아쉬웠으며 참여 연령대를 분석·파악하여 연령대별 다양한 체험행사가 필요함 [행사 관련 홍보 피드백] 보도자료 이외의 추가 홍보 자료들이 필요함 → 브로슈어 제작 방안 검토 필요				
결정사항	[홍보팀] I사의 시기별 '데이행사'를 알릴 수 있는 브로슈어 제작 예정(관련 외주 업체 탐색과 동시에 외주 업체 대상 디자인 공모 예정) [마케팅팀] 다양한 체험 행사 시장 조사 및 연령대별 체험 활동 선호도 조사 [영업팀] 제품 소비 촉진 방안 검토(체험 활동과 연계한 소비 촉진 방안 검토) 및 7월 행사에 반영 예정				

Easy

01 다음 중 위 회의록을 이해한 내용으로 옳지 않은 것은?

① 회의의 목적은 전날 진행된 행사 관련 피드백 및 개선 방안 마련이다.
② 회의 참석자는 팀별 2명으로 총 6명이다.
③ 홍보팀에서는 브로슈어 제작을 위해 사내 디자인 공모전을 개최할 예정이다.
④ 영업팀에서는 체험 활동과 연계한 소비 촉진 방안을 검토한 후 7월 행사에 개선 사항을 반영할 예정이다.

02 회의 결과를 바탕으로 할 때, 다음 중 먼저 처리해야 하는 업무를 순서대로 바르게 나열한 것은?

㉠ 6월 행사 보완 사항 정리 후 보고서 작성
㉡ '7월 데이행사' 기획안 작성 및 보고
㉢ 브로슈어 외주 업체 탐색 및 디자인 공모
㉣ 팀별 개선 방안 및 업무 진행 방향 체크

① ㉠ - ㉡ - ㉢ - ㉣
② ㉠ - ㉣ - ㉢ - ㉡
③ ㉡ - ㉠ - ㉢ - ㉣
④ ㉢ - ㉠ - ㉡ - ㉣

Hard

03 다음은 I공단의 보안업무취급 규칙에 따른 보안업무 책임자 및 담당자와 이들의 임무에 대한 자료이다. 이를 이해한 내용으로 옳지 않은 것은?

⟨보안업무 책임자 및 담당자⟩

구분	이사장	총무국장	비서실장	팀장
보안책임관	○			
보안담당관		○		
비밀보관책임자				○
시설방호책임자	○			
시설방호부책임자		○		
보호구역관리책임자			○ (이사장실)	○ (지정보호구역)

⟨보안업무 책임자 및 담당자의 임무⟩

구분	수행임무
보안책임관	• 공단의 보안업무 전반에 대한 지휘, 감독총괄
보안담당관	• 자체 보안업무 수행에 대한 계획, 조정 및 감독 • 보안교육 및 비밀관리, 서약서 집행 • 통신보안에 관한 사항 • 비밀의 복제, 복사 및 발간에 대한 통제 및 승인 • 기타 보안업무 수행에 필요하다고 인정하는 사항 • 비밀취급인가
비밀보관책임자	• 비밀의 보관 및 안전관리 • 비밀관계부철의 기록 유지
시설방호책임자	• 자체 시설 방호계획 수립 및 안전관리 • 자위소방대 편성, 운영 • 시설방호 부책임자에 대한 지휘, 감독
시설방호부책임자	• 시설방호책임자의 보좌 • 자체 시설 방호계획 및 안전관리에 대한 실무처리 • 자위소방대 편성, 운영
보호구역관리책임자	• 지정된 보호구역의 시설안전관리 및 보안유지 • 보호구역 내의 출입자 통제

① 비밀취급인가를 신청할 때 필요한 서약서는 이사장에게 제출해야 한다.
② 비밀관리기록부를 갱신할 때에는 담당부서 팀장의 확인을 받아야 한다.
③ 비서실장은 이사장실을 수시로 관리하고, 외부인의 출입을 통제해야 한다.
④ 이사장과 총무국장은 화재 예방을 위해 자위소방대를 편성·운영해야 한다.

※ 다음은 I은행의 채용분야 중 경영분야의 직무분류표에 대한 자료이다. 이어지는 질문에 답하시오. **[4~5]**

〈경영분야 직무분류표〉

대분류	중분류	소분류	세분류
경영회계사무	기획사무	경영기획	경영기획
		마케팅	마케팅 전략기획
	총무인사	총무	자산관리
		인사조직	인사
		일반사무	사무행정
	재무회계	재무	자금
		회계	회계감사

04 다음 중 I은행의 인사팀에서 근무하는 A사원이 수행해야 할 직무내용으로 옳지 않은 것은?

① 인력채용
② 교육훈련
③ 재무분석
④ 조직문화 관리

05 다음 중 I은행의 마케팅 업무 분야에 지원하고자 하는 B가 갖추어야 할 지식·기술·태도로 옳지 않은 것은?

① 예산편성 및 원가관리 개념
② 시장 환경 분석 및 마케팅전략 수립 기술
③ 신규 아이템 사업예측 및 사업타당성 분석 지식
④ STP(Segmentation, Targeting, Positioning) 전략

CHAPTER 04
자원관리능력

합격 CHEAT KEY

자원관리능력은 현재 NCS 기반 채용을 진행하는 많은 금융권에서 핵심영역으로 자리 잡아, 일부를 제외한 대부분의 시험에서 출제 영역으로 꼽히고 있다. 전체 문항수의 10~15% 비중으로 출제되고 있고, 난이도가 상당히 높기 때문에 NCS를 치를 수험생이라면 반드시 준비해야 할 필수 과목이다.

실제 시험 기출 키워드를 살펴보면 비용 계산, 해외파견 지원금 계산, 주문 제작 단가 계산, 일정 조율, 일정 선정, 행사 대여 장소 선정, 최단거리 구하기, 시차 계산, 소요시간 구하기, 해외파견 근무 기준에 부합하는 또는 부합하지 않는 직원 고르기 등 크게 자원계산, 자원관리 문제유형이 출제된다. 대표유형을 바탕으로 응용되는 방식의 문제가 출제되고 있기 때문에 비슷한 유형을 계속해서 풀어보면서 감을 익히는 것이 중요하다.

01 시차를 먼저 계산하자!

시간자원관리문제의 대표유형 중 시차를 계산하여 일정에 맞는 항공권을 구입하거나 회의시간을 구하는 문제에서는 각각의 나라 시간을 한국 시간으로 전부 바꾸어 계산하는 것이 편리하다. 조건에 맞는 나라들의 시간을 전부 한국 시간으로 바꾸고 한국 시간과의 시차만 더하거나 빼면 시간을 단축하여 풀 수 있다.

02 선택지를 활용하자!

예산자원관리문제의 대표유형에서는 계산을 해서 값을 요구하는 문제들이 있다. 이런 문제유형에서는 문제 선택지를 먼저 본 후 자리 수가 몇 단위로 끝나는지 확인한다. 예를 들어 412,300원, 426,700원, 434,100원, 453,800원인 선택지가 있다고 할 때, 이 선택지는 100원 단위로 끝나기 때문에 제시된 조건에서 100원 단위로 나올 수 있는 항목을 찾아 그 항목만 계산하여 시간을 단축시키는 방법이 있다.

또한, 일일이 계산하는 문제가 많다. 예를 들어 640,000원, 720,000원, 810,000원 등의 수를 이용해 푸는 문제가 있다고 할 때, 만 원 단위를 절사하고 계산하여 64, 72, 81처럼 요약하여 적는 것도 시간을 단축하는 방법이다.

03 최적의 값을 구하는 문제인지 파악하자!

물적자원관리문제의 대표유형에서는 제한된 자원 내에서 최대의 만족 또는 이익을 얻을 수 있는 방법을 강구하는 문제가 출제된다. 이때, 구하고자 하는 값을 x, y로 정하고 연립방정식을 이용해 x, y 값을 구한다. 최소 비용으로 목표생산량을 달성하기 위한 업무 및 인력 할당, 정해진 시간 내에 최대 이윤을 낼 수 있는 업체 선정, 정해진 인력으로 효율적 업무 배치 등을 구하는 문제에서 사용되는 방법이다.

04 각 평가항목을 비교해 보자!

인적자원관리문제의 대표유형에서는 각 평가항목을 비교하여 기준에 적합한 인물을 고르거나, 저렴한 업체를 선정하거나, 총점이 높은 업체를 선정하는 문제가 출제된다. 이런 문제를 해결할 때는 평가항목에서 가격이나 점수 차이에 영향을 많이 미치는 항목을 찾아 지우면 1 ~ 2개의 선택지를 삭제하고 3 ~ 4개의 선택지만 계산하여 시간을 단축할 수 있다.

05 문제의 단서를 이용하자!

자원관리능력은 계산문제가 많기 때문에, 복잡한 계산은 딱 떨어지게끔 조건을 제시하는 경우가 많다. 단서를 보고 부합하지 않는 선택지를 1 ~ 2개 먼저 소거한 뒤 계산을 하는 것도 시간을 단축하는 방법이다.

01 시간계획

| 유형분석 |

- 시간 자원과 관련된 다양한 정보를 활용하여 풀어가는 문제이다.
- 대체로 교통편 정보나 국가별 시차 정보가 제공되며, 이를 근거로 '현지 도착시간 또는 약속된 시간 내에 도착하기 위한 방안'을 고르는 문제가 출제된다.

독일인 A씨는 베를린에서 한국을 경유하여 일본으로 가는 비행기표를 구매하였다. A씨의 일정이 다음과 같을 때, A씨가 인천공항에 도착하는 한국 시각과 A씨가 참여했을 환승투어가 바르게 연결된 것은?(단, 제시된 조건 외에 고려하지 않는다)

〈A씨의 일정〉

한국행 출발시각 (독일 시각 기준)	비행시간	인천공항 도착시각	일본행 출발시각 (한국 시각 기준)
11월 2일 19:30	12시간 20분		11월 3일 19:30

※ 독일은 한국보다 8시간 느림
※ 비행 출발 1시간 전에는 공항에 도착해야 함

〈환승투어 코스 안내〉

구분	코스	소요 시간
엔터테인먼트	• 인천공항 → 파라다이스시티 아트테인먼트 → 인천공항	2시간
인천시티	• 인천공항 → 송도한옥마을 → 센트럴파크 → 인천공항 • 인천공항 → 송도한옥마을 → 트리플 스트리트 → 인천공항	2시간
산업	• 인천공항 → 광명동굴 → 인천공항	4시간
전통	• 인천공항 → 경복궁 → 인사동 → 인천공항	5시간
해안관광	• 인천공항 → 을왕리해변 또는 마시안해변 → 인천공항	1시간

   도착시각   환승투어
① 11월 2일 23:50   산업
② 11월 2일 15:50   엔터테인먼트
③ 11월 3일 23:50   전통
④ 11월 3일 15:50   인천시티

정답 ④

- A씨가 인천공항에 도착한 현지 날짜 및 시각

  독일 시각　11월 2일 19시 30분
  소요시간　＋12시간 20분
  시차　　　＋8시간
  　　　　＝11월 3일 15시 50분

인천공항에 도착한 시각은 한국 시각으로 11월 3일 15시 50분이고, A씨는 3시간 40분 뒤에 일본으로 가는 비행기를 타야 한다. 비행 출발 시각 1시간 전에는 공항에 도착해야 하므로, 참여 가능한 환승투어 코스는 소요 시간이 두 시간 이내인 엔터테인먼트, 인천시티, 해안관광이며, 선택지에서 A씨의 인천공항 도착시각과 환승투어 코스가 바르게 짝지어진 것은 ④이다.

> **유형풀이 Tip**
> - 문제에서 묻는 것을 정확히 파악한 후 제시된 상황과 정보를 활용하여 문제를 풀어간다.
> - 추가 조건이나 제한사항은 문제를 해결하는 데 중요한 변수가 될 수 있으므로 유의한다.

대표기출유형 01 기출응용문제

01 A사원은 B과장과 함께 이집트 출장일정을 조율하고 있다. 현지 거래처와의 미팅은 6월 21일 오후 2시부터 시작되며, 6월 23일 오후 5시의 저녁 식사로 모든 일정이 마무리된다. 항공편을 알아보던 중 다음과 같은 뉴스를 접하였다. A사원이 B과장에게 보고해야 할 내용으로 옳지 않은 것은?

앵커 : 속보입니다. 프랑스 파리 연쇄 테러사건이 발생된 이후 각국에서 시리아 내 IS 격퇴에 힘을 보태고 있습니다. 시리아 내 IS에 대한 공습이 예상되는 가운데 주변국들 또한 긴장감이 높아지고 있습니다. 이에 따라 시리아 영공 및 그 주변을 지나가는 항공편의 안전이 위협받고 있습니다.

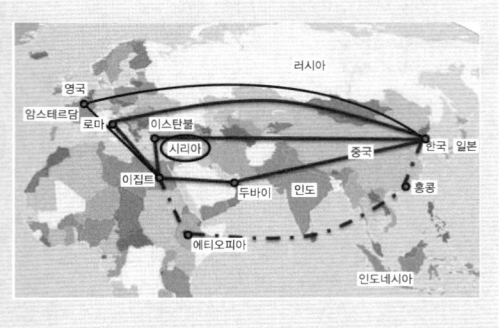

항공편	인천 → 카이로		카이로 → 인천		경유 여부
150	출발	6/20 09:00	출발	6/23 13:00	2회(홍콩, 에티오피아)
	도착	6/21 14:20	도착	6/25 08:20	
301	출발	6/20 09:30	출발	6/24 11:00	1회(이스탄불)
	도착	6/20 18:00	도착	6/25 09:30	
402	출발	6/20 10:00	출발	6/23 18:30	1회(로마)
	도착	6/21 11:30	도착	6/25 10:00	
501	출발	6/20 10:30	출발	6/24 10:00	1회(두바이)
	도착	6/20 21:00	도착	6/25 10:30	
703	출발	6/19 14:30	출발	6/23 04:05	1회(암스테르담)
	도착	6/20 02:15	도착	6/24 05:50	

※ 서울과 카이로 간의 시차는 7시간이며, 서울이 더 빠름
※ 같은 항공편 안에서 소요되는 비행시간은 같음
※ 현지 거래처는 카이로공항에서 30분 거리에 있음
※ 표에 제시된 시간은 각 나라 현지 시간을 기준으로 함

① 150 항공편은 인천공항에서 6월 20일 9:00에 출발해서 이집트 카이로공항에 6월 21일 14:20에 도착하는데, 이는 현지 거래처와의 미팅시간보다 늦게 도착하기 때문에 적절하지 않습니다.
② 뉴스를 보니 최근 파리 연쇄 테러사건으로 인하여 시리아 및 인근 지역이 위험하다고 하는데, 301 항공편이 그 지역을 경유하므로 다른 항공편을 찾아보는 것이 더 좋을 것 같습니다.
③ 402 항공편은 현지 거래처와의 업무일정에 아무런 영향을 주지 않아 적합한데, 다른 항공편에 비해서 비행시간이 가장 길어서 고민이 됩니다.
④ 501 항공편은 비행시간이 17시간 30분이 소요되므로 현지 출장업무를 모두 진행하고도 시간이 남아 여유로울 것 같습니다.

02 I기업 인사팀의 11월 일정표와 다음 〈조건〉을 고려하여 1박 2일 워크숍 날짜를 결정하려고 한다. 다음 중 인사팀의 워크숍 날짜로 가장 적절한 것은?

〈11월 일정표〉

월	화	수	목	금	토	일
	1	2 오전 10시 연간 채용계획 발표(A팀장)	3	4 오전 10시 주간업무보고 오후 7시 B대리 송별회	5	6
7	8 오후 5시 총무팀과 팀 연합회의	9	10	11 오전 10시 주간업무보고	12	13
14 오전 11시 승진대상자 목록 취합 및 보고(C차장)	15	16	17 A팀장 출장	18 오전 10시 주간업무보고	19	20
21 오후 1시 팀미팅(30분 소요 예정)	22	23 D사원 출장	24 외부인사 방문 일정	25 오전 10시 주간업무보고	26	27
28 E대리 휴가	29	30				

조건
- 워크숍은 평일로 한다.
- 워크숍에는 모든 팀원들이 빠짐없이 참석해야 한다.
- 워크숍 일정은 첫날 오후 3시 출발부터 다음 날 오후 2시까지이다.
- 다른 팀과 함께 하는 업무가 있는 주에는 워크숍 일정을 잡지 않는다.
- 매월 말일에는 월간 업무 마무리를 위해 워크숍 일정을 잡지 않는다.

① 11월 9 ~ 10일
② 11월 18 ~ 19일
③ 11월 21 ~ 22일
④ 11월 28 ~ 29일

03 K사원은 I은행의 관리부에서 당직근무 업무를 맡고 있다. K사원은 관리부의 3월 당직근무 계획을 윤번제로 다음과 같이 초안 작성 후 I은행의 당직근무규정과 3월 당직근무 참고사항을 참고하여 수정하고자 한다. K사원이 작성한 3월 당직근무 계획(초안)에서 잘못 배정된 경우는 모두 몇 번인가?(단, 주말에는 당직근무를 서지 않으며, 관리부 직원들은 모두 남자이다)

〈3월 당직근무 참고사항〉
- A사원 : 2월 26일에 입사확정 후 첫 출근
- B사원 : 3월 29일부터 30일까지 출장 예정
- C사원 : 3월 27일 연차 예정
- D주임 : 3월 21일부터 26일까지 출장 예정
- E대리 : 3월 16일과 29일 연차 예정
- F대리 : 3월 12일부터 14일까지 휴가 예정
- G과장 : 3월 5일부터 6일까지 휴가 예정

〈I은행 당직근무규정〉

제2조 당직원의 범위
① 당직원은 남자직원이 담당한다.
② 당직근무는 총무부장이 명한다.

제3조 당직원의 복무시간
당직원의 복무시간은 다음과 같다.
① 일직 : 시업시각으로부터 종업시각까지
② 숙직 : 종업시각으로부터 다음 날 시업시각까지

제4조 당직의 통지
① 당직통지는 당직명령부에 의하여 본인에게 통지하여야 한다.
② 당직근무 명령은 일·숙직의 구분 없이 윤번제로 한다.

제6조 당직의 면제
다음 각 호에 해당하는 자는 그 기간 중 당직을 면제 또는 유예한다.
① 신임자는 그 출근일로부터 2주일간
② 기복재[근친의 상(喪)을 당하여 상제로서 일을 본 사람]는 출근하는 날의 다음 날까지
③ 출장자는 출장 전날부터 귀임 다음 날까지
④ 휴가자는 복귀 후 출근 당일까지

〈3월 당직근무 계획(초안)〉

일	월	화	수	목	금	토
2/25	2/26	2/27	2/28	1 삼일절	2 (일직) A사원 (숙직) B사원	3
4	5 (일직) C사원 (숙직) D주임	6 (일직) E대리 (숙직) F대리	7 (일직) G과장 (숙직) A사원	8 (일직) B사원 (숙직) C사원	9 (일직) D주임 (숙직) E대리	10
11	12 (일직) F대리 (숙직) G과장	13 (일직) A사원 (숙직) B사원	14 (일직) C사원 (숙직) D주임	15 (일직) E대리 (숙직) F대리	16 (일직) G과장 (숙직) A사원	17
18	19 (일직) B사원 (숙직) C사원	20 (일직) D주임 (숙직) E대리	21 (일직) F대리 (숙직) G과장	22 (일직) A사원 (숙직) B사원	23 (일직) C사원 (숙직) D주임	24
25	26 (일직) E대리 (숙직) F대리	27 (일직) G과장 (숙직) A사원	28 (일직) B사원 (숙직) C사원	29 (일직) D주임 (숙직) E대리	30 (일직) F대리 (숙직) G과장	31

① 8번 ② 9번
③ 10번 ④ 11번

대표기출유형 02 비용계산

| 유형분석 |

- 예산 자원과 관련된 다양한 정보를 활용하여 풀어가는 문제이다.
- 대체로 한정된 예산 내에서 수행할 수 있는 업무 및 예산 가격을 묻는 문제가 출제된다.

다음 글을 근거로 판단할 때, I부처가 지급할 지원금액의 총합은?

- I부처는 에너지 사용을 효율적으로 관리하기 위해 신청 기업을 대상으로 에너지경영시스템 인프라 구축을 지원하고자 함
- 지원대상
  - 발전부문 에너지 목표관리기업(단, 배출권거래제에 참여 중인 기업은 지원대상에서 제외)
  - 중간보고서 점수의 20%, 시설설치 점수의 30%, 최종보고서 점수의 50%를 합한 총점이 70점 이상인 기업
- 지원금액
  - 중소기업 : 총비용의 80%
  - 중견기업 : 총비용의 50%
  - 대기업 : 총비용의 30%

〈에너지경영시스템 인프라 구축 지원 신청 현황〉

신청 기업 A ~ E는 모두 발전부문 에너지 목표관리기업이다. 각 기업의 평과결과 및 현황은 다음과 같다.

(단위 : 점)

구분	중간보고서 점수	시설설치 점수	최종보고서 점수	총비용	기업 규모
A기업	60	70	70	10억 원	중견기업
B기업	90	60	80	6억 원	중소기업
C기업	85	60	70	7억 원	중소기업
D기업	70	90	80	12억 원	중견기업
E기업	80	90	90	15억 원	대기업

※ D기업은 배출권거래제에 참여 중인 기업임

① 10.4억 원
② 14.9억 원
③ 19.9억 원
④ 20.9억 원

정답 ②

배출권거래제에 참여 중인 기업은 지원대상에서 제외되므로 D를 제외한 기업 A, B, C, E의 평가항목 합산 점수를 계산하면 다음과 같다.

(단위 : 점)

구분	중간보고서 점수	시설설치 점수	최종보고서 점수	합계
A기업	60×0.2=12	70×0.3=21	70×0.5=35	68
B기업	90×0.2=18	60×0.3=18	80×0.5=40	76
C기업	85×0.2=17	60×0.3=18	70×0.5=35	70
E기업	80×0.2=16	90×0.3=27	90×0.5=45	88

총점 70점 미만인 기업은 지원대상에서 제외되므로 A를 제외한 B, C, E의 지원금액을 계산하면 다음과 같다.
- B기업 : 6×0.8=4.8억 원
- C기업 : 7×0.8=5.6억 원
- E기업 : 15×0.3=4.5억 원

따라서 I부처가 지급할 지원금액의 총합은 4.8+5.6+4.5=14.9억 원이다.

유형풀이 Tip

- 제한사항인 예산을 고려하여, 문제에 제시된 정보에서 필요한 것을 선별해 문제를 풀어간다.

대표기출유형 02 기출응용문제

01 다음 〈조건〉에 따라 6개의 A ~ F팀 중 회의실 대관료를 가장 많이 지불한 팀과 가장 적게 지불한 팀을 순서대로 바르게 나열한 것은?

조건
- 회의실은 평일 월요일부터 금요일까지 9:00 ~ 19:00에 개방한다.
- 주말에는 토요일 9:00 ~ 12:00에 개방하며, 그 외 시간 및 일요일과 공휴일에는 개방하지 않는다.
- 회의실은 90분 단위로 대관할 수 있다.
- 12:00 ~ 13:00은 점심시간으로, 회의실을 잠시 폐쇄한다.
- 월요일 9:00 ~ 10:30, 금요일 17:30 ~ 19:00는 회의실 청소 일정으로 대관할 수 없다.
- 회의실 대관료는 15,000원이며 평일 17:30 ~ 19:00 및 토요일에는 5,000원을 추가로 지불해야 한다.
- 회의실은 두 팀 이상이 함께 사용할 수 없다.
- A팀은 수요일, 금요일, 토요일 9:00 ~ 10:30에 대관하고자 하며, 금요일에는 12:00까지 대관한다.
- B팀은 월요일, 수요일, 토요일 10:30 ~ 12:00에 대관하고자 하며, 어느 하루는 17:30 ~ 19:00에 대관하고자 한다.
- C팀은 수요일 13:00 ~ 17:30에 대관하고자 하며, 어느 하루는 17:30 ~ 19:00에 대관하고자 한다.
- D팀은 평일에 어느 하루는 종일 대관하려 한다.
- E팀은 2일 연속으로 13:00 ~ 16:00에 대관하고자 한다.
- F팀은 평일에 어느 하루는 9:00 ~ 12:00에 대관하고자 하며, 또 다른 어느 하루는 17:30 ~ 19:00에 대관하고자 한다.

① A팀, F팀
② C팀, B팀
③ D팀, C팀
④ D팀, F팀

02

다음 글을 근거로 판단할 때, I연구지원센터가 지급할 연구비 총액은?

I연구지원센터는 최대 3개의 연구팀을 선정하여 연구비를 지급하고자 한다. 선정 및 연구비 지급 기준은 아래와 같다.

- 평가 항목은 연구실적 건수, 피인용 횟수, 연구계획서 평가결과, 특허출원 건수이며, 항목별 점수는 다음과 같다.
  - 연구실적 건수: 1건당 15점
  - 피인용 횟수: 5회마다 1점
  - 연구계획서 평가결과: 우수 25점, 보통 20점, 미흡 15점
  - 특허출원 건수: 1건당 3점
- 합계 점수 상위 3개 팀을 고르되, 합계 점수가 80점 미만인 팀은 3위 안에 들더라도 선정에서 제외한다.
- 선정된 연구팀에게 지급할 연구비는 다음과 같다.
  - 1위: 10억 원, 2위: 7억 원, 3위: 4억 원
  - 단, 선정된 연구팀 가운데 연구계획서 평가에서 우수를 받은 연구팀은 1억 원을 증액 지급하고, 특허출원이 3건 미만인 연구팀은 1억 원을 감액 지급한다.

〈연구팀 A~E에 대한 평과 결과〉

구분	연구실적 건수	피인용 횟수	연구계획서 평가결과	특허출원 건수
A	2건	45회	보통	3건
B	3건	62회	우수	4건
C	2건	88회	미흡	5건
D	4건	37회	보통	2건
E	1건	165회	우수	2건

① 17억 원　　② 18억 원
③ 19억 원　　④ 22억 원

03 다음 글을 근거로 판단할 때, 가원이가 I무인세탁소 사업자로부터 받을 총액은?

I무인세탁소의 사업자가 사업장 내 기기의 관리상 주의를 소홀히 하여 세탁물이 훼손된 경우, 다음과 같은 배상 및 환급 기준을 적용한다.
- 훼손된 세탁물에 대한 배상액은 '훼손된 세탁물의 구입가격×배상비율'로 산정한다. 배상비율은 물품의 내구연한과 사용일수에 따라 다르며 배상비율표에 따른다.
- 물품의 사용일수는 사용개시일에 상관없이 구입일부터 세탁일까지의 일수이다.
- 사업자는 훼손된 세탁물에 대한 배상과는 별도로 고객이 지불한 이용요금 전액을 환급한다.

〈배상비율표〉

내구연한	배상비율			
	80%	60%	40%	20%
1년	0~44일	45~134일	135~269일	270일~
2년	0~88일	89~268일	269~538일	539일~
3년	0~133일	134~403일	404~808일	809일~

〈가원이의 상황〉

가원이는 2024년 12월 20일 I무인세탁소에서 셔츠, 조끼, 치마를 한꺼번에 세탁하였다. 그런데 사업자의 세탁기 관리 소홀로 인하여 세탁물 모두가 훼손되었다.
I무인세탁소의 이용요금은 세탁 1회당 8,000원이며, 가원이의 세탁물 정보는 다음과 같다.

구분	내구연한	구입일	사용개시일	구입가격
셔츠	1년	2024년 10월 10일	2024년 11월 15일	4만 원
조끼	3년	2023년 1월 20일	2024년 1월 22일	6만 원
치마	2년	2024년 12월 1일	2024년 12월 10일	7만 원

① 124,000원
② 112,000원
③ 104,000원
④ 96,000원

※ I대학교 사무처에 근무하는 K씨는 강의실에 전자교탁 340개를 설치하고자 한다. 이어지는 질문에 답하시오. [4~5]

- K씨는 전자교탁 340개를 2월 1일 수요일에 주문할 예정이다.
- 모든 업체는 주문을 확인한 다음 날부터 전자교탁을 제작하기 시작한다.
- 2월 20일에 설치가 가능하도록 모든 업체가 2월 18일까지 전자교탁을 제작하여야 한다.
- 전자교탁 제작을 의뢰할 업체는 모두 5곳이며 각 업체에 대한 정보는 다음과 같다.

구분	1인 1개 제작시간(시간)	제작 직원 수(명)	개당 가격(만 원)
A업체	4	7	50
B업체	5	10	50
C업체	4	3	40
D업체	2	5	40
E업체	6	6	30

- A, B, C업체는 월~토요일에 근무를 하고 D, E업체는 월~금요일에 근무를 하며, 모든 업체는 1일 8시간 근무를 시행한다.
- 모든 업체는 연장근무를 시행하지 않는다.

Easy

04 비용을 최소로 하여 각 업체에 전자교탁 제작을 의뢰한다고 할 때, 다음 중 E업체에 의뢰할 전자교탁의 수는?(단, 소수점 아래는 절사한다)

① 24개　　　　　　　　　　② 48개
③ 96개　　　　　　　　　　④ 144개

05 교내 내부 일정이 촉박해져 전자교탁 제작이 기존 예정 완료일보다 이른 2월 9일까지 완료되어야 한다고 한다. 이에 따라 비용을 최소로 하여 제작을 다시 의뢰하고자 할 때, 필요한 비용은?(단, 소수점 아래는 절사한다)

① 1억 2,460만 원　　　　　② 1억 4,420만 원
③ 1억 6,480만 원　　　　　④ 1억 8,820만 원

03 품목확정

유형분석
- 물적 자원과 관련된 다양한 정보를 활용하여 풀어가는 문제이다.
- 주로 공정도·제품·시설 등에 대한 가격·특징·시간 정보가 제시되며, 이를 종합적으로 고려하는 문제가 출제된다.

다음 글을 근거로 판단할 때, 갑이 구매하게 될 차량은?

갑은 아내 그리고 자녀 둘과 함께 총 4명이 장거리 이동이 가능하도록 배터리 완전충전 시 주행거리가 200km 이상인 전기자동차 1대를 구매하려고 한다. 구매와 동시에 집 주차장에 배터리 충전기를 설치하려고 하는데, 배터리 충전시간(완속 기준)이 6시간을 초과하지 않으면 완속 충전기를, 6시간을 초과하면 급속 충전기를 설치하려고 한다.

한편 정부는 전기자동차 활성화를 위하여 전기자동차 구매 보조금을 구매와 동시에 지원하고 있는데, 승용차는 2,000만 원, 승합차는 1,000만 원을 지원하고 있다. 승용차 중 경차는 1,000만 원을 추가로 지원한다. 배터리 충전기에 대해서는 완속 충전기에 한하여 구매 및 설치 비용을 구매와 동시에 전액 지원하며, 2,000만 원이 소요되는 급속 충전기의 구매 및 설치 비용은 지원하지 않는다.

이러한 상황을 감안하여 갑은 차량 A ~ E 중에서 실구매 비용(충전기 구매 및 설치 비용 포함)이 가장 저렴한 차량을 선택하려고 한다. 단, 실구매 비용이 동일할 경우에는 아래의 '점수 계산 방식'에 따라 점수가 가장 높은 차량을 구매하려고 한다.

구분	A	B	C	D	E
최고속도(km/h)	130	100	120	140	120
완전충전 시 주행거리(km)	250	200	250	300	300
충전시간(완속 기준)	7시간	5시간	8시간	4시간	5시간
승차 정원	6명	8명	2명	4명	5명
차종	승용	승합	승용(경차)	승용	승용
가격(만 원)	5,000	6,000	4,000	8,000	8,000

- 점수 계산 방식
  - 최고속도가 120km/h 미만일 경우에는 120km/h를 기준으로 10km/h가 줄어들 때마다 2점씩 감점
  - 승차 정원이 4명을 초과할 경우에는 초과인원 1명당 1점씩 가점

① A ② B
③ C ④ E

정답 ①

갑은 승차 정원이 4명 이상이고 주행거리가 200km 이상인 전기자동차를 구매하려고 한다. 그러므로 승차 정원이 2명인 C는 제외된다. 이후의 조건을 정리하여 실구매비용을 정리하면 다음과 같다.

(단위 : 만 원)

구분	가격	지원금(-)	충전기	총가격
A	5,000	2,000	2,000	5,000
B	6,000	1,000	0	5,000
D	8,000	2,000	0	6,000
E	8,000	2,000	0	6,000

실구매 비용이 동일한 A와 B가 남게 된다. 이때 점수 계산 방식에 따라 A는 승차 정원에서 +2점을 받아 총점 2점이 되고, B는 최고속도에서 -4점과 승차 정원에서 +4점을 받아 총점 0점이 된다.
따라서 최종적으로 갑은 A를 구매할 것이다.

유형풀이 Tip

- 문제에서 제시한 물적 자원의 정보를 문제의 의도에 맞게 선별하면서 풀어간다.

대표기출유형 03 기출응용문제

01 다음 글을 근거로 판단할 때, 평가대상기관(A ~ D) 중 최종순위 최상위기관은?

〈공공시설물 내진보강대책 추진실적 평가기준〉

• 평가요소 및 점수 부여
 - (내진성능평가지수) = $\frac{(내진보강공사실적건수)}{(내진보강대상건수)} \times 100$
 - (내진보강공사지수) = $\frac{(내진성능평가실적건수)}{(내진보강대상건수)} \times 100$
 - 산출된 지수 값에 따른 점수는 다음과 같이 부여한다.

구분	지수 값 최상위 1개 기관	지수 값 중위 2개 기관	지수 값 최하위 1개 기관
내진성능평가점수	5점	3점	1점
내진보강공사점수	5점	3점	1점

• 최종순위 결정
 - 내진성능평가점수와 내진보강공사점수의 합이 큰 기관에 높은 점수를 부여한다.
 - 합산 점수가 동점인 경우에는 내진보강대상건수가 많은 기관을 높은 순위로 한다.

〈평가대상기관의 실적〉

(단위 : 건)

구분	A	B	C	D
내진성능평가실적	82	72	72	83
내진보강공사실적	91	76	81	96
내진보강대상	100	80	90	100

① A ② B
③ C ④ D

02 I회사 홍보팀은 내년 자사 상품의 홍보를 위해 포스터, 다이어리, 팸플릿, 도서를 만들려고 한다. 인쇄 및 제본 가격이 가격표와 같고 홍보팀에서 구성하려는 샘플 상품이 〈보기〉와 같을 때, 가격이 가장 저렴한 샘플 상품은?

〈가격표〉
(단위 : 원)

크기	1장 인쇄 가격	포스터	다이어리	팸플릿	도서	제본
A1	100	+40	제작 불가	제작 불가	제작 불가	+150
A2	80	+35	제작 불가	+70	제작 불가	+100
A3	60	+30	+20	+60	+20	+90
A4	50	+25	+15	+50	+10	+70
A5	40	+20	+10	+40	+5	+50
A6	20	+15	+5	+30	제작 불가	+30
A7	10	+10	제작 불가	+20	제작 불가	+20

※ 1장 인쇄 가격을 기본으로 제작하는 상품의 종류 및 특징에 따라 가격이 추가됨
※ 도서는 100매가 1권으로 제본 비용은 권수마다 추가됨
※ 포스터, 다이어리, 팸플릿의 경우 제본 비용은 장수에 상관없이 한 번만 추가됨

보기

구분	포스터			다이어리			팸플릿			도서		
	크기	매수	제본	크기	매수	제본	크기	매수	제본	크기	매수	제본
A상품	A3	10	○	A4	40	○	A6	10	×	A3	700	×
B상품	A5	15	×	A5	60	○	A5	15	×	A3	600	○
C상품	A2	20	○	A6	80	×	A6	16	×	A4	800	×
D상품	A1	10	×	A3	50	×	A7	12	○	A5	900	○

① A상품
② B상품
③ C상품
④ D상품

03 I은행 A지점장은 직원 50명에게 연말 선물을 하기 위해 물품을 구매하려고 한다. 업체별 품목 금액과 직원들의 품목 선호도가 다음과 같을 때, 〈조건〉에 따라 지점장이 구매할 물품과 업체를 순서대로 바르게 나열한 것은?

〈업체별 품목 금액〉

구분		한 벌당 가격(원)
A업체	티셔츠	6,000
	카라 티셔츠	8,000
B업체	티셔츠	7,000
	후드 집업	10,000
	맨투맨	9,000

〈직원 품목 선호도〉

구분	품목
1순위	카라 티셔츠
2순위	티셔츠
3순위	후드 집업
4순위	맨투맨

조건
- 직원들의 선호도를 우선으로 품목을 선택한다.
- 총 구매금액이 30만 원 이상이면 총 금액에서 5% 할인을 해준다.
- 차순위 품목이 1순위 품목보다 총 금액이 20% 이상 저렴하면 차순위를 선택한다.

① 티셔츠, A업체
② 카라 티셔츠, A업체
③ 맨투맨, B업체
④ 후드 집업, B업체

※ I은행은 워크숍 진행을 위해 대관할 호스텔을 찾고 있으며, A~E호스텔에 대한 정보는 다음과 같다. 이어지는 질문에 답하시오. [4~5]

<A~E호스텔 대관 정보>

구분	A호스텔	B호스텔	C호스텔	D호스텔	E호스텔
거리	30km	20km	60km	45km	20km
수용인원	215명	180명	125명	100명	130명
대관료(일 단위)	200만 원	150만 원	100만 원	120만 원	180만 원

04 다음 중 워크숍 진행을 위해 대관할 호스텔에 대해 적절하지 않은 의견을 제시한 사람은?

> H과장 : 워크숍 참여인원이 143명이니 수용인원이 가장 적은 D호스텔은 후보에서 제외해야겠어요.
> C과장 : 예산이 175만 원으로 넉넉지 않으니 가장 비싼 A호스텔도 후보에서 제외해야겠어요.
> T과장 : 그렇다면 가장 저렴한 C호스텔로 정하는 게 좋지 않을까요?
> L과장 : C호스텔은 이곳에서 가장 멀리 있어 불편해할 거예요. 가까운 B호스텔은 어때요?
> I과장 : 그곳이 좋겠어요. 거리도 멀지 않고, 수용인원도 충분하고, 가격도 예산 범위 안이고요.

① H과장
② C과장
③ T과장
④ L과장

Easy

05 04번에서 제시된 대화에 따라 선정한 호스텔의 대관료는?

① 100만 원
② 120만 원
③ 150만 원
④ 180만 원

대표기출유형 04 인원선발

| 유형분석 |

- 인적 자원과 관련된 다양한 정보를 활용하여 풀어가는 문제이다.
- 주로 근무명단, 휴무일, 업무할당 등의 주제로 다양한 정보를 활용하여 종합적으로 풀어가는 문제가 출제된다.

I사는 역량평가를 통해 등급을 구분하여 성과급을 지급한다. I사의 성과급 등급 기준이 다음과 같을 때, 〈보기〉의 A ~ D직원 중 S등급에 해당하는 사람은?

〈성과급 점수별 등급〉

S등급	A등급	B등급	C등급
90점 이상	80점 이상	70점 이상	70점 미만

〈역량평가 반영 비율〉

구분	기본역량	리더역량	직무역량
차장	20%	30%	50%
과장	30%	10%	60%
대리	50%	–	50%
사원	60%	–	40%

※ 성과급 점수는 역량 점수(기본역량, 리더역량, 직무역량)를 직급별 해당 역량평가 반영 비율에 적용한 합산 점수임

보기

구분	직급	기본역량 점수	리더역량 점수	직무역량 점수
A	대리	85점	–	90점
B	과장	100점	85점	80점
C	사원	95점	–	85점
D	차장	80점	90점	85점

① A대리
② B과장
③ C사원
④ D차장

정답 ③

A~D직원의 성과급 점수를 계산하면 다음과 같다.
- A대리 : $(85 \times 0.5)+(90 \times 0.5)=87.5$점
- B과장 : $(100 \times 0.3)+(85 \times 0.1)+(80 \times 0.6)=86.5$점
- C사원 : $(95 \times 0.6)+(85 \times 0.4)=91$점
- D차장 : $(80 \times 0.2)+(90 \times 0.3)+(85 \times 0.5)=85.5$점

따라서 성과급 점수가 90점 이상인 S등급에 해당되는 직원은 C사원이다.

유형풀이 Tip

- 주어진 규정 혹은 규칙을 근거로 하여 선택지를 하나씩 검토하며 소거해 나간다.

대표기출유형 04 기출응용문제

01 I기업은 사원들에게 사택을 제공하고 있다. 사택 신청자 A ~ E 중 2명만이 사택을 제공받을 수 있고 추첨은 조건별 점수에 따라 진행된다고 할 때, 〈보기〉 중 사택을 제공받을 수 있는 사람이 바르게 연결된 것은?

〈사택 제공 조건별 점수〉

직급	점수	직종	점수	근속연수	점수	부양가족 수	점수
차장	5점	연구직	10점	1년 이상	1점	5명 이상	10점
과장	4점	기술직	10점	2년 이상	2점	4명	8점
대리	3점	영업직	5점	3년 이상	3점	3명	6점
주임	2점	서비스직	5점	4년 이상	4점	2명	4점
사원	1점	사무직	3점	5년 이상	5점	1명	2점

※ 근속연수는 휴직기간을 제외하고 1년마다 1점씩 적용하여 최대 5점까지 받을 수 있음. 단, 해고 또는 퇴직 후 일정 기간을 경과하여 재고용된 경우에는 이전에 고용되었던 기간(개월)을 통산하여 근속연수에 포함함. 근속연수 산정은 2025.01.01을 기준으로 함
※ 부양가족 수의 경우 배우자는 제외됨
※ 무주택자의 경우 10점의 가산점을 가짐
※ 동점일 경우 부양가족 수가 많은 사람이 우선순위로 선발됨

보기

구분	직급	직종	입사일	가족 구성	주택 유무	비고
A	대리	영업직	2021.08.20	남편	무주택자	-
B	사원	기술직	2023.09.17	아내, 아들 1명, 딸 1명	무주택자	-
C	과장	연구직	2020.02.13	어머니, 남편, 딸 1명	유주택자	• 2021.12.17 퇴사 • 2022.05.15 재입사
D	주임	사무직	2023.03.03	아내, 아들 1명, 딸 2명	무주택자	-
E	차장	영업직	2018.05.06	아버지, 어머니, 아내, 아들 1명	유주택자	• 2020.05.03 퇴사 • 2021.06.08 재입사

① A대리, C과장
② A대리, E차장
③ B사원, C과장
④ B사원, D주임

02 I사에서는 A ~ N직원 중 면접위원을 선발하고자 하며, 다음 면접위원 구성조건에 따라 선발한다. 이에 대한 내용으로 옳지 않은 것은?

〈면접위원 구성 조건〉

- 면접관은 총 6명으로 구성한다.
- 이사 이상의 직급으로 50% 이상 구성해야 한다.
- 인사팀을 제외한 모든 부서는 2명 이상 선출할 수 없고, 인사팀은 반드시 2명 이상을 포함한다.
- 모든 면접위원의 입사 후 경력은 3년 이상으로 한다.

구분	직급	부서	입사 후 경력
A	대리	인사팀	2년
B	과장	경영지원팀	5년
C	이사	인사팀	8년
D	과장	인사팀	3년
E	사원	홍보팀	6개월
F	과장	홍보팀	2년
G	이사	고객지원팀	13년
H	사원	경영지원팀	5개월
I	이사	고객지원팀	2년
J	과장	영업팀	4년
K	대리	홍보팀	4년
L	사원	홍보팀	2년
M	과장	개발팀	3년
N	이사	개발팀	8년

① L사원은 면접위원으로 선출될 수 없다.
② N이사는 반드시 면접위원으로 선출된다.
③ B과장이 면접위원으로 선출됐다면 K대리도 선출된다.
④ 과장은 2명 이상 선출되었다.

03 다음은 I사의 인사 파견에 대한 정보이다. 이를 참고하여 2025년 3월 인사 파견에서 선발될 직원을 모두 고르면?

- I사에서는 소속 직원들의 역량 강화를 위해 정례적으로 인사 파견을 실시하고 있다.
- 인사 파견은 지원자 중 3명을 선발하여 1년간 이루어지고 파견 기간은 변경되지 않는다.
- 선발 조건은 다음과 같다.
  - 과장을 선발하는 경우 동일 부서에 근무하는 직원을 1명 이상 함께 선발한다.
  - 동일 부서에 근무하는 2명 이상의 팀장을 선발할 수 없다.
  - 과학기술과 직원을 1명 이상 선발한다.
  - 근무 평정이 70점 이상인 직원만을 선발한다.
  - 어학 능력이 '하'인 직원을 선발한다면 어학 능력이 '상'인 직원도 선발한다.
  - 직전 인사 파견 기간이 종료된 이후 2년 이상 경과하지 않은 직원을 선발할 수 없다.
- 2025년 3월 인사 파견의 지원자 현황은 다음과 같다.

구분	직위	근무 부서	근무 평정	어학 능력	직전 인사 파견 시작 시점
A	과장	과학기술과	65점	중	2021년 1월
B	과장	자치행정과	75점	하	2022년 1월
C	팀장	과학기술과	90점	중	2022년 7월
D	팀장	문화정책과	70점	상	2021년 7월
E	팀장	문화정책과	75점	중	2022년 1월
F	–	과학기술과	75점	중	2022년 1월
G	–	자치행정과	80점	하	2021년 7월

① A, D, F ② B, D, G
③ B, E, F ④ D, F, G

04 다음은 I은행의 당직 근무 규칙 및 일정에 대한 정보이다. K대리는 다음 주 당직 근무에 대한 일정표를 작성하다가 잘못된 점을 발견하여 수정을 하려 한다. 이때 일정을 변경해야 하는 사람은?

〈당직 근무 규칙〉
- 주간에 2명, 야간에 2명은 항상 당직을 서야 하고, 더 많은 사람이 당직을 설 수도 있다.
- 주간과 야간을 합하여 하루에 최대 6명까지 당직을 설 수 있다.
- 같은 날에 주간과 야간 당직 근무는 함께 설 수 없다.
- 주간과 야간 당직을 합하여 주에 3번 이상 5번 미만으로 당직을 서야 한다.
- 월요일부터 일요일까지 모두 당직을 선다.

〈당직 근무 일정〉

구분	주간	야간	구분	주간	야간
가	월요일	수요일, 목요일	바	금요일, 일요일	화요일, 수요일
나	월요일, 화요일	수요일, 금요일	사	토요일	수요일, 목요일
다	화요일, 수요일	금요일, 일요일	아	목요일	화요일, 금요일
라	토요일	월요일, 수요일	자	목요일, 금요일	화요일, 토요일
마	월요일, 수요일	화요일, 토요일	차	토요일	목요일, 일요일

① 라 ② 마
③ 바 ④ 사

05 I은행에서는 본점 직원들을 대상으로 9월 셋째 주에 연속 이틀에 걸쳐 본점의 I강당에서 인문학 특강을 진행하려고 한다. 강당을 이용할 수 있는 날과 강사의 스케줄을 고려할 때 섭외 가능한 강사는?

〈I강당 이용 가능 날짜〉

구분	월요일	화요일	수요일	목요일	금요일
오전(9 ~ 12시)	×	○	×	○	○
오후(13 ~ 14시)	×	×	○	○	×

※ 가능 : ○, 불가능 : ×

〈섭외 강사 후보 스케줄〉

구분	스케줄
A강사	매주 수 ~ 목요일 10 ~ 14시 문화센터 강의
B강사	첫째 주·셋째 주 화요일, 목요일 10 ~ 14시 대학교 강의
C강사	매월 첫째 주 ~ 셋째 주 월요일·수요일 오후 12 ~ 14시 면접 강의
D강사	매주 수요일 오후 13 ~ 16시, 금요일 오전 9 ~ 12시 도서관 강좌
E강사	매월 첫째 주·셋째 주 화 ~ 목요일 오전 9 ~ 11시 강의

※ 강의는 연속 이틀로 진행되며 강사는 동일해야 함

① A, B강사 ② B, C강사
③ C, D강사 ④ C, E강사

CHAPTER 05 수리능력

합격 CHEAT KEY

수리능력은 사칙연산·통계·확률의 의미를 정확하게 이해하고 이를 업무에 적용하는 능력으로, 기초연산과 기초통계, 도표분석 및 작성의 문제 유형으로 출제된다. 수리능력 역시 채택하지 않는 금융권이 거의 없을 만큼 필기시험에서 중요도가 높은 영역이다.

수리능력은 NCS 기반 채용을 진행한 거의 모든 기업에서 다루었으며, 문항 수는 전체의 평균 16% 정도로 많이 출제되었다. 특히, 난이도가 높은 금융권의 시험에서는 도표분석, 즉 자료해석 유형의 문제가 많이 출제되고 있고, 응용수리 역시 꾸준히 출제하는 기업이 많기 때문에 기초연산과 기초통계에 대한 공식의 암기와 자료해석능력을 기를 수 있는 꾸준한 연습이 필요하다.

01 응용수리능력의 공식은 반드시 암기하라!

응용수리능력은 지문이 짧지만, 풀이 과정은 긴 문제도 자주 볼 수 있다. 그렇기 때문에 응용수리능력의 공식을 반드시 암기하여 문제의 상황에 맞는 공식을 적절하게 적용하여 답을 도출해야 한다. 따라서 문제에서 묻는 것을 정확하게 파악하여 그에 맞는 공식을 적절하게 적용하는 꾸준한 노력과 공식을 암기하는 연습이 필요하다.

02 통계에서의 사건이 동시에 발생하는지 개별적으로 발생하는지 구분하라!

통계에서는 사건이 개별적으로 발생했을 때 경우의 수는 합의 법칙, 확률은 덧셈정리를 활용하여 계산하며, 사건이 동시에 발생했을 때 경우의 수는 곱의 법칙, 확률은 곱셈정리를 활용하여 계산한다. 특히, 기초통계능력에서 출제되는 문제 중 순열과 조합의 계산 방법이 필요한 문제도 다수이므로 순열(순서대로 나열)과 조합(순서에 상관없이 나열)의 차이점을 숙지하는 것 또한 중요하다. 통계 문제에서의 사건 발생 여부만 잘 판단하여도 계산과 공식을 적용하기가 수월하므로 문제의 의도를 잘 파악하는 것이 중요하다.

03 자료의 해석은 자료에서 즉시 확인할 수 있는 지문부터 확인하라!

대부분의 수험생들이 어려워 하는 영역이 수리영역 중 도표분석, 즉 자료해석능력이다. 자료는 표 또는 그래프로 제시되고, 쉬운 지문은 증가·감소 추이 또는 간단한 사칙연산으로 풀이가 가능한 문제들이 있고, 자료의 조사기간 동안 전년 대비 증가율 혹은 감소율이 가장 높은 기간을 찾는 문제들도 있다. 따라서 일단 증가·감소 추이와 같이 눈으로 확인이 가능한 지문을 먼저 확인한 후 복잡한 계산이 필요한 지문을 확인하는 방법으로 문제를 풀이한다면, 시간을 조금이라도 아낄 수 있다. 특히, 그래프와 같은 경우에는 그래프에 대한 특징을 알고 있다면, 그래프의 길이 혹은 높낮이 등으로 대략적인 수치를 빠르게 확인할 수 있으므로 이에 대한 숙지도 필요하다. 또한, 여러 가지 보기가 주어진 문제 역시 지문을 잘 확인하고 문제를 풀이한다면 불필요한 계산을 생략할 수 있으므로 항상 지문부터 확인하는 습관을 들여야 한다.

04 도표작성능력에서 지문에 작성된 도표의 제목을 반드시 확인하라!

도표작성은 하나의 자료 혹은 보고서와 같은 수치가 표현된 자료를 도표로 작성하는 형식으로 출제되는데, 대체로 표보다는 그래프를 작성하는 형태로 많이 출제된다. 지문을 살펴보면 각 지문에서 주어진 도표에도 소제목이 있는 경우가 대부분이다. 이때, 자료의 수치와 도표의 제목이 일치하지 않는 경우 함정이 존재하는 문제일 가능성이 높으므로 도표의 제목을 반드시 확인하는 것이 중요하다. 도표작성의 경우 대부분 비율 계산이 많이 출제되는데, 도표의 제목과는 다른 수치로 작성된 도표가 존재하는 경우가 있다. 그렇기 때문에 지문에서 작성된 도표의 소제목을 먼저 확인하는 연습을 하여 간단하지 않은 비율 계산을 두 번 하는 일이 없도록 해야 한다.

01 응용수리

| 유형분석 |

- 응용수리는 거리·속력·시간, 농도, 일의 양, 금액, 날짜·요일, 경우의 수, 확률, 환율 등 다양한 유형의 문제가 출제된다.
- 문제에서 구해야 하는 것이 무엇인지 파악한 뒤, 식을 세워 문제를 풀이해야 하며, 계산 실수를 하지 않도록 특히 유의해야 한다.

A사원은 회사 근처 카페에서 거래처와 미팅을 갖기로 했다. 처음에는 4km/h로 걸어가다가 약속 시간에 늦을 것 같아서 10km/h로 뛰어서 24분 만에 미팅 장소에 도착했다. 회사에서 카페까지의 거리가 2.5km일 때, A사원이 뛴 거리는?

① 0.6km
② 0.9km
③ 1.2km
④ 1.5km

정답 ④

총거리와 총시간이 주어져 있으므로 걸은 거리와 뛴 거리 또는 걸은 시간과 뛴 시간을 미지수로 잡을 수 있다.
미지수를 잡기 전에 문제에서 묻는 것을 정확하게 파악해야 나중에 답을 구할 때 헷갈리지 않는다.
문제에서 A사원이 뛴 거리를 물어보았으므로 거리를 미지수로 놓는다.
A사원이 회사에서 카페까지 걸어간 거리를 $x$km, 뛴 거리를 $y$km라고 하면,
회사에서 카페까지의 거리는 2.5km이므로 걸어간 거리 $x$km와 뛴 거리 $y$km를 합하면 2.5km이다.
$x+y=2.5 \cdots$ ㉠

A사원이 회사에서 카페까지 24분이 걸렸으므로 걸어간 시간$\left(\dfrac{x}{4}\text{시간}\right)$과 뛰어간 시간$\left(\dfrac{y}{10}\text{시간}\right)$을 합치면 24분이다.

이때 속력은 시간 단위이므로 '분'으로 바꾸어 계산한다.

$\dfrac{x}{4} \times 60 + \dfrac{y}{10} \times 60 = 24 \rightarrow 5x+2y=8 \cdots$ ㉡

㉠과 ㉡을 연립하여 ㉡-(2×㉠)을 하면 $x=1$이고, 구한 x의 값을 ㉠에 대입하면 $y=1.5$이다.
따라서 A사원이 뛴 거리는 $y$km이므로 1.5km이다.

유형풀이 Tip

- 미지수를 정할 때에는 문제에서 묻는 것을 정확하게 파악해야 한다. 또한, 항상 미지수를 구해 그 값을 계산하여 풀이해야 하는 것은 아니며 정확한 미지수를 구하지 않아도 풀이 과정에서 답이 제시되는 경우도 있으므로 문제에서 묻는 것을 명확하게 하는 것이 중요하다.

대표기출유형 01 기출응용문제

01 농도 5%의 소금물 800g에서 물이 증발한 후 소금 30g을 더 넣었더니 농도 14%의 소금물이 되었다. 증발한 물의 양은 몇 g인가?

① 230g ② 250g
③ 280g ④ 330g

02 A, B 2명이 호텔에 묵으려고 한다. 선택할 수 있는 호텔 방이 301호, 302호, 303호 3개일 때, 호텔 방을 선택할 수 있는 경우의 수는?(단, 1명당 한 방만 선택할 수 있고, 둘 중 1명이 방을 선택을 하지 않거나 2명 모두 방을 선택하지 않을 수도 있다)

① 10가지 ② 11가지
③ 12가지 ④ 13가지

03 갑은 곰 인형 100개를 만드는 데 4시간, 을은 25개를 만드는 데 10시간이 걸린다. 이들이 함께 일을 하면 각각 원래 능력보다 20% 효율이 떨어진다. 이들이 함께 곰 인형 132개를 만드는 데 걸리는 시간은?

① 5시간 ② 6시간
③ 7시간 ④ 8시간

Easy

04 철수와 철수 아버지의 나이 차는 25세이다. 3년 후 아버지의 나이가 철수의 2배가 된다고 할 때, 현재 철수의 나이는?

① 20세   ② 22세
③ 24세   ④ 26세

05 고등학생 10명을 대상으로 가장 좋아하는 색깔을 조사하니 빨간색, 노란색, 하늘색이 차지하는 비율이 2 : 5 : 3이었다. 10명 중 2명을 임의로 선택할 때, 좋아하는 색이 다를 확률은?

① $\dfrac{3}{5}$ ② $\dfrac{13}{15}$
③ $\dfrac{31}{45}$ ④ $\dfrac{32}{45}$

06 강을 따라 20km 떨어진 A지점과 B지점을 배로 왕복하였더니 올라가는 데는 4시간, 내려오는 데는 2시간이 걸렸다. 강물이 흐르는 속력은 몇 km/h인가?

① 2km/h   ② 2.5km/h
③ 3km/h   ④ 3.5km/h

07 I기업의 작년 사원 수는 500명이었고, 올해는 남자 사원이 작년보다 10% 감소하고, 여자 사원이 40% 증가하였다. 전체 사원 수가 작년보다 8% 늘어났을 때, 작년 남자 사원의 수는?

① 280명 ② 300명
③ 315명 ④ 320명

08 A공장은 어떤 상품을 원가에 23%의 이익을 남겨 판매하였으나, 잘 팔리지 않아 판매가에서 1,300원 할인하여 판매하였다. 이때 얻은 이익이 원가의 10%일 때, 상품의 원가는 얼마인가?

① 10,000원 ② 11,500원
③ 13,000원 ④ 14,500원

09 다음은 국가별 환율 정보이다. 이를 참고할 때, 호주 달러 1,250AUD를 프랑스 유로로 환전하면 얼마인가?(단, 환전수수료는 고려하지 않는다)

〈국가별 환율〉

구분	미국	프랑스	일본	호주
환율	1,313.13원/USD	1,444.44원/유로	9.13원/엔	881.53원/AUD

① 약 508.78유로 ② 약 594.14유로
③ 약 682.59유로 ④ 약 762.86유로

대표기출유형 02 금융상품 활용

| 유형분석 |

- 금융상품을 정확하게 이해하고 문제에서 요구하는 답을 도출해낼 수 있는지 평가한다.
- 단리식, 복리식, 이율, 우대금리, 중도해지, 만기해지 등 조건에 유의해야 한다.

I은행은 '더 커지는 적금'을 새롭게 출시하였다. A씨는 이 적금의 모든 우대금리조건을 만족하여 이번 달부터 이 상품에 가입하려고 한다. 만기 시 A씨가 받을 수 있는 이자는 얼마인가?(단, 이자 소득에 대한 세금은 고려하지 않으며, $1.025^{\frac{1}{12}} = 1.002$로 계산한다)

〈더 커지는 적금〉

- 가입기간 : 12개월
- 가입금액 : 매월 초 200,000원 납입
- 적용금리 : 기본금리(연 2.1%)+우대금리(최대 연 0.4%p)
- 저축방법 : 정기적립식
- 이자지급방식 : 만기일시지급, 연복리식
- 우대금리조건
  - 당행 입출금통장 보유 시 : +0.1%p
  - 연 500만 원 이상의 당행 예금상품 보유 시 : +0.1%p
  - 급여통장 지정 시 : +0.1%p
  - 이체실적이 20만 원 이상 시 : +0.1%p

① 105,000원
② 107,000원
③ 108,000원
④ 111,000원

정답 ①

모든 우대금리조건을 만족하므로 최대 연 0.4%p가 기본금리에 적용되어 2.1+0.4=2.5%가 된다.

n개월 후 연복리 이자는 (월납입금)$\times \dfrac{(1+r)^{\frac{1}{12}}\left\{(1+r)^{\frac{n}{12}}-1\right\}}{(1+r)^{\frac{1}{12}}-1}$ $-$(적립원금)이므로, 이에 따른 식은 다음과 같다.

$200,000 \times \dfrac{1.025^{\frac{1}{12}}(1.025-1)}{\left(1.025^{\frac{1}{12}}-1\right)} - 200,000 \times 12 = 200,000 \times 1.002 \times \dfrac{(1.025-1)}{0.002} - 2,400,000$

$=2,505,000-2,400,000$
$=105,000원$

유형풀이 Tip

1) 단리
   ① 개념 : 원금에만 이자가 발생
   ② 계산 : 이율이 $r\%$인 상품에 원금 a를 총 n번 이자가 붙는 동안 예치한 경우 $a(1+nr)$
2) 복리
   ① 개념 : 원금과 이자에 모두 이자가 발생
   ② 계산 : 이율이 $r\%$인 상품에 원금 a를 총 n번 이자가 붙는 동안 예치한 경우 $a(1+r)^n$
3) 이율과 기간
   ① (월이율)$=\dfrac{(연이율)}{12}$

   ② n개월$=\dfrac{n}{12}$년
4) 예치금의 원리합계
   원금 a원, 연이율 $r\%$, 예치기간 n개월일 때,
   - 단리 예금의 원리합계 : $a\left(1+\dfrac{r}{12}n\right)$
   - 월복리 예금의 원리합계 : $a\left(1+\dfrac{r}{12}\right)^n$
   - 연복리 예금의 원리합계 : $a(1+r)^{\frac{n}{12}}$
5) 적금의 원리합계
   월초 a원씩, 연이율 $r\%$일 때, n개월 동안 납입한다면
   - 단리 적금의 n개월 후 원리합계 : $an+a\times\dfrac{n(n+1)}{2}\times\dfrac{r}{12}$

   - 월복리 적금의 n개월 후 원리합계 : $\dfrac{a\left(1+\dfrac{r}{12}\right)\left\{\left(1+\dfrac{r}{12}\right)^n-1\right\}}{\left(1+\dfrac{r}{12}\right)-1}$

   - 연복리 적금의 n개월 후 원리합계 : $\dfrac{a(1+r)^{\frac{1}{12}}\left\{(1+r)^{\frac{n}{12}}-1\right\}}{(1+r)^{\frac{1}{12}}-1}=\dfrac{a\left\{(1+r)^{\frac{n+1}{12}}-(1+r)^{\frac{1}{12}}\right\}}{(1+r)^{\frac{1}{12}}-1}$

대표기출유형 02 기출응용문제

※ A는 I은행의 내맘대로적금에 가입하고자 하며, 다음은 내맘대로적금의 상품 정보이다. 이어지는 질문에 답하시오. [1~2]

〈내맘대로적금〉

- 가입대상 : 실명의 개인
- 계약기간 : 6개월 이상 36개월 이하(월 단위)
- 정액적립식 : 신규 약정 시 약정한 월 1만 원 이상의 저축금액을 매월 약정일에 동일하게 저축
- 세금 : 비과세혜택 적용
- 이자지급방식 : 만기일시지급식, 단리식
- 기본금리

구분	6개월 이상 12개월 미만	12개월 이상 24개월 미만	24개월 이상 36개월 미만	36개월
금리	1.4%	1.8%	2.0%	2.2%

※ 만기 전 해지 시 1.1%의 금리가 적용됨
- 우대금리 : 다음 각 우대사항에 따른 우대금리는 0.2%p로 동일함

구분	우대사항
자동이체 저축	이 적금의 계약기간에 해당하는 개월 수 이상 회차를 납입한 계좌 중 총 납입 회차의 2/3 이상을 자동이체를 이용하여 입금한 경우
장기거래	이 적금의 신규 시에 예금주 I은행 거래기간이 5년 이상인 경우
첫 거래	이 적금의 신규 시에 I은행의 예적금(청약 관련 상품 제외) 상품을 보유하지 않은 경우
주택청약종합저축	이 적금의 신규일로부터 3개월이 속한 달의 말일을 기준으로 주택청약종합저축을 보유한 경우

01 A는 26개월 동안 매월 100,000원씩 납입하고자 한다. A가 우대금리의 적용을 받는 항목이 없다고 할 때, 만기일 도래 시 A가 받을 환급금액은?

① 2,425,500원 ② 2,625,000원
③ 2,658,500원 ④ 2,814,500원

02 A는 20개월 동안 매월 100,000원씩 납입하고자 한다. A가 다음에 따라 우대금리의 적용을 받을 때, 만기 도래 시에 A가 받을 적용금리와 만기 환급금액이 바르게 연결된 것은?(단, A는 2024년 10월 5일에 내맘대로적금에 가입하였다)

- A는 2024년 11월 납입분부터 2025년 10월 납입분까지를 자동이체로 납입하였다.
- A는 2018년부터 I은행을 이용해 거래하였다.
- A는 2024년 12월 9일에 I은행을 통해 주택청약종합저축에 가입하였다.
- A는 2023년 1월에 계약기간이 12개월인 I은행의 K적금상품에 가입하였다.

	적용금리	만기 환급금액
①	2.0%	2,015,000원
②	2.2%	2,021,000원
③	2.4%	2,035,000원
④	2.4%	2,042,000원

※ A주임은 I은행의 튼튼준비적금과 K은행의 탄탄대로적금 중 한 가지에 가입하고자 하며, 다음은 각 은행의 적금 상품 정보이다. 이어지는 질문에 답하시오. [3~4]

⟨I은행 튼튼준비적금 상품 정보⟩

구분	내용
상품명	튼튼준비적금
가입자	실명의 개인
가입금액	매월 1일 100,000원 납입
가입기간	36개월
적용금리	기본금리(연 1.8%)+우대금리(최대 연 0.15%p)
저축방법	단리형 정기적립식
이자지급방식	만기일시지급
우대금리사항	• 월급이체 : 월급통장에서 해당 적금 계좌로 정기 이체할 경우(연 0.10%p) • 신규고객 : 해당 상품 가입일 기준 I은행 적금 상품에 가입한 기록이 없는 경우(연 0.05%p)

⟨K은행 탄탄대로적금 상품 정보⟩

구분	내용
상품명	탄탄대로적금
가입자	실명의 개인
가입금액	매월 1일 120,000원 납입
가입기간	30개월
적용금리	기본금리(연 2.0%)+우대금리(최대 연 0.40%p)
저축방법	단리형 정기적립식
이자지급방식	만기일시지급
우대금리사항	• 우수거래고객 : 해당 상품 가입일 기준 예금주의 K은행 거래기간이 3년 이상인 경우(연 0.20%p) • 가족회원 : 해당 상품 가입일 기준 동거 중인 가족구성원 중 1명 이상이 해당 적금 가입자인 경우(연 0.20%p)

03 A주임은 적금 상품 중 만기환급금이 가장 큰 상품에 가입하고자 한다. A주임이 금리우대사항에 적용되는 사항이 없다고 할 때, A주임이 가입할 적금 상품과 그 상품의 만기환급금이 바르게 연결된 것은?

	적금 상품	만기환급금
①	튼튼준비적금	3,693,000원
②	튼튼준비적금	3,699,900원
③	탄탄대로적금	3,693,000원
④	탄탄대로적금	3,699,900원

Hard

04 A주임은 위 적금 상품 중 만기환급금이 가장 큰 상품에 가입하고자 한다. A주임의 상황이 다음과 같을 때, A주임이 가입할 적금 상품과 그 상품의 적용 금리가 바르게 연결된 것은?

〈정보〉
- 2025년 1월 25일에 적금 상품에 가입할 예정이다.
- 월급통장에서 새로 가입할 적금 계좌로 금액을 정기 이체하고자 한다.
- 2020년 7월 17일에 K은행 계좌를 처음으로 개설하였다.
- 2021년 1월 4일에 I은행 계좌를 처음으로 개설하였다.
- 2024년 6월 2일부터 I은행에서 청춘플러스적금에 가입 중이다.
- 동거 중인 동생은 K은행 탄탄대로적금 가입자이다.

	적금 상품	적용 금리
①	튼튼준비적금	연 1.90%
②	튼튼준비적금	연 1.95%
③	탄탄대로적금	연 2.0%
④	탄탄대로적금	연 2.4%

대표기출유형

03 자료계산

| 유형분석 |

- 제시된 자료를 통해 문제에서 주어진 특정한 값을 계산하거나 자료의 변동량을 구할 수 있는지 평가하는 유형이다.
- 자료상에 주어진 공식을 활용하는 계산문제와 증감률, 비율, 합, 차 등을 활용한 문제가 출제된다.
- 출제 비중은 낮지만, 숫자가 큰 경우가 많으므로 제시된 수치와 조건을 꼼꼼히 확인하여 정확하게 계산하는 것이 중요하다.

다음은 만화산업의 지역별 수출·수입액 현황에 대한 자료이다. 2024년 전체 수출액 중 가장 높은 비중을 차지하는 지역의 수출액 비중과, 2024년 전체 수입액 중 가장 높은 비중을 차지하는 지역의 수입액 비중의 차는?(단, 소수점 둘째 자리에서 반올림한다)

〈만화산업 지역별 수출·수입액 현황〉

(단위 : 천 달러)

구분		중국	일본	동남아	북미	유럽	기타	합계
수출액	2022년	986	6,766	3,694	2,826	6,434	276	20,982
	2023년	1,241	7,015	4,871	3,947	8,054	434	25,562
	2024년	1,492	8,165	5,205	4,208	9,742	542	29,354
수입액	2022년	118	6,388	-	348	105	119	7,078
	2023년	112	6,014	-	350	151	198	6,825
	2024년	111	6,002	-	334	141	127	6,715

① 56.2%p
② 58.4%p
③ 60.6%p
④ 62.8%p

정답 ①

2024년 만화산업 수출액 중 가장 높은 비중을 차지하는 지역은 유럽이고, 2024년 전체 수출액 대비 유럽의 수출액이 차지하는 비중은 $\frac{9,742}{29,354} \times 100 ≒ 33.2\%$이다.

2024년 만화산업 수입액 중 가장 높은 비중을 차지하는 지역은 일본이고, 2024년 전체 수입액 대비 일본의 수입액이 차지하는 비중은 $\frac{6,002}{6,715} \times 100 ≒ 89.4\%$이다.

따라서 구하고자 하는 값은 89.4-33.2=56.2%p이다.

유형풀이 Tip

주요 통계 용어
1) 평균 : 자료 전체의 합을 자료의 개수로 나눈 값
2) 분산 : 변량이 평균으로부터 떨어져 있는 정도를 나타낸 값
3) 표준편차 : 통계집단의 분배정도를 나타내는 수치. 자료의 값이 얼마나 흩어져 분포되어 있는지 나타내는 산포도 값의 한 종류
4) 상대도수 : 도수분포표에서 도수의 총합에 대한 각 계급의 도수의 비율
5) 최빈값 : 자료의 분포 중에서 가장 많은 빈도로 나타나는 변량
6) 중앙값 : 자료를 크기 순서대로 배열했을 때 중앙에 위치하게 되는 값

대표기출유형 03 기출응용문제

※ 다음은 2011 ~ 2024년 내국인 국제기구 진출현황에 대한 그래프이다. 이어지는 질문에 답하시오.
[1~2]

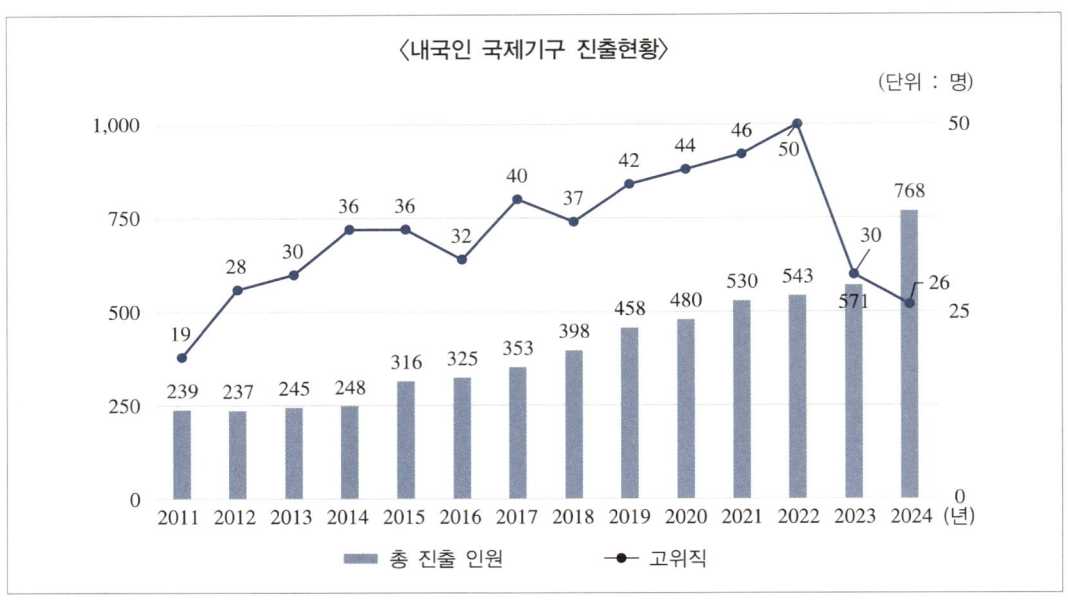

01 국제기구 총 진출 인원의 전년 대비 증가율이 두 번째로 높은 연도는?

① 2015년 ② 2019년
③ 2021년 ④ 2023년

02 국제기구 총 진출 인원 중 고위직 진출 인원수의 비율이 가장 높은 연도는?

① 2014년 ② 2015년
③ 2017년 ④ 2019년

※ 다음은 연령별 경제활동인구 및 비경제활동인구에 대한 자료이다. 이어지는 질문에 답하시오. **[3~4]**

〈연령별 경제활동인구 및 비경제활동인구〉

(단위 : 천 명, %)

구분	인구수	경제활동인구	취업자 수	실업자 수	비경제활동인구	실업률
10대(15~19세)	3,070	279	232	47	2,791	16.8
20대(20~29세)	7,078	4,700	4,360	340	2,378	7.2
30대(30~39세)	8,519	6,415	6,246	169	2,104	2.6
40대(40~49세)	8,027	6,366	6,250	116	1,661	1.8
50대(50~59세)	4,903	3,441	3,373	68	1,462	2.0
60세 이상	6,110	2,383	2,361	22	3,727	0.9
합계	37,707	23,584	22,822	762	14,123	3.2

※ [경제활동참가율(%)] = $\frac{(경제활동인구)}{(인구수)} \times 100$

※ [실업률(%)] = $\frac{(실업자\ 수)}{(경제활동인구)} \times 100$

Easy

03 다음 중 경제활동인구가 가장 많은 연령대의 실업률과 비경제활동인구가 가장 적은 연령대의 실업률 차이는?

① 1.8%p   ② 0.8%p
③ 0.6%p   ④ 4.6%p

04 다음 중 경제활동참가율이 가장 높은 연령대는?

① 20대   ② 30대
③ 40대   ④ 50대

04 자료추론

유형분석

- 문제에 주어진 상황과 정보를 적절하게 활용하여 잘못된 내용을 찾아낼 수 있는지 평가한다.
- 비율·증감폭·증감률·수익(손해)율 등의 계산을 요구하는 문제가 출제된다.

다음은 1999~2024년 갑지역의 농가구조 변화에 대한 자료이다. 이에 대한 설명으로 옳지 않은 것은?

〈갑지역의 가구원수별 농가수 추이〉

(단위: 가구)

조사연도 가구원수	1999년	2004년	2009년	2014년	2019년	2024년
1인	13,262	15,565	18,946	18,446	17,916	20,609
2인	43,584	52,394	56,264	57,023	52,023	53,714
3인	33,776	27,911	24,078	19,666	17,971	13,176
4인	33,047	23,292	17,556	13,122	11,224	7,176
5인 이상	64,491	33,095	20,573	13,492	10,299	5,687
전체	188,160	152,257	137,417	121,749	109,433	100,362
농가당 가구원수(명)	3.8	3.2	2.8	2.6	2.5	2.3

〈갑지역의 경영주 연령대별 농가수 추이〉

(단위: 가구)

조사연도 연령대	1999년	2004년	2009년	2014년	2019년	2024년
30대 이하	23,891	12,445	8,064	3,785	3,120	1,567
40대	39,308	26,471	20,851	15,750	12,131	7,796
50대	61,989	44,919	34,927	28,487	24,494	21,126
60대	46,522	48,747	49,496	42,188	34,296	30,807
70대 이상	16,450	19,675	24,079	31,539	35,392	39,066
전체	188,160	152,257	137,417	121,749	109,433	100,362

① 5인 이상을 제외하고, 1999년 대비 2024년 가구원수별 농가수 증감률은 2인이 가장 작다.
② 매 조사연도에서 3인 농가수는 그 외 농가수 합의 25% 이하이다.
③ 2024년 전체 농가수 중 경영주 연령대가 40대 이하인 농가수가 차지하는 비중은 10% 이하이다.
④ 경영주 연령대가 30대 이하인 농가 수는 1999년 대비 2024년에 95% 이상 감소하였다.

정답 ④

경영주 연령대가 30대 이하인 농가수의 1999년 대비 2024년 감소율은 $\frac{23,891-1,567}{23,891} \times 100 = 93.4\%$이다.
따라서 95% 미만 감소하였다.

오답분석

① 5인 이상을 제외하고 1999년 대비 2024년 가구원수별 농가수 증감률을 구하면 다음과 같다.
- 1인 : $\frac{20,609-13,262}{13,262} \times 100 = 55.4\%$
- 2인 : $\frac{53,714-43,584}{43,584} \times 100 = 20.9\%$
- 3인 : $\frac{13,176-33,776}{33,776} \times 100 = -61\%$
- 4인 : $\frac{11,224-33,047}{33,047} \times 100 = -66\%$

따라서 2인 가구의 증감률이 가장 작다.

② 연도별 3인 농가수과 그 외 농가수 합을 비교하면 다음과 같다.
- 1999년 : $\frac{33,776}{188,160-33,776} \times 100 = 21.9\%$
- 2004년 : $\frac{27,911}{152,257-27,911} \times 100 = 22.4\%$
- 2009년 : $\frac{24,078}{137,417-24,078} \times 100 = 21.2\%$
- 2014년 : $\frac{19,666}{121,749-19,666} \times 100 = 19.3\%$
- 2019년 : $\frac{17,971}{109,433-17,971} \times 100 = 21.5\%$
- 2024년 : $\frac{13,176}{100,362-13,176} \times 100 = 15.1\%$

따라서 매 조사연도에서 3인 농가수는 그 외 농가수 합의 25% 이하이다.

③ 2024년 전체 농가수 중 경영주 연령대가 40대 이하인 농가수의 비중은 $\frac{1,567+7,796}{100,362} \times 100 = 9.3\%$이므로 10% 이하이다.

유형풀이 Tip

[증감률(%)] : $\frac{(비교값)-(기준값)}{(기준값)} \times 100$

[예] I은행의 작년 신입행원 수는 500명이고, 올해는 700명이다. I은행의 전년 대비 올해 신입행원 수의 증가율은?
$\frac{700-500}{500} \times 100 = \frac{200}{500} \times 100 = 40\%$ → 전년 대비 40% 증가하였다.

[예] I은행의 올해 신입행원 수는 700명이고, 내년에는 350명을 채용할 예정이다. I은행의 올해 대비 내년 신입행원 수의 감소율은?
$\frac{350-700}{700} \times 100 = -\frac{350}{700} \times 100 = -50\%$ → 올해 대비 50% 감소할 것이다.

대표기출유형 04　기출응용문제

※ 다음은 각 지역이 중앙정부로부터 배분받은 지역산업기술개발사업 예산 중 다른 지역으로 유출된 예산의 비중에 대한 자료이다. 이어지는 질문에 답하시오. [1~2]

〈지역산업기술개발사업 예산 중 유출된 예산 비중〉

(단위 : %)

구분	2020년	2021년	2022년	2023년	2024년
강원	21.9	2.26	4.74	4.35	10.08
경남	2.25	1.55	1.73	1.90	3.77
경북	0	0	3.19	2.25	2.90
광주	0	0	0	4.52	2.85
대구	0	0	1.99	7.19	10.51
대전	3.73	5.99	4.87	1.87	0.71
부산	2.10	2.02	3.08	5.53	5.72
수도권	0	0	23.71	0	0
울산	6.39	6.57	12.65	7.13	9.62
전남	1.35	0	6.98	5.45	7.55
전북	0	0	2.19	2.67	5.84
제주	0	1.32	6.43	5.82	6.42
충남	2.29	1.54	3.23	4.45	4.32
충북	0	0	1.58	4.13	5.86

01 다음 중 위 자료에 대한 설명으로 옳지 않은 것은?

① 조사 기간에 다른 지역으로 유출된 예산의 비중의 합이 가장 적은 곳은 광주이다.
② 조사 기간 동안 한 번도 0%를 기록하지 못한 곳은 5곳이다.
③ 2022년부터 부산의 유출된 예산 비중이 계속 상승하고 있다.
④ 조사 기간 동안 가장 높은 유출된 예산 비중을 기록한 지역은 수도권이다.

02 위 자료에 대한 설명으로 〈보기〉 중 옳은 것을 모두 고르면?

> **보기**
> ㉠ 2022 ~ 2024년 대전의 유출된 예산 비중은 전년 대비 계속 감소했다.
> ㉡ 지역별로 유출된 예산 비중의 총합이 가장 높은 연도는 2023년이다.
> ㉢ 2022년에 전년 대비 유출된 예산 비중이 1%p 이상 오르지 못한 곳은 총 4곳이다.
> ㉣ 2020년 강원의 유출된 예산 비중은 다른 모든 지역의 비중의 합보다 높다.

① ㉠, ㉡
② ㉠, ㉣
③ ㉡, ㉣
④ ㉢, ㉣

※ 다음은 2019년과 2024년의 해수면어업부문 종사 가구 및 성별 인구에 대한 자료이다. 이어지는 질문에 답하시오. [3~4]

〈해수면어업부문 종사 가구 및 성별 인구 현황〉

(단위 : 가구, 명)

구분	2019년				2024년			
	어가 (가구)	어가인구	어가인구 (남자)	어가인구 (여자)	어가 (가구)	어가인구	어가인구 (남자)	어가인구 (여자)
전국	65,775	171,191	85,590	85,601	54,793	128,352	64,443	63,909
서울특별시	7	25	10	15	9	26	15	11
부산광역시	2,469	7,408	3,716	3,692	2,203	5,733	2,875	2,858
대구광역시	8	29	18	11	3	10	5	5
인천광역시	2,678	6,983	3,563	3,420	2,172	5,069	2,552	2,517
광주광역시	12	37	24	13	8	24	14	10
대전광역시	4	17	7	10	-	-	-	-
울산광역시	1,021	2,932	1,445	1,487	905	2,292	1,125	1,167
경기도	844	2,475	1,278	1,197	762	1,843	955	888
강원도	3,039	8,320	4,302	4,018	2,292	5,669	2,961	2,708
충청남도	11,021	27,302	13,238	14,064	8,162	18,076	8,641	9,435
전라북도	2,633	6,771	3,418	3,353	2,908	6,434	3,259	3,175
전라남도	21,809	54,981	27,668	27,313	18,819	43,818	22,434	21,384
경상북도	4,069	10,422	5,245	5,177	3,017	6,865	3,430	3,435
경상남도	10,768	28,916	14,571	14,345	9,417	22,609	11,543	11,066
제주특별자치도	5,393	14,573	7,087	7,486	4,116	9,884	4,634	5,250

※ 단, -는 해당하는 항목이 소멸한 것을 의미함

03 다음 중 위 자료에 대한 설명으로 옳은 것은?

① 2024년에 모든 지역에서 어가인구는 남성이 여성보다 많다.
② 부산광역시와 인천광역시는 2024년에 2019년 대비 어가인구가 10% 이상 감소하였다.
③ 강원도의 어가 수는 2019년과 2024년 모두 경기도의 어가 수의 4배 이상이다.
④ 2019년에 어가 수가 두 번째로 많은 지역과 어가인구가 두 번째로 많은 지역은 동일하다.

Hard

04 다음은 위 자료를 토대로 작성한 보고서이다. ㉠ ~ ㉣ 중 옳지 않은 것을 모두 고르면?

> 통계청은 2019년과 2024년의 해수면어업부문에 종사하는 가구 수와 인구에 대한 통계자료를 공개하였다. 자료는 광역자치단체를 기준으로 행정구역별로 구분되어 있다. 자료에 따르면, ㉠ 2019년에 해수면어업에 종사하는 가구가 가장 많은 행정구역은 전라남도였다. ㉡ 반면, 해수면어업 종사 가구 수가 가장 적은 행정구역은 대전광역시로, 가구와 인구 측면에서 모두 최저를 기록하였다. 내륙에 위치한 지리적 특성과 행정도시라는 특성상 어업에 종사하는 가구 및 인구가 적은 것으로 추정된다.
> ㉢ 2024년 해수면어업부문 종사 가구 및 성별 인구 현황을 보면, 어가 수의 경우 부산광역시, 인천광역시 등 3개 이상의 행정구역에서 감소하였지만, 어가가 소멸한 지역은 없었다. 전반적으로 2019년에 비해 어업 종사 가구와 인구가 줄어드는 것은 지속적인 산업구조 변화에 따른 것으로 해석할 수 있다. ㉣ 서울특별시와 강원도만 2019년 대비 2024년에 어가인구가 증가하였다.

① ㉠, ㉡ ② ㉠, ㉢
③ ㉡, ㉢ ④ ㉢, ㉣

대표기출유형 05 자료변환

| 유형분석 |

- 그래프의 형태별 특징을 파악하고, 다양한 종류로 변환하여 표현할 수 있는지 평가한다.
- 수치를 일일이 확인하기보다 증감 추이를 먼저 판단한 후 그래프 모양이 크게 차이 나는 곳의 수치를 확인하는 것이 효율적이다.

다음은 2020 ~ 2024년 I기업의 매출표를 나타낸 것이다. 이를 참고하여 작성한 그래프로 옳은 것은?

⟨I기업 매출표⟩

(단위 : 억 원)

구분	2020년	2021년	2022년	2023년	2024년
매출액	1,485	1,630	1,410	1,860	2,055
매출원가	1,360	1,515	1,280	1,675	1,810
판관비	30	34	41	62	38

※ (영업이익)=(매출액)−[(매출원가)+(판관비)]
※ (영업이익률)=(영업이익)÷(매출액)×100

① 2020 ~ 2024년 영업이익

② 2020 ~ 2024년 영업이익

③ 2020 ~ 2024년 영업이익률

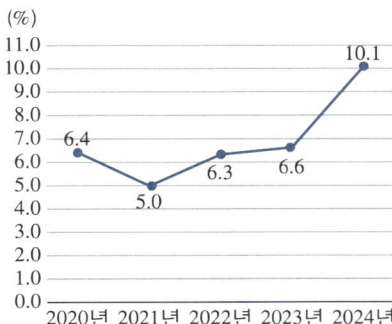

④ 2020 ~ 2024년 영업이익률

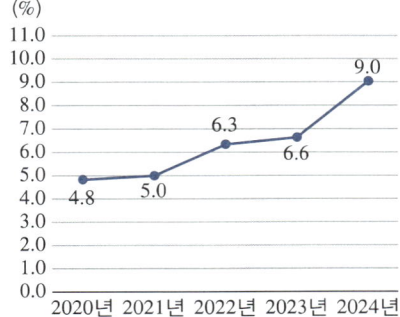

정답 ③

연도별 영업이익과 영업이익률을 정리하면 다음과 같다.

(단위 : 억 원)

구분	2020년	2021년	2022년	2023년	2024년
매출액	1,485	1,630	1,410	1,860	2,055
매출원가	1,360	1,515	1,280	1,675	1,810
판관비	30	34	41	62	38
영업이익	95	81	89	123	207
영업이익률	6.4%	5.0%	6.3%	6.6%	10.1%

따라서 바르게 나타낸 것은 ③이다.

유형풀이 Tip

그래프의 종류

종류	내용
선 그래프	시간적 추이(시계열 변화)를 표시하고자 할 때 적합 예 연도별 매출액 추이 변화
막대 그래프	수량 간의 대소관계를 비교하고자 할 때 적합 예 영업소별 매출액
원 그래프	내용의 구성비를 분할하여 나타내고자 할 때 적합 예 제품별 매출액 구성비
층별 그래프	합계와 각 부분의 크기를 백분율로 나타내고 시간적 변화를 보고자 할 때 적합 예 상품별 매출액 추이
점 그래프	지역분포를 비롯한 기업 등의 평가나 위치, 성격을 표시하고자 할 때 적합 예 광고비율과 이익률의 관계
방사형 그래프	다양한 요소를 비교하고자 할 때 적합 예 매출액의 계절변동

대표기출유형 05　기출응용문제

01 다음은 광역시에 거주하는 한국 국적을 취득한 외국인에 대한 자료이다. 이를 나타낸 그래프로 옳지 않은 것은?(단, 비율은 소수점 첫째 자리에서 반올림한다)

〈동북아시아 한국 국적 취득자〉

(단위 : 명)

구분	부산광역시	대구광역시	인천광역시	광주광역시	대전광역시	울산광역시
중국	1,137	767	3,159	639	730	538
대만	164	133	366	40	108	36
일본	33	10	38	11	23	8

〈동남아시아 한국 국적 취득자〉

(단위 : 명)

구분	부산광역시	대구광역시	인천광역시	광주광역시	대전광역시	울산광역시
베트남	1,610	1,376	1,339	881	754	960
필리핀	332	185	377	344	211	137
태국	19	15	42	17	14	8
인도네시아	6	8	10	0	0	0
캄보디아	135	180	110	162	123	66

〈서남아시아 한국 국적 취득자〉

(단위 : 명)

구분	부산광역시	대구광역시	인천광역시	광주광역시	대전광역시	울산광역시
스리랑카	0	0	5	0	0	0
파키스탄	27	37	72	0	0	0
방글라데시	0	0	26	0	0	0
네팔	29	10	16	19	8	6

① 부산광역시, 인천광역시, 광주광역시에 거주하는 동북아시아 한국 국적 취득자
　(단, 막대그래프는 왼쪽 축, 꺾은선그래프는 오른쪽 축의 값을 적용한다)

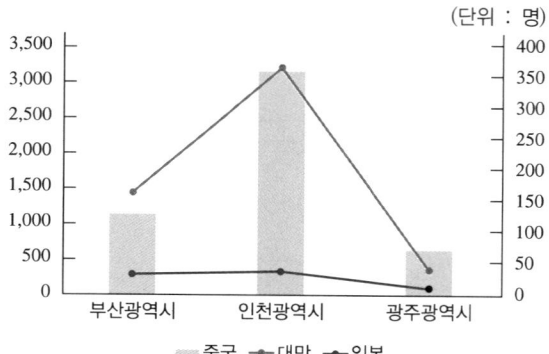

② 대구광역시에 거주하는 한국 국적 취득자

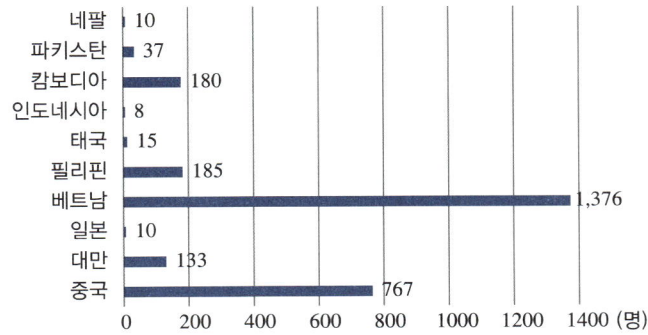

③ 울산광역시에 거주하는 동남아시아 한국 국적 취득자 중 국가별 비율

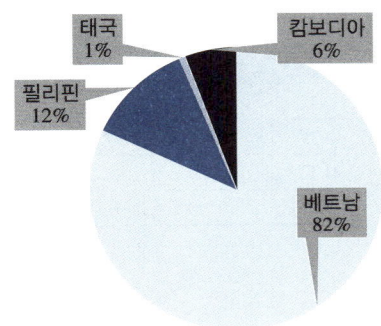

④ 광역시에 거주하는 서남아시아 국가별 총 한국 국적 취득자

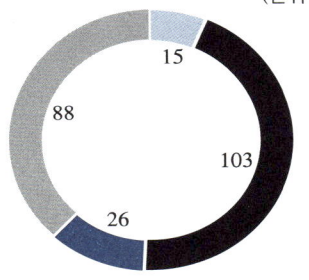

Easy

02 다음은 국가별 가계 금융자산에 대한 자료이다. 이를 참고하여 작성한 그래프로 옳지 않은 것은?

〈각국의 연도별 가계 금융자산 비율〉

국가＼연도	2019년	2020년	2021년	2022년	2023년	2024년
A	0.24	0.22	0.21	0.19	0.17	0.16
B	0.44	0.45	0.48	0.41	0.40	0.45
C	0.39	0.36	0.34	0.29	0.28	0.25
D	0.25	0.28	0.26	0.25	0.22	0.21

※ 가계 총자산은 가계 금융자산과 가계 비금융자산으로 이루어지며, 가계 금융자산 비율은 가계 총자산 대비 가계 금융자산이 차지하는 비율임

〈2024년 각국의 가계 금융자산 구성비〉

국가＼가계 금융자산	예금	보험	채권	주식	투자신탁	기타
A	0.62	0.18	0.10	0.07	0.02	0.01
B	0.15	0.30	0.10	0.31	0.12	0.02
C	0.35	0.27	0.11	0.09	0.14	0.04
D	0.56	0.29	0.03	0.06	0.02	0.04

① 연도별 B국과 C국 가계 비금융자산 비율

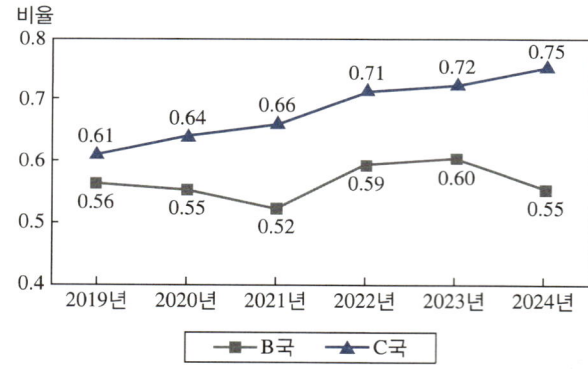

② 2021년 각국의 가계 총자산 구성비

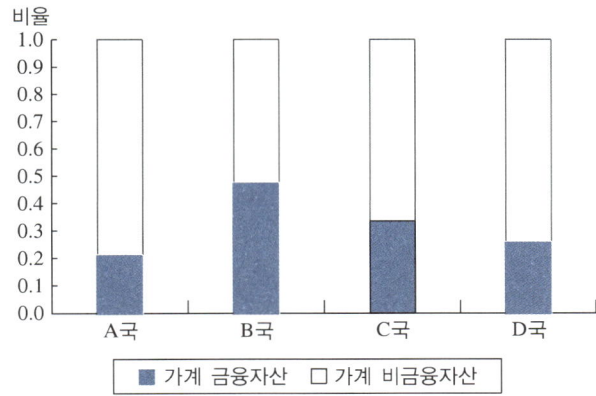

③ 2024년 C국의 가계 금융자산 구성비

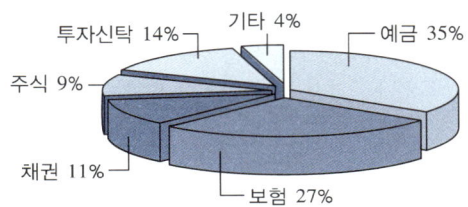

④ 2024년 각국의 가계 총자산 대비 예금 구성비

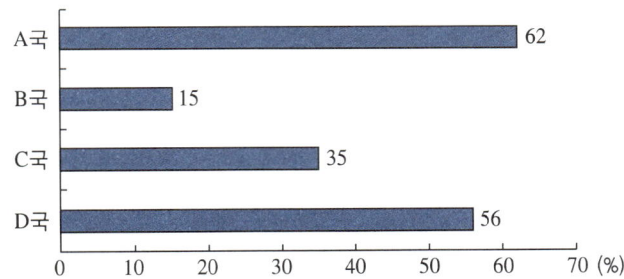

CHAPTER 06 정보능력

합격 CHEAT KEY

정보능력은 업무를 수행함에 있어 기본적인 컴퓨터를 활용하여 필요한 정보를 수집, 분석, 활용하는 능력을 의미한다. 또한 업무와 관련된 정보를 수집하고, 이를 분석하여 의미있는 정보를 얻는 능력이다.

국가직무능력표준에 따르면 정보능력의 세부 유형은 컴퓨터활용능력・정보처리능력으로 나눌 수 있다.

정보능력은 NCS 기반 채용을 진행한 곳 중 52% 정도가 다뤘으며, 문항 수는 전체에서 평균 6% 정도 출제되었다.

01 평소에 컴퓨터 활용 스킬을 틈틈이 익혀라!

윈도우(OS)에서 어떠한 설정을 할 수 있는지, 응용프로그램(엑셀 등)에서 어떠한 기능을 활용할 수 있는지를 평소에 직접 사용해 본다면 문제를 보다 수월하게 해결할 수 있다. 여건이 된다면 컴퓨터활용능력에 관련된 자격증 공부를 하는 것도 이론과 실무를 익히는 데 도움이 될 것이다.

02 문제의 규칙을 찾는 연습을 하라!

일반적으로 코드체계나 시스템 논리체계를 제공하고 이를 분석하여 문제를 해결하는 유형이 출제된다. 이러한 문제는 문제해결능력과 같은 맥락으로 규칙을 파악하여 접근하는 방식으로 연습이 필요하다.

03 현재 보고 있는 그 문제에 집중하자!

정보능력의 모든 것을 공부하려고 한다면 양이 너무나 방대하다. 그렇기 때문에 수험서에서 본인이 현재 보고 있는 문제들을 집중적으로 공부하고 기억하려고 해야 한다. 그러나 엑셀의 함수 수식, 연산자 등 암기를 필요로 하는 부분들은 필수적으로 암기를 해서 출제가 되었을 때 오답률을 낮출 수 있도록 한다.

04 사진·그림을 기억하자!

컴퓨터활용능력을 파악하는 영역이다 보니 컴퓨터 속 옵션, 기능, 설정 등의 사진·그림이 문제에 같이 나오는 경우들이 있다. 그런 부분들은 직접 컴퓨터를 통해서 하나하나 확인을 하면서 공부한다면 더 기억에 잘 남게 된다. 조금 귀찮더라도 한 번씩 클릭하면서 확인을 해보도록 한다.

01 알고리즘 설계

| 유형분석 |

- 주어진 기호를 파악한 후, 알고리즘의 구조를 이해하고 알맞은 답을 추론하는 유형이다.
- 추리능력과 직관이 필요한 영역으로, 알고리즘 설계 원리에 대한 기본적인 이해를 요구한다.

다음은 운동규칙에 따라 종목을 분류한 순서도이다. 이에 배드민턴, 축구, 수영을 넣었을 때, 출력되는 도형으로 바르게 짝지어진 것은?

〈순서도 기호〉

기호	설명	기호	설명
	시작과 끝을 나타낸다.		어느 것을 택할 것인지를 판단한다.
	데이터를 입력하거나 계산하는 등의 처리를 한다.		선택한 값을 출력한다.

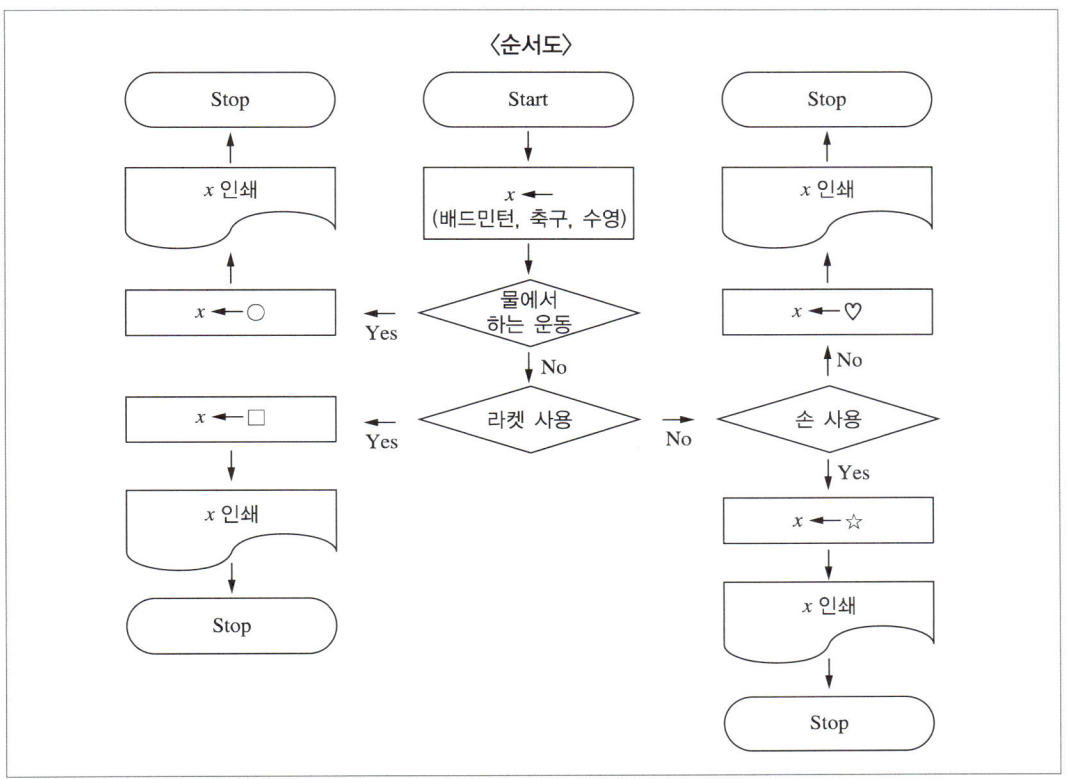

	배드민턴	축구	수영
①	□	♡	○
②	♡	☆	○
③	□	♡	☆
④	○	□	□

정답 ①

- 배드민턴 : 물에서 하는 운동이 아니며(No →) 라켓을 사용하므로(Yes →) □ 출력
- 축구 : 물에서 하는 운동이 아니며(No →) 라켓을 사용하지 않고(No →), 손을 사용하지 않기 때문에(No →) ♡ 출력
- 수영 : 물에서 하는 운동이기 때문에(Yes →) ○ 출력

유형풀이 Tip

- 풀이에 앞서 알고리즘에 사용되는 기호와 설명의 관계를 명확히 기억하여 실수를 줄일 수 있도록 한다.
- 알고리즘에 사용되었던 설명을 암기하고 풀어보는 연습을 반복하면 알고리즘의 구조를 더 쉽게 파악할 수 있다.

대표기출유형 01 기출응용문제

※ 다음 순서도 기호를 참고하여 이어지는 질문에 답하시오. [1~2]

<순서도 기호>

기호	설명	기호	설명
	시작과 끝을 나타낸다.		어느 것을 택할 것인지를 판단한다.
	데이터를 입력하거나 계산하는 등의 처리를 한다.		선택한 값을 출력한다.

Easy

01 다음은 한 온라인 커뮤니티 사이트의 계정을 찾는 과정이다. J씨의 정보를 입력하여 [5번 알림창]을 보게 되었을 때, 그 이유로 가장 적절한 것은?

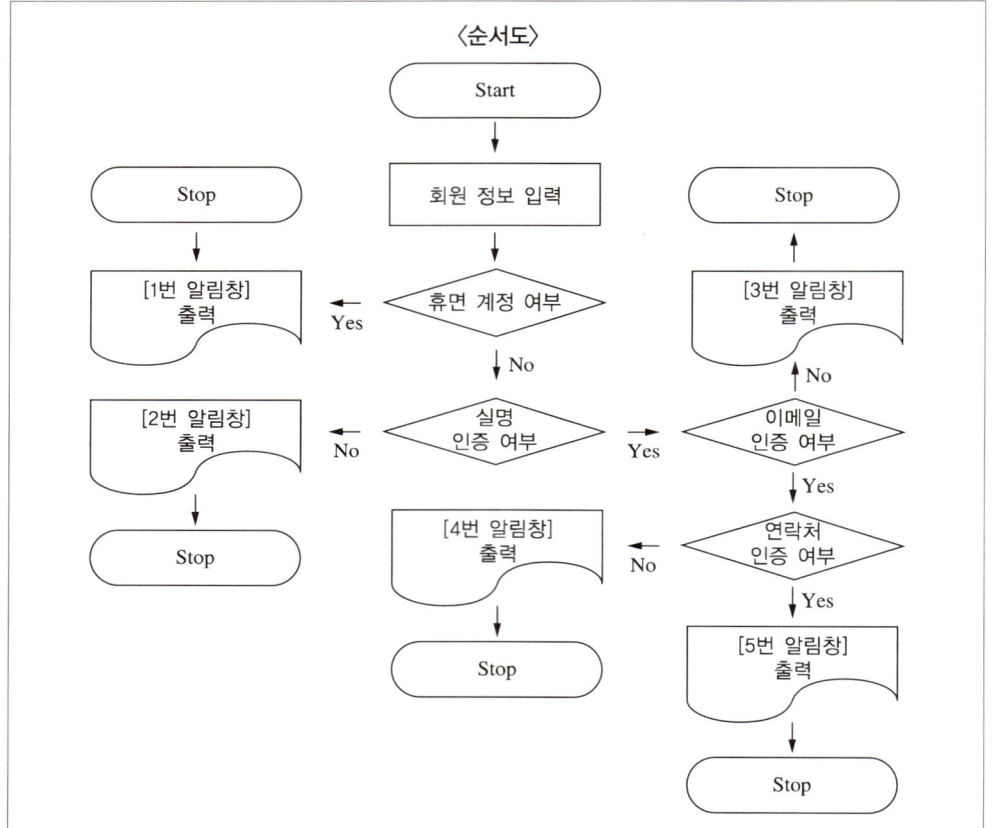

① 모든 인증이 완료되었다.
② 실명 인증이 진행되지 않았다.
③ 이메일 인증이 진행되지 않았다.
④ 연락처 인증이 진행되지 않았다.

02 다음은 I미술입시학원의 분반 배정 시스템에 대한 순서도이다. K학생에 대한 정보가 다음 〈조건〉과 같을 때, K학생은 어느 반으로 배정받게 되는가?

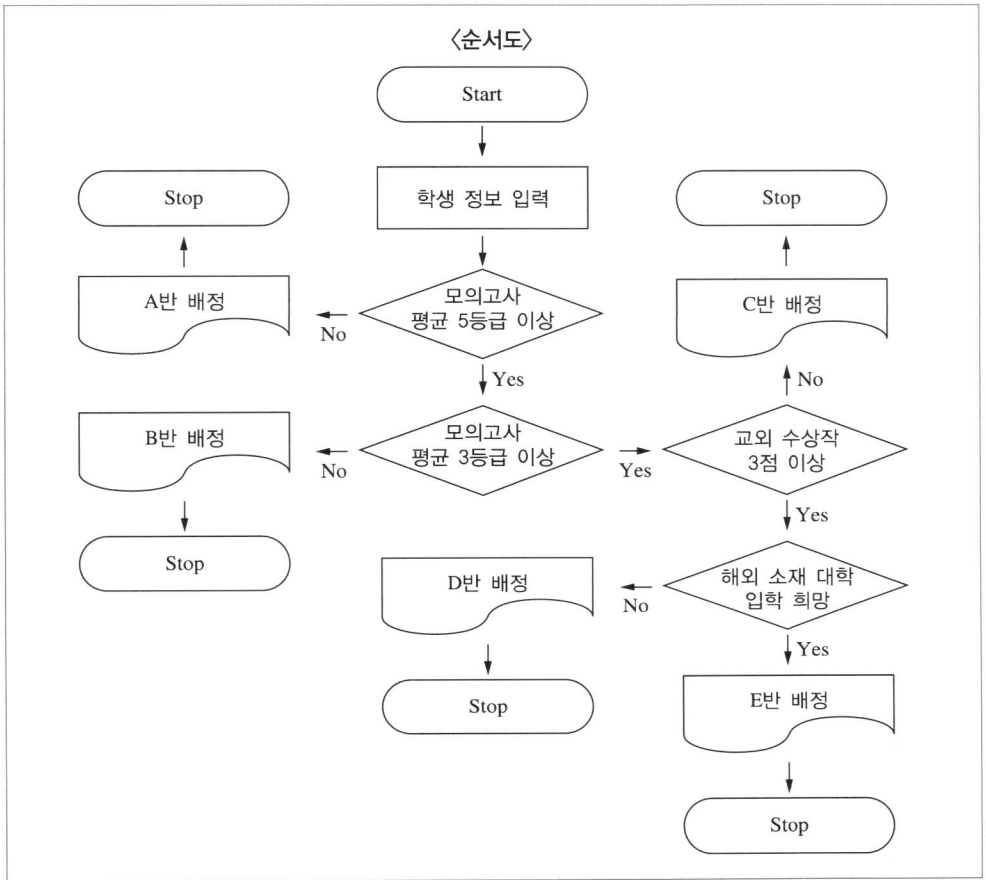

조건
- K학생의 모의고사 성적은 평균 2등급이다.
- K학생은 교외 공모전에서 수상한 작품이 4점이다.
- K학생은 해외 소재 대학에 입학을 희망한다.

① A반
② B반
③ C반
④ E반

※ 다음 순서도에 의해 출력되는 값을 고르시오. [3~4]

03

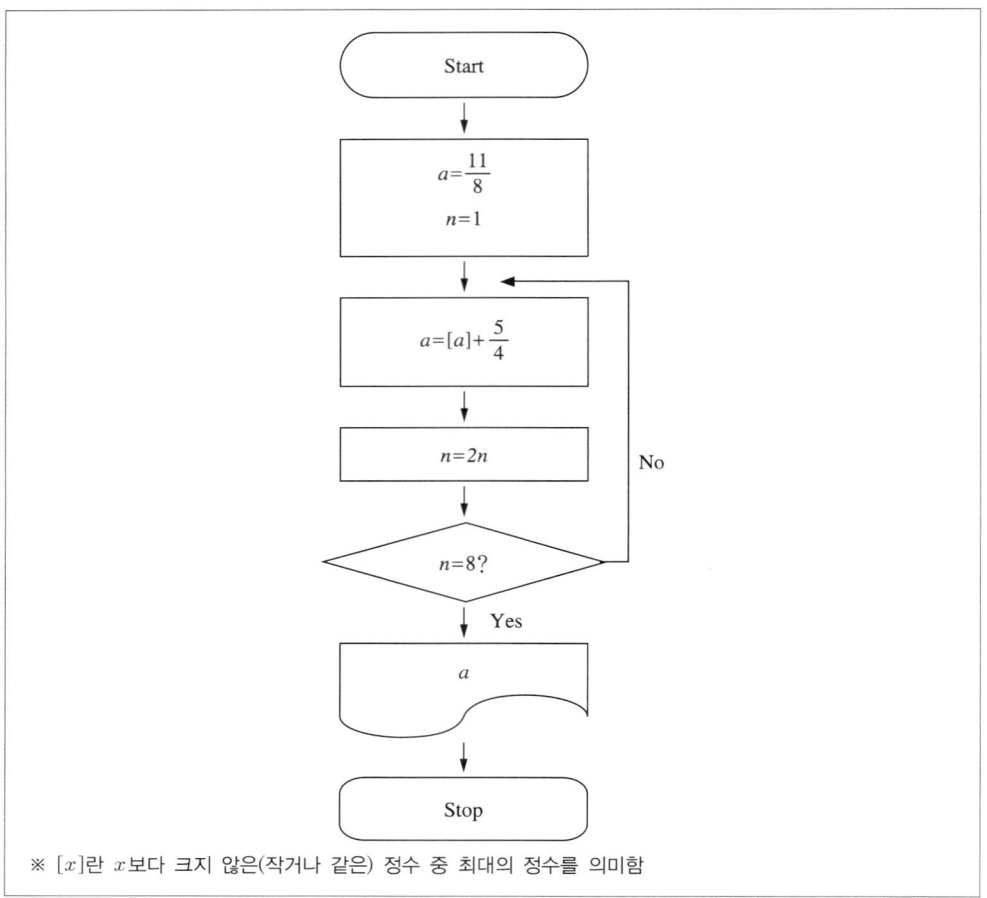

※ $[x]$란 x보다 크지 않은(작거나 같은) 정수 중 최대의 정수를 의미함

① $\dfrac{29}{8}$ ② $\dfrac{9}{4}$

③ $\dfrac{17}{4}$ ④ $\dfrac{13}{4}$

04

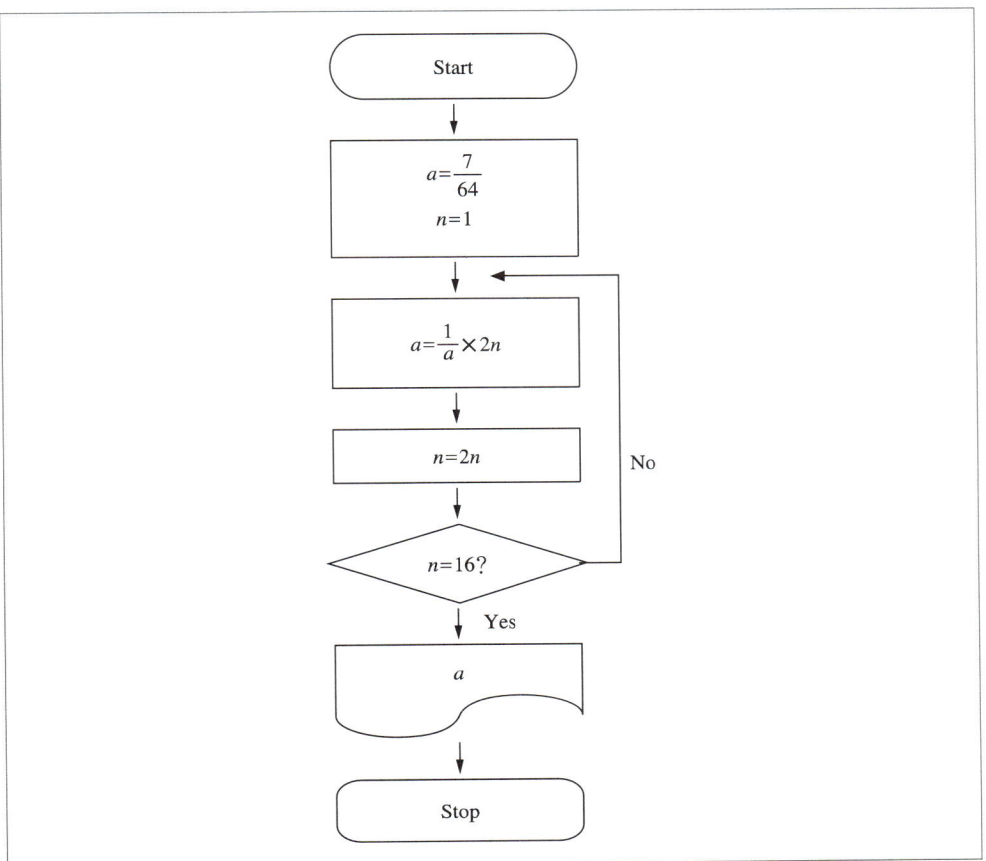

① $\dfrac{7}{32}$ ② $\dfrac{256}{7}$

③ $\dfrac{7}{16}$ ④ $\dfrac{128}{7}$

대표기출유형 02 엑셀 함수

| 유형분석 |

- 업무수행에 필요한 스프레드 시트(엑셀)의 사용법을 이해하고 활용할 수 있는지 평가한다.
- 주로 스프레드 시트의 기능, 함수와 관련된 문제가 출제된다.
- 대표적인 엑셀 함수(COUNTIF, ROUND, MAX, SUM, COUNT, AVERAGE, …)에 대한 사전 학습이 요구된다.

다음 엑셀에 제시된 함수식의 결괏값으로 옳지 않은 것은?

	A	B	C	D	E	F
1						
2		120	200	20	60	
3		10	60	40	80	
4		50	60	70	100	
5						
6		함수식			결괏값	
7		=MAX(B2:E4)			A	
8		=MODE(B2:E4)			B	
9		=LARGE(B2:E4,3)			C	
10		=COUNTIF(B2:E4,E4)			D	
11		=ROUND(B2,-1)			E	
12						

① A=200
② B=60
③ C=100
④ E=100

정답 ④

ROUND 함수는 지정한 자릿수를 반올림하는 함수이다. 함수식에서 '−1'은 일의 자리를 뜻하며, '−2'는 십의 자리를 뜻한다. 여기서 '−' 기호를 빼면 소수점 자리로 인식한다. 따라서 일의 자리를 반올림하기 때문에 결괏값은 120이다.

유형풀이 Tip

- 문제 상황에 필요한 엑셀 함수가 무엇인지 파악한 후 선택지에서 적절한 함수식을 골라 식을 만들어야 한다.
- 대표적인 엑셀 함수와 풀이 방법에 대해 사전에 학습해두면 문제를 빠르게 해결할 수 있다.

대표기출유형 02 기출응용문제

※ I기업에 근무 중인 S사원은 체육대회를 준비하고 있다. S사원은 체육대회에 사용될 물품 구입비를 다음과 같이 엑셀로 정리하였다. 이어지는 질문에 답하시오. [1~2]

	A	B	C	D	E
1	구분	물품	개수	단가(원)	비용(원)
2	의류	A팀 체육복	15	20,000	300,000
3	식품류	과자	40	1,000	40,000
4	식품류	이온음료수	50	2,000	100,000
5	의류	B팀 체육복	13	23,000	299,000
6	상품	수건	20	4,000	80,000
7	상품	USB	10	10,000	100,000
8	의류	C팀 체육복	14	18,000	252,000
9	식품류	김밥	30	3,000	90,000

Easy

01 S사원은 표에서 단가가 두 번째로 높은 물품의 금액을 알고자 한다. 다음 중 S사원이 입력해야 할 함수식으로 옳은 것은?

① =MAX(D2:D9,2)
② =MIN(D2:D9,2)
③ =MID(D2:D9,2)
④ =LARGE(D2:D9,2)

02 S사원은 구입물품 중 의류의 총개수를 파악하고자 한다. 다음 중 S사원이 입력해야 할 함수식으로 옳은 것은?

① =SUMIF(A2:A9,A2,C2:C9)
② =COUNTIF(C2:C9,C2)
③ =VLOOKUP(A2,A2:A9,1,0)
④ =HLOOKUP(A2,A2:A9,1,0)

03 프로그램 언어(코딩)

| 유형분석 |

- 업무수행에 필요한 프로그램 언어(코딩)을 정확하게 이해하고 있는지 평가한다.
- 주로 주어진 규칙을 적용하여 새로운 코드번호를 만들거나 만들어진 코드번호를 해석하는 등의 문제가 출제된다.
- 기출복원문제를 통해 빈번하게 출제되는 프로그램 언어(코딩) 문제 유형에 대한 사전 학습이 요구된다.

다음 프로그램의 실행 결과가 0이 되기 위해 빈칸 (A)에 들어갈 수는?

```
#include <stdio.h>

int main( ) {
   int i;
   int n=37;

   i=n%10;
   i-=   (A)   ;
   }
   printf("%d\n", i);

return 0;
}
```

① 1   ② 3
③ 5   ④ 7

정답 ④

n이 37이고, 10으로 나눈 나머지(i)는 7이다.
i-=(A)는 i=i-(A)를 의미한다.
i=7-(A)가 0이 되려면 (A)는 7이 되어야 한다.

| 유형풀이 Tip |

- 주어진 실행 프로그램을 확인한 후 핵심 키워드를 파악한 다음 문제에서 요구하는 내용을 도출해낸다.
- 대표적인 프로그램 언어와 풀이 방법에 대해 사전에 학습해두면 문제를 빠르게 해결할 수 있다.

대표기출유형 03 기출응용문제

※ 다음 프로그램의 실행 결과로 옳은 것을 고르시오. [1~2]

01

```
#include <stdio.h>
void main() {
    int a=10;
    float b=1.3;
    double c;
    c=a+b;
    printf("%.2lf", c);
}
```

① 11
② 11.3
③ 11.30
④ .30

02

```
#include <stdio.h>
#define SIZE 5

int main(){
int arr[SIZE]={60, 95, 90, 35, 85};
int i, j, temp;
for(i=1; i<SIZE; i++) {
for(j=0; j<SIZE-i; j++) {
if(arr[j]>arr[j+1]) {
temp=arr[j];
arr[j]=arr[j+1];
arr[j+1]=temp;
}
}
}
for(i=0; i<SIZE; i++) {
printf("%d ", arr[i]);
}
}
```

① 35 60 85 90 95
② 95 90 85 60 35
③ 35 85 90 95 60
④ 60 95 90 35 85

PART 2
직무수행능력

- **CHAPTER 01** 경제·경영·금융
- **CHAPTER 02** 시사상식
- **CHAPTER 03** IT·디지털

CHAPTER 01 경제 · 경영 · 금융

빈출키워드 1 기업의 형태

01 다음 중 회사법상 분류한 회사에 대한 설명으로 옳지 않은 것은?

① 모든 손실에 대해 책임을 지는 사원을 유한책임사원이라고 한다.
② 변호사나 회계사들이 모여 설립한 법무법인, 회계법인은 합명회사라 볼 수 있다.
③ 유한회사, 유한책임회사는 모두 유한책임사원으로만 구성되므로 자금조달이 편리하다.
④ 회사의 경영은 무한책임사원이 하고 유한책임사원은 자본을 제공하여 사업이익의 분배에 참여하는 회사형태를 합자회사라고 한다.

02 다음에서 설명하는 우리나라 상법상의 회사는?

- 유한책임사원으로만 구성
- 청년 벤처 창업에 유리
- 사적 영역을 폭넓게 인정

① 합명회사 ② 합자회사
③ 유한책임회사 ④ 유한회사

01
정답 ①

①은 무한책임사원에 대한 설명이며, 유한책임사원은 회사의 채무에 대하여 회사채권자에게 출자가액 한도에서만 책임을 지는 사원이다.

02
정답 ③

유한책임회사는 2012년 개정된 상법에 도입된 회사의 형태이다. 내부관계에 관하여는 정관이나 상법에 다른 규정이 없으면 합명회사에 관한 규정을 준용한다. 신속하고 유연하며 탄력적인 지배구조를 가지고 있고, 출자자가 직접 경영에 참여할 수 있다. 또한 각 사원이 출자금액만을 한도로 책임지므로 초기 상용화에 어려움을 겪는 청년 벤처 창업에 적합하다.

이론 더하기

기업의 형태

① 개인기업
- 가장 간단한 기업 형태로서 개인이 출자하고 직접 경영하며 이를 무한책임지는 형태이다.
- 장점 : 설립 및 폐쇄가 쉽고 의사결정이 신속하며, 비밀유지에 용이하다.
- 단점 : 자본규모가 약소하며, 개인의 지배관리능력에 쉽게 영향을 받는다.

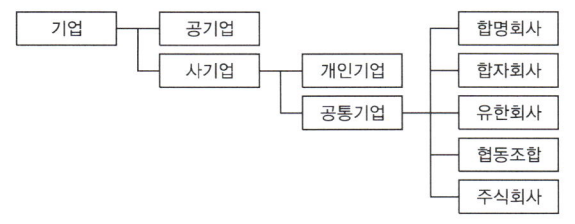

② 합명회사
- 2인 이상의 사원이 공동으로 출자해서 회사의 경영에 대해 무한책임을 지며, 직접 경영에 참여하는 방식이다.
- 무한책임 형태로 구성되어 있어서 출자자를 폭넓게 모집할 수 없다.
- 가족 내 혹은 친척 간, 또는 이해관계가 깊은 사람의 회사 설립이 많다.
- 지분 양도 시에는 사원총회의 승인을 받아야 한다.

③ 합자회사
- 무한책임사원 및 유한책임사원으로 구성되어 있다.
- 합명회사의 단점을 보완한 형태이다.
- 지분 양도 시에는 무한책임사원 전원의 동의를 필요로 한다.
- 무한책임사원의 경우에는 회사의 경영 및 채무에 대해서 무한책임을 지고, 유한책임사원의 경우에는 출자한 금액에 대해서만 책임을 지며 경영에는 참여하지 않는다.

④ 유한회사
- 유한책임사원들이 회사를 차려 경영하는 회사의 형태이다.
- 자본결합이 상당히 폐쇄적인 관계로 중소규모의 기업형태로 적절하다.
- 기관으로는 이사, 사원총회, 감사로 이루어져 있지만, 분리가 잘되어 있지 않고, 모든 사항을 공개해야 하는 의무도 지지 않는다.
- 유한회사는 인적회사 및 물적회사의 중간 형태를 지니는 회사이다.
- 사원의 수가 제한되어 있으며, 지분의 증권화가 불가능하다.

⑤ 주식회사
- 주주가 회사의 주인인 현대사회의 가장 대표적인 기업형태이다.
- 지분의 양도와 매입이 자유로우며 주주총회를 통해 의결권을 행사할 수 있다.
- 주식회사의 기관

주주총회	• 주식회사의 최고의사결정기관으로 주주로 이루어짐 • 회사 기업에서 영업활동의 신속성 및 업무내용의 복잡성으로 인해 그 결의사항을 법령 및 정관에서 정하는 사항만으로 제한하고 있음 • 주주의 결의권은 1주 1결의권을 원칙으로 하고 의결은 다수결에 의함 • 주주총회의 주요 결의사항으로는 자본의 증감, 정관의 변경, 이사·감사인 및 청산인 등의 선임·해임에 관한 사항, 영업의 양도·양수 및 합병 등에 관한 사항, 주식배당, 신주인수권 및 계산 서류의 승인에 관한 사항 등이 있음
감사	• 이사의 업무집행을 감시하게 되는 필요 상설기관 • 주주총회에서 선임되고, 이러한 선임결의는 보통 결의의 방법에 따름 • 이사회는 이사 전원으로 구성되는 합의체로 회사의 업무진행상 의사결정 기관 • 이사는 주주총회에서 선임되고, 그 수는 3인 이상이어야 하며, 임기는 3년을 초과할 수 없음 • 대표이사는 이사회의 결의사항을 집행하고 통상적인 업무에 대한 결정 및 집행을 맡음과 동시에 회사를 대표함 • 이사와 회사 간 거래의 승인, 채권의 발행 등이 있음
검사인	• 회사의 계산의 정부, 업무의 적법 여부 등을 조사하는 권한을 지니는 임시기관 • 법원에서 선임하거나 주주총회 및 창립총회에서 선임하기도 함 • 법정 검사인의 경우 임시로 선임됨

빈출키워드 2 경영전략

01 다음 중 마이클 포터(Michael E. Porter)가 제시한 산업구조 분석의 요소로 옳지 않은 것은?

① 가치사슬 활동
② 대체재의 위협
③ 공급자의 교섭력
④ 구매자의 교섭력

02 다음은 N사가 해당 사업에서 차지하고 있는 시장점유율 및 시장성장률에 대한 자료이다. 2024년 현재 BCG 매트릭스상에서 N사의 사업이 속하는 영역은?

구분	N사	K사	S사	H사	기타
시장점유율 (2024년 기준)	45%	20%	15%	10%	10%

구분	2019년	2020년	2021년	2022년	2023년
시장성장률	4%	3%	2%	2%	1%

① 별(Star) 영역
② 현금젖소(Cash Cow) 영역
③ 물음표(Question mark) 영역
④ 개(Dog) 영역

01

정답 ①

마이클 포터(Michael E. Porter)는 산업과 경쟁을 결정짓는 5 Forces Model을 제시하였다. 이는 궁극적으로 산업의 수익 잠재력에 영향을 주는 주요 경제・기술적 세력을 분석한 것으로 신규 진입자(잠재적 경쟁자)의 위협, 공급자의 교섭력, 구매자의 교섭력, 대체재의 위협 및 기존 기업 간의 경쟁이다. 5가지 요소의 힘이 강할 때는 위협(Threat)이 되고, 약하면 기회(Opportunity)가 된다.

02

정답 ②

BCG 매트릭스는 1970년대 미국의 보스턴 전략컨설팅회사(Boston Consulting Group)에 의해 개발된 사업 / 제품 포트폴리오 분석 차트이다. 이는 크게 네 단계의 영역으로 나뉘는데 시장성장률이 높고 시장점유율이 높은 산업은 별 영역, 시장성장률이 높고 시장점유율이 낮은 산업은 물음표 영역 혹은 문제아 영역, 시장성장률이 낮고 시장점유율이 높은 산업은 현금젖소 영역, 시장성장률이 낮고 시장점유율이 낮은 산업은 개 영역으로 분류된다.
제시된 N사의 경우는 시장점유율은 높으나 시장성장률이 높지 않으므로 현금젖소 영역인 것을 알 수 있다.

이론 더하기

SWOT 분석

기업의 내부 환경과 외부 환경을 분석하여 강점(Strength), 약점(Weakness), 기회(Opportunity), 위협(Threat) 요인을 규정하고 이를 토대로 경영전략을 수립하는 기법으로, 미국의 경영컨설턴트인 알버트 험프리(Albert Humphrey)가 고안하였다.

Strength 강점 기업 내부 환경에서의 강점	Weakness 약점 기업 내부 환경에서의 약점
Opportunity 기회 기업 외부 환경으로부터의 기회	Threat 위협 기업 외부 환경으로부터의 위협

VRIO 분석

기업이 보유한 유·무형 자산에 대해 네 가지 기준으로 평가하여 기업의 경쟁력을 분석하는 도구이다. 기업이 자원을 잘 활용할 수 있는가를 보여주는 것이 목적이다.

- 가치 있는(Valuable) : 경제적 가치가 있는가?
- 희소성 있는(Rarity) : 가지고 있는 자원이 희소성 있는가?
- 모방 가능성이 있는(Inimitability) : 모방의 가능성이 있는가?
- 조직이 있는(Organization) : 관련 조직이 있는가?

마이클 포터의 경쟁전략

① 경쟁세력모형 – 5 Force Model 분석

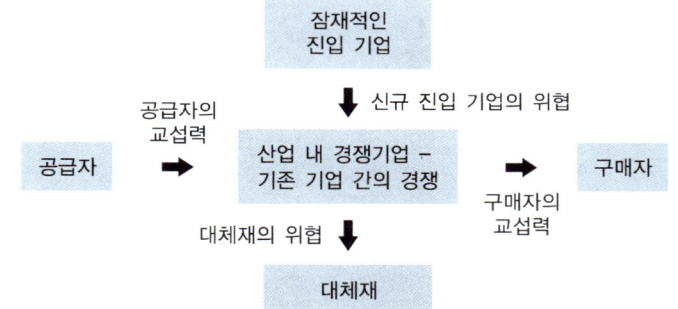

- 기존 기업 간의 경쟁 : 해당 시장에서 기존 기업 간의 경쟁이 얼마나 치열한가를 나타낸다.
- 공급자의 교섭력 : 공급자의 규모 및 숫자와 공급자 제품의 희소성을 나타낸다.
- 대체재의 위협 : 대체가 가능한 상품의 수와 구매자의 대체하려는 성향, 대체상품의 상대적 가격 등이 있다.
- 구매자의 교섭력 : 고객의 수, 각 고객의 주문수량, 가격의 민감도, 구매자의 정보 능력이 있다.
- 신규 진입 기업의 위협 : 진입장벽, 규모의 경제, 브랜드의 충성도 등이 있다.

② 경쟁우위 전략

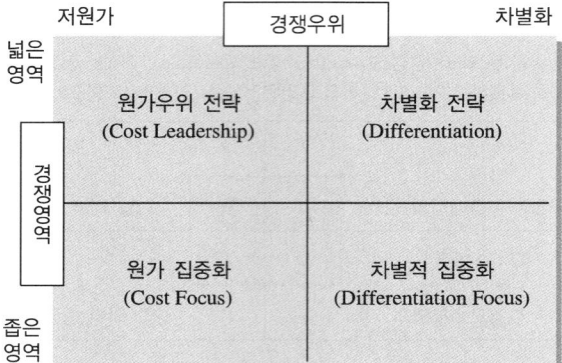

- 원가우위 전략 : 비용요소를 철저하게 통제하고, 기업조직의 가치사슬을 최대한 효율적으로 구사하는 전략
- 차별화 전략 : 소비자들이 가치가 있다고 판단하는 요소를 제품 및 서비스 등에 반영해서 경쟁사의 제품과 차별화한 후 소비자들의 충성도를 확보하고 이를 통해 매출증대를 꾀하는 전략
- 집중화 전략 : 메인 시작과는 다른 특성을 지니는 틈새시장을 대상으로 소비자들의 니즈를 원가우위 또는 차별화 전략을 통해 충족시켜 나가는 전략

BCG 매트릭스 모형

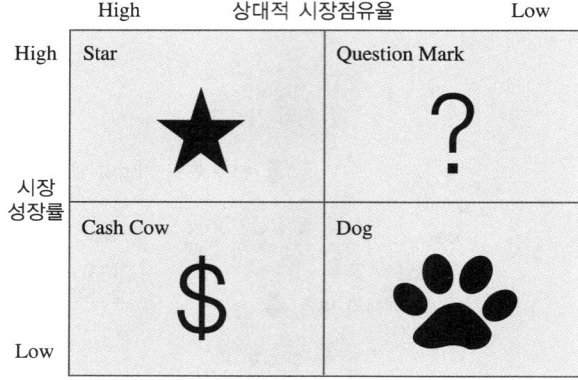

① 별(Star) 사업부
- 시장성장률도 높고 상대적 시장점유율도 높은 경우에 해당하는 사업이다.
- 이 사업부의 제품들은 제품수명주기상에서 성장기에 속한다.
- 선도기업의 지위를 유지하고 성장해가는 시장의 수용에 대처하고, 여러 경쟁기업들의 도전에 극복하기 위해 역시 자금의 투하가 필요하다.
- 별 사업부에 속한 기업들이 효율적으로 잘 운영된다면 이들은 향후 Cash Cow가 된다.

② 현금젖소(Cash Cow) 사업부
- 시장성장률은 낮지만 높은 상대적 시장점유율을 유지하고 있다. 이 사업부는 제품수명주기상에서 성숙기에 속하는 사업부이다.
- 이에 속한 사업은 많은 이익을 시장으로부터 창출해낸다. 그 이유는 시장의 성장률이 둔화되었기 때문에 그만큼 새로운 설비투자 등과 같은 신규 자금의 투입이 필요 없고, 시장 내에 선도기업에 해당되므로 규모의 경제와 높은 생산성을 누리기 때문이다.
- Cash Cow에서 산출되는 이익은 전체 기업의 차원에서 상대적으로 많은 현금을 필요로 하는 Star나 Question Mark, Dog 영역에 속한 사업으로 자원이 배분된다.

③ 물음표(Question Mark) 사업부
- '문제아'라고도 한다.
- 시장성장률은 높으나 상대적 시장점유율이 낮은 사업이다.
- 이 사업에 속한 제품들은 제품수명주기상에서 도입기에 속하는 사업부이다.
- 시장에 처음으로 제품을 출시한 기업 이외의 대부분의 사업부들이 출발하는 지점이 물음표이며, 신규로 시작하는 사업이기 때문에 기존의 선도 기업을 비롯한 여러 경쟁기업에 대항하기 위해 새로운 자금의 투하를 상당량 필요로 한다.
- 기업이 자금을 투입할 것인가 또는 사업부를 철수해야 할 것인가를 결정해야 하기 때문에 Question Mark라고 불리고 있다.
- 한 기업에게 물음표에 해당하는 사업부가 여러 개이면, 그에 해당되는 모든 사업부에 자금을 지원하는 것보다 전략적으로 소수의 사업부에 집중적인 투자를 하는 것이 효과적이라 할 수 있다.

④ 개(Dog) 사업부
- 시장성장률도 낮고 시장점유율도 낮은 사업부이다.
- 제품수명주기상에서 쇠퇴기에 속하는 사업이다.
- 낮은 시장성장률 때문에 그다지 많은 자금의 소요를 필요로 하지는 않지만, 사업활동에 있어서 얻는 이익도 매우 적은 사업이다.
- 이 사업에 속한 시장의 성장률이 향후 다시 고성장을 할 가능성이 있는지 또는 시장 내에서 자사의 지위나 점유율이 높아질 가능성은 없는지 검토해보고 이 영역에 속한 사업들을 계속 유지할 것인가 아니면 축소 내지 철수할 것인가를 결정해야 한다.

빈출키워드 3 동기부여

01 다음 〈보기〉 중 허즈버그(F. Herzberg)의 2요인 이론에서 동기요인을 모두 고르면?

> **보기**
> ㉠ 상사와의 관계
> ㉡ 성취
> ㉢ 회사 정책 및 관리방침
> ㉣ 작업 조건
> ㉤ 인정

① ㉠, ㉡
② ㉠, ㉢
③ ㉡, ㉣
④ ㉡, ㉤

02 다음 중 맥그리거(D. McGregor)의 X - Y이론에 대한 설명으로 옳은 것은?

① 조직의 감시, 감독 및 통제가 필요하다는 주장은 Y이론이다.
② 자기통제가 많은 것은 X이론이다.
③ 쌍방향 의사결정은 X이론에서 주로 발생한다.
④ 개인의 목적과 조직의 목적이 부합하는 조직에서는 Y이론에 근거해서 운영된다.

01
정답 ④

허즈버그의 2요인 이론은 직원들의 직무만족도를 증감시키는 요인을 2가지로 구분한 것이다.
• 동기요인 : 성취, 인정, 책임소재, 업무의 질 등
• 위생요인 : 회사의 정책, 작업 조건, 동료직원과의 관계, 임금, 직위 등

02
정답 ④

오답분석
① 조직의 감시, 감독 및 통제가 필요하다는 주장은 X이론이다.
② 자기통제가 많은 것은 Y이론이다.
③ 쌍방향 의사결정은 Y이론에서 주로 발생한다.

이론 더하기

매슬로(Maslow)의 욕구단계이론

```
        자아실현의 욕구
         존중의 욕구
       애정과 소속의 욕구
         안전의 욕구
         생리적 욕구
```

① 개념 : 인간의 욕구는 위계적으로 조직되어 있으며 하위 단계의 욕구 충족이 상위 계층의 욕구 발현의 조건이라고 설명한 이론이다.
② 특징
- 생리적 욕구 : 가장 기본적이면서도 강력한 욕구로 음식, 물, 수면 등 인간의 생존에 가장 필요한 본능적인 욕구이다.
- 안전의 욕구 : 두려움이나 혼란스러움이 아닌 평상심과 질서를 유지하고자 하는 욕구이다.
- 애정과 소속의 욕구 : 사회적으로 조직을 이루고 그곳에 소속되려는 성향이다.
- 존중의 욕구 : 타인으로부터 수용되고, 가치 있는 존재가 되고자 하는 욕구이다.
- 자아실현의 욕구 : 개인의 타고난 능력 혹은 성장 잠재력을 실행하려는 욕구이다.

맥그리거(McGregor)의 X-Y이론

① 개념 : 인간본성에 대한 가정을 X, Y 2가지로 구분하여 특성에 따른 관리전략을 정리한 이론으로 X이론은 인간에 대한 부정적인 면을 설명하고, Y이론은 긍정적인 면을 설명한다.
② 특징

X이론 (전통적이고 전체적인 경영자의 인간관)	Y이론 (진취적이고 협동적인 인간관)
• 인간은 철저하게 이기적이고 자기중심적이다. • 인간은 천성적으로 게으르고 일을 싫어하기 때문에 엄격한 통제와 감독이 필요하다. • 조직 구성원이 원하는 수준의 임금체계가 확립되어야 하고, 엄격한 통제와 처벌이 필요하다.	• 인간의 행위는 경제적 욕구보다 사회·심리에 더 영향을 받는다. • 인간은 사회적인 존재이다. • 노동에서 휴식과 복지는 자연스러운 것이다. • 민주적 리더십의 확립과 분권, 권한의 위임이 중요하다.

허즈버그(Herzberg)의 동기-위생이론

① 개념 : 허즈버그가 2개의 요인(동기요인, 위생요인)으로 나눠 동기유발에 대해 정리한 이론으로 동기요인과 위생요인은 반대의 개념이 아닌 별개의 개념이다.
② 특징

동기요인(만족요인)	위생요인(불만족요인)
• 직무에 만족을 느끼게 하는 요인 • 충족되면 만족감을 느끼게 되지만, 불충족되는 경우에도 불만이 발생하지는 않음 • 동기요인 충족 → 높은 직무성과	• 직무에 대해 불만족을 느끼게 하는 요인 • 불충족 시에는 불만이 증가 • 충족 시에도 만족감이 증가하는 것은 아님

빈출키워드 4 조직구조

01 다음 중 매트릭스 조직구조의 장점으로 옳지 않은 것은?

① 조직 내의 협력과 팀 활동을 촉진시킨다.
② 의사결정의 책임소재를 명확히 할 수 있다.
③ 조직의 인력을 신축적으로 활용할 수 있다.
④ 전문적 지식과 기술의 활용을 극대화할 수 있다.

02 다음에서 설명하고 있는 조직구조는?

- 수평적 분화에 중점을 두고 있다.
- 각자의 전문분야에서 작업능률을 증대시킬 수 있다.
- 생산, 회계, 인사, 영업, 총무 등의 기능을 나누고 각 기능을 담당할 부서단위로 조직된 구조이다.

① 기능 조직　　　　　　　　② 사업부 조직
③ 매트릭스 조직　　　　　　④ 수평적 조직

01
정답 ②
매트릭스 조직구조는 명령일원화의 원칙이 적용되지 않으므로 의사결정의 책임소재가 불명확할 수도 있다.

02
정답 ①
기능 조직(Functional Structure)은 기능별 전문화의 원칙에 따라 공통의 전문지식과 기능을 지닌 부서단위로 묶는 조직구조를 의미한다.

이론 더하기

기능 조직
① 개념 : 관리자가 담당하는 일을 전문화해 업무내용이 유사하고 관련성이 있는 기능을 분류하여 업무를 전문적으로 진행할 수 있도록 하는 형태이다.
② 장점 및 단점
- 조직원의 전문적인 업무 발전이 가능하다.
- 조직의 내부 효율성이 증대된다.
- 조직 전체의 목표보다는 직능별 목표를 중시하고 성과에 대한 책임이 불분명하다.

사업부 조직
① 개념 : 사업체에서 여러 제품을 생산하는 경우에 제품에 따라 사업부를 구분하여 사업부마다 하위조직을 구성하는 형태이다.
② 장점 및 단점
- 사업부 내 관리자와 종업원의 밀접한 상호작용이 가능하다.
- 사업부는 이익 및 책임 중심점이 되어 경영성과가 향상된다.
- 제품의 제조와 판매에 대한 전문화와 분업이 촉진된다.
- 특정 분야에 대한 지식과 능력의 전문화가 약화될 수 있다.

매트릭스 조직

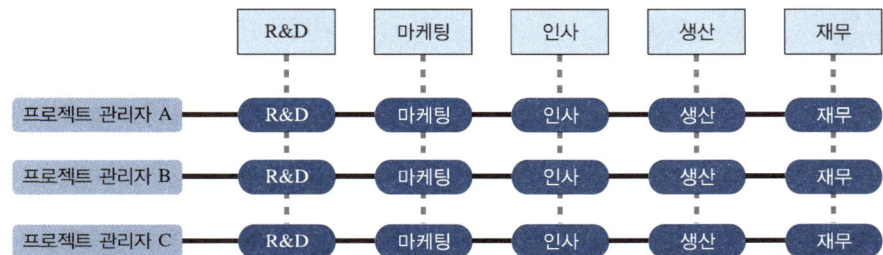

① 개념 : 조직구성원들이 원래 소속되어 있는 기능부서에도 배치되는 동시에 맡은 업무에 따라 나누어진 팀에도 배치되어 있어 두 개의 단위조직에 속하여 두 명의 상급자를 두고 있는 형태이다.
② 장점 및 단점
- 조직에서의 정보 단절 문제를 해결할 수 있다.
- 일을 유연하게 대처할 수 있다.
- 조직원의 역량을 좀 더 폭넓게 향상시킬 수 있다.
- 두 개의 조직에서 두 명의 상급자가 존재하기 때문에 성과에 대한 목표나 보고가 느릴 수 있다.

네트워크 조직
① 개념 : 독립된 각 사업 부서가 자신의 고유 기능을 수행하면서 제품 생산이나 프로젝트의 수행을 위해서는 상호 협력적인 네트워크를 지닌 조직구조이다.
② 장점 및 단점
- 조직원 사이의 수평적인 의사소통이 가능하다.
- 조직 간의 정보교류가 활발하므로 조직 내 자산으로 축적가능하다.
- 시장에 유연한 대응이 가능하다.
- 관리자가 직원을 관리하는 것이 쉽지 않다.
- 갈등이 발생하는 경우 해결에 오랜 시간이 필요하다.

빈출키워드 5 | 수요와 공급의 법칙, 탄력성

다음 중 수요의 탄력성에 대한 설명으로 옳은 것은?

① 수요의 소득탄력성이 비탄력적인 재화는 열등재이다.
② 수요의 가격탄력성이 탄력적이라면 가격인하는 총수입을 증가시키는 좋은 전략이다.
③ 가격이 올랐을 때, 시간이 경과될수록 적응이 되기 때문에 수요의 가격탄력성은 작아진다.
④ 수요곡선의 기울기가 -1인 직선일 경우 수요곡선상의 어느 점에서나 가격탄력성은 동일하다.

정답 ②

수요의 가격탄력성이 1보다 크다면 가격이 1% 하락할 때, 판매량은 1%보다 크게 증가하므로 판매자의 총수입은 증가한다. 따라서 수요의 가격탄력성이 탄력적이라면 가격인하는 총수입을 증가시키는 좋은 전략이다.

오답분석
① 열등재는 수요의 소득탄력성이 1보다 작은 재화가 아니라 수요의 소득탄력성이 음수(-)인 재화이다.
③ 장기가 될수록 대체재가 생겨날 가능성이 크기 때문에 수요의 가격탄력성이 커진다.
④ 수요곡선이 우하향하는 직선이면 수요곡선상에서 우하방으로 이동할수록 수요의 가격탄력성이 점점 작아진다.

> **이론 더하기**

수요의 법칙
수요의 법칙이란 가격이 상승하면 수요량이 감소하는 것을 말한다. 수요의 법칙이 성립하는 경우 수요곡선은 우하향한다. 단, 기펜재의 경우와 베블런 효과가 존재하는 경우는 성립하지 않는다.

수요량의 변화와 수요의 변화
① 수요량의 변화 : 당해 재화가격의 변화로 인한 수요곡선상의 이동을 의미한다.
② 수요의 변화 : 당해 재화가격 이외의 다른 요인의 변화로 수요곡선 자체가 이동하는 것을 의미한다. 수요가 증가하면 수요곡선이 우측으로 이동하고, 수요가 감소하면 수요곡선이 좌측으로 이동한다.

공급의 법칙
다른 조건이 일정할 때 가격이 상승하면 공급량이 증가하는 것을 말한다.

공급량의 변화와 공급의 변화
① 공급량의 변화 : 당해 재화가격의 변화로 인한 공급곡선상의 이동을 의미한다.
② 공급의 변화 : 당해 재화가격 이외의 다른 요인의 변화로 공급곡선 자체가 이동하는 것을 의미한다. 공급이 증가하면 공급곡선이 우측으로 이동하고, 공급이 감소하면 공급곡선이 좌측으로 이동한다.

수요의 가격탄력성
① 의의 : 수요량이 가격에 얼마나 민감하게 반응하는지를 나타낸다.
② 가격탄력성의 도출

$$\varepsilon_P = \frac{수요량의 \ 변화율}{가격의 \ 변화율} = \frac{\frac{\Delta Q}{Q}}{\frac{\Delta P}{P}} = \left(\frac{\Delta Q}{\Delta P}\right)\left(\frac{P}{Q}\right) \ (단, \ \Delta은 \ 변화율, \ Q는 \ 수요량, \ P는 \ 가격)$$

③ 가격탄력성과 판매수입

구분	$\varepsilon_P > 1$ (탄력적)	$\varepsilon_P = 1$ (단위탄력적)	$0 < \varepsilon_P < 1$ (비탄력적)	$\varepsilon_P = 0$ (완전 비탄력적)
가격 상승	판매수입 감소	판매수입 변동 없음	판매수입 증가	판매수입 증가
가격 하락	판매수입 증가	판매수입 변동 없음	판매수입 감소	판매수입 감소

공급의 가격탄력성
① 의의 : 공급량이 가격에 얼마나 민감하게 반응하는지를 나타낸다.
② 가격탄력성의 도출

$$\varepsilon_P = \frac{공급량의 \ 변화율}{가격의 \ 변화율} = \frac{\frac{\Delta Q}{Q}}{\frac{\Delta P}{P}} = \left(\frac{\Delta Q}{\Delta P}\right)\left(\frac{P}{Q}\right) \ (단, \ \Delta은 \ 변화율, \ Q는 \ 공급량, \ P는 \ 가격)$$

③ 공급의 가격탄력성 결정요인 : 생산량 증가에 따른 한계비용 상승이 완만할수록, 기술수준 향상이 빠를수록, 유휴설비가 많을수록, 측정시간이 길어질수록 공급의 가격탄력성은 커진다.

빈출키워드 6　기회비용

01　경제학자 밀턴 프리드먼은 '공짜 점심은 없다(There is no such thing as a free lunch).'라는 말을 즐겨했다고 한다. 다음 중 이 말을 설명할 수 있는 경제 원리는?

① 규모의 경제　　　　　　　　　② 긍정적 외부성
③ 기회비용　　　　　　　　　　④ 수요공급의 원리

02　다음 글의 밑줄 친 ㉠~㉢에 대한 〈보기〉의 설명 중 옳은 것을 모두 고르면?

> 우리나라에 거주 중인 광성이는 ㉠ 여름휴가를 앞두고 휴가 동안 발리로 서핑을 갈지, 빈 필하모닉 오케스트라의 3년 만의 내한 협주를 들으러 갈지 고민하다가 ㉡ 발리로 서핑을 갔다. 그러나 화산폭발의 위험이 있어 안전의 위협을 느끼고 ㉢ 환불이 불가능한 숙박비를 포기한 채 우리나라로 돌아왔다.

보기
가. ㉠의 고민은 광성이의 주관적 희소성 때문이다.
나. ㉠의 고민을 할 때는 기회비용을 고려한다.
다. ㉡의 기회비용은 빈 필하모닉 오케스트라 내한 협주이다.
라. ㉡은 경제재이다.
마. ㉢은 비합리적 선택 행위의 일면이다.

① 가, 나, 마　　　　　　　　　② 가, 다, 라
③ 나, 다, 마　　　　　　　　　④ 가, 나, 다, 라

01

정답 ③

'공짜 점심은 없다.'라는 의미는 무엇을 얻고자 하면 보통 그 대가로 무엇인가를 포기해야 한다는 뜻으로 해석할 수 있다. 즉, 어떠한 선택에는 반드시 포기하게 되는 다른 가치가 존재한다는 의미이다. 시간이나 자금의 사용은 다른 활동에의 시간 사용, 다른 서비스나 재화의 구매를 불가능하게 만들어 기회비용을 유발한다. 정부의 예산배정, 여러 투자상품 중 특정 상품의 선택, 경기활성화와 물가안정 사이의 상충관계 등이 기회비용의 사례가 될 수 있다.

02

정답 ④

오답분석
마. 환불 불가한 숙박비는 회수 불가능한 매몰비용이므로 선택 시 고려하지 않은 ㉢의 행위는 합리적 선택 행위의 일면이다.

이론 더하기

경제재와 자유재

경제재(Economic Goods)	자유재(Free Goods)
• 경제재란 희소성을 가지고 있는 자원으로, 합리적인 의사결정으로 선택을 해야 하는 재화를 말한다. • 우리가 일상생활에서 돈을 지불하고 구입하는 일련의 재화 또는 서비스를 모두 포함한다.	• 자유재란 희소성을 가지고 있지 않아 값을 지불하지 않고도 누구나 마음대로 쓸 수 있는 물건을 말한다. • 공기나 햇빛같이 우리의 욕구에 비해 자원의 양이 풍부해서 경제적 판단을 요구하지 않는 재화를 모두 포함한다.

기회비용(Opportunity Cost)

① 개념
- 여러 선택 대안들 중 한 가지를 선택함으로써 포기해야 하는 다른 선택 대안 중에서 가장 가치가 큰 것을 의미한다.
- 경제학에서 사용하는 비용은 전부 기회비용 개념이며, 합리적인 선택을 위해서는 항상 기회비용의 관점에서 의사결정을 내려야 한다.
- 기회비용은 객관적으로 나타난 비용(명시적 비용) 외에 포기한 대안 중 가장 큰 순이익(암묵적 비용)까지 포함한다.
- 편익(매출액)에서 기회비용을 차감한 이윤을 경제적 이윤이라고 하는데, 이는 기업 회계에서 일반적으로 말하는 회계적 이윤과 다르다. 즉, 회계적 이윤은 매출액에서 명시적 비용(회계적 비용)만 차감하고 암묵적 비용(잠재적 비용)은 차감하지 않는다.

경제적 비용 (기회비용)	명시적 비용 (회계적 비용)	기업이 생산을 위해 타인에게 실제적으로 지불한 비용 예 임금, 이자, 지대
	암묵적 비용 (잠재적 비용)	기업 자신의 생산 요소에 대한 기회비용 예 귀속 임금, 귀속 이자, 귀속 지대

② 경제적 이윤과 회계적 이윤

경제적 이윤	회계적 이윤
• 매출액에서 기회비용을 차감한 이윤을 말한다. • 사업주가 자원배분이 합리적인지 판단하기 위한 지표이다. • 경제적 이윤은 경제적 부가가치(EVA)로 나타내기도 한다. • 경제학에서 장기적으로 기업의 퇴출 여부 판단의 기준이 된다.	• 매출액에서 명시적 비용만 차감한 이윤을 말한다. • 사업주가 외부 이해관계자(채권자, 주주, 금융기관 등)에게 사업성과를 보여주기 위한 지표이다. • 회계적 이윤에는 객관적으로 측정 가능한 명시적 비용만을 반영한다.

매몰비용(Sunk Cost)

이미 투입된 비용으로, 사업을 중단하더라도 회수할 수 없는 비용이다. 사업을 중단하더라도 회수할 수 없기 때문에 사업 중단에 따른 기회비용은 0이다. 그러므로 합리적인 선택을 위해서는 이미 지출되었으나 회수가 불가능한 매몰비용은 고려하지 않는다.

빈출키워드 7 최고가격제·최저가격제

01 다음 〈보기〉에서 최고가격제에 대한 설명으로 옳은 것을 모두 고르면?

> **보기**
> ㉠ 암시장을 출현시킬 가능성이 있다.
> ㉡ 초과수요를 야기한다.
> ㉢ 사회적 후생을 증대시킨다.
> ㉣ 최고가격은 시장의 균형가격보다 높은 수준에서 설정되어야 한다.

① ㉠, ㉡
② ㉠, ㉢
③ ㉡, ㉣
④ ㉢, ㉣

02 가격이 10% 상승할 때 수요량이 12% 감소하는 재화에 최저가격제가 적용되어 가격이 10% 상승하였다. 이때 매출의 변화가 바르게 짝지어진 것은?

① 매출량 증가, 매출액 증가
② 매출량 증가, 매출액 감소
③ 매출량 감소, 매출액 증가
④ 매출량 감소, 매출액 감소

01

정답 ①

오답분석
㉢·㉣ 최고가격은 시장의 균형가격보다 낮은 수준에서 설정되어야 하며, 최고가격제가 실시되면 사회적 후생손실이 발생한다.

02

정답 ④

수요의 가격탄력성은 가격의 변화율에 대한 수요량의 변화율이므로 1.2이다. 이는 탄력적이라는 것을 암시하며, 최저가격제는 가격의 상승을 가져오므로 매출량과 판매수입이 감소한다.

이론 더하기

최고가격제(가격상한제)
① 개념 : 물가를 안정시키고, 소비자를 보호하기 위해 시장가격보다 낮은 수준에서 최고가격을 설정하는 규제이다.
　　예 아파트 분양가격, 금리, 공공요금
② 특징

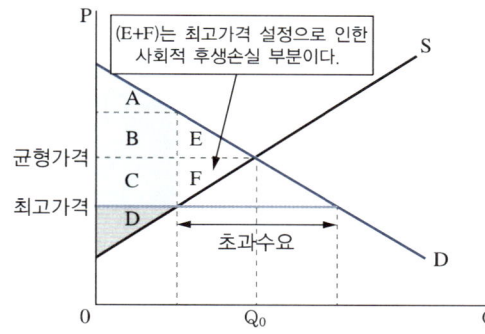

- 소비자들은 시장가격보다 낮은 가격으로 재화를 구입할 수 있다.
- 초과수요가 발생하기 때문에 암시장이 형성되어 균형가격보다 높은 가격으로 거래될 위험이 있다.
- 재화의 품질이 저하될 수 있다.
- 그래프에서 소비자 잉여는 A+B+C, 생산자 잉여는 D, 사회적 후생손실은 E+F만큼 발생한다.
- 공급의 가격탄력성이 탄력적일수록 사회적 후생손실이 커진다.

최저가격제(최저임금제)
① 개념 : 최저가격제란 공급자를 보호하기 위하여 시장가격보다 높은 수준에서 최저가격을 설정하는 규제를 말한다.
　　예 최저임금제
② 특징

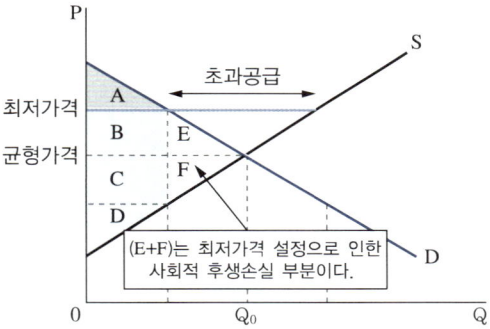

- 최저가격제를 실시하면 생산자는 균형가격보다 높은 가격을 받을 수 있다.
- 소비자의 지불가격이 높아져 소비자의 소비량을 감소시키기 때문에 초과공급이 발생하고, 실업, 재고 누적 등의 부작용이 발생한다.
- 그래프에서 소비자 잉여는 A, 생산자 잉여는 B+C+D, 사회적 후생손실은 E+F만큼 발생한다.
- 수요의 가격탄력성이 탄력적일수록 사회적 후생손실이 커진다.

빈출키워드 8 무차별곡선

01 두 재화 X와 Y를 소비하여 효용을 극대화하는 소비자 A의 효용함수는 U=X+2Y이고, X재 가격이 2, Y재 가격이 1이다. X재 가격이 1로 하락할 때 소비량의 변화는?

① X재, Y재 소비량 모두 불변
② X재, Y재 소비량 모두 증가
③ X재 소비량 감소, Y재 소비량 증가
④ X재 소비량 증가, Y재 소비량 감소

02 다음 중 재화의 성질 및 무차별곡선에 대한 설명으로 옳지 않은 것은?

① 모든 기펜재(Giffen Goods)는 열등재이다.
② 두 재화가 완전보완재인 경우 무차별곡선은 L자 모형이다.
③ X축에는 홍수를, Y축에는 쌀을 나타내는 경우 무차별곡선은 우하향한다.
④ 두 재화가 대체재인 경우 두 재화 간 교차탄력성은 양(+)의 값을 가진다.

01
정답 ①

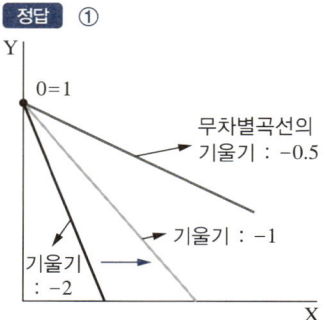

가격이 변하기 전 예산선의 기울기는 −2, 무차별곡선의 기울기는 −0.5이므로 소비자 A는 자신의 소득 전부를 Y재를 구매하는 데에 사용한다. 그런데 X재 가격이 1로 하락하더라도 예산선의 기울기는 −1이므로 여전히 Y재만을 소비하는 것이 효용을 극대화한다. 따라서 가격이 변하더라도 X재와 Y재의 소비량은 변화가 없다.

02
정답 ③

X재가 한계효용이 0보다 작은 비재화이고 Y재가 정상재인 경우 X재의 소비가 증가할 때 효용이 동일한 수준으로 유지되기 위해서는 Y재의 소비가 증가하여야 한다. 따라서 무차별곡선은 우상향의 형태로 도출된다.

이론 더하기

효용함수(Utility Function)
재화소비량과 효용 간의 관계를 함수형태로 나타낸 것을 의미한다.

무차별곡선(Indifference Curve)
① 개념 : 동일한 수준의 효용을 가져다주는 모든 상품의 묶음을 연결한 궤적을 말한다.

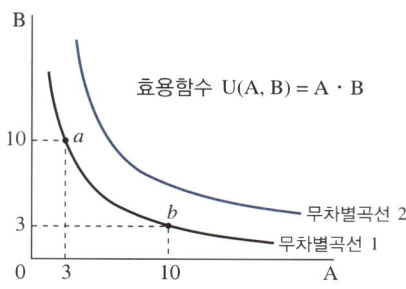

② 무차별곡선의 성질
- A재와 B재 모두 재화라면 무차별곡선은 우하향하는 모양을 갖는다(대체가능성).
- 원점에서 멀어질수록 높은 효용수준을 나타낸다(강단조성).
- 두 무차별곡선은 서로 교차하지 않는다(이행성).
- 모든 점은 그 점을 지나는 하나의 무차별곡선을 갖는다(완비성).
- 원점에 대하여 볼록하다(볼록성).

③ 예외적인 무차별곡선

구분	두 재화가 완전 대체재인 경우	두 재화가 완전 보완재인 경우	두 재화가 모두 비재화인 경우
그래프			
효용함수	$U(X, Y) = aX + bY$	$U(X, Y) = \min\left(\dfrac{X}{a}, \dfrac{Y}{b}\right)$	$U(X, Y) = \dfrac{1}{X^2 + Y^2}$
특징	한계대체율(MRS)이 일정하다.	두 재화의 소비율이 $\dfrac{b}{a}$ 로 일정하다.	X재와 Y재 모두 한계효용이 0보다 작다. ($MU_X < 0$, $MU_Y < 0$)
사례	(X, Y) =(10원짜리 동전, 50원짜리 동전)	(X, Y)=(왼쪽 양말, 오른쪽 양말)	(X, Y)=(매연, 소음)

소비자균형

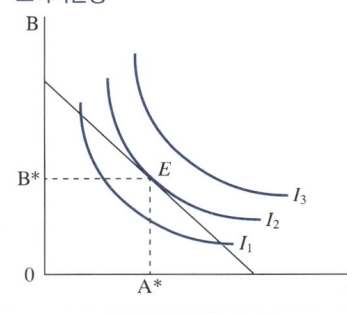

무차별곡선 기울기의 절댓값인 MRS_{AB}, 즉 소비자의 A재와 B재의 주관적인 교환비율과 시장에서 결정된 A재와 B재의 객관적인 교환비율인 상대가격 $\dfrac{P_A}{P_B}$ 가 일치하는 점에서 소비자균형이 달성된다(E).

빈출키워드 9 역선택과 도덕적 해이

다음 〈보기〉의 사례를 역선택(Adverse Selection)과 도덕적 해이(Moral Hazard)의 개념에 따라 바르게 구분한 것은?

보기

㉠ 자동차 보험 가입 후 더 난폭하게 운전한다.
㉡ 건강이 좋지 않은 사람이 민간 의료보험에 더 많이 가입한다.
㉢ 실업급여를 받게 되자 구직 활동을 성실히 하지 않는다.
㉣ 사망 확률이 낮은 건강한 사람이 주로 종신연금에 가입한다.
㉤ 의료보험제도가 실시된 이후 사람들의 의료수요가 현저하게 증가하였다.

	역선택	도덕적 해이
①	㉠, ㉡	㉢, ㉣, ㉤
②	㉡, ㉣	㉠, ㉢, ㉤
③	㉢, ㉤	㉠, ㉡, ㉣
④	㉡, ㉢, ㉣	㉠, ㉤

정답 ②

역선택이란 감추어진 특성의 상황에서 정보 수준이 낮은 측이 사전적으로 바람직하지 않은 상대방을 만날 가능성이 높아지는 현상을 의미한다. 반면, 도덕적 해이는 감추어진 행동의 상황에서 어떤 거래 이후에 정보를 가진 측이 바람직하지 않은 행동을 하는 현상을 의미한다. 따라서 ㉡, ㉣은 역선택, ㉠, ㉢, ㉤은 도덕적 해이에 해당한다.

이론 더하기

역선택(Adverse Selection)

① 개념 : 거래 전에 감추어진 특정한 상황에서 정보가 부족한 구매자가 바람직하지 못한 상대방과 품질이 낮은 상품을 거래하게 되는 가격왜곡현상을 의미한다.

② 사례
- 중고차를 판매하는 사람은 그 차량의 결점에 대해 알지만 구매자는 잘 모르기 때문에 성능이 나쁜 중고차만 거래된다. 즉, 정보의 비대칭성으로 인해 비효율적인 자원 배분 현상이 나타나며, 이로 인해 사회적인 후생손실이 발생한다.
- 보험사에서 평균적인 사고확률을 근거로 보험료를 산정하면 사고 발생 확률이 높은 사람이 보험에 가입할 가능성이 큰 것을 의미한다. 이로 인해 평균적인 위험을 기초로 보험금과 보험료를 산정하는 보험회사는 손실을 보게 된다.

③ 해결방안
- 선별(Screening) : 정보를 갖지 못한 사람이 상대방의 정보를 알기 위해 노력하는 것이다.
- 신호 발송(Signaling) : 정보를 가진 측에서 정보가 없는 상대방에게 자신을 알림으로써 정보의 비대칭을 해결하는 것이다.
- 정부의 역할 : 모든 당사자가 의무적으로 수행하게 하는 강제집행과 정보흐름을 촉진할 수 있는 정보정책 수립 등이 있다.

도덕적 해이(Moral Hazard)

① 개념 : 어떤 계약 거래 이후에 대리인의 감추어진 행동으로 인해 정보격차가 존재하여 상대방의 향후 행동을 예측할 수 없거나 본인이 최선을 다한다 해도 자신에게 돌아오는 혜택이 별로 없는 경우에 발생한다.

② 사례
- 화재보험에 가입하고 나면 화재예방노력에 따른 편익이 감소하므로 노력을 소홀히 하는 현상이 발생한다.
- 의료보험에 가입하면 병원 이용에 따른 한계비용이 낮아지므로 그 전보다 병원을 더 자주 찾는 현상이 발생한다.
- 금융기관에서 자금을 차입한 이후에 보다 위험이 높은 투자 상품에 투자하는 현상이 발생한다.

③ 해결방안
- 보험회사가 보험자 손실의 일부만을 보상해 주는 공동보험제도를 채택한다.
- 금융기관이 기업의 행동을 주기적으로 감시한다(예 사회이사제도, 감사제도).
- 금융기관은 대출 시 담보를 설정하여 위험이 높은 투자를 자제하도록 한다.

역선택과 도덕적 해이 비교

구분	역선택	도덕적 해이
정보의 비대칭 발생시점	계약 이전	계약 이후
정보의 비대칭 유형	숨겨진 특성	숨겨진 행동
해결방안	선별, 신호 발송, 신용할당, 효율성임금, 평판, 표준화, 정보정책, 강제집행 등	유인설계(공동보험, 기초공제제도, 성과급 지급 등), 효율성 임금, 평판, 담보설정 등

빈출키워드 10 공공재

다음 글의 밑줄 친 ㉠, ㉡이 나타내는 용어가 바르게 연결된 것은?

국방은 한 국가가 현존하는 적국이나 가상의 적국 또는 내부의 침략에 대응하기 위하여 강구하는 다양한 방위활동을 말하는데, 이러한 국방은 ㉠ 많은 사람들이 누리더라도 다른 사람이 이용할 수 있는 몫이 줄어들지 않는다. 또한 국방비에 대해 ㉡ 가격을 지급하지 않는 사람들이 이용하지 못하게 막기가 어렵다. 따라서 국방은 정부가 담당하게 된다.

	㉠	㉡
①	공공재	외부효과
②	배제성	경합성
③	무임승차	비배제성
④	비경합성	비배제성

정답 ④

㉠ 경합성이란 재화나 용역을 한 사람이 사용하게 되면 다른 사람의 몫은 그만큼 줄어든다는 것으로 희소성의 가치에 의해 발생하는 경제적인 성격의 문제이다. 일반적으로 접하는 모든 재화나 용역이 경합성이 있으며, 반대로 한 사람이 재화나 용역을 소비해도 다른 사람의 소비를 방해하지 않는다면 비경합성에 해당한다.
㉡ 배제성이란 어떤 특정한 사람이 재화나 용역을 사용하는 것을 막을 수 있는 가능성을 말하며, 반대의 경우는 비배제성이 있다고 한다.
비경합성과 비배제성 모두 동시에 가지고 있는 재화나 용역에는 제시문의 국방, 치안 등 공공재가 있다.

이론 더하기

재화의 종류

구분	배제성	비배제성
경합성	사유재 예 음식, 옷, 자동차	공유자원 예 산에서 나는 나물, 바닷속의 물고기
비경합성	클럽재(자연 독점 재화) 예 케이블 TV방송, 전력, 수도	공공재 예 국방, 치안

공공재
① 개념 : 모든 사람들이 공동으로 이용할 수 있는 재화 또는 서비스로 비경합성과 비배제성이라는 특징을 갖는다.
② 성격
- 비경합성 : 소비하는 사람의 수에 관계없이 모든 사람이 동일한 양을 소비한다. 비경합성에 기인하여 1인 추가 소비에 따른 한계비용은 0이다. 공공재의 경우 양의 가격을 매기는 것은 바람직하지 않음을 의미한다.
- 비배제성 : 재화 생산에 대한 기여 여부에 관계없이 소비가 가능한 특성을 의미한다.

③ 종류
- 순수 공공재 : 국방, 치안 서비스 등
- 비순수 공공재 : 불완전한 비경합성을 가진 클럽재(혼합재), 지방공공재

무임승차자 문제
① 공공재는 배제성이 없으므로 효율적인 자원 분배가 이루어지지 않는 현상이 발생할 수 있다. 이로 인해 시장실패가 발생하게 되는데 구체적으로 두 가지 문제를 야기시킨다.
- 무임승차자의 소비로 인한 공공재나 공공 서비스의 공급부족 현상
- 공유자원의 남용으로 인한 사회문제 발생으로 공공시설물 파괴, 환경 오염

② 기부금을 통해 공공재를 구입하거나, 공공재를 이용하는 사람에게 일정의 요금을 부담시키는 방법, 국가가 강제로 조세를 거두어 무상으로 공급하는 방법 등으로 해결 가능하다.

공유자원
① 개념 : 소유권이 어느 개인에게 있지 않고, 사회 전체에 속하는 자원이다.
② 종류
- 자연자본 : 공기, 하천, 국가 소유의 땅
- 사회간접자본 : 공공의 목적으로 축조된 항만, 도로

공유지의 비극(Tragedy of Commons)
경합성은 있지만 비배제성은 없는 공유자원의 경우, 공동체 구성원이 자신의 이익에만 따라 행동하여 결국 공동체 전체가 파국을 맞이하게 된다는 이론이다.

빈출키워드 11 GDP, GNP, GNI

01 다음 〈보기〉 중 국내총생산(GDP)에 대한 설명으로 옳은 것을 모두 고르면?

> **보기**
> ㉠ 여가가 주는 만족은 삶의 질에 매우 중요한 영향을 미치므로 GDP에 반영된다.
> ㉡ 환경오염으로 파괴된 자연을 치유하기 위해 소요된 지출은 GDP에 포함된다.
> ㉢ 우리나라의 지하경제 규모는 엄청나기 때문에 한국은행은 이를 포함하여 GDP를 측정한다.
> ㉣ 가정주부의 가사노동은 GDP에 불포함되지만, 가사도우미의 가사노동은 GDP에 포함된다.

① ㉠, ㉢　　　　　　　　　　　　　② ㉡, ㉢
③ ㉡, ㉣　　　　　　　　　　　　　④ ㉢, ㉣

02 다음 중 국민총소득(GNI), 국내총생산(GDP), 국민총생산(GNP)에 대한 설명으로 옳지 않은 것은?

① GNI는 한 나라 국민이 국내외 생산활동에 참여한 대가로 받은 소득의 합계이다.
② 명목GNI는 명목GNP와 명목 국외순수취요소소득의 합이다.
③ 원화표시 GNI에 아무런 변동이 없더라도 환율변동에 따라 달러화표시 GNI는 변동될 수 있다.
④ 국외수취 요소소득이 국외지급 요소소득보다 크면 명목GNI가 명목GDP보다 크다.

01
정답 ③

오답분석
㉠ 여가, 자원봉사 등의 활동은 생산활동이 아니므로 GDP에 포함되지 않는다.
㉢ GDP는 마약밀수 등의 지하경제를 반영하지 못한다는 한계점이 있다.

02
정답 ②

과거에는 국민총생산(GNP)이 소득지표로 사용되었으나, 수출품과 수입품의 가격변화에 따른 실질소득의 변화를 제대로 반영하지 못했기 때문에 현재는 국민총소득(GNI)을 소득지표로 사용한다.
명목GNP는 명목GDP에 국외순수취요소소득을 더하여 계산하는데, 명목GDP는 당해 연도 생산량에 당해 연도의 가격을 곱하여 계산하므로 수출품과 수입품의 가격변화에 따른 실질소득 변화가 모두 반영된다. 즉, 명목으로 GDP를 집계하면 교역조건 변화에 따른 실질무역손익이 0이 된다. 따라서 명목GNP는 명목GNI와 동일하다.

이론 더하기

GDP(국내총생산)
① 정의 : GDP(국내총생산)란 일정 기간 동안 한 나라의 국경 안에서 생산된 모든 최종 재화와 서비스의 시장가치를 시장가격으로 평가하여 합산한 것이다.
② GDP의 계산 : [가계소비(C)]+[기업투자(I)]+[정부지출(G)]+[순수출(NX)]
　※ 순수출(NX) : (수출)-(수입)
③ 명목GDP와 실질GDP

명목GDP	• 당해의 생산량에 당해 연도 가격을 곱하여 계산한 GDP이다. • 명목GDP는 물가가 상승하면 상승한다. • 당해 연도의 경제활동 규모와 산업구조를 파악하는 데 유용하다.
실질GDP	• 당해의 생산량에 기준연도 가격을 곱하여 계산한 GDP이다. • 실질GDP는 물가의 영향을 받지 않는다. • 경제성장과 경기변동 등을 파악하는 데 유용하다.

④ GDP디플레이터 : $\frac{(명목GDP)}{(실질GDP)} \times 100$

⑤ 실재GDP와 잠재GDP

실재GDP	• 한 나라의 국경 안에서 실제로 생산된 모든 최종 생산물의 시장가치를 의미한다.
잠재GDP	• 한 나라에 존재하는 노동과 자본 등 모든 생산요소를 정상적으로 사용할 경우 달성할 수 있는 최대 GDP를 의미한다. • (잠재GDP)=(자연산출량)=(완전고용산출량)

GNP(국민총생산)
① 개념 : GNP(국민총생산)란 일정 기간 동안 한 나라의 국민이 소유하는 노동과 자본으로 생산된 모든 최종 생산물의 시장가치를 의미한다.
② GNP의 계산 : (GDP)+(대외순수취요소소득)=(GDP)+(대외수취요소소득)-(대외지급요소소득)
　※ 대외수취요소소득 : 우리나라 기업이나 근로자가 외국에서 일한 대가
　※ 대외지급요소소득 : 외국의 기업이나 근로자가 우리나라에서 일한 대가

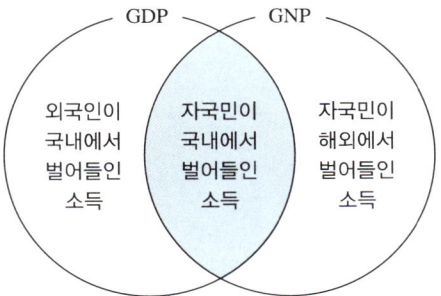

GNI(국민총소득)
① 개념 : 한 나라의 국민이 국내외 생산 활동에 참가하거나 생산에 필요한 자산을 제공한 대가로 받은 소득의 합계이다.
② GNI의 계산 : (GDP)+(교역조건 변화에 따른 실질무역손익)+(대외순수취요소소득)
　　　　　　　=(GDP)+(교역조건 변화에 따른 실질무역손익)+(대외수취요소소득)-(대외지급요소소득)

빈출키워드 12 | 비교우위

다음은 A국과 B국의 2016년과 2024년 자동차와 TV 생산에 대한 생산가능곡선을 나타낸 것이다. 이에 대한 설명으로 옳은 것은?

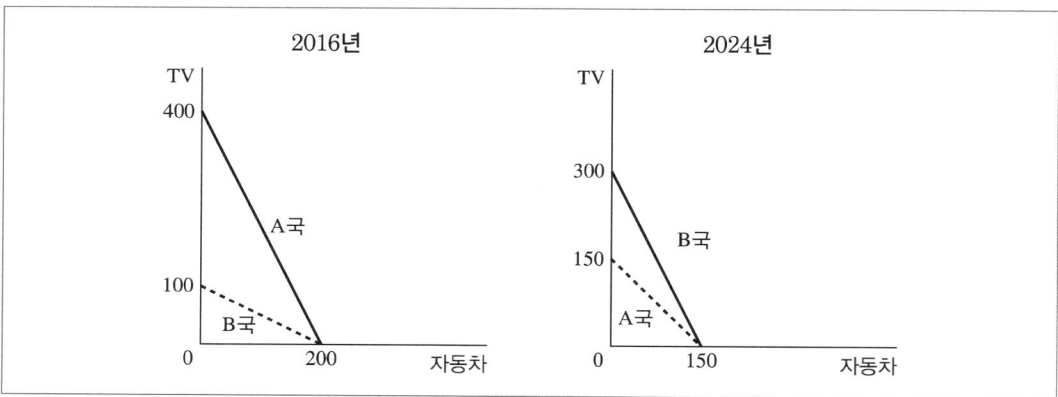

① 2016년의 자동차 수출국은 A국이다.
② B국의 자동차 1대 생산 기회비용은 감소하였다.
③ 두 시점의 생산가능곡선 변화 원인은 생산성 향상 때문이다.
④ 2024년에 자동차 1대가 TV 2대와 교환된다면 무역의 이익은 B국만 갖게 된다.

정답 ③

오답분석

① 2016년에 A국이 자동차 1대를 생산하기 위한 기회비용은 TV 2대이며, B국이 자동차 1대를 생산하기 위한 기회비용은 TV $\frac{1}{2}$대이므로 상대적으로 자동차 생산에 대한 기회비용이 적은 B국에서 자동차를 수출해야 한다.

② 2016년 B국의 자동차 1대 생산에 대한 기회비용은 TV $\frac{1}{2}$대인 반면, 2024년 B국의 자동차 1대 생산에 대한 기회비용은 TV 2대이므로 기회비용은 증가하였다.

④ 2024년에 A국은 비교우위가 있는 자동차 생산에 특화하고, B국은 비교우위가 있는 TV 생산에 특화하여 교환한다. 이 경우 교환 비율이 자동차 1대당 TV 2대이면, B국은 아무런 무역이익을 가지지 못하고, A국만 무역의 이익을 갖는다.

이론 더하기

애덤 스미스의 절대우위론
절대우위론이란 각국이 절대적으로 생산비가 낮은 재화생산에 특화하여 그 일부를 교환함으로써 상호이익을 얻을 수 있다는 이론이다.

리카도의 비교우위론
① 개념
- 비교우위란 교역 상대국보다 낮은 기회비용으로 생산할 수 있는 능력으로 정의된다.
- 비교우위론이란 한 나라가 두 재화생산에 있어서 모두 절대우위에 있더라도 양국이 상대적으로 생산비가 낮은 재화생산에 특화하여 무역을 할 경우 양국 모두 무역으로부터 이익을 얻을 수 있다는 이론을 말한다.
- 비교우위론은 절대우위론의 내용을 포함하고 있는 이론이다.

② 비교우위론의 사례

구분	A국	B국
X재	4명	5명
Y재	2명	5명

→ A국이 X재와 Y재 생산에서 모두 절대우위를 갖는다.

구분	A국	B국
X재 1단위 생산의 기회비용	Y재 2단위	Y재 1단위
Y재 1단위의 기회비용	X재 $\frac{1}{2}$ 단위	X재 1단위

→ A국은 Y재에, B국은 X재에 비교우위가 있다.

헥셔 – 오린 정리모형(Heckscher – Ohlin Model, H – O Model)
① 개념
- 각국의 생산함수가 동일하더라도 각 국가에서 상품 생산에 투입된 자본과 노동의 비율이 차이가 있으면 생산비의 차이가 발생하게 되고, 각국은 생산비가 적은 재화에 비교우위를 갖게 된다는 정리이다.
- 노동풍부국은 노동집약재, 자본풍부국은 자본집약재 생산에 비교우위가 있다.

② 내용
- A국은 B국에 비해 노동풍부국이고, X재는 Y재에 비해 노동집약재라고 가정할 때 A국과 B국의 생산가능곡선은 다음과 같이 도출된다.

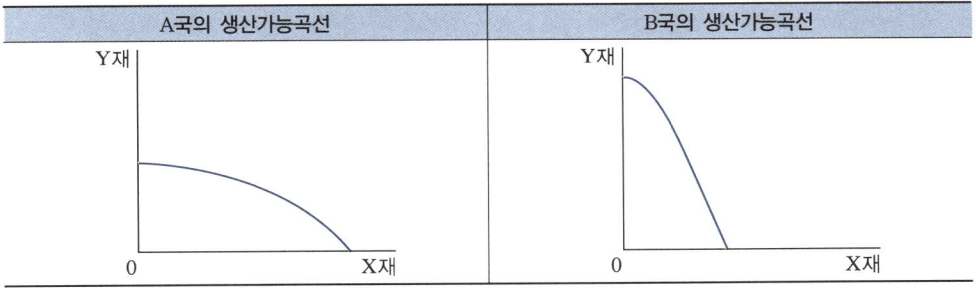

- 헥셔 – 오린 정리에 따르면 A국은 노동이 B국에 비해 상대적으로 풍부하기 때문에 노동집약재인 X재에 비교우위를 가지고 X재를 생산하여 B국에 수출하고 Y재를 수입한다.
- 마찬가지로 B국은 자본이 A국에 비해 상대적으로 풍부하기 때문에 자본집약재인 Y재에 비교우위를 가지고 Y재를 생산하여 A국에 수출하고 X재를 수입한다.

빈출키워드 13 로렌츠 곡선과 지니계수

01 다음 중 소득격차를 나타내는 지표가 아닌 것은?
① 십분위분배율 ② 로렌츠 곡선
③ 지니계수 ④ 엥겔지수

02 어느 나라 국민의 50%는 소득이 전혀 없고, 나머지 50%는 모두 소득을 100씩 균등하게 가지고 있다면 지니계수의 값은 얼마인가?
① 0 ② 1
③ $\frac{1}{2}$ ④ $\frac{1}{4}$

01
정답 ④

엥겔지수는 전체 소비지출 중에서 식료품비가 차지하는 비중을 표시하는 지표로, 특정 계층의 생활 수준만을 알 수 있다.

02
정답 ③

국민의 50%가 소득이 전혀 없고, 나머지 50%에 해당하는 사람들은 소득을 완전히 균등하게 100씩 가지고 있으므로 로렌츠 곡선은 아래 그림과 같다. 따라서 지니계수는 다음과 같이 계산한다.

- 지니계수 $= \dfrac{A}{A+B} = \dfrac{1}{2}$

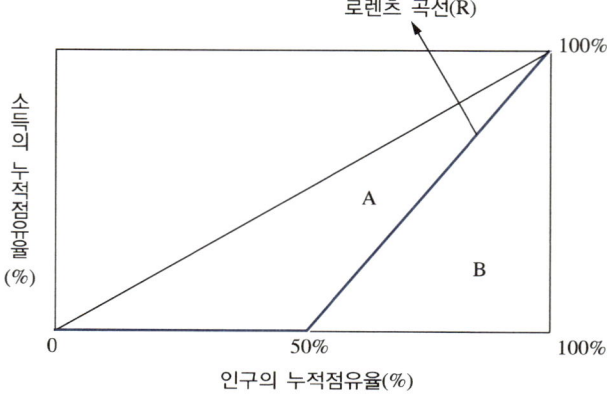

이론 더하기

로렌츠 곡선(Lorenz Curve)
① 개념 및 측정방법
- 인구의 누적점유율과 소득의 누적점유율 간의 관계를 나타내는 곡선이다.
- 로렌츠 곡선은 소득분배가 균등할수록 대각선에 가까워진다. 즉, 로렌츠 곡선이 대각선에 가까울수록 평등한 분배상태이며, 직각에 가까울수록 불평등한 분배상태이다.
- 로렌츠 곡선과 대각선 사이의 면적의 크기가 불평등도를 나타내는 지표가 된다.

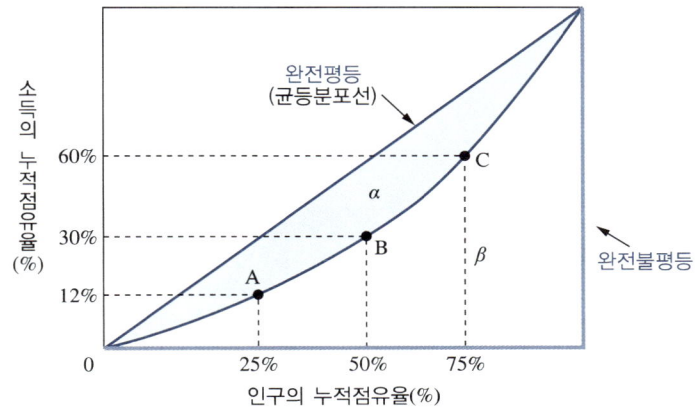

- 로렌츠 곡선상의 점 A는 소득액 하위 25% 인구가 전체 소득의 12%를, 점 B는 소득액 하위 50% 인구가 전체 소득의 30%를, 점 C는 소득액 하위 75% 인구가 전체 소득의 60%를 점유하고 있음을 의미한다.

② 평가
- 로렌츠 곡선이 서로 교차하는 경우에는 소득분배상태를 비교할 수 없다.
- 소득별 분배상태를 한눈에 볼 수 있으나, 비교하고자 하는 수만큼 그려야 하는 단점이 있다.

지니계수
① 개념 및 측정방법
- 지니계수란 로렌츠 곡선이 나타내는 소득분배상태를 하나의 숫자로 나타낸 것을 말한다.
- 지니계수는 완전균등분포선과 로렌츠 곡선 사이에 해당하는 면적(α)을 완전균등분포선 아래의 삼각형 면적($\alpha+\beta$)으로 나눈 값이다.
- 지니계수는 0 ~ 1 사이의 값을 나타내며, 그 값이 작을수록 소득분배가 균등함을 의미한다.
- 즉, 소득분배가 완전히 균등하면 $\alpha=0$이므로 지니계수는 0이 되고, 소득분배가 완전히 불균등하면 $\beta=0$이므로 지니계수는 1이 된다.

② 평가
- 지니계수는 전 계층의 소득분배를 하나의 숫자로 나타내므로 특정 소득계층의 소득분배상태를 나타내지 못한다는 한계가 있다.
- 또한 특정 두 국가의 지니계수가 동일하더라도 소득구간별 소득격차의 차이가 모두 동일한 것은 아니며, 전반적인 소득분배의 상황만을 짐작하게 하는 한계가 있다.

빈출키워드 14 파레토 효율성

상품시장을 가정할 때, 다음 중 완전경쟁시장의 균형점이 파레토 효율적인 이유로 옳지 않은 것은?

① 완전경쟁시장 균형점에서 가장 사회적 잉여가 크기 때문이다.
② 완전경쟁시장 균형점에서 사회적 형평성이 극대화되기 때문이다.
③ 완전경쟁시장 균형점에서 소비자는 효용 극대화, 생산자는 이윤 극대화를 달성하기 때문이다.
④ 완전경쟁시장 균형점에서 재화 한 단위 생산에 따른 사회적 한계편익과 사회적 한계비용이 같기 때문이다.

정답 ②

파레토 효율성이란 하나의 자원배분 상태에서 다른 사람에게 손해가 가지 않고서는 어떤 한 사람에게 이득이 되는 변화를 만들어내는 것이 불가능한 배분 상태를 의미한다. 즉, 파레토 효율성은 현재보다 더 효율적인 배분이 불가능한 상태를 의미한다. 따라서 완전경쟁시장의 균형점에서는 사회적 효율이 극대화되지만, 파레토 효율적이라고 하여 사회 구성원 간에 경제적 후생을 균등하게 분배하는 것은 아니기 때문에 사회적 형평성이 극대화되지는 않는다.

> **이론 더하기**

파레토 효율성
파레토 효율(=파레토 최적)이란 하나의 자원배분 상태에서 다른 어떤 사람에게 손해가 가도록 하지 않고서는 어떤 한 사람에게 이득이 되는 변화를 만들어 내는 것이 불가능한 상태, 즉 더 이상의 파레토 개선이 불가능한 자원배분 상태를 말한다.

소비에서의 파레토 효율성
① 생산물시장이 완전경쟁시장이면 개별소비자들은 가격수용자이므로 두 소비자가 직면하는 예산선의 기울기 $\left(-\dfrac{P_X}{P_Y}\right)$는 동일하다.
② 예산선의 기울기가 동일하므로 두 개인의 무차별곡선 기울기도 동일하다.
$MRS_{XY}^A = MRS_{XY}^B$
③ 그러므로 생산물시장이 완전경쟁이면 소비에서의 파레토 효율성 조건이 충족된다.
④ 계약곡선상의 모든 점에서 파레토 효율이 성립하고, 효용곡선상의 모든 점에서 파레토 효율이 성립한다.

생산에서의 파레토 효율성
① 생산요소시장이 완전경쟁이면 개별생산자는 가격수용자이므로 두 재화가 직면하는 등비용선의 기울기 $\left(-\dfrac{w}{r}\right)$가 동일하다.
② 등비용선의 기울기가 동일하므로 두 재화의 등량곡선의 기울기도 동일하다.
$MRS_{LK}^X = MRS_{LK}^Y$
③ 그러므로 생산요소시장이 완전경쟁이면 생산에서의 파레토 효율성 조건이 충족된다.
④ 생산가능곡선이란 계약곡선을 재화공간으로 옮겨 놓은 것으로 생산가능곡선상의 모든 점에서 파레토 효율이 이루어진다.
⑤ 한계변환율은 X재의 생산량을 1단위 증가시키기 위하여 감소시켜야 하는 Y재의 수량으로, 생산가능곡선 접선의 기울기이다.

종합적인 파레토 효율성
시장구조가 완전경쟁이면 소비자의 효용극대화와 생산자의 이윤극대화 원리에 의해 종합적인 파레토 효율성 조건이 성립한다.
$MRS_{xy} = \dfrac{M_X}{M_Y} = \dfrac{P_X}{P_Y} = \dfrac{MC_X}{MC_Y} = MRT_{xy}$

파레토 효율성의 한계
① 파레토 효율성 조건을 충족하는 점은 무수히 존재하기 때문에 그중 어떤 점이 사회적으로 가장 바람직한지 판단하기 어렵다.
② 파레토 효율성은 소득분배의 공평성에 대한 기준을 제시하지 못한다.

빈출키워드 15 실업

01 다음 대화에서 밑줄 친 부분에 해당하는 사례로 가장 적절한 것은?

> 선생님 : 실업에는 어떤 종류가 있는지 한 번 말해볼까?
> 학생 : 네, 선생님. 실업은 발생하는 원인에 따라 <u>경기적 실업</u>과 계절적 실업, 그리고 구조적 실업과 마찰적 실업으로 분류할 수 있습니다.

① 총수요의 부족으로 발생하는 실업이 발생했다.
② 더 나은 직업을 탐색하기 위해 기존에 다니던 직장을 그만두었다.
③ 남해바다 해수욕장의 수영 강사들이 겨울에 일자리가 없어서 쉬고 있다.
④ 산업구조가 제조업에서 바이오기술산업으로 재편되면서 대량실업이 발생하였다.

02 다음 빈칸 ㉠ ~ ㉣에 들어갈 용어가 바르게 연결된 것은?

> • ㉠ : 구직활동 과정에서 일시적으로 실업 상태에 놓이는 것을 의미한다.
> • ㉡ : 한 나라의 산출량과 실업 사이에서 관찰되는 안정적인 음(-)의 상관관계가 존재한다는 것을 의미한다.
> • ㉢ : 실업이 높은 수준으로 올라가고 나면 경기확장정책을 실시하더라도 다시 실업률이 감소하지 않는 경향을 의미한다.
> • ㉣ : 경기침체로 인한 총수요의 부족으로 발생하는 실업이다.

	㉠	㉡	㉢	㉣
①	마찰적 실업	오쿤의 법칙	이력현상	경기적 실업
②	마찰적 실업	경기적 실업	오쿤의 법칙	구조적 실업
③	구조적 실업	이력현상	경기적 실업	마찰적 실업
④	구조적 실업	이력현상	오쿤의 법칙	경기적 실업

01

정답 ①

경기적 실업이란 경기침체로 인한 총수요의 부족으로 발생하는 실업이다. 따라서 경기적 실업을 감소시키기 위해서는 총수요를 확장시켜 경기를 활성화시키는 경제안정화정책이 필요하다.

오답분석
② 마찰적 실업에 해당한다.
③ 계절적 실업에 해당한다.
④ 구조적 실업에 해당한다.

02

정답 ①

㉠ 마찰적 실업 : 직장을 옮기는 과정에서 일시적으로 실업 상태에 놓이는 것을 의미하며, 자발적 실업으로서 완전고용상태에서도 발생한다.
㉡ 오쿤의 법칙 : 한 나라의 산출량과 실업 간에 경험적으로 관찰되는 안정적인 음(-)의 상관관계가 존재한다는 것을 의미한다.
㉢ 이력현상 : 경기침체로 인해 높아진 실업률이 일정 기간이 지난 이후에 경기가 회복되더라도 낮아지지 않고 계속 일정한 수준을 유지하는 현상을 의미한다.
㉣ 경기적 실업 : 경기침체로 유효수요가 부족하여 발생하는 실업을 의미한다.

이론 더하기

실업
① 실업이란 일할 의사와 능력을 가진 사람이 일자리를 갖지 못한 상태를 의미한다.
② 실업은 자발적 실업과 비자발적 실업으로 구분된다.
③ 자발적 실업에는 마찰적 실업이 포함되고, 비자발적 실업에는 구조적·경기적 실업이 포함된다.

마찰적 실업(Frictional Unemployment)
① 노동시장의 정보불완전성으로 노동자들이 구직하는 과정에서 발생하는 자발적 실업을 말한다.
② 마찰적 실업의 기간은 대체로 단기이므로 실업에 따르는 고통은 크지 않다.
③ 마찰적 실업을 감소시키기 위해서는 구인 및 구직 정보를 적은 비용으로 찾을 수 있는 제도적 장치를 마련하여 경제적·시간적 비용을 줄여주어야 한다.

구조적 실업(Structural Unemployment)
① 경제가 발전하면서 산업구조가 변화하고 이에 따라 노동수요 구조가 변함에 따라 발생하는 실업을 말한다.
② 기술발전과 지식정보화 사회 등에 의한 산업구조 재편이 수반되면서 넓은 지역에서 동시에 발생하는 실업이다.
③ 구조적 실업을 감소시키기 위해서는 직업훈련, 재취업교육 등 인력정책이 필요하다.

경기적 실업(Cyclical Unemployment)
① 경기침체로 인한 총수요의 부족으로 발생하는 실업이다.
② 경기적 실업을 감소시키기 위해서는 총수요를 확장시켜 경기를 활성화시키는 경제안정화정책이 필요하다.
③ 한편, 실업보험제도나 고용보험제도도 경기적 실업을 해소하기 위한 좋은 대책이다.

실업관련지표
① 경제활동참가율
  - 생산가능인구 중에서 경제활동인구가 차지하는 비율을 나타낸다.
  - $[\text{경제활동참가율}(\%)] = \frac{(\text{경제활동인구})}{(\text{생산가능인구})} \times 100 = \frac{(\text{경제활동인구})}{(\text{경제활동인구}) + (\text{비경제활동인구})} \times 100$

② 실업률
  - 경제활동인구 중에서 실업자가 차지하는 비율을 나타낸다.
  - $[\text{실업률}(\%)] = \frac{(\text{실업자 수})}{(\text{경제활동인구})} \times 100 = \frac{(\text{실업자 수})}{(\text{취업자 수}) + (\text{실업자 수})} \times 100$
  - 정규직의 구분 없이 모두 취업자로 간주하므로 고용의 질을 반영하지 못한다.

③ 고용률
  - 생산가능인구 중에서 취업자가 차지하는 비율로 한 경제의 실질적인 고용창출능력을 나타낸다.
  - $[\text{고용률}(\%)] = \frac{(\text{취업자 수})}{(\text{생산가능인구})} \times 100 = \frac{(\text{취업자 수})}{(\text{경제활동인구}) + (\text{비경제활동인구})} \times 100$

빈출키워드 16 인플레이션

01 다음 중 인플레이션에 의해 나타날 수 있는 현상으로 보기 어려운 것은?

① 구두창비용의 발생
② 메뉴비용의 발생
③ 통화가치 하락
④ 총요소생산성의 상승

02 다음과 같은 현상에 대한 설명으로 옳지 않은 것은?

> 베네수엘라의 중앙은행은 지난해 물가가 무려 9,586% 치솟았다고 발표했다. 그야말로 살인적인 물가 폭등이다. 베네수엘라는 한때 1위 산유국으로 부유했던 국가 중 하나였다. 이를 바탕으로 베네수엘라의 대통령이었던 니콜라스 마두로 대통령은 국민들에게 무상 혜택을 강화하겠다는 정책을 발표하고, 부족한 부분은 국가의 돈을 찍어 국민 생활의 많은 부분을 무상으로 전환했다. 그러나 2010년 원유의 가격이 바닥을 치면서 무상복지로 제공하던 것들을 유상으로 전환했고, 이에 따라 급격히 물가가 폭등하여 현재 돈의 가치가 없어지는 상황까지 왔다. 베네수엘라에서 1,000원짜리 커피를 한 잔 마시려면 150만 원을 지불해야 하며, 한 달 월급으로 계란 한 판을 사기 어려운 수준에 도달했다. 이를 견디지 못한 베네수엘라 국민들은 자신의 나라를 탈출하고 있으며, 정부는 화폐개혁을 예고했다.

① 전쟁이나 혁명 등 사회가 크게 혼란한 상황에서 나타난다.
② 화폐 액면 단위를 변경시키는 디노미네이션으로 쉽게 해소된다.
③ 상품의 퇴장 현상이 나타나며 경제는 물물교환에 의해 유지된다.
④ 정부가 재정 확대 정책을 장기간 지속했을 때도 이런 현상이 나타난다.

01

정답 ④

인플레이션은 구두창비용, 메뉴비용, 자원배분의 왜곡, 조세왜곡 등의 사회적 비용을 발생시켜 경제에 비효율성을 초래한다. 특히 예상하지 못한 인플레이션은 소득의 자의적인 재분배를 가져와 채무자와 실물자산소유자가 채권자와 화폐자산소유자에 비해 유리하게 만든다. 인플레이션으로 인한 사회적 비용 중 구두창비용이란 인플레이션으로 인해 화폐가치가 하락한 상황에서 화폐보유의 기회비용이 상승하는 것을 나타내는 용어이다. 이는 사람들이 화폐보유를 줄이게 되면 금융기관을 자주 방문해야 하므로 거래비용이 증가하게 되는 것을 의미한다. 그리고 메뉴비용이란 물가가 상승할 때 물가 상승에 맞추어 기업들이 생산하는 재화나 서비스의 판매 가격을 조정하는 데 지출되는 비용을 의미한다. 또한 예상하지 못한 인플레이션이 발생하면 기업들은 노동의 수요를 증가시키고, 노동의 수요가 증가하게 되면 일시적으로 생산량과 고용량이 증가하게 되나, 인플레이션으로 총요소생산성이 상승하는 것은 어려운 일이다.

02

정답 ②

제시문은 하이퍼인플레이션에 대한 설명으로, 하이퍼인플레이션은 대부분 전쟁이나 혁명 등 사회가 크게 혼란한 상황 또는 정부가 재정을 지나치게 방만하게 운용해 통화량을 대규모로 공급할 때 발생한다. 디노미네이션은 화폐의 가치를 유지하면서 액면 단위만 줄이는 화폐개혁의 방법으로 화폐를 바꾸는 데 많은 비용이 소요되고, 시스템이나 사람들이 적응하는 데 많은 시간이 필요하기 때문에 효과는 서서히 발생한다.

이론 더하기

물가지수

① 개념 : 물가의 움직임을 구체적으로 측정한 지표로서 일정 시점을 기준으로 그 이후의 물가변동을 백분율(%)로 표시한다.

② 물가지수의 계산 : $\frac{\text{비교시의 물가수준}}{\text{기준시의 물가수준}} \times 100$

③ 물가지수의 종류
- 소비자물가지수(CPI) : 가계의 소비생활에 필요한 재화와 서비스의 소매가격을 기준으로 환산한 물가지수로서 라스파이레스 방식으로 통계청에서 작성한다.
- 생산자물가지수(PPI) : 국내시장의 제1차 거래단계에서 기업 상호 간에 거래되는 모든 재화와 서비스의 평균적인 가격변동을 측정한 물가지수로서 라스파이레스 방식으로 한국은행에서 작성한다.
- GDP디플레이터 : 명목GNP를 실질가치로 환산할 때 사용하는 물가지수로서 GNP를 추계하는 과정에서 산출된다. 가장 포괄적인 물가지수로서 사후적으로 계산되며 파셰 방식으로 한국은행에서 작성한다.

인플레이션

① 개념 : 물가수준이 지속적으로 상승하여 화폐가치가 하락하는 현상을 말한다.

② 인플레이션의 발생원인

구분	수요견인 인플레이션	비용인상 인플레이션
고전학파	통화공급(M) 증가	통화주의는 물가수준에 대한 적응적 기대를 하는 과정에서 생긴 현상으로 파악
통화주의학파		
케인스학파	정부지출 증가, 투자 증가 등 유효수요 증가와 통화량 증가	임금인상 등의 부정적 공급충격

③ 인플레이션의 경제적 효과
- 예상치 못한 인플레이션은 채권자에서 채무자에게로 소득을 재분배하며, 고정소득자와 금융자산을 많이 보유한 사람에게 불리하게 작용한다.
- 인플레이션은 물가수준의 상승을 의미하므로 수출재의 가격이 상승하여 경상수지를 악화시킨다.
- 인플레이션은 실물자산에 대한 선호를 증가시켜 저축이 감소하여 자본축적을 저해하고 결국 경제의 장기적인 성장가능성을 저하시킨다.

④ 인플레이션의 종류
- 하이퍼인플레이션 : 인플레이션의 범위를 초과하여 경제학적 통제를 벗어난 인플레이션이다.
- 스태그플레이션 : 경기침체기에서의 인플레이션으로, 저성장 고물가의 상태이다.
- 애그플레이션 : 농산물 상품의 가격 급등으로 일반 물가도 덩달아 상승하는 현상이다.
- 보틀넥인플레이션 : 생산요소의 일부가 부족하여, 생산의 증가속도가 수요의 증가속도를 따르지 못해 발생하는 물가상승 현상이다.
- 디맨드풀인플레이션 : 초과수요로 인하여 일어나는 인플레이션이다.
- 디스인플레이션 : 인플레이션을 극복하기 위해 통화증발을 억제하고 재정·금융긴축을 주축으로 하는 경제조정정책이다.

빈출키워드 17 게임이론

01 다음 중 게임이론에 대한 설명으로 옳지 않은 것은?

① 순수전략들로만 구성된 내쉬균형이 존재하지 않는 게임도 있다.
② 죄수의 딜레마 게임에서 두 용의자 모두가 자백하는 것은 우월전략균형이면서 동시에 내쉬균형이다.
③ 우월전략이란 상대 경기자들이 어떤 전략들을 사용하든지 상관없이 자신의 전략들 중에서 항상 가장 낮은 보수를 가져다주는 전략을 말한다.
④ 참여자 모두에게 상대방이 어떤 전략을 선택하는가에 관계없이 자신에게 더 유리한 결과를 주는 전략이 존재할 때 그 전략을 참여자 모두가 선택하면 내쉬균형이 달성된다.

02 양씨네 가족은 주말에 여가 생활을 하기로 했다. 양씨 부부는 영화 관람을 원하고, 양씨 자녀들은 놀이동산에 가고 싶어 한다. 하지만 부부와 자녀들은 모두 따로 여가 생활을 하는 것보다는 함께 여가 생활을 하는 것을 더 선호한다. 다음 〈보기〉 중 내쉬균형이 달성되는 경우를 모두 고르면?(단, 내쉬전략이란 상대방의 전략이 정해져 있을 때 자신의 이익을 극대화시키는 전략을 말하며, 내쉬균형이란 어느 누구도 이러한 전략을 변경할 유인이 없는 상태를 말한다)

> **보기**
> ㉠ 가족 모두 영화를 관람한다.
> ㉡ 가족 모두 놀이동산에 놀러간다.
> ㉢ 부부는 영화를 관람하고, 자녀들은 놀이동산에 놀러간다.
> ㉣ 부부는 놀이동산에 놀러가고, 자녀들은 영화를 관람한다.

① ㉠, ㉡
② ㉡, ㉢
③ ㉢, ㉣
④ ㉠, ㉡, ㉣

01

정답 ③

우월전략은 상대방의 전략에 관계없이 항상 자신의 보수가 가장 크게 되는 전략을 말한다.

02

정답 ①

부모가 영화를 관람한다고 가정할 때 자녀들이 놀이동산에 놀러가기로 결정하는 경우 따로 여가 생활을 해야 하므로 자녀들의 이익은 극대화되지 않는다. 마찬가지로 자녀들이 놀이동산에 놀러가기로 결정할 때 부부가 영화를 관람하기로 결정한다면 부부의 이익도 역시 극대화되지 않는다. 따라서 가족 모두가 영화를 관람하거나 놀이동산에 놀러갈 때 내쉬균형이 달성된다.

이론 더하기

게임이론
한 사람이 어떤 행동을 취하기 위해서 상대방이 그 행동에 어떻게 대응할지 미리 생각해야 하는 전략적인 상황(Strategic Situation)하에서 자기의 이익을 효과적으로 달성하는 의사결정과정을 분석하는 이론을 말한다.

우월전략균형
① 개념
- 우월전략이란 상대방의 전략에 상관없이 자신의 전략 중 자신의 보수를 극대화하는 전략이다.
- 우월전략균형은 경기자들의 우월전략의 배합을 말한다.
  예 A의 우월전략(자백), B의 우월전략(자백) → 우월전략균형(자백, 자백)

② 평가
- 각 경기자의 우월전략은 비협조전략이다.
- 각 경기자의 우월전략배합이 열위전략의 배합보다 파레토 열위상태이다.
- 자신만이 비협조전략(이기적인 전략)을 선택하는 경우 보수가 증가한다.
- 효율적 자원배분은 협조전략하에 나타난다.
- 각 경기자가 자신의 이익을 극대화하는 행동이 사회적으로 바람직한 자원배분을 실현하는 것은 아니다(개인적 합리성이 집단적 합리성을 보장하지 못한다).

내쉬균형(Nash Equilibrium)
① 개념 및 특징
- 내쉬균형이란 상대방의 전략을 주어진 것으로 보고 자신의 이익을 극대화하는 전략을 선택할 때 이 최적전략의 짝을 내쉬균형이라 한다. 내쉬균형은 존재하지 않을 수도, 복수로 존재할 수도 있다.
- '유한한 경기자'와 '유한한 전략'의 틀을 가진 게임에서 혼합전략을 허용할 때 최소한 하나 이상의 내쉬균형이 존재한다.
- 우월전략균형은 반드시 내쉬균형이나, 내쉬균형은 우월전략균형이 아닐 수 있다.

② 사례
- 내쉬균형이 존재하지 않는 경우

A \ B	T	H
T	3, 2	1, 3
H	1, 1	3, −1

- 내쉬균형이 1개 존재하는 경우(자백, 자백)

A \ B	자백	부인
자백	−5, −5	−1, −10
부인	−10, −1	−2, −2

- 내쉬균형이 2개 존재하는 경우(야구, 야구) (영화, 영화)

A \ B	야구	영화
야구	3, 2	1, 1
영화	1, 1	2, 3

③ 한계점
- 경기자 모두 소극적 추종자로 행동, 적극적으로 행동할 때의 균형을 설명하지 못한다.
- 순차게임을 설명하지 못한다.
- 협력의 가능성이 없으며 협력의 가능성이 있는 게임을 설명하지 못한다.

빈출키워드 18 통화정책

01 A국의 통화량은 현금통화 150, 예금통화 450이며, 지급준비금이 90이라고 할 때 통화승수는? (단, 현금통화비율과 지급준비율은 일정하다)

① 2.5   ② 3
③ 4.5   ④ 5

02 다음 정책에 대한 설명으로 옳지 않은 것은?

> 중앙은행의 정책으로 금리 인하를 통한 경기부양 효과가 한계에 다다랐을 때 중앙은행이 국채매입 등을 통해 유동성을 시중에 직접 푸는 정책을 뜻한다.

① 수출 증대의 효과가 있다.
② 디플레이션을 초래할 수 있다.
③ 유동성을 무제한으로 공급하는 것이다.
④ 경기후퇴를 막음으로써 시장의 자신감을 향상시킨다.

01

정답 ①

현금통화비율(c), 지급준비율(γ), 본원통화(B), 통화량(M)

$$M = \frac{1}{c+\gamma(1-c)} B$$

여기서 $c = \frac{150}{600} = 0.25$, $\gamma = \frac{90}{450} = 0.2$이므로, 통화승수는 $\frac{1}{c+\gamma(1-c)} = \frac{1}{0.25+0.2(1-0.25)} = 2.5$이다.

한편, (통화량)=(현금통화)+(예금통화)=150+450=600, (본원통화)=(현금통화)+(지급준비금)=150+90=240이다.

따라서 (통화승수)=$\frac{(통화량)}{(본원통화)} = \frac{600}{240} = 2.5$이다.

02

정답 ②

양적완화
- 금리중시 통화정책을 시행하는 중앙은행이 정책금리가 0%에 근접하거나, 혹은 다른 이유로 시장경제의 흐름을 정책금리로 제어할 수 없는 이른바 유동성 저하 상황에서 유동성을 충분히 공급함으로써 중앙은행의 거래량을 확대하는 정책이다.
- 수출 증대의 효과가 있는 반면, 인플레이션을 초래할 수도 있다.
- 자국의 경제에는 소기의 목적을 달성하더라도 타국의 경제에 영향을 미쳐 자산 가격을 급등시킬 수도 있다.

> **이론 더하기**

중앙은행

① 중앙은행의 역할
- 화폐를 발행하는 발권은행으로서의 기능을 한다.
- 은행의 은행으로서의 기능을 한다.
- 통화가치의 안정과 국민경제의 발전을 위한 통화금융정책을 집행하는 기능을 한다.
- 국제수지 불균형의 조정, 환율의 안정을 위하여 외환관리업무를 한다.
- 국고금 관리 등의 업무를 수행하며 정부의 은행으로서의 기능을 한다.

② 중앙은행의 통화정책 운영체계
한국은행은 통화정책 운영체계로서 물가안정목표제(Inflation Targeting)를 채택하고 있다.

③ 물가안정목표제란 '통화량' 또는 '환율' 등 중간목표를 정하고 이에 영향을 미쳐 최종목표인 물가안정을 달성하는 것이 아니라, 최종목표인 '물가' 자체에 목표치를 정하고 중기적 시기에 이를 달성하려는 방식이다.

금융정책

정책수단	운용목표	중간목표	최종목표
공개시장조작 지급준비율	콜금리 본원통화 재할인율	통화량 이자율	완전고용 물가안정 국제수지균형

① 공개시장조작정책
- 중앙은행이 직접 채권시장에 참여하여 금융기관을 상대로 채권을 매입하거나 매각하여 통화량을 조절하는 통화정책수단을 의미한다.
- 중앙은행이 시중의 금융기관을 상대로 채권을 매입하는 경우 경제 전체의 통화량은 증가하게 되고, 이는 실질이자율을 낮춰 총수요를 증가시킨다.
- 중앙은행이 시중의 금융기관을 상대로 채권을 매각하는 경우 경제 전체의 통화량은 감소하게 되고, 이는 실질이자율을 상승과 투자의 감소로 이어져 총수요가 감소하게 된다.

② 지급준비율정책
- 법정지급준비율이란 중앙은행이 예금은행으로 하여금 예금자 예금인출요구에 대비하여 총예금액의 일정 비율 이상을 대출할 수 없도록 규정한 것을 말한다.
- 지급준비율정책이란 법정지급준비율을 변경시킴으로써 통화량을 조절하는 것을 말한다.
- 지급준비율이 인상되면 통화량이 감소하고 실질이자율을 높여 총수요를 억제한다.

③ 재할인율정책
- 재할인율정책이란 일반은행이 중앙은행으로부터 자금을 차입할 때 차입규모를 조절하여 통화량을 조절하는 통화정책수단을 말한다.
- 재할인율 상승은 실질이자율을 높여 경제 전체의 통화량을 줄이고자 할 때 사용하는 통화정책의 수단이다.
- 재할인율 인하는 실질이자율을 낮춰 경제 전체의 통화량을 늘리고자 할 때 사용하는 통화정책의 수단이다.

빈출키워드 19 　금융지표(금리·환율·주가)

다음은 경제 지표 추이에 대한 그래프이다. 이와 같은 추이가 계속된다고 할 때, 나타날 수 있는 현상으로 옳은 것을 〈보기〉에서 모두 고르면?(단, 지표 외 다른 요인은 고려하지 않는다)

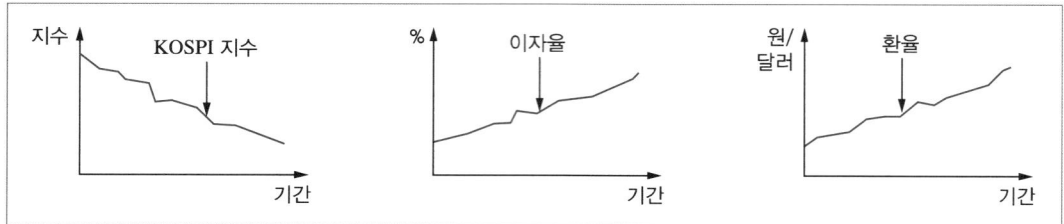

보기
㉠ KOSPI 지수 추이를 볼 때, 기업은 주식시장을 통한 자본 조달이 어려워질 것이다.
㉡ 이자율 추이를 볼 때, 은행을 통한 기업의 대출 수요가 증가할 것이다.
㉢ 환율 추이를 볼 때, 수출제품의 가격 경쟁력이 강화될 것이다.

① ㉠　　　　　　　　　　　　　② ㉡
③ ㉠, ㉢　　　　　　　　　　　④ ㉡, ㉢

정답 ③

㉠ KOSPI 지수가 지속적으로 하락하고 있기 때문에 주식시장이 매우 침체되어 있다고 볼 수 있다. 이 경우 주식에 대한 수요와 증권시장의 약세 장세 때문에 주식 발행을 통한 자본 조달은 매우 어려워진다.
㉢ 원/달러 환율이 지속적으로 상승하게 되면 원화의 약세로 수출제품의 외국에서의 가격은 달러화에 비해 훨씬 저렴하게 된다. 따라서 상대적으로 외국제품에 비하여 가격 경쟁력이 강화되는 효과가 발생한다.

오답분석
㉡ 이자율이 지속적으로 상승하면 대출 금리도 따라 상승하게 되어 기업의 부담이 커지게 되고 이에 따라 기업의 대출 수요는 감소하게 된다.

이론 더하기

금리
① 개념 : 원금에 지급되는 이자를 비율로 나타낸 것으로 '이자율'이라는 표현을 사용하기도 한다.
② 특징
- 자금에 대한 수요와 공급이 변하면 금리가 변동한다. 즉, 자금의 수요가 증가하면 금리가 올라가고, 자금의 공급이 증가하면 금리는 하락한다.
- 중앙은행이 금리를 낮추겠다는 정책목표를 설정하면 금융시장의 국채를 매입하게 되고 금리에 영향을 준다.
- 가계 : 금리가 상승하면 소비보다는 저축이 증가하고, 금리가 하락하면 저축보다는 소비가 증가한다.
- 기업 : 금리가 상승하면 투자비용이 증가하므로 투자가 줄어들고, 금리가 하락하면 투자가 증가한다.
- 국가 간 자본의 이동 : 본국과 외국의 금리 차이를 보고 상대적으로 외국의 금리가 높다고 판단되면 자금은 해외로 이동하고, 그 반대의 경우 국내로 이동한다.

③ 금리의 종류
- 기준금리 : 중앙은행이 경제활동 상황을 판단하여 정책적으로 결정하는 금리로, 경제가 과열되거나 물가상승이 예상되면 기준금리를 올리고, 경제가 침체되고 있다고 판단되면 기준금리를 하락시킨다.
- 시장금리 : 개인의 신용도나 기간에 따라 달라지는 금리이다.

1년 미만 단기 금리	콜금리	영업활동 과정에서 남거나 모자라는 초단기자금(콜)에 대한 금리이다.
	환매조건부채권(RP)	일정 기간이 지난 후에 다시 매입하는 조건으로 채권을 매도함으로써 수요자가 단기자금을 조달하는 금융거래방식의 하나이다.
	양도성예금증서(CD)	은행이 발행하고 금융시장에서 자유로운 매매가 가능한 무기명의 정기예금증서이다.
1년 이상 장기 금리		국채, 회사채, 금융채

환율
국가 간 화폐의 교환비율로, 우리나라에서 환율을 표시할 때에는 외국화폐 1단위당 원화의 금액으로 나타낸다.
예 1,193.80원/$, 170.76원/¥

주식과 주가
① 주식 : 주식회사의 자본을 이루는 단위로서 금액 및 이를 전제한 주주의 권리와 의무단위이다.
② 주가 : 주식의 시장가격으로, 주식시장의 수요와 공급에 의해 결정된다.

빈출키워드 20 환율

01 다음 중 변동환율제도에 대한 설명으로 옳지 않은 것은?

① 원화 환율이 오르면 물가가 상승하기 쉽다.
② 원화 환율이 오르면 수출업자가 유리해진다.
③ 원화 환율이 오르면 외국인의 국내 여행이 많아진다.
④ 국가 간 자본거래가 활발하게 이루어진다면 독자적인 통화정책을 운용할 수 없다.

02 다음 글의 빈칸 ㉠ ~ ㉢에 들어갈 경제 용어가 바르게 연결된 것은?

> 구매력평가 이론(Purchasing Power Parity Theory)은 모든 나라의 통화 한 단위의 구매력이 같도록 환율이 결정되어야 한다는 것이다. 구매력평가 이론에 따르면 양국통화의 ㉠ 은 양국의 ㉡ 에 의해 결정되며, 구매력평가 이론이 성립하면 ㉢ 은 불변이다.

	㉠	㉡	㉢
①	실질환율	물가수준	명목환율
②	실질환율	자본수지	명목환율
③	명목환율	물가수준	실질환율
④	명목환율	경상수지	실질환율

01

정답 ④

변동환율제도에서는 중앙은행이 외환시장에 개입하여 환율을 유지할 필요가 없고, 외환시장의 수급 상황이 국내 통화량에 영향을 미치지 않으므로 독자적인 통화정책의 운용이 가능하다.

02

정답 ③

일물일가의 법칙을 가정하는 구매력평가설에 따르면 두 나라에서 생산된 재화의 가격이 동일하므로 명목환율은 두 나라의 물가수준의 비율로 나타낼 수 있다. 한편, 구매력평가설이 성립하면 실질환율은 불변한다.

이론 더하기

환율

① 개념 : 국내화폐와 외국화폐가 교환되는 시장을 외환시장(Foreign Exchange Market)이라고 한다. 그리고 여기서 결정되는 두 나라 화폐의 교환비율을 환율이라고 한다. 즉, 환율이란 자국화폐단위로 표시한 외국화폐 1단위의 가격이다.

② 환율의 변화

환율의 상승을 환율 인상(Depreciation), 환율의 하락을 환율 인하(Appreciation)라고 한다. 환율이 인상되는 경우 자국화폐의 가치가 하락하는 것을 의미하며, 환율이 인하되는 경우는 자국화폐가치가 상승하는 것을 의미한다.

평가절상 (=환율 인하, 자국화폐 가치 상승)	평가절하 (=환율 인상, 자국화폐 가치 하락)
• 수출 감소 • 수입 증가 • 경상수지 악화 • 외채부담 감소	• 수출 증가 • 수입 감소 • 경상수지 개선 • 외채부담 증가

③ 환율제도

구분	고정환율제도	변동환율제도
국제수지 불균형의 조정	정부개입에 의한 해결(평가절하, 평가절상)과 역외국에 대해서는 독자관세 유지	시장에서 환율의 변화에 따라 자동적으로 조정
환위험	적음	환율의 변동성에 기인하여 환위험에 크게 노출되어 있음
환투기의 위험	적음	높음(이에 대해 프리드먼은 환투기는 환율을 오히려 안정시키는 효과가 존재한다고 주장)
해외교란요인의 파급 여부	국내로 쉽게 전파됨	환율의 변화가 해외교란요인의 전파를 차단(차단효과)
금융정책의 자율성 여부	자율성 상실(불가능성 정리)	자율성 유지
정책의 유효성	금융정책 무력	재정정책 무력

빈출키워드 21 주식과 주가지수

01 다음 중 서킷 브레이커(Circuit Breakers)에 대한 설명으로 옳지 않은 것은?

① 1~3단계별로 2번씩 발동할 수 있다.
② 거래를 중단한 지 20분이 지나면 10분간 호가를 접수해서 매매를 재개시킨다.
③ 주식시장에서 주가가 급등 또는 급락하는 경우 주식매매를 일시 정지하는 제도이다.
④ 2단계 서킷 브레이커는 1일 1회 주식시장 개장 5분 후부터 장이 끝나기 40분 전까지 발동할 수 있다.

02 다음 중 주가가 떨어질 것을 예측해 주식을 빌려 파는 공매도를 했으나, 반등이 예상되면서 빌린 주식을 되갚자 주가가 오르는 현상은?

① 사이드카
② 디노미네이션
③ 서킷브레이커
④ 숏커버링

01

정답 ①

서킷 브레이커
- 원래 전기 회로에 과부하가 걸렸을 때 자동으로 회로를 차단하는 장치를 말하는데, 주식시장에서 주가가 급등 또는 급락하는 경우 주식매매를 일시 정지하는 제도이다. 서킷 브레이커가 발동되면 매매가 20분간 정지되고, 20분이 지나면 10분간 동시호가, 단일가매매 전환이 이루어진다.
- 서킷 브레이커 발동조건
  - 1단계 : 종합주가지수가 전 거래일보다 8% 이상 하락하여 1분 이상 지속되는 경우
  - 2단계 : 종합주가지수가 전 거래일보다 15% 이상 하락하여 1분 이상 지속되는 경우
  - 3단계 : 종합주가지수가 전 거래일보다 20% 이상 하락하여 1분 이상 지속되는 경우
- 서킷 브레이커 유의사항
  - 총 3단계로 이루어진 서킷 브레이커의 각 단계는 하루에 한 번만 발동할 수 있다.
  - 1~2단계는 주식시장 개장 5분 후부터 장 종료 40분 전까지만 발동한다. 단, 3단계 서킷 브레이커는 장 종료 40분 전 이후에도 발동될 수 있고, 3단계 서킷 브레이커가 발동하면 장이 종료된다.

02

정답 ④

없는 주식이나 채권을 판 후 보다 싼 값으로 주식이나 그 채권을 구해 매입자에게 넘기는데, 예상을 깨고 강세장이 되어 해당 주식이 오를 것 같으면 손해를 보기 전에 빌린 주식을 되갚게 된다. 이때 주가가 오르는 현상을 숏커버링이라 한다.

> **이론 더하기**

주가지수
① 개념 : 주식가격의 상승과 하락을 판단하기 위한 지표(Index)가 필요하므로 특정 종목의 주식을 대상으로 평균적으로 가격이 상승했는지 하락했는지를 판단한다. 때문에 주가지수의 변동은 경제상황을 판단하게 해주는 지표가 될 수 있다.

② 주가지수 계산 : $\dfrac{\text{비교시점의 시가총액}}{\text{기준시점의 시가총액}} \times 100$

③ 주요국의 종합주가지수

구분	지수명	기준시점	기준지수
한국	코스피	1980년	100
	코스닥	1996년	1,000
미국	다우존스 산업평균지수	1896년	100
	나스닥	1971년	100
	S&P 500	1941년	10
일본	니케이 225	1949년	50
중국	상하이종합	1990년	100
홍콩	항셍지수	1964년	100
영국	FTSE 100지수	1984년	1,000
프랑스	CAC 40지수	1987년	1,000

주가와 경기 변동
① 주식의 가격은 장기적으로 기업의 가치에 따라 변동한다.
② 주가는 경제성장률이나 이자율, 통화량과 같은 경제변수에 영향을 받는다.
③ 통화공급의 증가와 이자율이 하락하면 소비와 투자가 늘어나서 기업의 이익이 커지므로 주가는 상승한다.

주식관련 용어
① 서킷브레이커(CB) : 주식시장에서 주가가 급등 또는 급락하는 경우 주식매매를 일시 정지하는 제도이다.
② 사이드카 : 선물가격이 전일 종가 대비 5%(코스피), 6%(코스닥) 이상 급등 또는 급락 상태가 1분간 지속될 경우 주식시장의 프로그램 매매 호가를 5분간 정지시키는 것을 의미한다.
③ 네 마녀의 날 : 주가지수 선물과 옵션, 개별 주식 선물과 옵션 등 네 가지 파생상품 만기일이 겹치는 날이다. '쿼드러플워칭데이'라고도 한다.
④ 레드칩 : 중국 정부와 국영기업이 최대주주로 참여해 홍콩에 설립한 우량 중국 기업들의 주식을 일컫는 말이다.
⑤ 블루칩 : 오랜 시간 동안 안정적인 이익을 창출하고 배당을 지급해온 수익성과 재무구조가 건전한 기업의 주식으로 대형 우량주를 의미한다.
⑥ 숏커버링 : 외국인 등이 공매도한 주식을 되갚기 위해 시장에서 주식을 다시 사들이는 것으로, 주가 상승 요인으로 작용한다.
⑦ 공매도 : 주식을 가지고 있지 않은 상태에서 매도 주문을 내는 것이다. 3일 안에 해당 주식이나 채권을 구해 매입자에게 돌려주면 되기 때문에, 약세장이 예상되는 경우 시세차익을 노리는 투자자가 주로 활용한다.

빈출키워드 22 채권

다음 중 유로채와 외국채에 대한 설명으로 옳지 않은 것은?

① 유로채는 채권의 표시통화 국가에서 발행되는 채권이다.
② 유로채는 이자소득세를 내지 않는다.
③ 외국채는 감독 당국의 규제를 받는다.
④ 외국채는 신용 평가가 필요하다.

정답 ①
외국채는 채권의 표시통화 국가에서 발행되는 채권이고, 유로채는 채권의 표시통화 국가 이외의 국가에서 발행되는 채권이다.

오답분석
② 외국채는 이자소득세를 내야 하지만, 유로채는 세금을 매기지 않는다.
③ 외국채는 감독 당국의 규제를 받지만, 유로채는 규제를 받지 않는다.
④ 외국채는 신용 평가가 필요하지만, 유로채는 필요하지 않다.

이론 더하기

채권
정부, 공공기관, 특수법인과 주식회사 형태를 갖춘 사기업이 일반 대중 투자자들로부터 비교적 장기의 자금을 조달하기 위해 발행하는 일종의 차용증서로, 채권을 발행한 기관은 채무자, 채권의 소유자는 채권자가 된다.

발행주체에 따른 채권의 분류

국채	• 국가가 발행하는 채권으로 세금과 함께 국가의 중요한 재원 중 하나이다. • 국고채, 국민주택채권, 국채관리기금채권, 외국환평형기금채권 등이 있다.
지방채	• 지방자치단체가 지방재정의 건전한 운영과 공공의 목적을 위해 재정상의 필요에 따라 발행하는 채권이다. • 지하철공채, 상수도공채, 도로공채 등이 있다.
특수채	• 공사와 같이 특별법에 따라 설립된 법인이 자금조달을 목적으로 발행하는 채권으로 공채와 사채의 성격을 모두 가지고 있다. • 예금보험공사 채권, 한국전력공사 채권, 리스회사의 무보증 리스채, 신용카드회사의 카드채 등이 있다.
금융채	• 금융회사가 발행하는 채권으로 발생은 특정한 금융회사의 중요한 자금조달수단 중 하나이다. • 산업금융채, 장기신용채, 중소기업금융채 등이 있다.
회사채	• 상법상의 주식회사가 발행하는 채권으로 채권자는 주주들의 배당에 우선하여 이자를 지급받게 되며 기업이 도산하는 경우에도 주주들을 우선하여 기업자산에 대한 청구권을 갖는다. • 전환사채(CB), 신주인수권부사채(BW), 교환사채(EB) 등이 있다.

이자지급방법에 따른 채권의 분류

이표채	액면가로 채권을 발행하고, 이자지급일이 되면 발행할 때 약정한 대로 이자를 지급하는 채권이다.
할인채	이자가 붙지는 않지만, 이자 상당액을 미리 액면가격에서 차감하여 발행가격이 상환가격보다 낮은 채권이다.
복리채(단리채)	정기적으로 이자가 지급되는 대신에 복리(단리) 이자로 재투자되어 만기상환 시에 원금과 이자를 지급하는 채권이다.
거치채	이자가 발생한 이후에 일정 기간이 지난 후부터 지급되는 채권이다.

상환기간에 따른 채권의 분류

단기채	통상적으로 상환기간이 1년 미만인 채권으로, 통화안정증권, 양곡기금증권 등이 있다.
중기채	상환기간이 1~5년인 채권으로 우리나라의 대부분의 회사채 및 금융채가 만기 3년으로 발행된다.
장기채	상환기간이 5년 초과인 채권으로 국채가 이에 해당한다.

특수한 형태의 채권
일반사채와 달리 계약 조건이 다양하게 변형된 특수한 형태의 채권으로 다양한 목적에 따라 발행된 채권이다.

전환사채 (CB; Convertible Bond)	발행을 할 때에는 순수한 회사채로 발행되지만, 일정 기간이 경과한 후에는 보유자의 청구에 의해 발행회사의 주식으로 전환될 수 있는 사채이다.
신주인수권부사채 (BW; Bond with Warrant)	발행 이후에 일정 기간 내에 미리 약정된 가격으로 발행회사에 일정한 금액에 해당하는 주식을 매입할 수 있는 권리가 부여된 사채이다.
교환사채 (EB; Exchangeable Bond)	투자자가 보유한 채권을 일정 기간이 지난 후 발행회사가 보유 중인 다른 회사 유가증권으로 교환할 수 있는 권리가 있는 사채이다.
옵션부사채	• 콜옵션과 풋옵션이 부여되는 사채이다. • 콜옵션은 발행회사가 만기 전 조기상환을 할 수 있는 권리이고, 풋옵션은 사채권자가 만기중도상환을 청구할 수 있는 권리이다.
변동금리부채권 (FRN; Floating Rate Note)	• 채권 지급 이자율이 변동되는 금리에 따라 달라지는 채권이다. • 변동금리부채권의 지급이자율은 기준금리에 가산금리를 합하여 산정한다.
자산유동화증권 (ABS; Asset Backed Security)	유동성이 없는 자산을 증권으로 전환하여 자본시장에서 현금화하는 일련의 행위를 자산유동화라고 하는데, 기업 등이 보유하고 있는 대출채권이나 매출채권, 부동산 자산을 담보로 발행하여 제3자에게 매각하는 증권이다.

빈출키워드 23 ELS / ELF / ELW

01 다음 중 주가지수 상승률이 미리 정해놓은 수준에 단 한 번이라도 도달하면 만기 수익률이 미리 정한 수준으로 확정되는 ELS 상품은?

① 디지털형(Digital)
② 녹아웃형(Knock-out)
③ 불스프레드형(Bull-spread)
④ 리버스컨버터블형(Reverse Convertible)

02 주식이나 ELW를 매매할 때 보유시간을 통상적으로 2~3분 단위로 짧게 잡아 하루에 수십 번 또는 수백 번씩 거래를 하며 박리다매식으로 매매차익을 얻는 초단기매매자들이 있다. 이들을 가리키는 용어는?

① 스캘퍼(Scalper)
② 데이트레이더(Day Trader)
③ 스윙트레이더(Swing Trader)
④ 포지션트레이더(Position Trader)

01
정답 ②

주가연계증권(ELS)의 유형
- 녹아웃형(Knock-out) : 주가지수 상승률이 미리 정해놓은 수준에 단 한 번이라도 도달하면 만기 수익률이 미리 정한 수준으로 확정되는 상품
- 불스프레드형(Bull-spread) : 만기 때 주가지수 상승률에 따라 수익률이 결정되는 상품
- 리버스컨버터블형(Reverse Convertible) : 미리 정해 놓은 하락폭 밑으로만 빠지지 않는다면 주가지수가 일정 부분 하락해도 약속한 수익률을 지급하는 상품
- 디지털형(Digital) : 만기일의 주가지수가 사전에 약정한 수준 이상 또는 이하에 도달하면 확정 수익을 지급하고 그렇지 못하면 원금만 지급하는 상품

02
정답 ①

스캘퍼(Scalper)는 ELW 시장 등에서 거액의 자금을 갖고 몇 분 이내의 초단타 매매인 스캘핑(Scalping)을 구사하는 초단타 매매자를 말한다. 속칭 '슈퍼 메뚜기'로 불린다.

오답분석
② 데이트레이더 : 주가의 움직임만 보고 차익을 노리는 주식투자자
③ 스윙트레이더 : 선물시장에서 통상 2~3일 간격으로 매매 포지션을 바꾸는 투자자
④ 포지션트레이더 : 몇 주간 또는 몇 개월 동안 지속될 가격 변동에 관심을 갖고 거래하는 자로서 비회원거래자

이론 더하기

ELS(주가연계증권) / ELF(주가연계펀드)

① 개념 : 파생상품 펀드의 일종으로 국공채 등과 같은 안전자산에 투자하여 안전성을 추구하면서 확정금리 상품 대비 고수익을 추구하는 상품이다.

② 특징

ELS (주가연계증권)	• 개별 주식의 가격이나 주가지수에 연계되어 투자수익이 결정되는 유가증권이다. • 사전에 정한 2 ~ 3개 기초자산 가격이 만기 때까지 계약 시점보다 40 ~ 50% 가량 떨어지지 않으면 약속된 수익을 지급하는 형식이 일반적이다. • 다른 채권과 마찬가지로 증권사가 부도나거나 파산하면 투자자는 원금을 제대로 건질 수 없다. • 상품마다 상환조건이 다양하지만 만기 3년에 6개월마다 조기상환 기회가 있는 게 일반적이다. 수익이 발생해서 조기상환 또는 만기상환되거나, 손실을 본채로 만기상환된다. • 녹아웃형, 불스프레드형, 리버스컨버터블형, 디지털형 등이 있다.
ELF (주가연계펀드)	• 투자신탁회사들이 ELS 상품을 펀드에 편입하거나 자체적으로 원금보존 추구형 펀드를 구성해 판매하는 형태의 상품이다. • ELF는 펀드의 수익률이 주가나 주가지수 움직임에 의해 결정되는 구조화된 수익구조를 갖는다. • 베리어형, 디지털형, 조기상환형 등이 있다.

ELW(주식워런트증권)

① 개념 : 자산을 미리 정한 만기에 미리 정해진 가격에 사거나(콜) 팔 수 있는 권리(풋)를 나타내는 증권이다.

② 특징
- 주식워런트증권은 상품특성이 주식옵션과 유사하나 법적 구조, 시장구조, 발행주체와 발행조건 등에 차이가 있다.
- 주식처럼 거래가 이루어지며, 만기 시 최종보유자가 권리를 행사하게 된다.
- ELW 시장에서는 투자자의 환금성을 보장할 수 있도록 호가를 의무적으로 제시하는 유동성공급자(LP; Liquidity Provider) 제도가 운영된다.

CHAPTER 01 경제·경영·금융 기출응용문제

정답 및 해설 p.036

01 경제

| 객관식 |

Easy

01 다음 중 역선택의 사례로 옳은 것은?

① 자동차보험에 가입한 운전자일수록 안전 운전을 하려 한다.
② 화재보험에 가입한 건물주가 화재예방을 위한 비용 지출을 줄인다.
③ 소득이 증가할수록 소비 중에서 식료품비가 차지하는 비중이 감소한다.
④ 사고 위험이 높은 사람일수록 상해보험에 가입할 가능성이 높아진다.

02 어떤 산업은 임금이 상승할 경우, 노동공급은 증가하고 노동수요는 감소하는 상태에서 균형을 이루고 있다. 이 산업에서 생산물 가격이 하락할 때, 새로운 균형 달성을 위한 임금수준과 고용량의 변화가 바르게 짝지어진 것은?(단, 생산물시장과 생산요소시장은 완전경쟁이고, 기업들은 이윤극대화를 추구한다)

① 임금 상승, 고용량 감소
② 임금 상승, 고용량 증가
③ 임금 하락, 고용량 감소
④ 임금 하락, 고용량 증가

03 다음 중 소비자잉여와 생산자잉여에 대한 설명으로 옳지 않은 것은?

① 소비자잉여는 소비자의 선호 체계에 의존한다.
② 완전경쟁일 때보다 기업이 가격차별을 실시할 경우 소비자잉여가 줄어든다.
③ 완전경쟁시장에서는 소비자잉여와 생산자잉여의 합인 사회적 잉여가 극대화된다.
④ 독점시장의 시장가격은 완전경쟁시장의 가격보다 높게 형성되지만 소비자잉여는 줄어들지 않는다.

04 자동차와 오토바이 두 재화만을 생산하는 A국이 있다. 각 재화의 생산량과 가격이 다음과 같을 때, 2023년 가격을 기준으로 A국의 GDP를 계산한 결과로 옳은 것은?

〈자동차와 오토바이 생산량 및 가격〉

구분	자동차		오토바이	
	생산량	가격	생산량	가격
2024년	16	4	12	2
2023년	20	2	10	4

① A국의 2023년 GDP 디플레이터는 150이다.
② A국의 2023년 명목GDP는 100이다.
③ A국의 2024년 실질GDP는 80이다.
④ A국의 2024년 명목GDP는 80이다.

Hard

05 다음 그래프에 대한 설명으로 옳지 않은 것을 〈보기〉에서 모두 고르면?

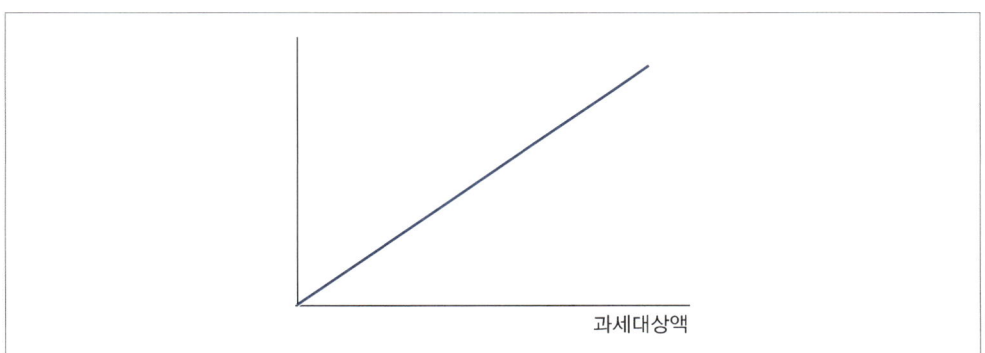

보기
㉠ 세로축이 세율이라면 우리나라 현행 부가가치세(VAT)가 이에 해당한다.
㉡ 세로축이 세액이라면 우리나라 현행 법인세가 이에 해당한다.
㉢ 세로축이 세액이라면 조세부담의 역진성이 나타난다고 볼 수 있다.
㉣ 세로축이 세액이라면 모든 과세대상에 동일한 세율이 적용된다.

① ㉠
② ㉠, ㉡
③ ㉡, ㉢
④ ㉢, ㉣

06 다음 중 국민경제 전체의 물가압력을 측정하는 지수로 사용되며, 통화량 목표설정에 있어서도 기준 물가상승률로 사용되는 것은?

① 소비자물가지수(CPI)
② 생산자물가지수(PPI)
③ GDP 디플레이터(Deflator)
④ 구매력평가지수(Purchasing Power Parities)

07 어떤 경제가 다음 그래프의 점 B에 위치할 경우에 대한 설명으로 옳은 것은?

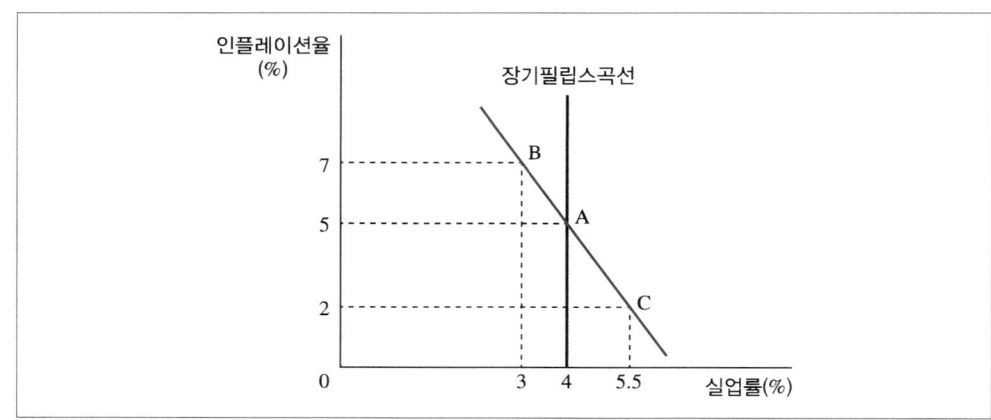

① 자연실업률은 3%이다.
② 기대인플레이션율은 5%이다.
③ 이 경제에서는 잠재 실질GDP가 달성되고 있다.
④ 기대인플레이션의 하락은 점 B에서 점 A로의 이동을 야기한다.

08 다음 중 화폐수량설과 피셔방정식(Fisher Equation)이 성립하고 화폐유통속도가 일정한 경제에서 실질경제성장률이 3%, 통화증가율이 6%, 명목이자율이 10%일 때의 실질이자율은?

① 3%   ② 5%
③ 7%   ④ 8%

09 다음 〈보기〉 중 통화정책의 단기적 효과를 높이는 요인으로 옳은 것을 모두 고르면?

> 보기
> ㉠ 화폐수요의 이자율 탄력성이 높은 경우
> ㉡ 투자의 이자율 탄력성이 높은 경우
> ㉢ 한계소비성향이 높은 경우

① ㉠   ② ㉡
③ ㉡, ㉢   ④ ㉠, ㉡, ㉢

10 다음 필립스곡선에 근거하여 단기적으로 실업률을 낮추기 위한 정부의 정책방향으로 옳은 것은?

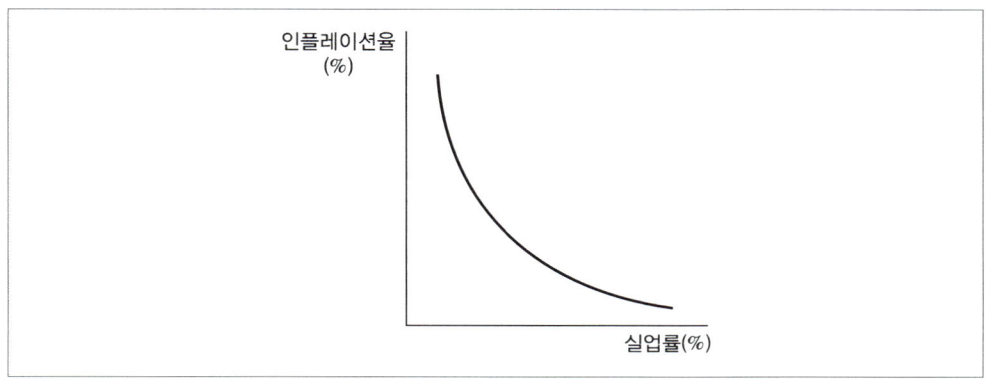

① 소득세를 인하한다.   ② 정부지출을 감소시킨다.
③ 통화량을 감소시킨다. ④ 기준금리를 인상한다.

| 주관식 |

01 다음 〈보기〉 중 항상소득이론에 근거한 설명으로 옳은 것을 모두 고르면?

> **보기**
> ㉠ 직장에서 승진하여 소득이 증가하였으나 이로 인한 소비는 증가하지 않는다.
> ㉡ 경기호황기에는 임시소득이 증가하여 저축률이 상승한다.
> ㉢ 항상소득에 대한 한계소비성향이 임시소득에 대한 한계소비성향보다 더 작다.
> ㉣ 소비는 현재소득뿐 아니라 미래소득에도 영향을 받는다.

(   )

02 다음 〈보기〉 중 IS-LM 모형에서 확장적 재정정책이 국민소득에 미치는 효과에 대한 설명으로 옳은 것의 개수는?

> **보기**
> ㉠ 화폐수요의 이자율 탄력성이 높을수록 소득증가 효과가 커진다.
> ㉡ 민간투자의 이자율 탄력성이 작을수록 소득증가 효과가 커진다.
> ㉢ 한계소비성향이 높을수록 소득증가 효과가 커진다.
> ㉣ 소득세율이 낮을수록 소득증가 효과가 커진다.

(개)

03 다음 〈보기〉 중 지방세에 속하지 않는 것을 모두 고르면?

> **보기**
> ㉠ 취득세   ㉡ 증여세   ㉢ 등록세   ㉣ 면허세   ㉤ 교육세
> ㉥ 재산세   ㉦ 자동차세   ㉧ 소득세   ㉨ 공동시설세

(   )

04 다음 〈보기〉 중 경제활동인구에 포함되는 사람을 모두 고르면?

보기
㉠ 실망노동자
㉡ 파트타임 일자리를 구하고 있는 주부
㉢ 중소기업에 취업한 장애인
㉣ 건강상 이유로 1년간 휴직한 취업자
㉤ 부모가 운영하는 식당에서 주당 2시간 유급으로 일한 대학생

(   )

Hard

05 다음 〈보기〉 중 변동환율제도하에서 국내 원화의 가치가 상승하는 요인의 개수는?

보기
㉠ 외국인의 국내 부동산 구입 증가
㉡ 국내 기준금리 인상
㉢ 미국의 확대적 재정정책 시행
㉣ 미국의 국채이자율 상승

(개)

02 경영

| 객관식 |

01 다음 중 최대재고와 현재재고 간의 차이를 통해서 주문량을 결정하는 모형으로, 수요변동이 급격하거나 저가인 제품의 재고를 통제하는 관리 시스템은?

① ABC 관리
② ERP
③ 고정주문량 모형
④ 고정주문기간 모형

02 다음 중 EPS를 구하는 산식으로 옳은 것은?

① 당기순이익 ÷ 영업이익
② 영업이익 ÷ 매출액
③ 당기순이익 ÷ 발행주식수
④ 영업이익 ÷ 발행주식수

Easy
03 다음 〈보기〉 중 가격책정 방법에 대한 설명으로 옳은 것을 모두 고르면?

보기
㉠ 준거가격이란 구매자가 어떤 상품에 대해 지불할 용의가 있는 최고가격을 의미한다.
㉡ 명성가격이란 가격 – 품질 연상관계를 이용한 가격책정 방법이다.
㉢ 단수가격이란 판매가격을 단수로 표시하여 가격이 저렴한 인상을 소비자에게 심어주어 판매를 증대시키는 방법이다.
㉣ 최저수용가격이란 심리적으로 적당하다고 생각하는 가격 수준을 의미한다.

① ㉠, ㉡
② ㉠, ㉢
③ ㉡, ㉢
④ ㉢, ㉣

04 I회사 생산설비의 목표제품생산주기가 96초이고, 순과업시간이 300초일 때, 이론적인 최소 작업장 수는 몇 개인가?

① 3개 ② 4개
③ 5개 ④ 6개

05 다음 중 자사주 매입과 현금배당을 비교한 내용으로 옳지 않은 것은?

① 자사주 매입은 PER을 낮추는 효과를 가지나, 현금배당은 PER을 높이는 효과를 가진다.
② 자사주 매입은 EPS를 상승시키나, 현금해당은 EPS의 변동이 없다.
③ 자사주 매입은 유통주식수를 감소시키나, 현금배당은 유통주식수에 변동이 없다.
④ 자사주 매입과 현금배당 모두 주주들에게 이익을 환원하는 정책이라 할 수 있다.

06 다음 정보에 따라 이표채의 현재가격을 계산한 값은?

- 액면가 : 1,000,000원
- 표면이자율 : 5%
- 시장이자율 : 5%
- 만기 : 3년

① 876,961원 ② 912,256원
③ 950,000원 ④ 1,000,000원

07 다음 중 유형자산의 측정, 평가 및 손상에 대한 설명으로 옳지 않은 것은?

① 최초 재평가로 인한 평가손익은 기타포괄손익에 반영한다.
② 현물출자 받은 유형자산의 취득원가는 공정가치를 기준으로 결정한다.
③ 유형자산의 장부금액이 순공정가치보다 크지만 사용가치보다 작은 경우 손상차손은 계상되지 않는다.
④ 유형자산의 취득 이후 발생한 지출로 인해 동 자산의 미래 경제적 효익이 증가한다면, 해당 원가는 자산의 장부금액에 포함한다.

08 I사는 2024년 12월 말 결산 시 당좌예금잔액을 조회한 결과 은행으로부터 13,500원이라는 통보를 받았다. 은행과 회사 측 장부금액의 차이는 다음과 같다. 2024년 12월 말 은행계정 조정 전 I사의 당좌예금 계정의 장부금액은?

은행 측 미기입예금	2,560원
미결제수표	4,050원
미통지출금(차입금이자)	570원
발행한 수표 1,560원을 회사장부에 1,650원으로 잘못 기록함	

① 8,700원 ② 11,260원
③ 12,490원 ④ 14,160원

09 다음 중 마이클 포터의 경쟁우위전략에 대한 설명으로 옳지 않은 것은?

① 비용 우위전략과 차별화 우위전략은 주로 대기업에 의해 수행된다.
② 차별화 우위전략은 경쟁사들로부터 차별화된 제품을 생산하여 높은 가격에 판매하는 방법이다.
③ 비용 우위전략은 동질의 상품을 경쟁사들보다 저비용으로 생산하여 낮은 가격에 판매하는 것이다.
④ 기업의 성공을 위해서는 비용 우위전략과 차별화 우위전략 등의 두 가지 이상의 전략을 동시에 추구해야 한다.

Hard

10 I기업은 보조부문 A와 B 그리고 제조부문 C와 D를 두고 있다. 보조부문 A와 B의 원가는 각각 400,000원과 480,000원이며, 각 부문의 용역수수관계는 다음과 같다. I기업이 단계배부법을 이용하여 보조부문 원가를 제조부문에 배부할 경우 제조부문 D가 배부받을 보조부문 원가합계는?(단, 배부순서는 A부문 원가를 먼저 배부한다)

〈I기업 보조부문 및 제조부문〉

사용처 제공처	보조부문		제조부문	
	A	B	C	D
A	-	20%	30%	50%
B	40%	-	30%	30%

① 320,000원
② 344,000원
③ 368,000원
④ 480,000원

| 주관식 |

01 다음 〈보기〉 중 수직적 마케팅시스템(VMS; Vertical Marketing System)에 대한 설명으로 옳은 것을 모두 고르면?

> **보기**
> ㉠ 수직적 마케팅시스템은 유통조직의 생산시점과 소비시점을 하나의 고리형태로 유통계열화하는 것이다.
> ㉡ 수직적 마케팅시스템은 유통경로 구성원인 제조업자, 도매상, 소매상, 소비자를 각각 별개로 파악하여 운영한다.
> ㉢ 유통경로 구성원의 행동은 시스템 전체보다 각자의 이익을 극대화하는 방향으로 조정된다.
> ㉣ 수직적 마케팅시스템의 유형에는 기업적 VMS, 관리적 VMS, 계약적 VMS 등이 있다.
> ㉤ 프랜차이즈 시스템은 계약에 의해 통합된 수직적 마케팅시스템이다.

(   )

02 다음 〈보기〉 중 주가순자산비율(PBR)에 대한 설명으로 옳지 않은 것의 개수는?

> **보기**
> ㉠ 주가를 주당순자산가치(BPS)로 나눈 비율로서 주가와 1주당 순자산가치를 비교한 수치이다.
> ㉡ 주당순자산가치는 자기자본을 자산으로 나누어 계산한다.
> ㉢ 주가순자산비율(PBR)은 재무회계상 주가를 판단하는 기준지표로 성장성을 보여주는 지표이다.
> ㉣ 기업 청산 시 채권자가 배당받을 수 있는 자산의 가치를 의미하며 1을 기준으로 한다.
> ㉤ PBR이 1보다 클 경우 순자산보다 주가가 낮게 형성되어 저평가되었다고 판단한다.

(개)

03 I기업은 금년도 말 주당 1,100원의 배당을 지급할 것으로 추정되며, 이후 배당금은 매년 15%씩 증가할 것으로 예상된다. I기업 주식에 대한 요구수익률이 20%일 경우 고든(Gordon)의 항상성장모형에 의한 I기업 주식의 현재가치는 얼마인가?

(　　　　　　원)

Easy
04 2026년 원재료가 600kg 사용될 것으로 예상된다. 기초 원재료가 50kg이고, 기말 원재료를 80kg 보유하고자 한다면 2026년에 구입해야 할 원재료는 몇 kg인가?

(　　　　　　kg)

05 I기업은 단일품목을 생산하여 판매하고 있다. 변동비는 판매가의 60%이고 고정비가 600,000원일 때 손익분기점(BEP)에 해당하는 매출액은?

(　　　　　만 원)

03 금융

| 객관식 |

01 다음 중 증권사가 사모펀드 운용에 필요한 증권대차, 신용공여, 펀드재산의 보관·관리 등 일련의 서비스를 연계하여 종합적으로 제공하는 업무는?

① TRS ② PEF
③ MMF ④ PBS

02 다음 중 금융기관이 투자자 성향에 맞추어 자산구성부터 운용, 투자자문까지 통합적으로 관리해 주는 종합금융서비스는?

① 랩어카운트 ② CMA
③ IRLS ④ MMDA

03 다음 중 주식시장에서 선물 매매가 현물시장을 흔들어 직접 영향을 주는 현상은?

① 언더독 ② 웩더독
③ 숏커버링 ④ 리오프닝

Easy

04 주택담보대출뿐만 아니라 신용대출, 자동차 할부금 등을 포함한 전체 대출금의 원금과 이자가 연간 총소득에서 차지하는 비율인 총부채원리금상환비율을 나타내는 약자는 무엇인가?

① DST ② DSR
③ LTV ④ DTI

05 국내 시장에서 외국기업이 자국기업보다 더 활발히 활동하거나 외국계 자금이 국내 금융시장을 장악하는 현상을 지칭하는 용어는?

① 피셔 효과
② 윔블던 효과
③ 베블런 효과
④ 디드로 효과

06 다음 중 기대수익률의 측정방식에 대한 설명으로 옳지 않은 것은?

① 주식의 기대수익률＝무위험이자율＋위험프리미엄
② 주식의 기대수익률＝1/PER
③ 주식의 기대수익률＝배당수익률＋PER 장기성장률
④ 추세분석법은 자산집단의 과거 장기간 수익률을 분석하여 미래의 수익률로 사용하는 방법이다.

07 다음 중 최적증권의 선택에 대한 설명으로 옳지 않은 것은?

① 최적증권의 선택은 정부정책 정보에 달려있다.
② 지배원리를 충족시켜 선택된 증권을 효율적 증권, 효율적 포트폴리오라 한다.
③ 기대수익률이 동일한 경우 위험이 낮은 증권을 선정하는 것이 효율적이다.
④ 효용은 기대수익률이 클수록 증가하고 위험이 높을수록 감소한다.

08 다음 〈보기〉 중 재무건전성 관점에서 재무제표를 분석할 때, 필요한 정보를 모두 고르면?

보기	
㉠ 유동비율	㉡ 자기자본이익률
㉢ 부채비율	㉣ 총자산증가율

① ㉠, ㉡
② ㉠, ㉢
③ ㉡, ㉢
④ ㉡, ㉣

09 다음 중 달러와 원화 사이의 환율(원·달러 환율)이 하락할 때 이익을 얻는 경우는?

① 달러 콜옵션을 매입해 놓은 경우
② 달러 풋옵션을 매입해 놓은 경우
③ 달러 풋옵션을 매각한 경우
④ 달러 콜옵션과 풋옵션을 동시에 매각한 경우

Hard
10 금융위기 발생 시 은행 예금 대규모 인출(뱅크런) 예방 등 금융시스템의 건전성을 유지하기 위해 예금보험제도가 도입된다. 다음 중 이 제도에 대해 옳지 않은 설명을 한 사람을 모두 고르면?

> 정도 : 신용도가 다른 저축은행이라도 동일한 종류의 위험을 대비하고 있으므로 예금보험공사에 내는 연금보험료는 같아야 해.
> 성일 : 변액연금이나 펀드, 후순위채권 등은 예금보험 대상이 아니야.
> 해영 : 지역농협은 예금보험에 가입되어 있지만 농협중앙회는 예금보험에 가입해 있지 않고 자체 기금으로 예금을 보호한다고 알고 있어.
> 수현 : 예금보험제도에 가입한 금융회사가 파산하면 예금보험공사가 이자를 포함해서 금융회사당 최대 5,000만 원의 예금을 보장해 준대.
> 재한 : 그 이유는 보험의 원리를 이용하는 예금보험제도에서 발생할 수 있는 도덕적 해이를 줄이기 위해서야.

① 성일, 수현
② 정도, 해영
③ 성일, 해영, 수현, 재한
④ 정도, 성일, 수현, 재한

| 주관식 |

01 다음 〈보기〉 중 금융시장에 대한 설명으로 옳은 것을 모두 고르면?

보기
㉠ 자금의 거래가 상시적으로 이루어지는 특정 건물이나 장소를 말한다.
㉡ 자금의 수요자와 공급자 간의 거래가 행하여지는 시장이다.
㉢ 자금조달방법에 따라 간접금융과 직접금융으로 나누어진다.
㉣ 금융자금의 공급기간에 따라 단기시장과 장기시장으로 구분된다.

(   )

02 다음 〈보기〉 중 금융상품의 금리에 대한 설명으로 옳지 않은 것의 개수는?

보기
㉠ 실적배당률이나 만기 때의 시장금리를 적용하는 경우의 금리를 연동금리라고 한다.
㉡ 만기까지 받은 총수익의 투자원금에 대한 비율은 총수익률이라고 한다.
㉢ 예금의 만기에 이자를 1회 계산·지급하는 방식을 단리라고 한다.
㉣ 예금증서, 채권 등의 표면에 기재된 이자율을 표면금리라고 한다.

(개)

03 다음 〈보기〉 중 예금자 보호법에 따른 예금자 보호대상 상품이 아닌 것을 모두 고르면?

> 보기
> ㉠ 양도성예금증서　　　　　　　㉡ 외화예금
> ㉢ CMA(어음관리계좌)　　　　　㉣ 금현물거래예탁금

(　　　　　　　　)

Easy
04 최근 경기 불황과 고물가로 직장인들의 지갑이 얇아지면서 다음과 같은 소비자 유형이 다시 주목받고 있다. 다음에서 설명하는 소비자 유형을 〈보기〉에서 고르면?

- 물건은 구입하지 않으면서 선물만 받아감
- 카드는 사용하지 않으면서 혜택은 쏙쏙 받아감

> 보기
> ㉠ 체리 피커(Cherry Picker)　　　　㉡ 레몬 피커(Lemon Picker)
> ㉢ 애플 피커(Apple Picker)　　　　 ㉣ 오렌지 피커(Orange Picker)
> ㉤ 피치 피커(Peach Picker)

(　　　　　　　　)

05 다음에서 공통적으로 설명하는 용어를 〈보기〉에서 고르면?

- 낚시성 소액 예산으로 시작해 눈덩이로 예산을 불리는 수법을 이르는 말
- 뭉치예산이 들어갈 사업인데도 첫 해에는 수요조사·정보수집 명목으로 조금만 요구한 뒤 온갖 명분을 붙여 예산을 해마다 눈덩이로 키우는 수법

보기
㉠ 독수리의 토우
㉡ 독수독과 이론
㉢ 낙타의 코
㉣ 사자의 서
㉤ 회색코뿔소

(   )

CHAPTER 02 시사상식

빈출키워드 1 금융

01 다음 〈보기〉 중 중앙은행 디지털화폐(CBDC)에 대한 설명으로 옳은 것을 모두 고르면?

보기
㉠ CBDC는 중앙은행에서 발행하는 전자적 형태의 법정화폐이다.
㉡ CBDC는 일반적인 다른 암호화폐보다 안정성・신뢰성이 높다.
㉢ CBDC는 화폐의 위조 우려가 없고, 현금처럼 화폐 발행에 드는 비용을 절감할 수 있다.
㉣ CBDC는 은행의 자금 조달(중개) 기능을 더욱 강화시켜 저신용자들에 대한 '대출 문턱'을 낮출 것으로 기대된다.
㉤ CBDC는 거래를 추적하기 어렵고 암시장을 억제하는 것 또한 어려워 자금세탁 등에 악용될 우려가 있다.

① ㉠, ㉤
② ㉣, ㉤
③ ㉠, ㉡, ㉢
④ ㉡, ㉢, ㉣

02 다음 중 크레디트 라인(Credit Line)에 대한 설명으로 옳지 않은 것은?

① 금융기관이 일정 기간 동안 상대방에게 공여할 수 있는 신용공여의 종류와 최고 한도를 뜻한다.
② 크레디트 라인을 통해 약정한 조건에 따라 필요할 때마다 수시로 자금을 대출하고 갚을 수 있다.
③ 한도 수준은 공여 대상이 되는 상대방의 환거래 실적, 신용 상태, 보상예금, 기존 신용한도 등에 따라 결정된다.
④ 자금을 공급하는 측은 자금 요구에 대한 거부권이 없으므로 비상시에 외화 확보 수단으로 유용하게 활용될 수 있다.

01

정답 ③

오답분석

ⓔ 개인이 CBDC를 전자지갑에 직접 보관하기 때문에 요구불예금 등 은행권 수시입출금, 단기예금 계좌를 사용할 유인이 감소한다. 이로 인해 은행의 자금 조달(중개) 기능의 약화로 인한 각종 부작용이 발생할 수 있다. 자금 조달 기능이 약화되어 은행의 대출 여력이 감소하는 만큼 대출 금리가 높아지고, 신용도가 높은 개인·기업만 대출을 받게 되는 상황이 심화되어 서민·자영업자·중소기업 등에 대한 '대출 문턱'이 높아질 가능성이 크다.

ⓜ CBDC는 전자 형태로 발행되기 때문에 화폐 거래 추적이 쉽고 익명성이 제한되므로 암시장 억제와 자금세탁 방지를 기대할 수 있다. 다만, 이러한 익명성 제한으로 인해 프라이버시 침해와 감시 수단으로 오용될 가능성이 있다.

02

정답 ④

크레디트 라인은 위기 때 상대방이 거부하면 자금을 차입할 수 없으므로 비상시에 외화 확보 수단이 되기 어렵다. 이와 달리 커미티드 라인(Committed Line)은 다른 금융사에 일정한 수수료를 지불하고 유사시 필요한 자금을 빌릴 수 있는 권한이 있으므로(외화 공급 요청에 대해 거부할 수 없음) 비상시에 외화 확보 수단으로 활용될 수 있다.

이론 더하기

서비스형 뱅킹(BaaS; Banking as a Service)

BaaS는 은행 등의 금융회사가 구축한 API(응용프로그램 인터페이스)를 비금융회사 등의 제3자에게 개방해 혁신적인 금융상품을 개발·출시하는 형태의 금융 서비스를 의미한다. 이때 비금융회사는 금융회사의 API를 이용한 대가로 금융회사에 수수료를 지불한다. 즉, 은행에서 제공하던 서비스를 하나의 솔루션처럼 만들어서 은행이 아닌 주체가 이용할 수 있게 하는 것을 뜻한다. BaaS를 통해서 금융회사는 신규 고객 데이터 확보와 수수료 등의 수익원 창출을 기대할 수 있으며, 비금융회사는 규제를 피하면서도 금융 라이선스 획득을 위해 필요한 막대한 인프라 구축 비용을 들이지 않고 고객에게 금융 서비스를 제공함으로써 기업 가치를 제고할 수 있다.

비트코인 도미넌스

전 세계 가상자산시장에서 비트코인 시가총액이 차지하는 비율을 뜻한다. 비트코인 도미넌스는 비트코인 가격이 강세를 기록하며 전반적인 가상자산시장이 불(Bull) 장일 때, 시가총액이 큰 알트코인 가격이 오를 때, 비트코인보다 알트코인의 투자매력이 클 때 하락하는 경향을 보인다.

중앙은행 디지털화폐(CBDC; Central Bank Digital Currency)

CBDC는 중앙은행이 발행하는 전자 형태의 법정화폐이며, 국제결제은행(BIS)은 '전통적인 지급준비금이나 결제계좌상 예치금과는 다른 전자적 형태의 중앙은행 화폐'라고 정의한다. CBDC는 비트코인 등의 암호화폐처럼 블록체인 기술, 분산원장 방식 등을 적용해 전자형태로 저장되지만, 국가가 발행하고 보증하기 때문에 민간에서 발행하는 암호화폐보다 안정성과 신뢰성이 높고 현금처럼 가격 변동이 거의 없다. 즉, '디지털화된 법정화폐'라 할 수 있다. 또한 전자형태로 발행되기 때문에 화폐 거래 추적이 쉽고 익명성이 제한되므로 암시장 억제와 자금세탁 방지를 기대할 수 있으며, 블록체인으로 관리되므로 화폐 위조 위험이 없고, 현금 같은 실물을 발행할 필요가 없어 비용을 줄일 수 있으며, 국가 간 지급결제망을 갖추면 번거로운 환전 과정 없이 바로 사용할 수 있다.

그리드플레이션

'탐욕(Greed)'과 '물가상승(Inflation)'의 합성어로, 대기업들이 탐욕으로 상품 및 서비스의 가격을 과도하게 올려 물가상승을 가중시키는 상황을 말한다. 2022년 여러 악조건이 겹치면서 미국의 물가가 40여 년 만에 최악의 수준으로 치솟자 집권여당인 민주당 일각에서 대기업의 탐욕이 인플레이션에 큰 영향을 미쳤다고 지적하면서 거론되었다. 이들은 코로나19 팬데믹과 러시아의 우크라이나 침공으로 인한 공급난 등으로 식량과 에너지 가격이 상승하면서 급격한 인플레이션이 촉발되자 대기업들이 시장지배력을 내세워 원가 상승요인 이상으로 상품가격을 부풀려 이익을 취하고 있다고 비판했다.

빈출키워드 2 　외교·무역

01　다음 중 미국, 캐나다, 멕시코 등의 3개 국가가 관세와 무역장벽을 폐지하고 자유무역권을 형성한 협정을 뜻하는 용어는?

① 나프타(NAFTA)
② 케네디(Kennedy) 라운드
③ 제네바(Geneva) 관세 협정
④ MSA(Mutual Security Act) 협정

02　다음 중 외교상의 중립정책, 즉 일종의 고립주의를 뜻하는 용어는?

① 먼로주의
② 패권주의
③ 티토이즘
④ 삼민주의

01

정답 ①

북미자유무역협정(NAFTA; North American Free Trade Agreement)은 북아메리카 지역 경제의 자유 무역을 촉진하기 위해 1992년 10월에 체결된 협정이다. 다만, NAFTA는 역내 보호무역주의적 성격을 띠고 있어 여러 수출국에게는 장벽이 되고 있다.

02

정답 ①

먼로주의(Monroe Doctrine)는 미국의 제5대 대통령 J. 먼로가 의회에 제출한 연례교서에서 밝힌 외교 방침으로, 유럽으로부터의 간섭을 받지 않기 위해 선언한 외교정책이다.

오답분석
② 패권주의 : 강대한 군사력에 의하여 세계를 지배하려는 강대국의 제국주의적 대외정책을 중국이 비난하면서 나온 용어이다.
③ 티토이즘 : 자주적이고 민족주의적인 공산주의 사회의 실현을 목표로 한, 유고슬라비아의 지도자 티토의 정책을 말한다.
④ 삼민주의 : 쑨원이 제창한 중국 근대 혁명의 기본 이념으로 민족주의, 민권주의, 민생주의로 이루어져 있다.

이론 더하기

세계무역기구(WTO; World Trade Organization)
세계무역기구(WTO)는 회원국 간의 무역 관계를 정의하는 많은 수의 협정을 관리 감독하기 위한 기구이다. 세계무역기구는 1947년 시작된 관세 및 무역에 관한 일반협정(GATT; General Agreement on Tariffs and Trade) 체제를 대체하기 위해 등장했으며, 세계 무역 장벽을 감소시키거나 없애기 위한 목적을 가지고 있다. 이는 국가 간의 무역을 보다 부드럽고, 자유롭게 보장해 준다.

아시아태평양경제협력체(APEC; Asia Pacific Economic Cooperation)
아시아 태평양 경제협력체는 환태평양 국가들의 경제적·정치적 결합을 돈독하게 하고자 만든 국제 기구이다. 1989년 11월 5일부터 11월 7일까지 오스트레일리아의 캔버라에서 12개국이 모여 결성하였으며, 2024년 기준 21개국이 참여하고 있다.

양해각서(MOU; Memorandum of Understanding)
양해각서는 국가 또는 기업 간 서로 합의된 내용을 확인 및 기록하는 업무 협약 문서이다. 보통 법적 구속력을 갖지는 않으며, 경우에 따라 업무제휴서, 사업제휴서, 업무제휴 협약서 등으로 부르기도 한다. 주로 원활한 업무진행, 공동협의를 통한 업무 및 친선관계 개선, 대회 홍보의 역할을 위해 작성한다.

화이트리스트(White List)
흔히 경계를 요하는 인물들의 목록을 뜻하는 '블랙리스트'와는 달리, 식별된 일부 실체들이 특정 권한, 서비스, 이동, 접근, 인식에 대해 명시적으로 허가하는 목록을 뜻한다. 무역에서는 양국의 신뢰가 있는 만큼 수출 심사를 빠르게 진행해 준다는 '우대'의 의미를 나타내며, 이에 해당하는 국가를 '백색국가'라고 부르기도 한다.

한미 방위비분담금특별협정(SMA)
한반도에 미국이 군대를 주둔시킴으로써 얻는 안보적 이득에 대한 대가로, 한국이 미국에 지급하는 미군의 운용·주둔비용 지원금에 대한 협상을 말한다. 미국은 6·25 전쟁 이후 한미상호방위조약에 따라 한국에 미군을 주둔시켜왔는데, 이에 대해 한국이 방위비분담금을 지불하기 시작한 것은 1991년 한미 SOFA(주둔군지위협정)를 개정하면서부터이다. 가장 최근 체결된 건은 2024년 11월 체결된 제12차 협정으로, 한국이 2026년에 약 1조 5천억 원을 분담금으로 지급하는 것이었다.

투자자 - 국가 간 소송(ISD)
투자한 국가에서 갑작스러운 정책 변경 등으로 이익을 침해당했을 때 기업이 해당 국가를 상대로 국제 민간 중재 기구에 중재를 신청해 손해배상을 받을 수 있도록 하는 제도. 국가가 자유무역협정(FTA) 같은 양국 간 투자협정 규정을 어기고 부당하게 개입해 상대국 투자자가 손해를 입었을 때 활용된다. 현재 외환은행을 매각한 미국계 사모펀드 론스타가 한국 정부의 자의적이고 차별적인 과세와 매각 시점 지연, 가격 인하 압박 등으로 손해를 봤다며 한국을 상대로 5조 원대 ISD를 제기한 상태다.

빈출키워드 3 마케팅

01 다음 중 값싼 가격에 질 낮은 제품만 유통되는 시장을 가리키는 용어는?

① 레몬마켓　　　　　　　　② 프리마켓
③ 제3마켓　　　　　　　　　④ 피치마켓

02 다음 중 어떤 상품에 대한 사람들의 소비가 증가하면 오히려 그 수요가 줄어드는 것을 뜻하는 경제용어는?

① 자산 효과　　　　　　　　② 전시 효과
③ 백로 효과　　　　　　　　④ 베블런 효과

01

정답　①

레몬마켓(Lemon Market)은 저급품만 유통되는 시장으로, 종국에는 소비자의 외면을 받게 된다.

오답분석
④ 피치마켓 : 레몬마켓의 반대어로, 고품질의 상품이나 우량의 재화·서비스가 거래되는 시장을 의미한다.

02

정답　③

스놉 효과(Snob Effect)라고도 불리며, 남을 따라하는 소비 행태를 뜻하는 밴드왜건 효과(Bandwagon Effect)와 달리 타인과의 차별성을 강하게 추구하는 경향의 구매자들이 특정 상품의 소비가 증가할 때, 오히려 해당 상품의 매력을 느끼지 못하게 되는 현상을 뜻한다. 주로 고가의 제품에서 나타난다.

오답분석
① 자산 효과 : 자산가격이 상승하면 소비도 증가하는 현상으로 현재의 소비가 현재의 소득뿐만 아니라 미래의 소득에 의해서도 영향을 받는다는 이론이다.
② 전시 효과 : 개인의 소비가 타인의 소비에 영향을 받는 현상을 말한다.
④ 베블런 효과 : 가격이 오르는데도 일부 계층의 과시욕이나 허영심 등으로 인해 수요가 줄어들지 않는 현상을 말한다.

이론 더하기

STP마케팅
'시장세분화(Segmentation)', '타깃설정(Targeting)', '포지셔닝(Positioning)'의 앞글자를 딴 조어로, 소비자 패턴에 따라 시장을 세분화하고, 이에 따라 목표 시장을 선정하며, 이에 따른 표적시장의 선정, 그리고 표적시장에 적절한 제품을 설정하는 것을 의미한다.

슬림마케팅(Slim Marketing)
최소한의 비용으로 마케팅 효과를 극대화하는 마케팅 방식의 하나로, TV·신문 등 기존 매체에 대한 광고 의존도에서 벗어나 주변 생활에서 흔히 볼 수 있는 것들을 마케팅 매체로 활용하는 방식이다. 사람들이 많이 모이는 공공장소 등에서 이색 이벤트 행사를 한다거나, 분야가 다른 타사의 서비스 공간에 제품이나 브랜드를 노출시키는 등의 전략을 주로 사용한다.

프리마케팅(Free Marketing)
서비스와 제품을 무료로 제공하는 새로운 마케팅 기법으로, 주로 벤처기업들이 초기에 고객을 끌기 위하여 사용한다. 덤마케팅 또는 보너스마케팅처럼 물건을 구입하면 하나를 더 주는 마케팅에서 더 나아간 적극적인 마케팅 기법으로, 인간의 공짜 심리를 역이용하는 발상에 기초한다.

녹색마케팅(Green Marketing)
기업의 제품 개발·유통·소비 과정에서 자사의 환경에 대한 사회적 책임과 환경보전 노력을 소비자들에게 호소함으로써 환경친화적인 소비자들과 공감대를 형성하려는 새로운 마케팅 전략이다.

풀마케팅(Pull Marketing)
제조업체가 도매상에게, 도매상은 소매상에게, 소매상은 최종소비자에게 적극적으로 판매하는 밀어붙이기 방식인 푸시 마케팅(Push Marketing)의 상반된 개념으로, 제조업체가 최종소비자를 상대로 적극적인 판촉활동을 하여 결국 소비자가 자사 제품을 찾게 하여 중간상들이 자발적으로 자사 제품을 취급하게 하는 방식이다.

뉴로마케팅(Neuro Marketing)
무의식적 반응과 같은 두뇌활동을 분석해 마케팅에 접목한 것을 의미한다. 소비자의 무의식에서 나오는 감정·구매행위를 뇌과학을 통해 분석해 기업마케팅에 적용하는 기법으로, 디자인, 광고 등을 통해 소비자들의 구매를 촉구하는 기법이다.

워커밸(Worker - Customer Balance)
일과 삶의 균형점을 찾는다는 '워라밸'과 비슷하지만 근로보다는 소비와 관련 있는 신조어이다. 고객중심주의의 현재 마케팅을 벗어나 노동자와 고객 간의 관계를 재정립한다. 갑질을 하지 않는 '매너 소비자'를 우대하는 서비스가 많아질 것이라는 것이다.

그레이네상스(Greynaissance)
국가에 고령 인구가 많아지면서 이들을 대상으로 한 시장의 파이가 커졌다. 점차 노년층의 소비가 시장 전체를 이끌기 시작하자 이를 가리켜 생겨난 용어다. 최근 경제력을 가진 노인들은 관습이나 나이에 얽매이지 않고 문화생활이나 소비를 즐기고 있다. 이러한 현실을 반영하여 명품 브랜드 구찌부터 중저가 브랜드 유니클로까지 다양한 패션 기업들이 노년층 모델과 협업하여 노인 소비자층을 대상으로 한 마케팅을 하고 있다.

다크넛지(Dark Nudge)
옆구리를 슬쩍 찌른다는 뜻의 넛지(Nudge)와 어두움을 의미하는 다크(Dark)가 결합된 단어로, 팔꿈치로 옆구리를 툭 찌르듯 비합리적 구매를 유도하는 상술을 지칭한다. 처음에 광고한 것과 다르게 부가적인 비용을 요구하거나 소비자에게 특별한 고지 없이 자동으로 과금하는 상술 등이 다크넛지의 하나다. 소비자 입장에선 상술에 속았지만 귀찮아서 불만을 제기하지 않아 불필요한 비용 지출을 경험하게 된다.

빈출키워드 4　환경

01 대기오염지수인 ppm단위에서 1ppm은 얼마인가?
① 1만 분의 1　　　　　　② 10만 분의 1
③ 100만 분의 1　　　　　④ 1,000만 분의 1

02 다음 중 국제적으로 문제가 되는 유해 폐기물의 국가 간 이동 및 그 발생을 억제하고, 폐기물의 건전한 처리 및 개도국 발생 폐기물에 대한 적정한 처리 지원의무를 규정한 협약은?
① 바젤협약　　　　　　　② 런던협약
③ 파리협정　　　　　　　④ 람사르협약

03 녹색화학(Green Chemistry)은 환경에 미치는 부정적인 효과가 적은 화학기술 및 화학산업의 총칭이다. 다음 중 녹색화학의 원칙과 가장 거리가 먼 것은?
① 사용하는 모든 원료가 전부 최종 생성물에 들어가도록 하는 합성방법을 개발해야 한다.
② 용매 등 보조 물질은 가능하면 사용하지 않아야 한다.
③ 가능하다면 물질 합성은 실온과 대기압에서 실시해야 한다.
④ 선택적 촉매보다는 가능한 한 화학양론적 시약을 사용해야 한다.

01
정답 ③
ppm은 백만분율을 나타내는 수치로, 1ppm은 100만 분의 1, 즉 0.0001%를 의미한다.

02
정답 ①
바젤협약은 1989년 3월 22일 유엔 환경계획 후원하에 스위스 바젤에서 채택된 협약으로, 유해 폐기물의 수출입과 처리를 규제할 목적으로 맺어졌다.

03
정답 ④
녹색화학 실현을 위해 가능하다면 화학양론적 시약보다 선택적 촉매를 사용하는 것이 바람직하다.

이론 더하기

지구환경금융(GEF; Global Environment Facility)
개도국의 지구환경 관련 비수익성 투자 사업 및 기술지원 사업에 무상 또는 양허성 자금을 제공하기 위해 설치된 기금으로 1990년 10월 설립되었으며 우리나라는 1994년 5월에 가입하였다. 지구환경금융의 지원 분야는 생물다양성 보존, 지구온난화 방지, 오존층보호, 국제수역보호 및 사막화 방지 등이다.

녹색기후기금(GCF; Green Climate Fund)
국제연합 산하의 국제기구로서 선진국이 개발도상국들의 온실가스규제와 기후변화 적응을 위해 세워진 특화 기금으로, 2010년 멕시코에서 열린 UN기후변화협약(FCCC) 제16차 당사국 총회에서 GCF 설립을 공식화하고 기금 설립을 승인하였다. UN기후변화협약(UNFCCC)에 따라 만들어진 녹색기후기금은 선진국을 중심으로 482억 달러 규모의 사업을 통해 개발도상국을 지원한다. 본부는 우리나라 인천광역시 송도국제도시에 위치해 있다.

교토의정서(Kyoto Protocol)
1997년 일본 교토에서 개최된 기후변화협약 제3차 당사국 총회에서 채택되고 2005년 2월 16일 공식 발효된 지구온난화의 규제와 방지를 위한 기후변화협약의 구체적 이행 방안으로, 정식명칭은 '기후변화에 관한 국제연합 규약의 교토의정서'이다. 지구온난화를 유도하는 온실가스 6가지의 배출량을 감축해야 하며, 배출량을 줄이지 않는 국가에 대해서는 비관세 장벽을 적용한다.

미세먼지 저감 및 관리에 관한 특별법
2019년 2월 15일부터 시행된 미세먼지 특별법은 미세먼지가 이틀 연속 '나쁨' 수준($=50\mu g/m^3$)일 때 '고농도 미세먼지 비상저감조치'가 발령된다. 비상저감조치가 발령되면 배출가스 5등급 이하의 차량은 운행이 제한되며 위반 시 10만 원의 과태료가 부과된다. 어린이집·유치원·초중고교는 휴원·휴업 및 수업시간을 단축할 수 있으며, 화력발전소나 시멘트 제조사 등 미세먼지를 배출하는 시설은 가동중지 및 가동시간과 가동률을 변경·조정할 수 있다.

환경영향평가제
건설이나 지역개발계획을 시행하기 전에 공해발생 정도 등을 사전에 평가하는 제도다. 환경영향평가제는 무질서한 지역개발에 계획 단계에서 제동을 걸거나 계획내용을 변경시키기 위해 과학적 근거를 마련하고 지역 주민의 의견을 반영하는 데 목적이 있다. 우리나라는 1999년 12월 31일 사전환경성검토제도를 도입, 개발초기 단계에서부터 환경이 고려될 수 있도록 「환경정책기본법」을 개정하였고, 평가대상 사업을 법령에 구체적으로 명시하는 방식(Positive List)을 취하고 있다.

비건 패션(Vegan Fashion)
채식을 추구하는 비거니즘에서 유래한 말로, 동물성 제품을 먹지 않는 식습관과 마찬가지로 동물의 가죽이나 털을 사용하는 의류를 거부하는 패션철학을 뜻한다. 살아있는 동물의 털이나 가죽을 벗겨 옷을 만드는 경우가 많다는 사실이 알려지면서 패션업계에서는 동물학대 논란이 끊이지 않았다. 과거 비건 패션이 윤리적 차원에서 단순한 대용품으로 쓰이기 시작했다면, 최근에는 윤리적 소비와 함께 합리적인 가격, 관리의 용이성까지 더해지면서 트렌드로 자리 잡아가고 있다.

패시브하우스(Passive House)
최소한의 냉난방으로 적절한 실내온도를 유지할 수 있게 설계된 주택을 말하며, 1년 내내 평균 20℃의 온도를 유지할 수 있다. 기밀성과 단열성을 강화하고, 태양광과 같은 자연에너지를 적극 활용하여 난방비용을 일반주택의 10% 수준으로 줄일 수 있다. 독일의 다름슈타트에는 1991년에 볼프강 파이스트 박사가 건축한 세계 최초의 패시브하우스가 있다. 대한민국뿐만 아니라 전 세계의 여러 나라들이 독일에 있는 패시브하우스연구소(PHI)를 통해 패시브하우스 인증을 받는다.

빈출키워드 5 정치·사회

01 다음 중 공수처(고위공직자범죄수사처)에 대한 설명으로 옳지 않은 것은?

① 사법 기구 산하에 위치하며 법무부로부터 독립되어 있다.
② 퇴직 2년 이내의 고위공직자도 수사 대상이 될 수 있다.
③ 검찰의 정치 권력화를 막는 것이 목적이다.
④ 수사권 및 기소권을 갖는다.

02 다음 중 국민의 권리이자 의무가 아닌 것은?

① 납세
② 교육
③ 근로
④ 환경보전

01

정답 ①

공수처는 사법 기구에서 독립하여 공직자의 비리를 수사하며, 검찰이 행사하는 고위공직자에 대한 수사권, 기소권, 공소유지권을 이양해 검찰의 정치 권력화를 막고 독립성을 제고하는 것이 목적이다.

02

정답 ①

국민의 기본적인 의무에는 국방·납세·교육·근로·환경보전의 의무가 있다. 이 중 국민의 권리인 동시에 의무인 것은 교육·근로·환경보전의 의무이다.

> **이론 더하기**

예비타당성조사제도
사회간접자본(SOC) 사업 등 대규모 국책 사업에 대해 우선순위, 적정 투자시기, 재원 조달방법 등 타당성을 검증함으로써 재정투자의 효율성을 높이기 위한 제도. 신규 사업의 타당성을 사전에 평가해 불필요한 예산 누수를 막자는 취지에서 시행되지만 정치 논리에 휘둘려 효과를 제대로 보지 못할 때가 있다. 1999년에 도입됐으며 총사업비가 500억 원 이상이고 국가의 재정지원 규모가 300억 원 이상인 신규 사업에 대한 예산 편성 및 기금운용계획을 수립하기 위하여 실시한다.

고위공직자범죄수사처
기존 사법 기구로부터 독립되어 공직자의 비리를 고발하는 수사기관이다. 흔히 '공수처'라 불린다. 공수처의 설립은 정부·여당의 정책으로서 진행되고 있으며, 이를 위해 형사소송법 등의 개정이 필요하다. 현재 논의되는 내용상 공수처는 독립기구로서 수사권 및 기소권을 갖게 되며, 수사대상은 현직 및 퇴직 2년 이내의 대통령, 국무총리, 국회의원, 법관, 검사 등이다.

은산분리
금융자본과 산업자본을 분리해 기업(산업자본)이 은행을 일방적으로 소유하지 못하도록 법적으로 막아놓은 제도이다. 대기업과 같은 재벌들이 은행을 사금고화하는 것을 막기 위한 것으로 원칙적으로 비금융회사는 은행 지분을 4% 이상 보유할 수 없다. 다만 금융위원회의 승인을 얻을 경우 최대 10%까지 가능하다. 문 대통령은 인터넷 은행에 한해 은산분리 규제를 풀어주겠다는 '은산분리 완화' 방침을 밝혔다.

패스트트랙
2012년 5월 도입된 것으로, 국회선진화법으로도 불리는 현행 국회법의 핵심 내용 중 하나다. 여야 간 합의를 이루기 어려운 쟁점법안이 국회에서 장기간 표류하는 것을 막는 것이 주요 취지다. 여야 간 쟁점법안으로 상임위원회 통과가 어려울 때 본회의에 자동 상정되는 제도로 상임위에서 재적의원 5분의 3 찬성으로 '신속처리안건'으로 지정한 뒤 일정 기간(최장 330일) 후 본회의에 자동 상정해 표결 처리된다. 패스트트랙으로 지정되면 상임위와 법사위 통과 없이 바로 본회의 표결에 들어갈 수 있다. '유치원3법'이 자유한국당의 반발 속에 패스트트랙 안건으로 지정됐다.

셧다운
셧다운 제도는 정당 간의 예산안 합의가 실패하여 새해 예산안 통과 시한을 넘기는 경우 예산이 배정되지 않아 정부기관이 일시 폐쇄되는 상태를 말한다. 정부는 일부 필수적인 기능만 유지된 채 업무를 잠정 중단하게 된다. 군인, 경찰, 소방, 교정, 기상예보, 우편, 항공, 전기 및 수도 등 국민의 생명 및 재산 보호에 직결되는 업무에 종사하는 핵심기관 서비스는 유지되지만 그 이외의 공무원들은 강제 무급휴가를 떠나야 하며, 예산이 배정될 때까지 자발적 무보수 근무도 할 수 없다. 핵심기관 공무원들도 일은 하지만 예산안 의결 전까지 보수를 받지 못한다.

늘봄학교
초등 방과후학교와 돌봄교실을 통합한 제도로 초등학교에서 평일 오전 7시부터 오후 8시까지 학생을 돌봐준다. 2024년 2월 윤석열 정부가 발표한 방안으로 2024년 1학기에 전국적으로 시범사업을 진행했으며 2학기부터 모든 초등학교 1학년을 대상으로 실시된다. 늘봄학교는 출근이 이른 맞벌이 부모를 위해 오전 7시부터 프로그램을 시작하며 정규 교육이 끝난 후에는 맞춤형 프로그램 2개를 시행하고, 퇴근이 늦은 부모를 위해 오후 8시까지 아이를 돌봐준다. 현재 1학년만을 대상으로 하고 있으니 학생들의 학교생활 적응을 위한 놀이활동 중심의 예체능, 심리·정서 프로그램 등을 무상 제공 중이다. 교육부는 2025년에는 2학년까지 늘봄학교 대상을 확대하고 2026년에는 모든 학년으로 대상을 늘린다는 방침이다.

빈출키워드 6 문화

01 다음 중 '트리비아(Trivia)'의 뜻으로 옳지 않은 것은?

① 사소한 정보
② 일반 상식
③ 체계적으로 전달하기 어려운 여담
④ 사람들이 알고 싶어 하지 않는 이야기

02 오늘날 스마트폰, IPTV, VOD 서비스 등의 발달로 단기간에 TV 프로그램을 몰아보는 행위가 증가하고 있다. 다음 중 이러한 행위를 일컫는 말은?

① 빈지 워치(Binge Watch)
② 스톱 워치(Stop Watch)
③ 블랙 워치(Black Watch)
④ 콜 워치(Call Watch)

03 다음 중 서구권에서 각광받는 SNS 형식의 구인구직 서비스로, '1촌 맺기'와 같이 다양한 연결망을 통한 일자리 매칭 서비스를 갖추고 있는 것은?

① 페이스북
② 플리커
③ 인스타그램
④ 링크드인

01
정답 ④

라틴어로 '삼거리'라는 의미의 트리비아는 로마 시대에 도시 어디에서나 삼거리를 찾아볼 수 있었다는 점에서 '어디에나 있는 시시한 것'이라는 뜻으로 사용되었다. 사전적으로는 사람들이 알고 싶어 하는 숨겨진 이야기나 여러 방면에 걸친 사소한 지식 따위를 의미하며, 일반 상식, 체계적으로 전달하기 어려운 여담 등을 가리킬 때 사용한다.

02

정답 ①

빈지 워치는 '폭음, 폭식'이라는 뜻의 빈지(Binge)와 '본다'는 뜻의 워치(Watch)를 합쳐 만든 신조어로, 휴일이나 주말, 방학 등 단기간에 TV 프로그램을 몰아보는 행위를 가리킨다.

오답분석

② 스톱 워치(Stop Watch) : 1개의 바늘을 마음대로 시동·정지시켜서 여러 가지 활동의 소요시간이나 시간적 기록을 초 이하의 단위로 정밀하게 측정하기 위한 휴대형 시계이다.
③ 블랙 워치(Black Watch) : 1725년에 창설된 영국 최강의 육군 전투부대이다.
④ 콜 워치(Call Watch) : 채권발행자의 행동을 감시하는 독립기구에 의해 제공되는 서비스이다.

03

정답 ④

오답분석

① 페이스북(Facebook) : 미국의 메타가 운영 중인 유명 소셜 네트워크 서비스 웹사이트로, 2004년 2월 4일 개설되었다.
② 플리커(Flickr) : 미국의 기업 야후의 온라인 사진 공유 커뮤니티 사이트로, 캐나다 회사인 루디코프사에서 2004년 2월에 개발하였고, 2005년 3월에 야후가 인수하였다.
③ 인스타그램(Instagram) : 사진 및 동영상을 공유할 수 있는 소셜미디어 플랫폼이다.

이론 더하기

플렉스(Flex)
사전적 의미는 '구부리다' '수축시키다'이지만 최근에는 미디어와 소셜네트워크서비스(SNS) 등에서 '과시하다'는 뜻으로 널리 사용되고 있다. 과거 1990년대 미국 힙합 문화에서 주로 '금전을 뽐내거나 자랑하다'는 의미의 속어로 쓰이던 것이 변형된 것으로 보고 있다. 가장 최근에는 1990년대생을 중심으로 명품 소비 문화가 확산되는 것을 두고 '플렉스'를 즐기기 위한 것이라는 해석이 나오고 있다. 유튜브와 인스타그램 등 SNS에 명품 구매 인증샷을 올리는 것이 일종의 과시 행위라는 것이다. 이를 금수저들에 대한 동경 현상으로 보는 이들도 있다.

트리비아(Trivia)
단편적이고 체계적이지 않은 실용·흥미 위주의 잡다한 지식을 가리키는 말이다. 라틴어로 'Tri'는 '3'을 'Via'는 '길'을 의미하여 '삼거리'라는 의미로 사용되던 단어인데, 로마 시대에 도시 어디에서나 삼거리를 찾아볼 수 있었다는 점에서, '어디에나 있는 시시한 것'이라는 뜻으로 단어의 의미가 전이되어 사용되었다. 현대에는 각종 퀴즈 소재로 활용되기 쉬운 상식, 체계적으로 전달하기 어려운 여담 등을 가리킬 때 사용한다.

빈지 워치(Binge Watch)
폭식·폭음을 의미하는 빈지(Binge)와 본다는 워치(Watch)를 합성한 단어로 주로 휴일, 주말, 방학 등에 콘텐츠를 몰아보는 것을 폭식에 비유한 말이다. 빈지 워치는 2013년 넷플릭스가 처음 자체 제작한 드라마 '하우스 오브 카드'의 첫 시즌 13편을 일시에 선보이면서 알려졌고, 이용자들은 전편을 시청할 수 있는 서비스를 선호했다. 빈지 워치 현상은 구독 경제의 등장으로 확산되고 있다.

홈루덴스족
홈루덴스족은 집을 뜻하는 '홈(Home)'과 놀이를 뜻하는 '루덴스(Ludens)'를 합친 단어로 자신의 주거공간에서 휴가를 즐기는 이들을 가리키는 신조어이다. 홈캉스를 즐기는 사람들의 대표적인 형태라고 말할 수 있다. 홈루덴스족은 취향에 맞는 아이템을 구비해 자신만의 공간을 꾸미는 데 적극적이어서 새로운 소비계층으로 떠오르고 있다.

링크드인(Linked In)
유럽과 북미 등지에서 이용 계층이 늘어나고 있는 SNS(사회관계망서비스) 형식의 웹 구인구직 서비스이다. '1촌 맺기'와 같이 다양한 연결망을 통한 일자리 매칭 서비스를 갖추고 있다. 하지만 SNS의 특성상 매우 공개적인 구직이 진행되기 때문에 한국이나 일본처럼 이직 사실을 회사에 알리기 어려운 직장 문화에서는 각광받지 못하고 있다고 한다.

CHAPTER 02 시사상식 기출응용문제

정답 및 해설 p.042

01 다음 중 매년 특정한 시점에 주식시장이 일정한 흐름을 보이는 것을 뜻하는 용어는?

① 다이어리 효과
② 캘린더 효과
③ 순환 효과
④ 시제 효과

02 다음 중 갑질을 하는 기득권이나 부정부패를 일삼는 부유층을 일컫는 용어는?

① 리세스 말라드
② 노블레스 말라드
③ 리세스 오블리주
④ 노블레스 오블리주

03 다음 중 기업이 문화예술 활동을 지원하는 것을 뜻하는 용어는?

① 반달리즘(Vandalism)
② 메세나(Mecenat)
③ 콘클라베(Conclave)
④ 에스프리 누보(Esprit Nouveau)

Easy

04 다음 중 유사한 업종 또는 동종 업종의 기업 간에 독립성을 유지하면서 상호 경쟁을 배제하는 것을 뜻하는 용어는?

① 카르텔(Cartel) ② 트러스트(Trust)
③ 오픈숍(Open Shop) ④ 클로즈드숍(Closed Shop)

05 다음 중 민주주의와 관련된 용어에 대한 설명으로 옳지 않은 것은?

① 데마고그 : 여론을 알아보기 위한 관측 수단이다.
② 레임덕 : 대통령의 임기 말에 발생하기 쉽다.
③ 로그롤링 : 자신의 이익을 위해 정치적으로 침묵하는 것이다.
④ 게리맨더링 : 자기 당에 유리하게 선거구를 확정하는 것이다.

Hard

06 최근 검찰의 수사권 독점, 영장청구권 독점 등의 개혁을 둘러싸고 개헌 논란이 일고 있다. 다음 〈보기〉 중 우리나라의 개헌에 대한 설명으로 옳지 않은 것을 모두 고르면?

> **보기**
> ㉠ 개헌안 제안권을 가진 주체는 대통령과 국회의원이다.
> ㉡ 대통령이 개헌안을 제안할 경우에는 국무회의의 심의를 거쳐야 한다.
> ㉢ 개헌안은 반드시 국민에게 10일 이상의 기간 동안 공고해야 한다.
> ㉣ 국회에서는 개헌안을 숙고해 90일 이내에 의결해야 하며, 이때 재적의원 4분의 3 이상의 찬성으로 의결한다.
> ㉤ 개헌안이 확정되려면 국회의원 선거권자 3분의 2 이상의 투표와 투표자 4분의 3 이상의 찬성을 얻어야 한다.

① ㉠, ㉡ ② ㉠, ㉢, ㉣
③ ㉢, ㉣, ㉤ ④ ㉡, ㉢, ㉣, ㉤

07 다음 중 산업 전체의 수요가 질적·양적으로 어떤 경향을 나타내고 어떤 상태에 있는가를 과거 및 현재의 자료를 기초로 하여 예측하는 일은?

① 수요예측　　　　　　　　② 수요분석
③ 시장분석　　　　　　　　④ 판매예측

08 다음 중 정책분석의 3종 오류에 대한 설명으로 옳은 것은?

① 정책수단이 효과가 없는데 채택한 오류이다.
② 정책문제를 잘못 인지한 것과 관련된다.
③ 정책목표 설정의 오류이다.
④ 정책실현가능성 평가의 오류이다.

09 다음 중 행정통제에 대한 설명으로 옳지 않은 것은?

① 행정통제는 설정된 행정목표 또는 정책목표와 기준에 따라 성과를 측정하고 이에 맞출 수 있도록 시정하는 노력을 의미한다.
② 행정통제의 기준으로는 시민의 자유보전과 공공의 목적에 봉사하는 것을 들 수 있다.
③ 행정통제는 그 주체와 영향력 행사 방향에 따라 외부통제와 내부통제로 나눌 수 있다.
④ 감사원은 헌법기관은 아니지만 대통령 직속기구로서 감사기능의 전문성을 바탕으로 내부통제를 실시하는 기관이다.

10 다음 중 1933년 미국에서 은행개혁과 투기규제를 위해 만든 것으로 상업은행과 투자은행의 업무를 분리한다는 내용을 담고 있는 것은?

① 글래스 – 스티걸법
② 볼커 룰
③ 그램 – 리치 – 블라일리법
④ 프랍 트레이딩

11 다음 기사의 빈칸에 공통으로 들어갈 내용으로 옳은 것은?

> 국내 백색가전 기업인 A전자가 물이나 기름이 아닌 _____을/를 세탁 용제(溶劑)로 이용하는 세탁기 개발에 본격적으로 착수했다. 가스안전관리법상 _____ 액화 과정은 고압가스 제조 행위에 해당해 상하좌우 8m 이격, 방호벽 설치 및 안전관리자 선임 등의 의무가 있는 등 규제가 있어서 제품 출시가 어렵다. 그러나 최근 규제 샌드박스 제도를 통해 사업화 가능성이 열렸다. 산업통상자원부에서 이 세탁기에 대한 실증특례를 승인한 것이다. 이번에 규제특례가 승인된 A전자의 _____ 세탁기는 세탁기 내부에서 기체 상태의 _____을/를 냉각·압축해 액체 상태로 만들어 세탁 용제로 사용하고, 세탁이 끝나면 _____을/를 기화·재수집해 재사용할 수 있다. 또한 물이나 기름을 사용하지 않아 폐수를 배출하지 않기 때문에 친환경적이다.

① 질소
② 염소
③ 아르곤
④ 이산화탄소

12 다음 중 선거운동에 있어서 기회균등을 보장하고 선거비용의 일부 또는 전부를 국가가 부담함으로써 선거의 공정을 기함과 동시에 자력(資力)이 없는 유능한 후보자의 당선을 보장하려는 제도는?

① 석패율제도 ② 로그롤링
③ 국민소환제 ④ 선거공영제

13 다음 〈보기〉 중 4자 안보 대화(Quad)에 대한 설명으로 옳지 않은 것을 모두 고르면?

> **보기**
> ㉠ 미국, 인도, 호주, 러시아 4개국이 참여하고 있는 안보회의체이다.
> ㉡ 2004년 동남아시아 쓰나미 발생 이후 복구·원조를 위한 쓰나미 코어 그룹에서 비롯됐다.
> ㉢ 중국의 세력 확장으로 인한 갈등과 위기의식의 확산·고조 때문에 반중국적인 성격이 강하다.
> ㉣ 쿼드는 등장 이후 현재까지 줄곧 각국 정상을 제외한 외무장관 등이 참석하는 비공식 안보회의체로서의 성격을 유지하고 있다.
> ㉤ 미국 트럼프 정부는 쿼드라는 4자 회원국에 한국 등을 영입해 쿼드플러스로 확대할 것을 제안하기도 했다.

① ㉠, ㉡ ② ㉠, ㉣
③ ㉢, ㉤ ④ ㉣, ㉤

14 다음 〈보기〉 중 부분준비제도하의 화폐공급 모형에서 법정지급준비율과 초과지급준비율의 합이 1보다 작고 다른 조건은 일정하다고 가정할 경우, 통화량을 감소하게 만드는 원인을 모두 고르면?

> **보기**
> ㉠ 중앙은행의 재할인율 인상
> ㉡ 중앙은행의 공개시장매도
> ㉢ 예금자의 현금통화비율$\left(\dfrac{\text{현금통화}}{\text{요구불예금}}\right)$ 감소
> ㉣ 시중은행의 초과지급준비율 감소

① ㉠, ㉡
② ㉠, ㉢
③ ㉡, ㉣
④ ㉢, ㉣

15 다음 글의 밑줄 친 '기관투자자'에 대한 설명으로 옳은 것은?

> 스튜어드십 코드(Stewardship Code)란 연기금과 자산운용사 등 주요 기관투자자들의 의결권 행사를 적극적으로 유도하기 위한 자율지침을 말한다. 이를 통해 주요 기관투자자가 주식을 보유하는 데 그치지 않고 투자 기업의 의사결정에 적극적으로 참여함으로써 주주와 기업의 이익을 추구하고 지속 가능한 성장과 투명한 경영을 이끌어 내도록 한다.
> 2010년 영국이 가장 먼저 스튜어드십 코드를 도입하였고, 이후 캐나다, 남아프리카공화국, 네덜란드, 스위스, 이탈리아, 말레이시아, 홍콩, 일본 등이 도입하여 현재 운용 중이다. 우리나라도 2016년 2월부터 시행에 들어갔으나, 강제성이 없고 기업경영권과 자율권 침해, 공시 의무 과정에서의 전략 노출, 의결자문 등에 따른 비용 증가, 향후 이해 상충 등의 문제 발생 우려로 국내 기관투자자의 도입은 사실상 저조했다. 그러나 2018년 7월 국내 최대 기관투자자인 국민연금이 스튜어드십 코드를 도입하면서 다른 연기금과 자산운용사들의 참여가 증가하고 있는 추세이다.

① 기관투자자는 투자 대상 회사와의 공감대 형성을 지양하여야 한다.
② 기관투자자는 투자 대상 회사의 가치를 보존하고 높일 수 있도록 주기적으로 점검하여야 한다.
③ 기관투자자는 의결권 행사를 위한 지침·절차·세부 기준을 포함한 의결권 정책을 비공개적으로 마련해야 한다.
④ 기관투자자는 수탁자로서의 책임을 이행하는 과정에서 이해 상충 문제에 직면할 경우 비공개적으로 해결해야 한다.

CHAPTER 03 IT · 디지털

빈출키워드 1 디지털

01 다음 중 28GHz(39GHz)의 초고대역 주파수를 사용하여 무선으로 통신 서비스를 제공하는 이동통신 기술은?

① 2G
② 3G
③ 4G
④ 5G

02 다음 중 통신망 제공사업자는 모든 콘텐츠를 동등하고 차별 없이 다루어야 한다는 원칙을 뜻하는 용어는?

① 제로 레이팅
② 망 중립성
③ MARC
④ 멀티 캐리어

01

정답 ④

5G FWA는 유선 대신 무선으로 각 가정에 초고속 통신 서비스를 제공하는 기술이다. 2018년 삼성전자는 미국 최대 이동통신 사업자인 버라이즌과 5G 기술을 활용한 통신 장비 공급 계약을 체결하였다.

02

정답 ②

망 중립성(Network Neutrality)은 통신사 등 인터넷서비스사업자(ISP)가 특정 콘텐츠나 인터넷 기업을 차별·차단하는 것을 금지하는 정책으로, 인터넷 기업인 구글, 페이스북, 아마존, 넷플릭스 등이 거대 기업으로 성장할 수 있었던 주된 배경 중 하나이다.

오답분석

① 제로 레이팅(Zero Rating) : 콘텐츠 사업자가 이용자의 데이터 이용료를 면제 또는 할인해 주는 제도이다.
③ MARC(MAchine Readable Cataloging) : 컴퓨터가 목록 데이터를 식별하여 축적·유통할 수 있도록 코드화한 일련의 메타데이터 표준 형식이다.
④ 멀티 캐리어(Multi Carrier) : 2개 주파수를 모두 사용해 통신 속도를 높이는 서비스이다.

이론 더하기

4차 산업혁명

2010년대부터 물리적 세계, 디지털 및 생물학적 세계가 융합되어 모든 학문·경제·산업 등에 전반적으로 충격을 주게 된 새로운 기술 영역의 등장을 뜻하는 4차 산업혁명은 독일의 경제학 박사이자 세계경제포럼(WEF)의 회장인 클라우스 슈밥이 2016년 다보스 포럼(WEF)에서 제시한 개념이다.

클라우스 슈밥은 인공지능, 로봇공학, 사물인터넷, 3D프린팅, 자율주행 자동차, 양자 컴퓨팅, 클라우드 컴퓨팅, 나노테크, 빅데이터 등의 영역에서 이루어지는 혁명적 기술 혁신을 4차 산업혁명의 특징으로 보았다. 4차 산업혁명은 초연결성·초지능, 더 빠른 속도, 더 많은 데이터 처리 능력, 더 넓은 파급 범위 등의 특성을 지니는 '초연결 지능 혁명'으로 볼 수 있다. 그러나 인공지능 로봇의 작업 대체로 인한 인간의 일자리 감소, 인간과 인공지능(로봇)의 공존, 개인정보·사생활 보호, 유전자 조작에 따른 생명윤리 등 여러 과제가 사회적 문제로 떠오르고 있다.

빅데이터(Big Data)

빅데이터는 다양하고 복잡한 대규모의 데이터 세트 자체는 물론, 이러한 데이터 세트로부터 정보를 추출한 결과를 분석하여 더 큰 가치를 창출하는 기술을 뜻한다. 기존의 정형화된 정보뿐만 아니라 이미지, 오디오, 동영상 등 여러 유형의 비정형 정보를 데이터로 활용한다. 저장 매체의 가격 하락, 데이터 관리 비용의 감소, 클라우드 컴퓨팅의 발전 등으로 인해 데이터 처리·분석 기술 또한 진보함에 따라 빅데이터의 활용 범위와 환경이 꾸준히 개선되고 있다.

빅데이터의 특징으로 제시되는 3V는 데이터의 'Volume(크기), Velocity(속도), Variety(다양성)'이다. 여기에 'Value(가치)' 또는 'Veracity(정확성)' 중 하나를 더해 4V로 보기도 하고, 둘 다 더해 5V로 보기도 한다. 또한 5V에 'Variability(가변성)'을 더해 6V로 정리하기도 한다. 한편 기술의 진보에 따라 빅데이터의 특징을 규명하는 'V'는 더욱 늘어날 수 있다.

합성데이터(Synthetic Data)

합성데이터는 실제 수집·측정으로 데이터를 획득하는 것이 아니라 시뮬레이션·알고리즘 등을 이용해 인공적으로 생성한 인공의 가상 데이터를 뜻한다. 즉, 현실의 데이터가 아니라 인공지능(AI)을 교육하기 위해 통계적 방법이나 기계학습 방법을 이용해 생성한 가상 데이터를 말한다.

고품질의 실제 데이터 수집이 어렵거나 불가능함, AI 시스템 개발에 필수적인 대규모 데이터 확보의 어려움, 인공지능 훈련에 드는 높은 수준의 기술·비용, 실제 데이터의 이용에 수반되는 개인정보·저작권 보호 및 윤리적 문제 등에 대한 해결 대안으로 등장한 것이 합성데이터이다.

임베디드 금융(Embedded Finance)

비금융기업이 금융기업의 금융 상품을 중개·재판매하는 것을 넘어 IT·디지털 기술을 활용해 자체 플랫폼에 결제·대출 등의 비대면 금융 서비스(핀테크) 기능을 내재화(Embed)하는 것을 뜻한다. 은행이 제휴를 통해 금융 서비스의 일부를 비금융기업에서 제공하는 서비스형 은행(BaaS; Banking as a Service)도 임베디드 금융의 한 형태로 볼 수 있다.

사물인터넷(IoT; Internet of Things)

사물에 센서와 통신 프로세서를 장착해 실시간으로 정보를 수집·교환하고 제어·관리할 수 있도록 인터넷 등 다양한 방식의 네트워크로 연결되어 있는 시스템을 뜻한다. 이때 '사물인터넷'에서 말하는 '사물'은 인간을 포함한 모든 가시적인 물리적 대상은 물론 어떠한 패턴 등의 무형·가상의 대상을 아우르는 광범위한 개념이다.

딥페이크(Deepfake)

인공지능이 축적된 자료를 바탕으로 스스로 학습하는 '딥러닝(Deep Learning)' 기술과 'Fake(가짜, 속임수)'의 조합어로, 인공지능을 통해 만들어낸 가짜 이미지·영상, 오디오성 기술을 뜻한다.

핀테크(Fin-tech)

모바일, 소셜네트워크서비스(SNS), 빅데이터 등의 첨단 정보 기술(Technology)을 기반으로 한 금융(Finance) 서비스 또는 그러한 서비스를 제공하는 회사를 뜻한다. 핀테크를 통해 예금, 대출, 자산 관리, 결제, 송금 등 다양한 금융 서비스가 정보통신 및 모바일 기술과 결합되어 혁신적인 유형의 금융 서비스가 가능하다.

디지털 뉴딜(Digital New Deal)

2020년 7월 14일에 확정한 정부의 한국판 뉴딜 정책 중 하나이다. 핵심 내용은 현재 세계 최고 수준인 전자정부 인프라나 서비스 등의 ICT를 기반으로 디지털 초격차를 확대하는 것이다. 디지털 뉴딜의 내용으로는 DNA(Data, Network, AI) 생태계 강화, 교육인프라 디지털 전환, 비대면 사업 육성, SOC 디지털화가 있다.

VR, AR, MR, XR, SR

- **VR(Virtual Reality, 가상현실)**: 어떤 특정한 상황·환경을 컴퓨터로 만들어 이용자가 실제 주변 상황·환경과 상호작용하고 있는 것처럼 느끼게 하는 인간과 컴퓨터 사이의 인터페이스이다. 즉, VR은 실존하지 않지만 컴퓨터 기술로 이용자의 시각·촉각·청각을 자극해 실제로 있는 것처럼 느끼게 하는 가상의 현실을 말한다.
- **AR(Augmented Reality, 증강현실)**: 머리에 착용하는 방식의 컴퓨터 디스플레이 장치는 인간이 보는 현실 환경에 컴퓨터 그래픽 등을 겹쳐 실시간으로 시각화함으로써 AR을 구현한다. AR이 실제의 이미지·배경에 3차원의 가상 이미지를 겹쳐서 하나의 영상으로 보여주는 것이라면, VR은 자신(객체)과 환경·배경 모두 허구의 이미지를 사용하는 것이다.
- **MR(Mixed Reality, 혼합현실)**: VR과 AR이 전적으로 시각에 의존한다면, MR은 시각에 청각·후각·촉각 등 인간의 감각을 접목할 수 있다. VR과 AR의 장점을 융합함으로써 한 단계 더 진보한 기술로 평가받는다.
- **XR(eXtended Reality, 확장현실)**: VR, AR, MR 등을 아우르는 확장된 개념으로, 가상과 현실이 매우 밀접하게 연결되어 있고, 현실 공간에 배치된 가상의 물체를 손으로 만질 수 있는 등 극도의 몰입감을 느낄 수 있는 환경 혹은 기술을 뜻한다.
- **SR(Substitutional Reality, 대체현실)**: VR, AR, MR과 달리 하드웨어가 필요 없으며, 스마트 기기에 광범위하고 자유롭게 적용될 수 있다. SR은 가상현실과 인지 뇌과학이 융합된 한 단계 업그레이드된 기술이라는 점에서 VR의 연장선상에 있는 기술로 볼 수 있다.

스니핑(Sniffing)

'Sniffing'은 '코를 킁킁거리기, 냄새 맡기'라는 뜻으로, 네트워크 통신망에서 오가는 패킷(Packet)을 가로채 사용자의 계정과 암호 등을 알아내는 해킹 수법이다. 즉, 스니핑은 네트워크 트래픽을 도청하는 행위로서, 사이버 보안의 기밀성을 침해하는 대표적인 해킹 수법이다. 그리고 이러한 스니핑을 하기 위해 쓰이는 각종 프로그램 등의 도구를 '스니퍼'라 부른다.

원래는 네트워크 상태를 체크하는 데 사용되었으나, 해커들은 원격에서 로그인하는 사용자들이 입력하는 개인정보를 중간에서 가로채는 수법으로 악용한다. 즉, 네트워크에 접속하는 시스템의 상대방 식별 방식의 취약점을 악용하는 것이다. 네트워크에 접속하는 모든 시스템에는 설정된 IP 주소와 고유한 MAC 주소가 있으며, 통신을 할 때 네트워크 카드는 IP 주소와 MAC 주소를 이용해 수신하고 저장할 신호를 선별한다. 스니핑 공격은 이러한 선별 장치를 해제해 타인의 신호까지 수신할 수 있는 환경을 구성하는 방식으로 구현된다. 이러한 원리를 통해 해커는 이메일 트래픽, 웹 트래픽, FTP 비밀번호, 텔넷 비밀번호, 공유기 구성, 채팅 세션, DNS 트래픽 등을 스니핑할 수 있다.

한편, 스니핑이 다른 사람의 대화를 도청·염탐하는 소극적 공격이라면, '스푸핑'은 다른 사람으로 위장해 정보를 탈취하는 적극적 공격이다. 즉, 스니핑은 시스템 자체를 훼손·왜곡할 수 없는 수동적 공격이고, 스푸핑은 시스템을 훼손·왜곡할 수 있는 능동적 공격이다.

스테이블 코인(Stable Coin)

법정화폐와 일대일(1코인=1달러)로 가치가 고정되게 하거나(법정화폐 담보 스테이블 코인) 다른 암호화폐와 연동하는(가상자산 담보 스테이블 코인) 등의 담보 방식 또는 알고리즘을 통한 수요-공급 조절(알고리즘 기반 스테이블 코인)로 가격 변동성이 최소화되도록 설계된 암호화폐(가상자산)이다. 다른 가상화폐와 달리 변동성이 낮기 때문에 다른 가상화폐 거래, 탈중앙화 금융(De-Fi) 등에 이용되므로 '기축코인'이라고 볼 수 있다. 우리나라와 달리 대부분 해외 가상자산 거래소에서는 법정화폐가 아닌 스테이블 코인으로 가상화폐를 거래하는데, 이렇게 하면 다른 나라의 화폐로 환전해 다시 가상화폐를 구매하는 불편을 해소하고, 환율의 차이에 따른 가격의 변동으로부터 자유롭다. 아울러 디파이를 통해 이자 보상을 받을 수 있으며, 계좌를 따로 개설할 필요가 없고, 휴일에도 송금이 가능하며 송금의 속도 또한 빠르고, 수수료도 거의 없다. 스테이블 코인은 기본적으로 가격이 안정되어 있기 때문에 안정적인 투자 수익을 얻을 수 있으나 단기적인 매매 차익을 기대하기 어렵다. 아울러 자금세탁이나 사이버 보안 등의 문제점을 보완하기 위한 법적 규제와 기술적 장치가 반드시 필요하다.

디파이(De-Fi)

디파이는 '금융(Finance)의 탈중앙화(Decentralized)'라는 뜻으로, 기존의 정부·은행 같은 중앙기관의 개입·중재·통제를 배제하고 거래 당사자들끼리 송금·예금·대출·결제·투자 등의 금융 거래를 하자는 게 주요 개념이다. 디파이는 거래의 신뢰를 담보하기 위해 높은 보안성, 비용 절감 효과, 넓은 활용 범위를 자랑하는 블록체인 기술을 기반으로 한다.

디파이는 서비스를 안정적으로 제공하기 위해 기존의 법정화폐에 연동되거나 비트코인 같은 가상자산을 담보로 발행된 스테이블 코인(가격 변동성을 최소화하도록 설계된 암호화폐)을 거래 수단으로 주로 사용한다. 디파이는 거래의 속도를 크게 높일 수 있고, 거래 수수료 등 부대비용이 거의 들지 않기 때문에 비용을 절감할 수 있다는 것이 가장 큰 특징이다.

디파이는 블록체인 자체에 거래 정보를 기록하기 때문에 중개자가 필요 없을 뿐만 아니라 위조·변조 우려가 없어 신원 인증 같은 복잡한 절차도 없고, 휴대전화 등으로 인터넷에 연결되기만 하면 언제든지, 어디든지, 누구든지 디파이에 접근할 수 있으며, 응용성·결합성이 우수해 새로운 금융 서비스를 빠르게 개발할 수 있다. 다만, 디파이는 아직 법적 규제와 이용자 보호장치가 미비하여 금융사고 발생 가능성이 있고 상품 안정성 또한 높지 않다는 한계가 있다.

인터넷 전문은행(Direct Bank; Internet-only Bank)
영업점을 통해 대면거래를 하지 않고, 금융자동화기기(ATM)나 인터넷·모바일 응용프로그램(앱) 같은 전자매체를 통해 온라인으로 사업을 벌이는 은행이다.

서비스형 블록체인(BaaS; Blockchain as a Service)
서비스형 블록체인은 개발 환경을 클라우드로 서비스하는 개념이다. 블록체인 네트워크에 노드를 추가하고 제거하는 일이 간단해져서 블록체인 개발 및 구축을 쉽고 빠르게 할 수 있다. 현재 마이크로소프트나 IBM, 아마존, 오라클 등에서 도입하여 활용하고 있으며, 우리나라의 경우 KT, 삼성 SDS, LG CNS에서 자체적인 BaaS를 구축하고 있다.

데이터 리터러시(Data Literacy)
정보활용 능력을 일컫는 용어로 빅데이터 속에서 목적에 맞게 필요한 정보를 취합하고 해석하여 적절하게 활용할 수 있는 능력을 말한다.

데이터 레이블링(Data Labeling)
인공지능을 만드는 데 필요한 데이터를 입력하는 작업이다. 높은 작업 수준을 요구하지는 않으며, 각 영상에서 객체를 구분하고, 객체의 위치와 크기 등을 기록해야 한다. 인공지능이 쉽게 사물을 알아볼 수 있도록 영상 속의 사물에 일일이 명칭을 달아주는 작업이다.

이노드비(eNodB; Evolved Node B)
이동통신 사실 표준화 기구인 3GPP에서 사용하는 공식 명칭으로, 기존 3세대(3G) 이동통신 기지국의 이름 'Node B'와 구별하여 LTE의 무선 접속망 E-UTRAN(Evolved UTRAN) 기지국을 'E-UTRAN Node B' 또는 'Evolved Node B'라 한다. 모바일 헤드셋(UE)과 직접 무선으로 통신하는 휴대전화망에 연결되는 하드웨어이며, 주로 줄임말 eNodeB(eNB)로 사용한다.

5세대 이동통신(5G; 5th Generation Mobile Communication)
국제전기통신연합(ITU)이 정의한 5G는 최대 다운로드 속도가 20Gbps, 최저 다운로드 속도가 100Mbps인 이동통신 기술이다. 4세대 이동통신에 비해 속도가 20배 가량 빠르고 처리 용량은 100배가 많아져 4차 산업혁명의 핵심 기술인 가상현실(VR·AR), 자율주행, 사물인터넷(IoT) 기술 등을 구현할 수 있다.

만리방화벽(GFW; Great Firewall of China)
만리방화벽(GFW)은 만리장성(Great Wall)과 컴퓨터 방화벽(Firewall)의 합성어로, 중국 정부의 인터넷 감시·검열 시스템을 의미한다. 중국 내에서 일부 외국 사이트에 접속할 수 없도록 하여 사회 안정을 이루는 것이 목적이다.

와이선(Wi-SUN)
사물인터넷(IoT)의 서비스 범위가 확대되면서 블루투스나 와이파이 등 근거리 무선통신을 넘어선 저전력 장거리(LPWA; Low-Power Wide Area) IoT 기술이다.

라이파이(Li-Fi; Light-Fidelity)
무선랜인 와이파이(초속 100Mb)의 100배, 무선통신 중 가장 빠르다는 LTE-A(초속 150Mb)보다 66배나 빠른 속도를 자랑하는 무선통신기술이다.

디지털세(Digital Tax)
구글이나 페이스북, 아마존과 같이 국경을 초월해 사업하는 인터넷 기반 글로벌 기업에 부과하는 세금을 지칭한다. 유럽연합(EU)이 2018월 3월 디지털세를 공동으로 도입하는 방안을 제안했지만 합의가 이루어지지 않자 회원국인 프랑스가 2019년 7월 독자적으로 부과하기로 했다. 프랑스는 글로벌 IT 기업들이 실질적으로 유럽 각국에서 이윤을 창출하면서도 세율이 가장 낮은 아일랜드 등에 법인을 두는 방식으로 조세를 회피한다는 지적이 계속되자 프랑스 내에서 2,500만 유로(약 330억 원) 이상의 수익을 내는 기업에 연간 총매출의 3%를 과세하는 디지털 서비스 세금(DST)법을 발효했다. 이에 미국은 자국 기업이 주요 표적이라며 강하게 반발했다. 영국과 스페인이 DST법과 거의 같은 내용의 법안을 추진하고 나서면서 유럽 대(對) 미국의 대립 구도가 굳어졌다.

프롭테크(Proptech)
부동산(Property)과 기술(Technology)의 합성어로, 기존 부동산 산업과 IT의 결합으로 볼 수 있다. 프롭테크의 산업 분야는 크게 중개 및 임대, 부동산 관리, 프로젝트 개발, 투자 및 자금조달 부분으로 구분할 수 있다. 프롭테크 산업 성장을 통해 부동산 자산의 고도화와 신기술 접목으로 편리성이 확대되고, 이를 통한 삶의 질이 향상될 전망이다. 무엇보다 공급자 중심의 기존 부동산 시장을 넘어 정보 비대칭이 해소되어 고객 중심의 부동산 시장이 형성될 것으로 보인다.

바이오컴퓨터(Biocomputer)
생물의 세포에 들어 있는 단백질이나 효소를 사용한 바이오칩을 컴퓨터 내부 반도체 소자와 교체하여 조립한다. 인간의 뇌와 유사한 기능을 하도록 설계되어 최종적으로 인간의 두뇌 기능을 구현하기 위한 목적을 갖는다.

다크 데이터(Dark Data)
정보를 수집한 후 저장만 하고 분석에 활용하고 있지 않은 다량의 데이터로, 처리되지 않은 채 미래에 사용할 가능성이 있다는 이유로 삭제되지 않고 방치되고 있었다. 하지만 최근 빅데이터와 인공지능이 발달하면서 방대한 양의 자료가 필요해졌고, 이에 유의미한 정보를 추출하고 분석할 수 있게 되면서 다양한 분야에 활용될 전망이다.

무어의 법칙(Moore's Law)
반도체 집적회로의 성능이 18개월마다 2배씩 증가한다는 법칙이다. 인텔 및 페어 차일드 반도체의 창업자인 고든 무어가 1965년에 설명한 것이다. 당시에는 일시적일 것이라 무시당하기도 했으나, 30년간 비교적 정확하게 그의 예측이 맞아 떨어지면서 오늘날 반도체 산업의 중요한 지침이 되고 있다. 이와 함께 언급되는 규칙으로 '황의 법칙(반도체 메모리의 용량이 1년마다 2배씩 증가한다는 이론)'이 있다.

튜링 테스트(Turing Test)
기계가 인공지능을 갖추었는지를 판별하는 실험으로 1950년에 영국의 수학자인 앨런 튜링이 제안한 인공지능 판별법이다. 기계의 지능이 인간처럼 독자적인 사고를 하거나 의식을 가졌는지 인간과의 대화를 통해 확인할 수 있는데, 아직 튜링 테스트를 통과한 인공지능이 드문 것으로 알려져 있다.

메칼프의 법칙(Metcalfe's Law)
인터넷 통신망이 지니는 가치는 망에 가입한 사용자 수의 제곱에 비례한다는 법칙이다. 1970년대 네트워크 기술인 이더넷을 개발한 로버트 메칼프에 의해 처음 언급되었다. 예를 들어 사용자 수가 2명인 A통신망의 가치는 2의 제곱인 4인 반면, 사용자 수가 4명인 B통신망의 가치는 4의 제곱인 16인 것이다. 이는 통신망을 이용하는 개개인이 정보의 연결을 통해 향상된 능력을 발휘할 수 있게 되면서 네트워크의 효과가 증폭되기 때문이다.

PBV(Purpose Built Vehicle)
우리말로는 '목적 기반 모빌리티'라고 부른다. 2020년 열린 세계 최대 소비자 가전·IT(정보기술) 전시회인 미국 CES(Consumer Electronics Show)에서 발표됐다. 차량이 단순한 이동수단 역할을 넘어서 승객이 필요한 서비스를 누릴 수 있는 공간으로 확장된 것이다. 개인화 설계 기반의 친환경 이동수단으로, 식당, 카페, 호텔 등 여가 공간부터 병원, 약국 등 사회 필수 시설까지 다양한 공간으로 연출돼 고객이 맞춤형 서비스를 누릴 수 있도록 해준다.

클라우드 컴퓨팅(Cloud Computing)
정보처리를 자신의 컴퓨터가 아닌 인터넷으로 연결된 다른 컴퓨터로 처리할 수 있는 기술을 말한다. 클라우드 컴퓨팅의 핵심 기술은 가상화와 분산처리로 어떠한 요소를 기반으로 하느냐에 따라 소프트웨어 서비스, 플랫폼 서비스, 인프라 서비스로 구분한다.

SOAR(Security Orchestration, Automation and Response)
가트너가 2017년에 발표한 용어로 보안 오케스트레이션 및 자동화(SOA; Security Orchestration and Automation), 보안 사고 대응 플랫폼(SIRP; Security Incident Response Platforms), 위협 인텔리전스 플랫폼(TIP; Threat Intelligence Platforms)의 세 기능을 통합한 개념이다. 보안 사고 대응 플랫폼은 보안 이벤트별 업무 프로세스를 정의하고, 보안 오케스트레이션 및 자동화는 다양한 IT 보안 시스템을 통합하고 자동화하여 업무 프로세스 실행의 효율성을 높일 수 있다. 마지막으로 위협 인텔리전스 플랫폼은 보안 위협을 판단해 분석가의 판단을 보조할 수 있다.

빈출키워드 2   SQL

다음 중 회원(회원번호, 이름, 나이, 주소) 테이블에서 주소가 '인천'인 회원의 이름, 나이 필드만 검색하되 나이가 많은 순으로 검색하는 질의문으로 옳은 것은?

① SELECT 이름, 나이 FROM 회원 ORDER BY 나이 WHERE 주소='인천'
② SELECT 이름, 나이 FROM 회원 WHERE 주소='인천' ORDER BY 나이 ASC
③ SELECT 이름, 나이 FROM 회원 WHERE 주소='인천' ORDER BY 나이 DESC
④ SELECT 이름, 나이 FROM 회원 ORDER BY 나이 DESC WHERE 주소='인천'

정답 ③

- SELECT 이름, 나이 : 이름과 나이를 검색한다.
- FROM 회원 : 회원 테이블에서 검색한다.
- WHERE 주소='인천' : 주소가 인천인 레코드를 검색한다.
- ORDER BY 나이 DESC : 나이가 많은 순으로 검색한다.

> **이론 더하기**

DDL(데이터 정의어)
스키마, 도메인, 테이블, 뷰, 인덱스를 정의하거나 변경 또는 삭제할 때 사용하는 언어이다.
① CREATE문 : 새로운 테이블을 만들며 스키마, 도메인, 테이블, 뷰, 인덱스를 정의할 때 사용한다.

> CREATE TABLE STUDENT ~; (STUDENT명의 테이블 생성)

② ALTER문 : 기존 테이블에 대해 새로운 열의 첨가, 값의 변경, 기존 열의 삭제 등에 사용한다.

> ALTER TABLE STUDENT ADD ~; (STUDENT명의 테이블에 속성 추가)

③ DROP문 : 스키마, 도메인, 테이블, 뷰, 인덱스의 전체 제거 시 사용한다.

> DROP TABLE STUDENT [CASCADE / RESTRICTED]; (STUDENT명의 테이블 제거)

DML(데이터 조작어)
데이터베이스 사용자가 응용 프로그램이나 질의어를 통하여 저장된 데이터를 처리하는 데 사용하는 언어이다.
① 검색(SELECT)문

> SELECT [DISTINCT] 속성 LIST(검색 대상) FROM 테이블명 [WHERE 조건식]
> [GROUP BY 열_이름 [HAVING 조건]] [ORDER BY 열_이름 [ASC or DESC]];

SELECT	질문의 결과에 원하는 속성을 열거하거나 테이블을 구성하는 튜플(행) 중에서 전체 또는 조건을 만족하는 튜플(행)을 검색한다(ALL이 있는 경우 모든 속성을 출력하므로 주로 생략하거나 * 로 표시).
FROM	검색 데이터를 포함하는 테이블명을 2개 이상 지정할 수 있다.
WHERE	조건을 설정할 때 사용하며, 다양한 검색 조건을 활용한다(SUM, AVG, COUNT, MAX, MIN 등의 함수와 사용 불가능).
DISTINCT	중복 레코드를 제거한다(DISTINCTROW 함수는 튜플 전체를 대상으로 함).
HAVING	• 추가 검색 조건을 지정하거나 행 그룹을 선택한다. • GROUP BY절을 사용할 때 반드시 기술한다(SUM, AVG, COUNT, MAX, MIN 등의 함수와 사용 가능).
GROUP BY	그룹 단위로 함수를 이용하여 평균, 합계 등을 구하며, 집단 함수 또는 HAVING절과 함께 기술한다(필드명을 입력하지 않으면 오류 발생).
ORDER BY	검색 테이블을 ASC(오름차순, 생략 가능), DESC(내림차순)으로 정렬하며, SELECT문의 마지막에 위치한다.

② 삽입(INSERT)문 : 기존 테이블에 행을 삽입하는 경우로 필드명을 사용하지 않으면 모든 필드가 입력된 것으로 간주한다.

> INSERT INTO 테이블[(열_이름...)] → 하나의 튜플을 테이블에 삽입
> VALUES(열 값_리스트); → 여러 개의 튜플을 테이블에 한번에 삽입

③ 갱신(UPDATE)문 : 기존 레코드의 열 값을 갱신할 경우 사용하며, 연산자를 이용하여 빠르게 레코드를 수정한다.

> UPDATE 테이블 SET 열_이름=식 [WHERE 조건];

④ 삭제(DELETE)문 : 테이블의 행을 하나만 삭제하거나 조건을 만족하는 튜플을 테이블에서 삭제할 때 사용한다.

> DELETE FROM 테이블 [WHERE 조건];

DCL(데이터 제어어)
① GRANT문 : 유저, 그룹 혹은 모든 사용자들에게 조작할 수 있는 사용 권한을 부여한다.

> GRANT 권한 ON 개체 TO 사용자 (WITH GRANT OPTION);

② REVOKE문 : 유저, 그룹 혹은 모든 유저들로부터 주어진 사용 권한을 해제한다.

> REVOKE 권한 ON 개체 FROM 사용자 (CASCADE);

③ CASCADE문 : Main Table의 데이터를 삭제할 때 각 외래 키에 부합되는 모든 데이터를 삭제한다(연쇄 삭제, 모든 권한 해제).
④ RESTRICTED문 : 외래 키에 의해 참조되는 값은 Main Table에서 삭제할 수 없다(FROM절에서 사용자의 권한만을 해제).

빈출키워드 3 논리게이트

01 다음과 같은 논리식으로 구성되는 회로는?[단, S는 합(Sum), C는 자리 올림 수(Carry)이다]

$$S = \overline{A}B + A\overline{B}$$
$$C = AB$$

① 반가산기(Half Adder) ② 전가산기(Full Adder)
③ 전감산기(Full Subtracter) ④ 부호기(Encoder)

02 다음과 같이 명령어에 오퍼랜드 필드를 사용하지 않고, 명령어만 사용하는 명령어의 형식은?

AND : (덧셈), MUL : (곱셈)

① Zero-Address Instruction Mode
② One-Address Instruction Mode
③ Two-Address Instruction Mode
④ Three-Address Instruction Mode

01
정답 ①

반가산기는 2개의 비트를 더해 합(S)과 자리 올림 수(C)를 구하는 회로로, 하나의 AND 회로와 하나의 XOR 회로로 구성된다.

02
정답 ①

제로 어드레스 명령어 형식(Zero-Address Instruction Mode)
명령어 내에서 피연산자의 주소 지정을 하지 않아도 되는 명령어 형식으로, 명령어에 나타난 연산자의 실행 시에 입력 자료의 출처와 연산의 결과를 기억시킬 장소가 고정되어 있을 때 사용된다.

이론 더하기

논리게이트(Logic Gate)

게이트	기호	의미	진리표	논리식
AND	A, B → Y	입력 신호가 모두 1일 때만 1 출력	A B Y 0 0 0 0 1 0 1 0 0 1 1 1	$Y = A \cdot B$ $Y = AB$
OR	A, B → Y	입력 신호 중 1개만 1이어도 1 출력	A B Y 0 0 0 0 1 1 1 0 1 1 1 1	$Y = A + B$
BUFFER	A → Y	입력 신호를 그대로 출력	A Y 0 0 1 1	$Y = A$
NOT (인버터)	A → Y	입력 신호를 반대로 변환하여 출력	A Y 0 1 1 0	$Y = A'$ $Y = \overline{A}$
NAND	A, B → Y	NOT+AND 즉, AND의 부정	A B Y 0 0 1 0 1 1 1 0 1 1 1 0	$Y = \overline{A \cdot B}$ $Y = \overline{AB}$ $Y = \overline{A} + \overline{B}$
NOR	A, B → Y	NOT+OR 즉, OR의 부정	A B Y 0 0 1 0 1 0 1 0 0 1 1 0	$Y = \overline{A + B}$ $Y = \overline{A} \cdot \overline{B}$
XOR	A, B → Y	입력 신호가 같으면 0, 다르면 1 출력	A B Y 0 0 0 0 1 1 1 0 1 1 1 0	$Y = A \oplus B$ $Y = A'B + AB'$ $Y = (A+B)(A'+B')$ $Y = (A+B)(AB)'$
XNOR	A, B → Y	NOT+XOR 입력 신호가 같으면 1, 다르면 0 출력	A B Y 0 0 1 0 1 0 1 0 0 1 1 1	$Y = A \odot B$ $Y = \overline{A \oplus B}$

빈출키워드 4 스케줄링

다음은 스케줄링에 대한 자료이다. 빈칸 ㉠과 ㉡에 해당하는 알고리즘을 〈보기〉에서 찾아 바르게 연결한 것은?

〈스케줄링〉

- 스케줄링이란?
  다중 프로그래밍을 지원하는 운영체제에서 CPU 활용의 극대화를 위해 프로세스를 효율적으로 CPU에게 할당하는 것
- 스케줄링 알고리즘
  - ㉠ 스케줄링 : 한 프로세스가 CPU를 점유하고 있을 때 다른 프로세스가 CPU를 빼앗을 수 있는 방식
  - ㉡ 스케줄링 : 한 프로세스에 CPU가 할당되면 작업이 완료되기 전까지 CPU를 다른 프로세스에 할당할 수 없는 방식

보기

가. FIFO(First In First Out)
나. 우선순위(Priority)
다. RR(Round Robin)
라. 기한부(Deadline)
마. MLQ(Multi-Level Queue)

	㉠	㉡		㉠	㉡
①	가, 다	나, 라, 마	②	나, 라	가, 다, 마
③	다, 라	가, 나, 마	④	다, 마	가, 나, 라

정답 ④

㉠ 선점형(Preemption)
- 다. RR(Round-Robin) : 먼저 들어온 프로세스가 먼저 실행되나, 각 프로세스는 정해진 시간 동안만 CPU를 사용하는 방식
- 마. MLQ(Multi-Level Queue) : 서로 다른 작업을 각각의 큐에서 타임 슬라이스에 의해 처리

㉡ 비선점형(Non-Preemption)
- 가. FIFO(First In First Out) : 요구하는 순서에 따라 CPU를 할당하는 방식
- 나. 우선순위(Priority) : 우선순위가 높은 프로세스에 CPU를 할당하는 방식
- 라. 기한부(Deadline) : 제한된 시간 내에 프로세스가 반드시 완료되도록 하는 방식

이론 더하기

비선점형 스케줄링

① FIFO(First Input First Output, =FCFS)
- 먼저 입력된 작업을 먼저 처리하는 방식으로 가장 간단한 방식이다.
- 디스크 대기 큐에 들어온 순서대로 처리하기 때문에 높은 우선순위의 요청이 입력되어도 순서가 바뀌지 않지만, 평균 반환 시간이 길다.

② SJF(Shortest Job First, 최단 작업 우선)
- 작업이 끝나기까지의 실행 시간 추정치가 가장 작은 작업을 먼저 실행시키는 방식이다.
- 긴 작업들을 어느 정도 희생시키면서 짧은 작업들을 우선적으로 처리하기 때문에 대기 리스트 안에 있는 작업의 수를 최소화하면서 평균 반환 시간을 최소화할 수 있다.

③ HRN(Highest Response-ratio Next)
- 서비스 시간(실행 시간 추정치)과 대기 시간의 비율을 고려한 방식으로 SJF의 무한 연기 현상을 극복하기 위해 개발되었다.
- 대기 리스트에 있는 작업들에게 합리적으로 우선순위를 부여하여 작업 간 불평등을 해소할 수 있다.
- 프로그램의 처리 순서는 서비스 시간의 길이뿐만 아니라 대기 시간에 따라 결정된다.
- (우선순위)={(대기 시간)+(서비스 시간)}÷(서비스 시간)이다.

④ 우선순위(Priority)
- 대기 중인 작업에 우선순위를 부여하여 CPU를 할당하는 방식이다.
- 우선순위가 가장 빠른 작업부터 순서대로 수행한다.

⑤ 기한부(Deadline)
- 제한된 시간 내에 반드시 작업이 종료되도록 스케줄링하는 방식이다.
- 작업이 완료되는 시간을 정확히 측정하여 해당 시간 만큼에 CPU의 사용 시간을 제한한다.
- 동시에 많은 작업이 수행되면 스케줄링이 복잡해지게 된다는 단점이 있다.

선점형 스케줄링

① 라운드 로빈(RR; Round-Robin)
- 여러 개의 프로세스에 시간 할당량이라는 작은 단위 시간이 정의되어 시간 할당량만큼 CPU를 사용하는 방식으로 시분할 시스템을 위해 고안되었다.
- FIFO 스케줄링을 선점형으로 변환한 방식으로 먼저 입력된 작업이더라도 할당된 시간 동안만 CPU를 사용할 수 있다.
- 프로세스가 CPU에 할당된 시간이 경과될 때까지 작업을 완료하지 못하면 CPU는 다음 대기 중인 프로세스에게 사용 권한이 넘어가고, 현재 실행 중이던 프로세스는 대기 리스트의 가장 뒤로 배치된다.
- 적절한 응답 시간을 보장하는 대화식 사용자에게 효과적이다.

② SRT(Shortest Remaining Time)
- 작업이 끝나기까지 남아 있는 실행 시간의 추정치 중 가장 작은 프로세스를 먼저 실행하는 방식으로 새로 입력되는 작업까지도 포함한다.
- SJF는 한 프로세스가 CPU를 사용하면 작업이 모두 끝날 때까지 계속 실행되지만, SRT는 남아 있는 프로세스의 실행 추정치 중 더 작은 프로세스가 있다면 현재 작업 중인 프로세스를 중단하고, 작은 프로세스에게 CPU의 제어권을 넘겨준다.
- 임계치(Threshold Value)를 사용한다.

③ 다단계 큐(MLQ; Multi-Level Queue)
- 프로세스를 특정 그룹으로 분류할 경우 그룹에 따라 각기 다른 큐(대기 리스트)를 사용하며, 선점형과 비선점형을 결합한 방식이다.
- 각 큐(대기 리스트)는 자신보다 낮은 단계의 큐보다 절대적인 우선순위를 갖는다(각 큐는 자신보다 높은 단계의 큐에게 자리를 내주어야 함).

④ 다단계 피드백 큐(MFQ; Multi-Level Feedback Queue)
- 특정 그룹의 준비 상태 큐에 들어간 프로세스가 다른 준비 상태 큐로 이동할 수 없는 다단계 큐 방식을 준비 상태 큐 사이를 이동할 수 있도록 개선한 방식이다.
- 큐마다 시간 할당량이 존재하며, 낮은 큐일수록 시간 할당량이 커진다.
- 마지막 단계에서는 라운드 로빈(RR) 방식으로 처리한다.

빈출키워드 5 데이터 정규화

01 다음 정규화 과정에서 A → B이고, B → C일 때 A → C인 관계를 제거하는 관계는?

① 1NF → 2NF
② 2NF → 3NF
③ 3NF → BCNF
④ BCNF → 4NF

02 다음 중 데이터베이스 설계 시 정규화(Normalization)에 대한 설명으로 옳지 않은 것은?

① 정규형에는 제1정규형에서부터 제5정규형까지 있다.
② 정규화는 데이터베이스의 물리적 설계 단계에서 수행된다.
③ 데이터의 이상(Anomaly) 현상이 발생하지 않도록 하는 것이다.
④ 릴레이션 속성들 사이의 종속성 개념에 기반을 두고 이들 종속성을 제거하는 과정이다.

01

정답 ②

3정규화(3NF)은 1정규형, 2정규형을 만족하고, 이행 함수적 종속(A → B, B → C, A → C)을 제거한다.

02

정답 ②

정규화는 데이터베이스의 물리적 설계 단계가 아닌 논리적 설계 단계에서 수행된다.

이론 더하기

정규화

① 개념
- 릴레이션에 데이터의 삽입·삭제·갱신 시 발생하는 이상 현상이 발생하지 않도록 릴레이션을 보다 작은 릴레이션으로 표현하는 과정이다.
- 현실 세계를 표현하는 관계 스키마를 설계하는 작업으로 개체, 속성, 관계성들로 릴레이션을 만든다.
- 속성 간 종속성을 분석해서 하나의 종속성은 하나의 릴레이션으로 표현되도록 분해한다.

② 목적
- 데이터 구조의 안정성을 최대화한다.
- 중복 데이터를 최소화한다.
- 수정 및 삭제 시 이상 현상을 최소화한다.
- 테이블 불일치 위험을 간소화한다.

함수의 종속에 따른 추론 규칙

규칙	추론 이론
반사 규칙	A⊇B이면, A → B
첨가 규칙	A → B이면, AC → BC, AC → B
이행 규칙	A → B, B → C이면, A → C
결합 규칙	A → B, A → C이면, A → BC
분해 규칙	A → BC이면, A → B, A → C

정규형의 종류

구분	특징
제1정규형 (1NF)	• 모든 도메인이 원자의 값만으로 된 릴레이션으로 모든 속성값은 도메인에 해당된다. • 기본 키에서 부분 함수가 종속된 속성이 존재하므로 이상 현상이 발생할 수 있다. • 하나의 항목에는 중복된 값이 입력될 수 없다.
제2정규형 (2NF)	• 제1정규형을 만족하고 모든 속성들이 기본 키에 완전 함수 종속인 경우이다(부분 함수 종속 제거). • 기본 키가 아닌 애트리뷰트 모두가 기본 키에 완전 함수 종속이 되도록 부분 함수적 종속에 해당하는 속성을 별도 테이블로 분리한다.
제3정규형 (3NF)	• 제1, 2정규형을 만족하고, 모든 속성들이 기본 키에 이행적 함수 종속이 아닌 경우이다. • 무손실 조인 또는 종속성 보존을 방해하지 않고도 항상 3NF를 얻을 수 있다. • 이행 함수적 종속(A → B, B → C, A → C)을 제거한다.
보이스-코드 정규형 (BCNF)	• 모든 BCNF 스킴은 3NF에 속하게 되므로 BCNF가 3NF보다 한정적 제한이 더 많다. • 제3정규형에 속하지만 BCNF에 속하지 않는 릴레이션이 있다. • 릴레이션 R의 모든 결정자가 후보 키이면 릴레이션 R은 BCNF에 속한다. • 결정자가 후보 키가 아닌 함수 종속을 제거하며, 모든 BCNF가 종속성을 보존하는 것은 아니다. • 비결정자에 의한 함수 종속을 제거하여 모든 결정자가 후보 키가 되도록 한다.
제4정규형 (4NF)	• 릴레이션에서 다치 종속(MVD)의 관계가 성립하는 경우이다(다중치 종속 제거). • 릴레이션 R(A, B, C)에서 다치 종속 A → B가 성립하면, A → C도 성립하므로 릴레이션 R의 다치 종속은 함수 종속 A → B의 일반 형태이다.
제5정규형 (5NF)	• 릴레이션 R에 존재하는 모든 조인 종속성이 오직 후보 키를 통해서만 성립된다. • 조인 종속이 후보 키로 유추되는 경우이다.

빈출키워드 6 · 오류(에러) 수정 방식

01 다음 중 통신 경로에서 오류 발생 시 수신 측은 오류의 발생을 송신 측에 통보하고, 송신 측은 오류가 발생한 프레임을 재전송하는 오류 제어 방식은?

① 순방향 오류 수정(FEC)
② 역방향 오류 수정(BEC)
③ 에코 점검
④ ARQ(Automatic Repeat reQuest)

02 다음 중 전진 에러 수정(FEC; Forward Error Correction) 방식에서 에러를 수정하기 위해 사용하는 방식은?

① 해밍 코드(Hamming Code)의 사용
② 압축(Compression) 방식 사용
③ 패리티 비트(Parity Bit)의 사용
④ Huffman Coding 방식 사용

01

정답 ④

자동 반복 요청(ARQ)은 가장 널리 사용되는 에러 제어 방식으로, 에러 검출 후 송신 측에 에러가 발생한 데이터 블록을 다시 재전송해 주도록 요청함으로써 에러를 정정한다. 또한, 송신 측에서 긍정 응답 신호가 도착하지 않으면 데이터를 수신 측으로 재전송한다.

02

정답 ①

전진 에러 수정(FEC)은 송신 측에서 정보 비트에 오류 정정을 위한 제어 비트를 추가하여 전송하면 수신 측에서 해당 비트를 사용하여 에러를 검출하고 수정하는 방식으로, 해밍 코드(Hamming Code)와 상승 코드 등의 알고리즘이 해당된다.

이론 더하기

오류(에러) 수정 방식

구분	특징
전진 에러 수정 (FEC)	• 에러 검출과 수정을 동시에 수행하는 에러 제어 기법이다. • 연속된 데이터 흐름이 가능하지만 정보 비트 외에 잉여 비트가 많이 필요하므로 널리 사용되지 않는다. • 역 채널을 사용하지 않으며, 오버헤드가 커서 시스템 효율을 저하시킨다. • 해밍 코드(Hamming Code)와 상승 코드 등의 알고리즘이 해당된다.
후진 에러 수정 (BEC)	• 송신 측에서 전송한 프레임 중 오류가 있는 프레임을 발견하면 오류가 있음을 알리고, 다시 재전송하는 방식으로 역 채널을 사용한다. • 자동 반복 요청(ARQ), 순환 잉여 검사(CRC) 등의 알고리즘이 해당된다.
자동 반복 요청 (ARQ)	• 통신 경로의 오류 발생 시 수신 측은 오류 발생을 송신 측에 통보하고, 송신 측은 오류가 발생한 프레임을 재전송하는 방식이다. • 전송 오류가 발생하지 않으면 쉬지 않고 송신이 가능하다. • 오류가 발생한 부분부터 재송신하므로 중복 전송의 위험이 있다.
정지 대기 (Stop-and-Wait) ARQ	• 송신 측에서 하나의 블록을 전송하면 수신 측에서 에러 발생을 점검한 후 에러 발생 유무 신호를 보내올 때까지 기다리는 가장 단순한 방식이다. • 수신 측의 에러 점검 후 제어 신호를 보내올 때까지 오버헤드(Overhead)의 부담이 크다. • 송신 측은 최대 프레임 크기의 버퍼를 1개만 가져도 되지만 송신 측이 ACK를 수신할 때까지 다음 프레임을 전송할 수 없으므로 전송 효율이 떨어진다.
연속적(Continuous) ARQ	정지 대기 ARQ의 오버헤드를 줄이기 위하여 연속적으로 데이터 블록을 전송하는 방식이다.
Go-Back-N ARQ	• 송신 측에서 데이터 프레임을 연속적으로 전송하다가 NAK(부정응답)를 수신하면 에러가 발생한 프레임을 포함하여 그 이후에 전송된 모든 데이터 프레임을 재전송하는 방식이다. • 송신 측은 데이터 프레임마다 일련번호를 붙여서 전송하고, 수신 측은 오류 검출 시 오류 발생 이후의 모든 블록을 재전송한다. • 중복전송의 위험이 있다.
선택적(Selective) ARQ	• 송신 측에서 블록을 연속적으로 보낸 후 에러가 발생한 블록만 다시 재전송하는 방식이다. • 원래 순서에 따라 배열하므로 그 사이에 도착한 모든 데이터 프레임을 저장할 수 있는 대용량 버퍼와 복잡한 논리회로가 필요하다.
적응적(Adaptive) ARQ	• 전송 효율을 최대로 하기 위하여 프레임 블록 길이를 채널 상태에 따라 변경하는 방식이다. • 통신 회선의 품질이 좋지 않아 에러 발생율이 높을 경우는 프레임 길이를 짧게 하고, 에러 발생율이 낮을 경우는 프레임 길이를 길게 한다. • 전송 효율이 가장 높으나 제어 회로가 복잡하여 거의 사용되지 않는다.

빈출키워드 7 트리

01 다음 중 이진 트리 검색(Binary Tree Search)의 특징으로 옳지 않은 것은?

① 데이터의 값에 따라 자리가 정해져 자료의 탐색·삽입·삭제가 효율적이다.
② 데이터가 입력되는 순서에 따라 첫 번째 데이터가 근노드가 된다.
③ 데이터는 근노드와 비교하여 값이 작으면 우측으로 연결하고, 값이 크면 좌측으로 연결하여 이진 검색 트리로 구성한다.
④ 정렬이 완료된 데이터를 이진 검색 트리로 구성할 경우 사향 이진 트리가 되어 비교 횟수가 선형 검색과 동일해진다.

02 다음의 Infix로 표현된 수식을 Postfix 표기로 옳게 변환한 것은?

$$A=(B-C)*D+E$$

① ABC−D*E+=
② =+ABC−D*E
③ ABCDE+−=*
④ ABC−D*E+=

01
정답 ③

이진 트리 검색의 특징
- 데이터의 값에 따라 자리가 정해져, 자료의 탐색·삽입·삭제가 효율적이다.
- 데이터가 입력되는 순서에 따라 첫 번째 데이터가 근노드가 된다.
- 다음 데이터는 근노드와 비교하여 값이 작으면 좌측으로 연결하고, 값이 크면 우측으로 연결하여 이진 검색 트리로 구성한다.
- 정렬이 완료된 데이터를 이진 검색 트리로 구성할 경우 사향 이진 트리가 되어 비교 횟수가 선형 검색과 동일해진다.

02
정답 ①

중위식을 후위식으로 변환하려면 순번에 따라 (대상, 연산자, 대상)을 (대상, 대상, 연산자)로 바꾸어 표현한다. 즉, 순번을 매기면서 괄호로 묶은 후 연산자를 오른쪽으로 보낸다.
A=[{(B−C)*D}+E] → A=[{(BC−)*D}+E] → A=[{(BC−)D*}+E]
→ A=[{(BC−)D*}E+] → A[{(BC−)D*}E+]=
따라서 괄호를 제거하면 ABC−D*E+=가 된다.

이론 더하기

트리(Tree)

① 1 : N 또는 1 : 1 대응 구조로 노드(Node, 정점)와 선분(Branch)으로 되어 있고, 정점 사이에 사이클이 형성되지 않으며, 자료 사이의 관계성이 계층 형식으로 나타나는 구조이다.
② 노드 사이의 연결 관계가 계급적인 구조로 뻗어나간 정점들이 다른 정점들과 연결되지 않는다(1 : N 또는 1 : 1 대응 구조라 함).

트리 운행법

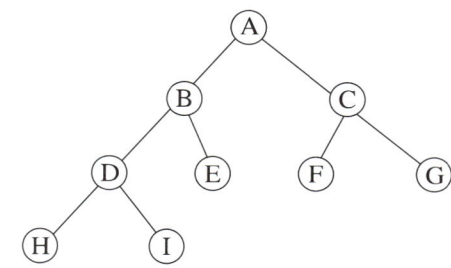

전위 운행, 중위 운행, 후위 운행의 기준은 근노드(Root Node)의 위치이다. 순서에서 근노드가 앞쪽이면 전위, 중간이면 중위, 뒤쪽이면 후위가 된다. 좌측과 우측의 순서는 전위든 중위든 후위든 상관없이 항상 좌측이 먼저이고 우측이 나중이다.

① 전위 운행(Preorder Traversal) : 근 → 좌측 → 우측(Root → Left → Right) 순서로 운행하는 방법으로 먼저 근노드를 운행하고 좌측 서브 트리를 운행한 후 우측 서브 트리를 운행한다. 따라서 순서대로 나열하면 A, B, D, H, I, E, C, F, G가 된다.
② 중위 운행(Inorder Traversal) : 좌측 → 근 → 우측(Left → Root → Right) 순서로 운행하는 방법으로 먼저 좌측 서브 트리를 운행한 후 근노드를 운행하고, 우측 서브 트리를 운행한다. 따라서 순서대로 나열하면 H, D, I, B, E, A, F, C, G가 된다.
③ 후위 운행(Postorder Traversal) : 좌측 → 우측 → 근(Left → Right → Root) 순서로 운행하는 방법으로 먼저 좌측 서브 트리를 운행한 후 우측 서브 트리를 운행하고, 마지막으로 근노드를 운행한다. 따라서 순서대로 나열하면 H, I, D, E, B, F, G, C, A가 된다.

수식의 표기법

① 전위식(Prefix) : 연산자(+, -, *, /)가 맨 앞에 놓인다(연산자 - 피연산자 - 피연산자). 예 +AB
② 중위식(Infix) : 연산자가 피연산자 중간에 놓인다(피연산자 - 연산자 - 피연산자). 예 A+B
③ 후위식(Postfix) : 연산자가 맨 뒤에 놓인다(피연산자 - 피연산자 - 연산자). 예 AB+

빈출키워드 8 | 객체 지향 소프트웨어

01 다음 중 객체 지향 기법에서 상속성(Inheritance)의 결과로서 얻을 수 있는 가장 중요한 이점은?

① 모듈 라이브러리의 재이용
② 객체 지향 DB를 사용할 수 있는 능력
③ 클래스와 오브젝트를 재사용할 수 있는 능력
④ 프로젝트들을 보다 효과적으로 관리할 수 있는 능력

02 다음 중 럼바우(Rumbaugh)의 객체 지향 분석 절차를 바르게 나열한 것은?

① 객체 모델링 → 동적 모델링 → 기능 모델링
② 객체 모델링 → 기능 모델링 → 동적 모델링
③ 기능 모델링 → 동적 모델링 → 객체 모델링
④ 기능 모델링 → 객체 모델링 → 동적 모델링

01

정답 ③

상속성(Inheritance)은 상위 클래스의 메소드(연산)와 속성을 하위 클래스가 물려받는 것으로 클래스를 체계화할 수 있어 기존 클래스로부터 확장이 용이하며, 클래스와 오브젝트를 재사용할 수 있는 능력을 얻을 수 있다.

02

정답 ①

럼바우의 객체 지향 분석 절차는 객체 모델링 → 동적 모델링 → 기능 모델링 순이다.

객체 모델링 (Object Modeling)	• 객체, 속성, 연산 등의 식별 및 객체 간의 관계를 정의한다. • 객체도(객체 다이어그램) 작성
동적 모델링 (Dynamic Modeling)	• 객체들의 제어 흐름, 상호 반응, 연산 순서를 나타낸다. • 상태도 작성
기능 모델링 (Functional Modeling)	입·출력 결정 → 자료 흐름도 작성 → 기능의 내용 상세 기술 → 제약사항 결정 및 최소화

이론 더하기

객체 지향 분석의 개발 방법

객체 지향 분석 (OOA; Object Oriented Analysis)	• 모델링의 구성 요소인 클래스, 객체, 속성, 연산 등을 이용하여 문제를 모형화시키는 것이다. • 모형화 표기법 관계에서 객체의 분류, 속성의 상속, 메시지의 통신 등을 결합한다. • 객체를 클래스로부터 인스턴스화하거나 클래스를 식별하는 것이 주요 목적이다.
객체 지향 설계 (OOD; Object Oriented Design)	• 객체의 속성과 자료 구조를 표현하며, 개발 속도의 향상으로 대규모 프로젝트에 적합하다. • 시스템을 구성하는 개체, 속성, 연산을 통해 유지 보수가 용이하고, 재사용이 가능하다. • 시스템 설계는 성능 및 전략을 확정하고, 객체 설계는 자료 구조와 알고리즘을 상세화한다. • 객체는 순차적으로 또는 동시적으로 구현될 수 있다. • 서브 클래스와 메시지 특성을 세분화하여 세부 사항을 정제화한다.
객체 지향 프로그래밍 (OOP; Object Oriented Programming)	• 설계 모형을 특정 프로그램으로 번역하고, 객체 클래스 간에 상호 작용할 수 있다. • 객체 모델의 주요 요소에는 추상화, 캡슐화, 모듈화, 계층 등이 있다. • 객체 지향 프로그래밍 언어에는 Smalltalk, C++ 등이 있다. • 설계 시 자료 사이에 가해지는 프로세스를 묶어 정의하고, 관계를 규명한다.

코드(Coad)와 요든(Yourdon)의 객체 지향 분석
① 객체와 클래스 사이의 관계를 상속과 집단화의 관계로 표현한다.
② E-R 다이어그램으로 객체를 모형화하며, 소규모 시스템 개발에 적합하다.
③ 모델링 표기법과 분석 모형이 간단하며, 하향식 방법으로 설계에 접근한다.
④ 객체에 대한 속성 및 관계 정의와 시스템의 수행 역할을 분석한다.

럼바우(Rumbaugh)의 객체 지향 분석
① OMT(Object Modeling Technical)의 3가지(객체 → 동적 → 기능) 모형을 개발한다.
② 코드에 대한 연결성이 높기 때문에 중규모 프로젝트에 적합하다.
③ 분석 설계, 시스템 설계, 객체-수준 설계 등 객체 모형화 시 그래픽 표기법을 사용한다.
④ 문제 정의, 모형 제작, 실세계의 특성을 나타내며, 분석 단계를 상세하게 표현한다.

구분	설명
객체(Object) 모델링	객체와 클래스 식별, 클래스 속성, 연산 표현, 객체 간의 관계 정의 등을 처리하며, 객체 다이어그램을 작성한다.
동적(Dynamic) 모델링	객체들의 제어 흐름, 상호 반응 연산 순서를 표시하며 상태도, 시나리오, 메시지 추적 다이어그램 등이 해당된다.
기능(Functional) 모델링	입출력을 결정한 후 자료 흐름도를 작성하고, 기능 내용을 기술하며, 입출력 데이터 정의, 기능 정의 등이 해당된다.

부치(Booch)의 객체 지향 분석
① 모든 설계가 이루어질 때까지 문제 정의, 비공식 전략 개발, 전략 공식화를 적용한다.
② 프로그램의 구성 요소는 명세 부분과 외부로부터 감추어진 사각 부분으로 표시한다.
③ 클래스와 객체를 구현한다.

야콥슨(Jacobson)의 객체 지향 분석
① Usecase 모형을 사용하여 시스템 사용자에 대한 전체 책임을 파악한다.
② Usecase 모형을 검토한 후 객체 분석 모형을 작성한다.

빈출키워드 9 화이트 박스 테스트 / 블랙 박스 테스트

01 다음 중 화이트 박스(White Box) 검사에 대한 설명으로 옳지 않은 것은?

① 프로그램의 제어 구조에 따라 선택, 반복 등의 부분들을 수행함으로써 논리적 경로를 제어한다.
② 모듈 안의 작동을 직접 관찰할 수 있다.
③ 소프트웨어 산물의 기능별로 적절한 정보 영역을 정하여 적합한 입력에 대한 출력의 정확성을 점검한다.
④ 원시 코드의 모든 문장을 한 번 이상 수행함으로써 수행된다.

02 다음 중 블랙 박스(Black Box) 테스트를 이용하여 발견할 수 있는 오류가 아닌 것은?

① 비정상적인 자료를 입력해도 오류 처리를 수행하지 않는 경우
② 정상적인 자료를 입력해도 요구된 기능이 제대로 수행되지 않는 경우
③ 반복 조건을 만족하는데도 루프 내의 문장이 수행되지 않는 경우
④ 경계값을 입력할 경우 요구된 출력 결과가 나오지 않는 경우

01
정답 ③
소프트웨어 산물의 기능별로 적절한 정보 영역을 정하여 적합한 입력에 대한 출력의 정확성을 점검하는 것은 블랙 박스(Black Box) 검사에 대한 설명이다.

02
정답 ③
화이트 박스(White Box) 테스트에 대한 내용으로, 화이트 박스 테스트는 프로그램 내부 구조의 타당성 여부를 시험하는 방식이며, 내부 구조를 해석해서 프로그램의 모든 처리 루틴에 대해 시험하는 기본 사항이다. 따라서 가끔 발생하는 조건도 고려해서 처리 루틴을 검증하기 위한 시험 데이터를 작성하여 시험을 실시할 필요가 있다.

이론 더하기

소프트웨어 검사(Test)
① 요구사항 분석, 설계, 구현 결과를 최종 점검하는 단계이다.
② 문제점을 찾는 데 목적을 두고, 해당 문제점을 어떻게 수정해야 하는지도 제시한다.

화이트 박스(White Box) 검사
① 소프트웨어 테스트에 사용되는 방식으로 모듈의 논리적 구조를 체계적으로 점검하며, 프로그램 구조에 의거하여 검사한다.
② 원시 프로그램을 하나씩 검사하는 방법으로 모듈 안의 작동 상태를 자세히 관찰할 수 있다.
③ 검사 대상의 가능 경로는 어느 정도 통과하는지의 적용 범위성을 측정 기준으로 한다.
④ 검증 기준(Coverage)을 바탕으로 원시 코드의 모든 문장을 한 번 이상 수행한다.
⑤ 프로그램의 제어 구조에 따라 선택, 반복 등을 수행함으로써 논리적 경로를 제어한다.
⑥ Nassi-Shneiderman 도표를 사용하여 검정 기준을 작성할 수 있다.
⑦ 화이트 박스 검사의 오류에는 세부적 오류, 논리 구조상의 오류, 반복문 오류, 수행 경로 오류 등이 있다.

화이트 박스 검사의 종류
검사 방법에는 기초 경로(Basic Path) 검사, 조건 기준(Condition Coverage) 검사, 구조(Structure) 검사, 루프(Roof) 검사, 논리 위주(Logic Driven) 검사, 데이터 흐름(Data Flow) 검사 등이 있다.

기초 경로 검사	원시 코드로 흐름 도표와 복잡도를 구하고, 검사 대상을 결정한 후 검사를 수행한다.
루프(반복문) 검사	• 루프를 벗어나는 값 대입 → 루프를 한 번 수행하는 값 대입 → 루프를 두 번 수행하는 값 대입의 과정을 통해 검사를 수행한다. • 검사 형태에는 단순 루프, 중첩 루프, 접합 루프가 있다.

블랙 박스(Black Box) 검사
① 소프트웨어 인터페이스에서 실시되는 검사로 설계된 모든 기능이 정상적으로 수행되는지 확인한다.
② 기초적 모델 관점과 데이터 또는 입출력 위주의 검사 방법이다.
③ 소프트웨어의 기능이 의도대로 작동하고 있는지, 입력은 적절하게 받아들였는지, 출력은 정확하게 생성되는지를 보여주는 데 사용된다.
④ 블랙 박스 검사의 오류에는 성능 오류, 부정확한 기능 오류, 인터페이스 오류, 자료 구조상의 오류, 초기화 오류, 종료 오류 등이 있다.

블랙 박스 검사의 종류
검사 방법에는 균등(동등) 분할(Equivalence Partitioning) 검사, 경계값(Boundary Value Analysis) 검사, 오류 예측(Error Guessing) 검사, 원인-결과 그래프(Cause-Effect Graph) 검사, 비교(Comparison) 검사 등이 있다.

균등(동등) 분할 검사	정상 자료와 오류 자료를 동일하게 입력하여 검사한다.
경계(한계) 값 검사	경계(한계)가 되는 값을 집중적으로 입력하여 검사한다.
오류 예측 검사	오류가 수행될 값을 입력하여 검사한다.
원인-결과 그래프 검사	테스트 케이스를 작성하고, 검사 경우를 입력하여 검사한다(원인과 결과를 결정하여 그래프를 작성).

빈출키워드 10　코딩 결괏값 찾기

다음은 숫자를 처리하는 C언어 프로그램이다. 프로그램에서 ㉠과 ㉡에 들어갈 내용과 3 2 1 4를 입력하였을 때의 출력결과를 바르게 짝지은 것은?(단, 다음 프로그램에 문법적 오류는 없다고 가정한다)

```c
#include <stdio.h>
#include <stdlib.h>

void a (int n, int *num) {
    for (int i=0; i<n; i++)
        scanf("%d", &(num[i]));
}
void c(int *a, int *b) {
    int t;
    t=*a; *a=*b; *b=t;
}
void b(int n, int *lt) {
    int a, b;
    for (a=0; a<n-1; a++)
        for (b=a+1; b<n; b++)
            if (lt[a]>lt[b]) c ( ㉠ , ㉡ ) ;
}
int main( ) {
    int n;
    int *num;
    printf("How many numbers?");
    scanf("%d", &n);
    num=(int *)malloc(sizeof(int) *n);
    a(n, num);
    b(n, num);
    for (int i=0; i<n; i++)
        printf("%d ", num[i]);
}
```

	㉠	㉡	출력결과
①	lt+a	lt+b	1 2 3 4
②	lt+a	lt+b	1 2 4
③	lt[a]	lt[b]	4 3 2 1
④	lt[a]	lt[b]	4 2 1

정답 ②

실행과정은 다음과 같다.
- main( ) 함수 : scanf("%d", &n); 키보드로 3 입력받음(문제에서 제시) n=3
  num=(int *)malloc(sizeof(int) *n); num

[0]	[1]	[2]

  a(n,num); 함수 호출 a(3,num)
  배열이름이자 시작주소

- void a (int n, int *num) {
    for (int i=0; i<n; i++) 0부터 2까지 1씩 증가
      scanf("%d", &(num[i])); 키보드 2, 1, 4 입력받아 num 배열에 저장
  } num

2	1	4
[0]	[1]	[2]

- main( ) 함수 : b(n,num) 함수 호출 b(3,num)
- void b(int n, int *lt) {
    int a, b;
    for (a=0; a<n-1; a++) 0부터 2까지 1씩 증가
      for (b=a+1; b<n; b++) 1부터 2까지 1씩 증가
        if (lt[a]>lt[b]) c (lt+a , lt+b) ;
  }

  • 비교 : > 오름차순을 의미, 크면 c 함수 호출

2	1	4
lt[0]	lt[1]	lt[2]
lt+0	lt+1	lt+2

- void c(int *a, int *b) {
    int t;
    t=*a; *a=*b; *b=t; a와 b 교환(실제 정렬이 되는 부분)
  }
- main( ) 함수 : 배열에 있는 값 출력하고 종료(오름차순이므로 1 2 4 출력)

이론 더하기

코딩 결괏값 찾기의 경우 C언어부터 자바, 파이썬까지 여러 가지 언어가 출제되고 있다. 때문에 손코딩하기, 코딩 결괏값 찾기에 관한 다양한 문제를 풀어보고, 각 언어의 기본적인 명령어는 정리해두어야 한다.

CHAPTER 03 IT·디지털 기출응용문제

정답 및 해설 p.045

| 객관식 |

01 자료 검색 시 너무 흔히 사용하는 단어를 입력할 경우, 너무 많은 자료가 표시되어진 나머지 실제로 찾고자 하는 정보를 찾기 어려워진다. 다음 중 이를 일컫는 용어는?

① 애비워드 ② 하프 워드
③ 버즈 워드 ④ 직렬 워드

02 다음 중 양자컴퓨터를 구현하기 위한 핵심 기술로, 원자를 고정시키는 방식으로 신호를 만들어낸 것은?

① 퀀텀점프 ② 퀀텀닷
③ 퀀텀 디바이스 ④ 퀀텀비트

03 다음 중 많은 양의 비정형 데이터를 핵심 내용을 중심으로 나누고 각 데이터의 상관관계에 따라 이를 지도로 나타낸 기술은?

① 온맵 ② 기호 맵
③ 토픽 맵 ④ 메모리 맵

04 다음 중 시스템에서의 보안 취약점에 관한 문제가 알려지기도 전에 이를 통해 이루어지는 공격을 지칭하는 용어는?

① 스니핑 ② 사전공격
③ 키로거 공격 ④ 제로 데이 공격

05 다음 중 공유 자원을 어느 시점에서 단지 한 개의 프로세스만이 사용할 수 있도록 하며, 다른 프로세스의 공유 자원 접근을 금지하는 것은?

① Mutual Exclusion
② Critical Section
③ Deadlock
④ Scatter Loading

06 다음 중 공개키 암호화 기법에 대한 설명으로 옳지 않은 것은?

① RSA가 대표적이며, 전자 서명 등에 사용된다.
② 실행 속도가 대칭키 암호화 기법에 비해 느리다.
③ 데이터 암호화 표준으로 IBM에서 처음으로 개발하였다.
④ 공개키로 암호화한 것은 비밀키로, 비밀키로 암호화한 것은 공개키로 복호화한다.

Hard
07 컴퓨터 이용의 확산과 함께 정보 보호를 위해서는 시스템을 안전하게 보호하는 것이 매우 중요하다. 다음 중 보안 방법에 대한 설명으로 옳지 않은 것은?

① 개인의 지문을 통해 사용자 인증을 할 수 있다.
② 방화벽을 설치하여 외부에서 들어오는 좋지 않은 정보들의 불법 침입을 막는다.
③ 워터마킹을 통해 디지털 콘텐츠에 저작원의 정보를 삽입하여 불법 복제를 막는다.
④ 비밀키 암호화 기법은 키의 크기가 크고 알고리즘이 복잡하여 효율성이 떨어지는 단점이 있다.

08 다음 중 네트워크 보안 취약성을 극복하기 위해 시스템 내에 구현해야 할 보안 기능에 대한 설명으로 옳지 않은 것은?

① 무결성(Integrity) : 정보 전달 도중 데이터를 보호하여 항상 올바른 데이터를 유지한다.
② 인증(Authentication) : 전달 데이터를 제3자가 읽지 못하도록 비밀성을 유지하는 기능을 말한다.
③ 접근 통제(Access Control) : 시스템의 자원 이용에 대한 불법적인 접근을 방지하는 과정을 말하며, 크래커의 침입으로부터 보호한다.
④ 부인 방지(Non-Repudiation) : 송신자의 송신 여부와 수신자의 수신 여부를 확인하는 기능으로 송수신자측이 송수신 사실을 부인하는 것을 방지한다.

09 다음 중 프로세스의 정의와 가장 관련이 적은 것은?

① 실행 중인 프로그램　　② PCB를 가진 프로그램
③ CPU가 할당되는 실체　　④ 디스크에 저장된 프로그램

10 다음 중 CISC(Complex Instruction Set Computer)의 특징으로 옳지 않은 것은?

① 많은 수의 명령어　　② 다양한 주소 지정 방식
③ 가변 길이의 명령어 형식　　④ 단일 사이클의 명령어 실행

11 다음 중 분산 운영체제 시스템에서 서로 다른 컴퓨터 간에 많은 양의 파일을 처리하기 위하여 액세스하려고 할 때 가장 적절한 이주 방법은?

① 데이터 이주(Data Migration)
② 제어 이주(Control Migration)
③ 프로세스 이주(Process Migration)
④ 연산 이주(Computation Migration)

12 다음 중 RISC 마이크로프로세서에 대한 설명으로 옳지 않은 것은?

① 향상된 속도를 제공한다.
② 복잡한 프로그램이 요구될 수 있다.
③ 속도가 빠른 그래픽 응용 분야에 적합하다.
④ CISC 방식에 비해 다양한 명령어들을 지원한다.

13 다음 중 누화(Crosstalk) 및 상호 변조 잡음(Intermodulation Noise)과 관계 있는 멀티플렉싱은?

① TDM　　　　　　　　② FDM
③ WDM　　　　　　　　④ STDM

Easy
14 다음 중 블루투스(Bluetooth)에 대한 설명으로 옳지 않은 것은?

① 근거리 무선 통신 기술이다.
② ISM 주파수 대역을 사용한다.
③ 해킹으로부터 보안이 매우 뛰어나다.
④ 기기 간 마스터와 슬레이브 구성으로 연결된다.

15 다음 중 통신 제어장치(CCU)의 기능에 대한 설명으로 옳지 않은 것은?

① 데이터 축적, 검색, 통신 시스템의 관리
② 제어 정보의 식별, 기밀 보호, 관리 기능
③ 동기 제어, 오류 제어, 흐름 제어, 응답 제어
④ 통신의 시작과 종료 제어, 송신권 제어, 교환, 분기

| 주관식 |

01 다음 〈보기〉 중 데이터를 암호화하는 데 사용되는 RSA 기법에 대한 설명으로 옳지 않은 것의 개수는?

> 보기
> ㉠ 암호화키와 해독키를 별도로 사용한다.
> ㉡ 암호화키를 일반적으로 공중키라고도 한다.
> ㉢ 해독키는 반드시 비밀로 보호되어야 한다.
> ㉣ 암호화키를 사용하여 해독키를 유도하는 것은 가능하다.
> ㉤ 매우 큰 수의 소인수분해를 어렵게 하는 방법으로 암호화하는 기법이다.

(　　　　　　개)

02 관계형 데이터베이스에서는 정규화를 통해 불필요한 데이터 중복과 이상 현상을 제거할 수 있다. 이때 릴레이션이 정규화된 정도를 정규형(Normal Form)이라 하는데, 다음 중 정규형(NF)에 대한 설명으로 옳지 않은 것을 모두 고르면?

> 보기
> ㉠ 제1정규형에서 제5정규형으로 차수가 높아질수록 요구하는 제약 조건이 완화된다.
> ㉡ 제1정규형에서 제5정규형으로 차수가 높아질수록 데이터 중복과 이상 현상의 발생 우려가 증가한다.
> ㉢ 비정규형 릴레이션을 모든 속성의 도메인이 원자 값으로만 구성되도록 릴레이션을 분해하면 제1정규형이 된다.
> ㉣ 제1정규형 릴레이션에서 부분 함수 종속을 제거해 기본키가 아닌 모든 속성이 기본키에 완전 함수 종속되면 제2정규형이 된다.
> ㉤ 제2정규형 릴레이션에서 이행적 함수 종속을 제거하면 제3정규형이 되며, 제3정규형 릴레이션에서 후보키가 아닌 결정자를 제거하면 보이스-코드 정규형이 된다.

(　　　　　　)

03 다음 〈보기〉 중 객체 지향 개념 중 하나 이상의 유사한 객체들을 묶어 공통된 특성을 표현한 데이터 추상화를 의미하는 것은?

> **보기**
> ㉠ 메소드(Method) ㉡ 클래스(Class)
> ㉢ 상속성(Inheritance) ㉣ 메시지(Message)
> ㉤ 인스턴스(Instance)

(   )

04 데이터 전달을 위한 회선 제어 절차의 단계를 순서대로 나열하면?

> ㉠ 회선 접속 ㉡ 데이터 링크 해제
> ㉢ 회선 절단 ㉣ 데이터 전송
> ㉤ 데이터 링크 확립

(   )

05 다음 프로그램의 실행 결과에서 p의 값은?

```
#include <stdio.h>
int main( )
{
    int x, y, p;
    x=3;
    y=x++;
    printf("x=%d y=%d\n", x, y);
    x=10;
    y=++x;
    printf("x=%d y=%d\n", x, y);
    y++;
    p=x+y;
    printf("x=%d y=%d\n", x, y);
    printf("p=%d\n", p);
    return 0;
}
```

(   )

MEMO

PART 3
최종점검 모의고사

IBK기업은행 필기시험					
구분	영역	문항 수(배점)	범위		시험시간
금융 일반	NCS 직업기초능력	객관식 40문항(60점)	의사소통, 문제해결, 조직이해, 자원관리, 수리, 정보		120분
	직무수행능력	객관식 30문항(30점) 주관식 5문항(10점)	경제, 경영, 시사		
디지털	NCS 직업기초능력	객관식 40문항(60점)	의사소통, 문제해결, 조직이해, 자원관리, 수리, 정보		120분
	직무수행능력	객관식 30문항(30점) 주관식 5문항(10점)	데이터베이스, 빅데이터, AI, 블록체인, 시사		

※ 문항 및 시험시간은 2025년 상반기 채용공고문을 참고하여 구성하였습니다.

최종점검 모의고사

금융일반 디지털

문항 수 : 75문항 응시시간 : 120분

정답 및 해설 p.050

01 NCS 직업기초능력

※ 다음 글을 읽고 이어지는 질문에 답하시오. [1~2]

90개의 구슬이 들어 있는 항아리가 있다. 이 항아리에는 붉은색 구슬이 30개 들어 있다. 나머지 구슬은 검은색이거나 노란색이지만, 그 이외에는 어떤 정확한 정보도 주어져 있지 않다. 내기 1은 다음의 두 선택 중 하나를 택한 후 항아리에서 구슬을 하나 꺼내 그 결과에 따라서 상금을 준다.
선택 1 : 꺼낸 구슬이 붉은색이면 1만 원을 받고, 그 이외의 경우에는 아무것도 받지 못한다.
선택 2 : 꺼낸 구슬이 검은색이면 1만 원을 받고, 그 이외의 경우에는 아무것도 받지 못한다.
최악의 상황을 피하고자 한다면, 당신은 둘 중에서 선택 1을 택해야 한다. 꺼낸 구슬이 붉은색일 확률은 1/3로 고정되어 있지만, 꺼낸 구슬이 검은색일 확률은 0일 수도 있고 그 경우 당신은 돈을 받지 못할 것이기 때문이다. 그럼 이번에는 다음의 내기 2를 생각해 보자.
선택 3 : 꺼낸 구슬이 붉은색이거나 노란색이면 1만 원을 받고, 그 이외의 경우에는 아무것도 받지 못한다.
선택 4 : 꺼낸 구슬이 검은색이거나 노란색이면 1만 원을 받고, 그 이외의 경우에는 아무것도 받지 못한다.
위에서와 마찬가지로 최악의 상황을 피하고자 한다면, 당신은 선택 3이 아닌 선택 4를 택해야 한다. 꺼낸 구슬이 붉은색이거나 노란색일 확률의 최솟값은 1/3이지만, 검은색이거나 노란색일 확률은 2/3로 고정되어 있기 때문이다.
최악의 상황을 피하는 결정은 합리적이다. 즉, 선택 1과 선택 4를 택하는 것은 합리적이다. 그런데 이 결정은 여러 선택지들 중에서 한 가지를 합리적으로 선택하기 위해서는 기댓값이 가장 큰 선택지를 선택해야 한다는 '기댓값 최대화 원리'를 위반한다. 기댓값은 모든 가능한 사건들에 대해, 각 사건이 일어날 확률과 그 사건이 일어났을 때 받게 되는 수익의 곱들을 모두 합한 값이다. 우리는 꺼낸 구슬이 붉은색일 확률은 1/3이라는 것을 알고 있지만 꺼낸 구슬이 검은색일 확률은 모르고 있다. 하지만 그 확률이 0과 2/3 사이에 있는 어떤 값이라는 것은 알고 있다. 그 값을 b라고 하자. 그렇다면 선택 1의 기댓값은 1/3만 원, 선택 2는 b만 원, 선택 3은 1−b만 원, 선택 4는 2/3만 원이다.
당신은 선택 1과 선택 2 중에서 선택 1을 택했다. 이 선택이 기댓값 최대화 원리에 따라 이루어진 것이라면, b는 1/3보다 작아야 한다. 한편, 당신은 선택 3과 선택 4 중에서 선택 4를 택했다. 이 선택이 기댓값 최대화 원리에 따라 이루어진 것이라면, 1−b는 2/3보다 작아야 한다. 즉, b는 1/3보다 커야 한다. 결국, 당신의 두 선택 중 하나는 기댓값 최대화 원리에 따른 선택이 아니다.
이처럼 (가) 항아리 문제는 정확한 정보가 주어지지 않은 상태에서 우리의 합리적 선택이 기댓값 최대화 원리와 충돌하는 경우가 있다는 것을 보여준다.

01 다음 〈보기〉 중 윗글에 대한 분석으로 적절한 것을 모두 고르면? [Hard]

> **보기**
> ㉠ 항아리 문제에서 붉은색 구슬이 15개로 바뀐다고 하더라도 (가)라는 결론은 따라 나온다.
> ㉡ 항아리 문제에서 최악의 상황을 피하고자 내기 1에서 선택 1을, 내기 2에서 선택 4를 택한 것이 합리적인 결정이 아니라는 것을 받아들인다면, (가)라는 결론은 따라 나오지 않는다.
> ㉢ 꺼낸 구슬이 검은색일 확률이 얼마인가에 대한 정확한 정보가 주어지지 않은 경우에는 기댓값 사이의 크기를 비교할 수 없다는 것을 받아들인다면, (가)라는 결론은 따라 나오지 않는다.

① ㉠
② ㉢
③ ㉡, ㉢
④ ㉠, ㉡, ㉢

02 윗글을 토대로 할 때, 다음 사례에서 추론할 수 있는 내용을 〈보기〉에서 모두 고르면?

> 갑과 을이 선택 1과 선택 2 중에서 하나 그리고 선택 3과 선택 4 중에서 하나를 고른다. 그 후, 항아리에서 각자 구슬을 한 번만 뽑아 자신이 뽑은 구슬의 색깔에 따라 두 선택에 따른 상금을 받는다고 해 보자. 갑은 선택 1과 선택 3을 택했다. 을은 선택 1과 선택 4를 택했다.

> **보기**
> ㉠ 갑과 을이 같은 액수의 상금을 받았다면, 갑이 꺼낸 구슬은 노란색이었을 것이다.
> ㉡ 항아리에 검은색 구슬의 개수가 20개 미만이라면, 갑의 선택은 기댓값이 가장 큰 선택지이다.
> ㉢ 갑과 을이 아닌 사회자가 구슬을 한 번만 뽑아 그 구슬의 색깔에 따라서 갑과 을에게 상금을 주는 것으로 규칙을 바꾼다면, 갑이 을보다 더 많은 상금을 받을 확률과 그렇지 않을 확률은 같다.

① ㉠
② ㉠, ㉡
③ ㉡, ㉢
④ ㉠, ㉡, ㉢

※ 다음 글을 읽고 이어지는 질문에 답하시오. [3~4]

○○프로그램에서 하나의 명령문은 cards, input 등의 '중심어'로 시작하고 반드시 세미콜론(;)으로 끝난다. 중심어에는 명령문의 지시 내용이 담겨있는데, cards는 그다음 줄부터 input 명령문에서 이용할 일종의 자료집합인 레코드(record)가 한 줄씩 나타남을 의미한다. 〈프로그램 1〉에서 레코드는 '701102'와 '720508'이다.

input은 레코드를 이용하여 변수에 수를 저장하는 것을 의미한다. 첫 번째 input은 첫 번째 레코드를 이용하여 명령을 수행하고, 그다음부터의 input은 차례대로 그다음 레코드를 이용한다. 예를 들어 〈프로그램 1〉에서 첫 번째 input 명령문의 변수 a에는 첫 번째 레코드 '701102'의 1~3번째 위치에 있는 수인 '701'을 저장하고, 변수 b에는 같은 레코드의 5~6번째 위치에 있는 수인 '02'에서 앞의 '0'을 빼고 '2'를 저장한다. 두 번째 input 명령문의 변수 c에는 두 번째 레코드 '720508'의 1~2번째 위치에 있는 수인 '72'를 저장한다. 〈프로그램 2〉와 같이 만약 input 명령문이 하나이고 여러 개의 레코드가 있을 경우 모든 레코드를 차례대로 이용한다. 한편 input 명령문이 다수인 경우, 어느 한 input 명령문에 @가 있으면 바로 다음 input 명령문은 @가 있는 input 명령문과 같은 레코드를 이용한다. 이후 input 명령문부터는 차례대로 그다음 레코드를 이용한다.

print는 input 명령문에서 변수에 저장한 수를 결과로 출력하라는 의미이다. 다음은 각 프로그램에서 변수 a, b, c에 저장한 수를 출력한 〈결과〉이다.

〈프로그램 1〉
```
cards
701102
720508
;
input a 1-3 b 5-6;
input c 1-2;
print;
```

〈결과〉

a	b	c
701	2	72

〈프로그램 2〉
```
cards
701102
720508
;
input a 1-6 b 1-2 c 2-4;
print;
```

〈결과〉

a	b	c
701102	70	11
720508	72	205

03 윗글을 근거로 판단할 때, 〈보기〉 중 옳은 것을 모두 고르면?

> **보기**
> ㉠ input 명령문은 레코드에서 위치를 지정하여 변수에 수를 저장할 수 있다.
> ㉡ 두 개의 input 명령문은 같은 레코드를 이용하여 변수에 수를 저장할 수 없다.
> ㉢ 하나의 input 명령문이 다수의 레코드를 이용하여 변수에 수를 저장할 수 있다.

① ㉡   ② ㉢
③ ㉠, ㉡   ④ ㉠, ㉢

04 윗글을 근거로 판단할 때, 다음 프로그램의 결과로 출력된 수를 모두 더하면?

```
cards
020824
701102
720508
;
input a 1-6 b 3-4;
input c 5-6@;
input d 3-4;
input e 3-5;
print;
```

〈결과〉

a	b	c	d	e

① 20895   ② 20911
③ 20917   ④ 20965

※ 다음은 2024년 I기관에서 출제한 1차, 2차 면접 문제의 문항별 점수 및 반영률과 면접에 참여한 지원자 A~F의 면접 점수 및 결과를 나타낸 자료이다. 이어지는 질문에 답하시오. [5~6]

⟨I기관의 면접 문항별 점수 및 반영률⟩

(단위 : 점)

차수	구분 평가 항목	문항번호	문항점수	기본점수	명목 반영률	실질 반영률
1차	교양	1	20	10	( )	0.17
		2	30	10	0.25	( )
	전문성	3	30	20	( )	( )
		4	40	20	( )	( )
	합계		120	60	1.00	1.00
2차	창의성	1	20	10	0.22	( )
	도전성	2	20	10	0.22	( )
	인성	3	50	20	0.56	0.60
	합계		90	40	1.00	1.00

※ (문항의 명목 반영률) = $\dfrac{(문항점수)}{(해당차수\ 문항점수의\ 합계)}$

※ (문항의 실질 반영률) = $\dfrac{(문항점수-기본점수)}{[해당차수\ 문항별(문항점수-기본점수)의\ 합계]}$

⟨지원자 A~F의 면접 점수 및 결과⟩

(단위 : 점)

차수 평가항목 문항번호 지원자	1차					2차				종합 점수	결과
	교양		전문성		합계	창의성	도전성	인성	합계		
	1	2	3	4		1	2	3			
A	18	26	30	38	112	20	18	46	84	( )	( )
B	20	28	28	38	114	18	20	46	84	93.0	합격
C	18	28	26	38	110	20	20	46	86	( )	( )
D	20	28	30	40	118	20	18	44	82	( )	불합격
E	18	30	30	40	118	18	18	50	86	95.6	( )
F	18	28	28	40	114	20	20	48	88		

※ (종합점수) = (1차 합계 점수)×0.3 + (2차 합계 점수)×0.7
※ 합격정원까지 종합점수가 높은 지원자부터 순서대로 합격시킴
※ 지원자는 A~F뿐임

05 위 자료에 근거하여 결과가 합격인 지원자를 종합점수가 높은 지원자부터 순서대로 바르게 나열한 것은?

① E, F, B, C
② F, E, C, B
③ E, F, C, B, A
④ F, E, B, C, A

Hard

06 다음 〈보기〉 중 위 자료에 대한 설명으로 옳은 것을 모두 고르면?

> **보기**
> ㉠ 각 문항에서 명목 반영률이 높을수록 실질 반영률도 높다.
> ㉡ 1차 면접에서 문항별 실질 반영률의 합은 교양이 전문성보다 크다.
> ㉢ D가 1차 면접 2번 문항에서 1점을 더 받았다면, D의 결과는 합격이다.
> ㉣ 명목 반영률보다 실질 반영률이 더 높은 2차 면접 문항에서 지원자 중 가장 낮은 점수를 받은 지원자는 2차 합계 점수도 가장 낮다.

① ㉠
② ㉢
③ ㉡, ㉢
④ ㉢, ㉣

※ 다음 글을 읽고 이어지는 질문에 답하시오. [7~8]

"강한 인공지능과 약한 인공지능 가운데 어느 편이 더 강한가?" 하는 물음은 이상해 보인다. 마치 "초록색 물고기와 주황색 물고기 중 어느 것이 초록색에 가까운가?" 하는 싱거운 물음과 비슷하기 때문이다. 그러나 앞의 물음은 뒤의 물음과 성격이 다르다. 앞의 물음에서 '인공지능'이라는 명사를 수식하는 '강한'이라는 표현의 의미가 우리가 일반적으로 '강하다'는 말을 사용할 때의 그것과 다르기 때문이다. '강한 인공지능'이라는 표현은 철학자 썰이 인공지능을 논하며 제안했던 전문용어로, 인공지능이 말의 의미를 이해하는 능력이라는 특정한 속성을 지녔음을 의미한다. 반면에 '약한 인공지능'은 그런 속성을 지니지 못한 경우를 가리킨다. 이런 기준에 따르면 말의 의미를 이해하는 인공지능은 해낼 줄 아는 일이 별로 없더라도 '강한 인공지능'인 반면, 그런 능력이 없는 인공지능은 아무리 다양한 종류의 과업을 훌륭하게 해낼 수 있더라도 '약한 인공지능'이다.

일상적으로 가령 '어느 편이 강한가?'라고 묻는 상황에서 우리는 서로 겨루면 누가 이길 것인지를 궁금해 한다. 문제를 빠르게 해결하는 것이 중요한 상황에서 사람들은 다른 인공지능 프로그램보다 한층 더 빠르게 문제를 푸는 인공지능 프로그램을 강하다고 평가할 것이다. 단일한 인공지능 프로그램이 더 다양한 문제를 해결할 수 있을 때 더 강한 인공지능이라고 평가될 수도 있을 것이다. 그러나 인공지능에 관한 전문적인 논의에서는 이 개념을 학문적 토론의 세계에 처음 소개한 썰의 용어 사용을 존중할 필요가 있다. 썰이 주장한 것처럼 (가) 아무리 뛰어난 성능의 인공지능이라고 해도 자극의 외형적 구조를 다룰 뿐 말의 의미를 파악하지는 못한다. 다시 말해 강한 인공지능이 실현될 가능성은 거의 없다. 이런 견해는 많은 비판을 받기도 했지만, 상당한 설득력을 지닌다. 인공지능 스피커에 탑재된 프로그램이 "오늘 날씨는 어제보다 차갑습니다. 외출할 때는 옷을 따뜻하게 입으세요."라고 말한다고 해서 그것이 '외출'이나 '차갑다'는 말의 의미를 이해하고 있으리라고 생각되지는 않는다. 인공지능으로 작동하는 번역기가 순식간에 한국어 문장을 번듯한 영어 문장으로 번역하는 것은 감탄스럽지만, 그것이 문장의 의미를 이해한다고 볼 이유를 제공하지는 않는다.

강한 인공지능과 비슷해 보이지만 구별해야 할 개념이 인공일반지능이다. 우리는 비록 아주 뛰어나게 잘 하지는 못해도 본 것을 식별하고, 기억하고, 기억을 활용하여 판단을 내리고, 말로 생각을 표현하고, 상대방의 표정에서 감정을 읽고 또 자기 감정을 표현하는 등 온갖 능력을 발휘한다. 이처럼 하나의 인지 체계가 온갖 종류의 지적 능력을 발휘할 때 일반지능이라고 하는데, 인공지능 연구의 한 가지 목표는 인간처럼 일반지능의 성격을 실현하는 인공지능을 만드는 일이다. 일반지능을 갖춘 것처럼 보이는 인공지능을 우리는 '인공일반지능'이라고 부른다. (나) 일부 사람들은 이러한 지능이 강한 인공지능이라고 생각하지만 그것은 잘못된 생각이다. 왜냐하면 일반지능을 갖춘 것처럼 보인다는 것과 일반지능을 갖춘 것과는 서로 다르기 때문에 전자로부터 후자는 따라오지 않으며, 마찬가지 이유로 말의 의미를 이해하는 것처럼 보인다는 것으로부터 말의 의미를 이해한다는 것이 따라오지 않기 때문이다.

07 다음 중 윗글의 내용으로 적절하지 않은 것은?

① 인공지능 번역기에 탑재된 인공지능은 약한 인공지능이다.
② 가장 많은 종류의 문제를 해결하는 인공지능이 강한 인공지능이다.
③ 인간의 온갖 지적 능력을 발휘하는 것처럼 보이는 인공지능은 인공일반지능이다.
④ 약한 인공지능은 특정한 과업에서 강한 인공지능을 능가하는 역량을 발휘할 수 있다.

08 윗글의 (가), (나)에 대한 평가로 적절한 것을 〈보기〉에서 모두 고르면?

> **보기**
> ㉠ 최근 단일한 인공지능 프로그램의 활용 범위를 넓혀 말의 인지적, 감성적 이해 기능을 갖춘 인공지능을 만드는 일이 현실화되고 있다는 사실은 (가)를 강화한다.
> ㉡ 인간의 개입 없이 바둑의 온갖 기법을 터득해 인간의 실력을 능가한 알파고 제로가 '바둑'이라는 말의 의미를 이해하지 못한다고 보는 것은 인간중심적 편견에 불과하다는 사실은 (가)를 약화한다.
> ㉢ 말의 의미를 이해하는 것과 이해하는 것처럼 보이는 것은 전혀 구별될 수 없다는 사실은 (나)를 약화한다.

① ㉠
② ㉡
③ ㉠, ㉢
④ ㉡, ㉢

※ 다음 글을 읽고 이어지는 질문에 답하시오. [9~10]

암호 기술은 일반적인 문장(평문)을 해독 불가능한 암호문으로 변환하거나, 암호문을 해독 가능한 평문으로 변환하기 위한 원리, 수단, 방법 등을 취급하는 기술을 말한다. 이 암호 기술은 암호화와 복호화로 구성된다. 암호화는 평문을 암호문으로 변환하는 것이며, 반대로 암호문에서 평문으로 변환하는 것은 복호화라 한다.

암호 기술에서 사용되는 알고리즘, 즉 암호 알고리즘은 대상 메시지를 재구성하는 방법이다. 암호 알고리즘에는 메시지의 각 원소를 다른 원소에 대응시키는 '대체'와 메시지의 원소들을 재배열하는 '치환'이 있다. 예를 들어 대체는 각 문자를 다른 문자나 기호로 일대일로 대응시키는 것이고, 치환은 단어, 어절 등의 순서를 바꾸는 것이다.

암호 알고리즘에서는 보안을 강화하기 위해 키(key)를 사용하기도 한다. 키는 암호가 작동하는 데 필요한 값이다. 송신자와 수신자가 같은 키를 사용하면 대칭키 방식이라 하고, 다른 키를 사용하면 비대칭키 방식이라 한다. 대칭키 방식은 동일한 키로 상자를 열고 닫는 것이고, 비대칭키 방식은 서로 다른 키로 상자를 열고 닫는 것이다. 비대칭키 방식의 경우에는 수신자가 송신자의 키를 몰라도 자신의 키만 알면 복호화가 가능하다. 그리고 비대칭키 방식은 서로 다른 키를 사용하기 때문에, 키의 유출 염려가 덜해 조금 더 보안성이 높다고 알려져 있다.

한편 암호 알고리즘에 사용하기 위해 만들 수 있는 키의 수는 키를 구성하는 비트(bit)의 수에 따른다. 비트는 0과 1을 표현할 수 있는 가장 작은 단위인데, 예를 들어 8비트로 만들 수 있는 키의 수는 2^8, 즉 256개이다. 키를 구성하는 비트의 수가 많으면 많을수록 모든 키를 체크하는 데 시간이 오래 걸려 보안성이 높아진다. 256개 정도의 키는 컴퓨터로 짧은 시간에 모두 체크할 수 있으나, 100비트로 구성된 키가 사용되었다면 체크해야 할 키의 수가 2^{100}개에 달해 초당 100만 개의 키를 체크할 수 있는 컴퓨터를 사용하더라도 상당히 많은 시간이 걸릴 것이다.

56비트로 구성된 키를 사용하여 만든 암호 알고리즘에는 DES(Data Encryption Standard)가 있다. 그런데 오늘날 컴퓨팅 기술의 발전으로 인해 DES는 더 이상 안전하지 않아, DES보다는 DES를 세 번 적용한 삼중 DES(triple DES)나 그 뒤를 이은 AES(Advanced Encryption Standard)를 사용하고 있다.

09 윗글을 근거로 판단할 때, 다음 〈보기〉 중 옳은 것을 모두 고르면?

> **보기**
> ㉠ 복호화를 통하여 암호문을 평문으로 변환할 수 있다.
> ㉡ 비대칭키 방식의 경우, 수신자는 송신자의 키를 알아야 암호를 해독할 수 있다.
> ㉢ 대체는 단어, 어절 등의 순서를 바꾸는 것이다.
> ㉣ 삼중 DES 알고리즘은 DES 알고리즘보다 안전성이 높다.

① ㉠, ㉡
② ㉠, ㉣
③ ㉡, ㉢
④ ㉡, ㉣

10 윗글과 다음 상황을 근거로 판단할 때, 빈칸 (가)에 해당하는 수는?

> 2^{56}개의 키를 1초에 모두 체크할 수 있는 컴퓨터의 가격이 1,000,000원이다. 컴퓨터의 체크 속도가 2배가 될 때마다 컴퓨터는 10만 원씩 비싸진다. 60비트로 만들 수 있는 키를 1초에 모두 체크할 수 있는 컴퓨터의 최소 가격은 ___(가)___ 원이다.

① 1,100,000
② 1,200,000
③ 1,400,000
④ 1,600,000

※ 다음은 환경지표와 관련된 통계 자료이다. 이어지는 질문에 답하시오. [11~12]

〈녹색제품 구매 현황〉

(단위 : 백만 원)

구분	총구매액(A)	녹색제품 구매액(B)	비율
2022년	1,800	1,700	94%
2023년	3,100	2,900	㉠%
2024년	3,000	2,400	80%

※ 지속가능한 소비를 촉진하고 친환경경영 실천을 강화하기 위해 환경표지인증 제품 등의 녹색제품 구매를 적극 실천함

※ 비율은 $\frac{(B)}{(A)} \times 100$으로 계산하며, 소수점 첫째 자리에서 반올림함

〈온실가스 감축〉

구분	2022년	2023년	2024년
온실가스 배출량(tCO$_2$eq)	1,604,000	1,546,000	1,542,000
에너지 사용량(TJ)	30,000	29,000	30,000

※ 온실가스 및 에너지 감축을 위한 전사 온실가스 및 에너지 관리 체계를 구축하여 운영하고 있음

〈수질관리〉

(단위 : m^3)

구분	2022년	2023년	2024년
오수처리량(객차)	70,000	61,000	27,000
폐수처리량	208,000	204,000	207,000

※ 철도차량 등의 수선, 세차, 세척과정에서 발생되는 폐수와 열차 화장실에서 발생되는 오수, 차량검수시설과 역 운영시설 등에서 발생되는 생활하수로 구분되며, 모든 오염원은 처리시설을 통해 기준 이내로 관리함

11 다음 중 위 자료에 대한 설명으로 옳지 않은 것은?

① ㉠에 들어갈 수치는 94이다.
② 온실가스 배출량은 2024년까지 매년 줄어들었다.
③ 폐수처리량이 가장 적었던 연도에 오수처리량도 가장 적었다.
④ 2022 ~ 2024년 동안 녹색제품 구매액의 평균은 약 23억 3,300만 원이다.

12 다음은 환경지표점수 산출 기준이다. 점수가 가장 높은 연도와 그 점수를 바르게 짝지은 것은?

- 녹색제품 구매액 : 20억 원 미만이면 5점, 20억 원 이상이면 10점
- 에너지 사용량 : 30,000TJ 이상이면 5점, 30,000TJ 미만이면 10점
- 폐수처리량 : 205,000m^3 초과이면 5점, 205,000m^3 이하이면 10점

① 2022년 – 25점
② 2023년 – 20점
③ 2023년 – 30점
④ 2024년 – 25점

※ 다음은 갑국의 2024년 4 ~ 6월 A ~ D정유사의 휘발유와 경유 가격에 대한 자료이다. 이어지는 질문에 답하시오. [13~14]

〈정유사별 휘발유와 경유 가격〉

(단위 : 원/L)

구분	휘발유			경유		
	4월	5월	6월	4월	5월	6월
A정유사	1,840	1,825	1,979	1,843	1,852	2,014
B정유사	1,795	1,849	1,982	1,806	1,894	2,029
C정유사	1,801	1,867	2,006	1,806	1,885	2,013
D정유사	1,807	1,852	1,979	1,827	1,895	2,024

※ 가격은 해당 월의 정유사별 공시가임

Easy

13 다음 중 위 자료에 대한 설명으로 옳은 것은?

① 휘발유와 경유의 가격 차이가 가장 큰 정유사는 매월 같다.
② 4월에 휘발유 가격보다 경유 가격이 낮은 정유사는 1개이다.
③ 5월 휘발유 가격이 가장 높은 정유사는 5월 경유 가격도 가장 높다.
④ 각 정유사의 경유 가격은 매월 높아졌다.

14 위 자료와 다음 정보를 근거로 판단할 때, 〈보기〉의 설명 중 옳은 것을 모두 고르면?

- (가격)=(원가)+(유류세)+(부가가치세)
- 4월 유류세는 원가의 50%임
- 부가가치세는 원가와 유류세를 합한 금액의 10%임

보기

㉠ 5월 B의 휘발유 유류세가 원가의 40%라면, 5월 B의 휘발유 원가는 1,300원/L 이상이다.
㉡ 5월 C의 경유 원가가 전월과 같다면, 5월 C의 경유 유류세는 600원/L 이상이다.
㉢ 6월 D의 경유 유류세가 4월과 같은 금액이라면, 6월 D의 경유 유류세는 원가의 50% 이상이다.

① ㉠
② ㉡
③ ㉢
④ ㉠, ㉡

※ 다음은 갑국의 5개 국립대학의 세계대학평가에 대한 자료이다. 이어지는 질문에 답하시오. [15~16]

<2024년 갑국 국립대학의 세계대학평가 결과>

(단위 : 점)

대학	국내 순위	세계 순위	총점	부문별 점수				
				교육	연구	산학 협력	국제화	논문 인용도
A	14	182	29.5	27.8	28.2	63.2	35.3	28.4
B	21	240	25.4	23.9	25.6	42.2	26.7	25.1
C	23	253	24.3	21.2	19.9	38.7	25.3	30.2
D	24	287	22.5	21.0	20.1	38.4	28.8	23.6
E	25	300	18.7	21.7	19.9	40.5	22.7	11.6

<2023~2024년 갑국 ○○대학의 세계대학평가 세부지표별 점수>

(단위 : 점)

부문 (가중치)	세부지표(가중치)	세부지표별 점수	
		2024년	2023년
교육 (30)	평판도 조사(15)	2.9	1.4
	교원당 학생 수(4.5)	34.5	36.9
	학부학위 수여자 대비 박사학위 수여자 비율(2.25)	36.6	46.9
	교원당 박사학위자 비율(6)	45.3	52.3
	재정 규모(2.25)	43.3	40.5
연구 (30)	평판도 조사(18)	1.6	0.8
	교원당 연구비(6)	53.3	49.4
	교원당 학술논문 수(6)	41.3	39.5
산학협력 (2.5)	산업계 연구비 수입(2.5)	(가)	43.9
국제화 (7.5)	외국인 학생 비율(2.5)	24.7	22.5
	외국인 교수 비율(2.5)	26.9	26.8
	학술논문 중 외국 연구자와 쓴 논문 비중(2.5)	16.6	16.4
논문인용도 (30)	논문인용도(30)	(나)	13.1

※ ○○대학은 A~E대학 중 한 대학임

※ 부문별 점수는 각 부문에 속한 세부지표별 $\dfrac{(\text{세부지표별 점수} \times \text{세부지표별 가중치})}{(\text{부문별 가중치})}$ 값의 합임

※ 총점은 5개 부문별 $\dfrac{(\text{부문별 점수} \times \text{부문별 가중치})}{100}$ 값의 합임

※ 점수는 소수점 둘째 자리에서 반올림한 값임

15 위 자료의 빈칸 (가), (나)에 들어갈 값이 바르게 연결된 것은?

	(가)	(나)
①	38.4	23.6
②	38.7	30.2
③	40.5	11.6
④	42.2	25.1

16 위 자료를 이용하여 세계대학평가 결과에 대한 보고서를 다음과 같이 작성하였다. 제시된 자료 이외에 보고서 작성을 위하여 추가로 필요한 자료를 〈보기〉에서 모두 고르면?

〈보고서〉

최근 글로벌 대학평가기관이 2024년 세계대학평가 결과를 발표했다. 이 평가는 전 세계 1,250개 이상의 대학을 대상으로 교육, 연구, 산학협력, 국제화, 논문인용도 등 총 5개 부문, 13개 세부지표를 활용하여 수행된다.

2024년 세계대학평가 결과, 1~3위는 각각 F대학(을국), G대학(을국), H대학(병국)으로 전년과 동일하였으나, 4위는 I대학(병국)으로 전년도 5위에서 한 단계 상승했고 5위는 2023년 공동 3위였던 J대학(병국)으로 나타났다. 아시아 대학 중 최고 순위는 K대학(정국)으로 전년보다 8단계 상승한 세계 22위였으며, 같은 아시아 국가인 갑국에서는 L대학이 세계 63위로 갑국 대학 중 가장 높은 순위를 차지하였다.

2024년 갑국의 5개 국립대학 중에서는 A대학이 세계 182위, 국내 14위로 가장 순위가 높았는데, 논문인용도를 제외한 나머지 4개 부문별 점수에서 5개 국립대학 중 가장 높은 점수를 받았다. 한편, C대학은 연구와 산학협력 부문에서 2023년 대비 점수가 대폭 하락하여 순위 또한 낮아졌다.

보기
㉠ 2023~2024년 세계대학평가 순위
㉡ 2023~2024년 세계대학평가 C대학 세부지표별 점수
㉢ 2023~2024년 세계대학평가 세부지표 리스트
㉣ 2023~2024년 세계대학평가 A대학 총점

① ㉠, ㉡
② ㉠, ㉢
③ ㉡, ㉢
④ ㉢, ㉣

※ 다음 글을 읽고 이어지는 질문에 답하시오. [17~18]

'알파고'는 기존 인공지능의 수읽기 능력뿐만 아니라 정책망과 가치망이라는 두 가지 인공신경망을 통해 인간 고수 못지않은 감각적 예측 능력(정책망)과 형세판단 능력(가치망)을 구현한 바둑 인공지능이다. 인간의 지능활동은 물리적인 차원에서 보면 뇌 안의 시냅스로 연결된 뉴런들이 주고받는 전기신호의 상호작용으로 인해 나타난다. 인공신경망은 인간의 뇌가 작동하는 방식에서 착안하여 만든 것이다.

'학습'을 거치지 않은 인공신경망은 무작위로 설정한 다수의 가중치를 갖고 있다. 이를 갖고 입력값을 처리했을 때 옳지 않은 출력값이 나온 경우, 올바른 결과를 도출하기 위해 가중치를 조절하는 것이 인공신경망의 학습과정이다. 따라서 오답에 따른 학습을 반복할수록 인공신경망의 정확도는 향상된다.

알파고의 첫 번째 인공신경망인 '정책망'은 "인간 고수라면 다음 수를 어디에 둘까?"를 예측한다. 입력(현 바둑판의 상황)과 출력(그 상황에서의 인간 고수의 착점) 사이의 관계를 간단한 함수로 표현할 수는 없다. 하지만 알파고는 일련의 사고가 단계별로 진행되므로 인공신경망의 입력과 출력 사이에 13개의 중간층을 둔 심층신경망을 통해 다음 수를 결정한다. 이 복잡한 인공신경망은 인간의 뇌에서 뉴런들이 주고받는 전기신호의 세기에 해당하는 가중치를 최적화해 나아간다. 이를 위해 인터넷 바둑 사이트의 6～9단 사용자의 기보 16만 건에서 추출된 약 3,000만 건의 착점을 학습했다. 3,000만 개의 예제를 학습하여 입력값을 넣었을 때 원하는 출력값이 나오게끔 하는 가중치를 각종 최적화 기법으로 찾는 방식이다.

이러한 '지도학습'이 끝나면 '강화학습'이 시작된다. 지도학습으로 찾아낸 각 가중치를 조금씩 바꿔보는 것이다. 예를 들어 지도학습 결과 어떤 가중치가 0.3이었다면, 나머지 모든 조건은 동일한 상태에서 그 가중치만 0.4로 바꾼 인공신경망과 가중치가 0.3인 기존의 인공신경망을 여러 번 대국시켰을 때, 주로 이긴 인공신경망의 가중치를 선택하게 된다. 모든 가중치에 대해 이와 같은 과정을 반복하여 최적의 가중치를 찾게 되는 것이다.

알파고의 두 번째 인공신경망인 '가치망'은 바둑의 대국이 끝날 때까지 시뮬레이션을 해보고 결과를 판단하는 대신에, 현재 장면으로부터 앞으로 몇 수만 진행시켜보고 그 상황에서 형세를 판단하는 것이다. 현대 바둑 이론으로도 형세의 유불리를 판단하는 기준이 몇 집인지 정량적으로 환산하기는 어렵다. 마찬가지로 정확한 평가 함수를 프로그래머가 알아야 할 필요가 없다. 평가 함수의 초깃값을 임의로 설정해놓고 정책망의 강화학습 때와 같이 두 가지 버전의 인공신경망을 대국시킨다. 만약 변경된 버전이 주로 이겼다면 그다음 실험에서는 변경된 버전을 채택하는 과정을 무수히 반복한다. 이런 식으로 아주 정확한 평가 함수를 찾아갈 수 있는 것이다.

17 다음 중 윗글을 근거로 판단할 때 옳은 것은?

① 오답을 통한 학습과정을 더 많이 거칠수록 인공신경망의 정확도는 떨어진다.
② 알파고는 가중치를 최적화하는 과정에서 기보 1건당 1,000건 이상의 착점을 학습했다.
③ 알파고는 빠른 데이터 처리 능력 덕분에 인터넷 기보를 이용한 지도학습만으로도 정확한 형세판단 능력의 평가 함수를 찾을 수 있었다.
④ 최초에는 동일한 인공신경망이라고 해도 강화학습의 유무에 따라 인공신경망의 가중치는 달라질 수 있다.

18 윗글과 다음 상황을 근거로 판단할 때, 최종적으로 선택할 알파고의 가중치 A와 B가 바르게 연결된 것은?

- 다른 모든 조건이 동일한 상태에서 가중치 A, B만을 변경한다.
- 가중치 A가 0.4이고 가중치 B가 0.3인 인공신경망이 가중치 A가 0.3이고 가중치 B가 0.3인 인공신경망을 주로 이겼다.
- 가중치 A가 0.5이고 가중치 B가 0.3인 인공신경망이 가중치 A가 0.3이고 가중치 B가 0.3인 인공신경망을 주로 이겼다.
- 가중치 A가 0.4이고 가중치 B가 0.4인 인공신경망은 가중치 A가 0.4이고 가중치 B가 0.3인 인공신경망에게 주로 졌다.
- 가중치 A가 0.5이고 가중치 B가 0.3인 인공신경망은 가중치 A가 0.4이고 가중치 B가 0.3인 인공신경망에게 주로 졌다.
- 가중치 A가 0.4이고 가중치 B가 0.3인 인공신경망이 가중치 A가 0.4이고 가중치 B가 0.2인 인공신경망을 주로 이겼다.

	가중치 A	가중치 B
①	0.3	0.3
②	0.3	0.4
③	0.4	0.3
④	0.4	0.4

※ 다음 글을 읽고 이어지는 질문에 답하시오. [19~20]

○○국의 항공기 식별코드는 '(현재상태부호)(특수임무부호)(기본임무부호)(항공기종류부호) – (설계번호)(개량형부호)'와 같이 최대 6개 부분(앞부분 4개, 뒷부분 2개)으로 구성된다.

항공기종류부호는 특수 항공기에만 붙이는 부호로, G는 글라이더, H는 헬리콥터, Q는 무인항공기, S는 우주선, V는 수직단거리이착륙기에 붙인다. 항공기종류부호가 생략된 항공기는 일반 비행기이다.

모든 항공기 식별코드는 기본임무부호나 특수임무부호 중 적어도 하나를 꼭 포함하고 있다. 기본임무부호는 항공기가 기본적으로 수행하는 임무를 나타내는 부호이다. A는 지상공격기, B는 폭격기, C는 수송기, E는 전자전기, F는 전투기, K는 공중급유기, L은 레이저탑재 항공기, O는 관측기, P는 해상초계기, R은 정찰기, T는 훈련기, U는 다목적기에 붙인다.

특수임무부호는 항공기가 개량을 거쳐 기본임무와 다른 임무를 수행할 때 붙이는 부호이다. 부호에 사용되는 알파벳과 그 의미는 기본임무부호와 동일하다. 항공기가 기본임무와 특수임무를 모두 수행할 수 있을 때에는 두 부호를 모두 표시하며, 개량으로 인하여 더 이상 기본임무를 수행하지 못하게 된 경우에는 특수임무부호만을 표시한다.

현재상태부호는 현재 정상적으로 사용되고 있지 않은 항공기에만 붙이는 부호이다. G는 영구보존처리된 항공기, J와 N은 테스트를 위해 사용되고 있는 항공기에 붙이는 부호이다. J는 테스트 종료 후 정상적으로 사용될 항공기에 붙이는 부호이며, N은 개량을 많이 거쳤기 때문에 이후에도 정상적으로 사용될 계획이 없는 항공기에 붙이는 부호이다.

설계번호는 항공기가 특정 그룹 내에서 몇 번째로 설계되었는지를 나타낸다. 1 ~ 100번은 일반 비행기, 101 ~ 200번은 글라이더 및 헬리콥터, 201 ~ 250번은 무인항공기, 251 ~ 300번은 우주선 및 수직단거리이착륙기에 붙인다. 예를 들어 107번은 글라이더와 헬리콥터 중 7번째로 설계된 항공기라는 뜻이다.

개량형부호는 한 모델의 항공기가 몇 차례 개량되었는지를 보여주는 부호이다. 개량하지 않은 최초의 모델은 항상 A를 부여받으며, 이후에는 개량될 때마다 알파벳 순서대로 부호가 붙게 된다.

19 윗글을 근거로 판단할 때, 〈보기〉의 항공기 식별코드 중 앞부분 코드로 구성 가능한 것을 모두 고르면?

> **보기**
> ㉠ KK
> ㉡ GBCV
> ㉢ CAH
> ㉣ R

① ㉠
② ㉡, ㉢
③ ㉢, ㉣
④ ㉡, ㉢, ㉣

20 윗글을 근거로 판단할 때, '현재 정상적으로 사용 중인 개량하지 않은 일반 비행기'의 식별코드 형식으로 옳은 것은?

① (기본임무부호) – (설계번호)
② (기본임무부호) – (개량형부호)
③ (기본임무부호) – (설계번호)(개량형부호)
④ (현재상태부호)(특수임무부호) – (설계번호)(개량형부호)

※ 다음은 I공단 조직도의 일부이다. 이어지는 질문에 답하시오. [21~22]

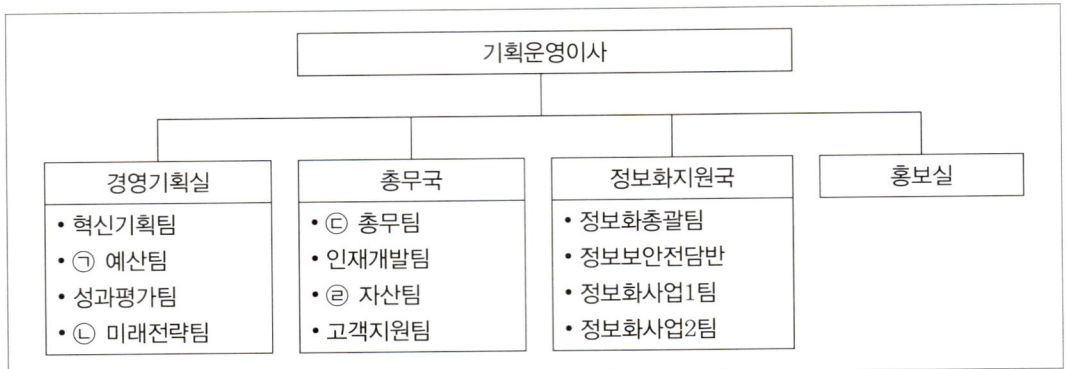

Easy
21 다음 중 각 부서와 업무 간의 연결이 옳지 않은 것은?

① ㉠ : 수입·지출 예산 편성 및 배정 관리
② ㉡ : 공단사업 관련 연구과제 개발 및 추진
③ ㉢ : 복무관리 및 보건·복리 후생
④ ㉣ : 예산집행 조정, 통제 및 결산 총괄

22 다음 중 정보보안전담반의 업무로 적절하지 않은 것은?

① 정보보안기본지침 및 개인정보보호지침 제·개정 관리
② 전문자격 출제정보시스템 구축·운영
③ 개인정보종합관리시스템 구축·운영
④ 정보보안 및 개인정보보호 계획수립

※ 다음은 I은행의 지난해 직원별 업무 성과내용과 성과급 지급규정이다. 이어지는 질문에 답하시오.
[23~24]

〈직원별 업무 성과내용〉

구분	직급	월 급여(만 원)	성과내용
임미리	과장	450	예·적금 상품 3개, 보험상품 1개, 대출상품 3개
이윤미	대리	380	예·적금 상품 5개, 보험상품 4개
조유라	주임	330	예·적금 상품 2개, 보험상품 1개, 대출상품 5개
구자랑	사원	240	보험상품 3개, 대출상품 3개
조다운	대리	350	보험상품 2개, 대출상품 4개
김은지	사원	220	예·적금 상품 6개, 대출상품 2개
권지희	주임	320	예·적금 상품 5개, 보험상품 1개, 대출상품 1개
윤순영	사원	280	예·적금 상품 2개, 보험상품 3개, 대출상품 1개

〈성과급 지급규정〉

- 성과내용에 따른 예·적금 상품 건당 3점, 보험상품 건당 5점, 대출상품 건당 8점을 부여하며, 이에 따른 등급을 매겨 성과급을 지급한다.
- 성과내용에 따른 점수는 인원 비율에 따라 A, B, C등급 순으로 상위부터 배치한다.

구분	A등급	B등급	C등급
인원 비율	25%	50%	25%
성과급	월 급여의 50%	월 급여의 30%	월 급여의 20%

23 다음 중 A등급, B등급, C등급에 해당하는 한 사람씩 바르게 나열한 것은?

① 조유라, 조다운, 구자랑
② 조다운, 임미리, 김은지
③ 조유라, 임미리, 이윤미
④ 조다운, 구자랑, 윤순영

24 성과급의 등급 및 등급별 비율과 성과급 지급규정이 다음과 같이 변경되었다. 변경된 규정에 따라 등급이 바뀐 직원의 성과급의 총합은?

〈성과급 지급규정(변경 후)〉

구분	A등급	B등급	C등급	D등급
인원 비율	12.5%	50%	25%	12.5%
성과급	월 급여의 50%	월 급여의 30%	월 급여의 20%	월 급여의 10%

① 125만 원
② 155만 원
③ 181만 원
④ 201만 원

※ 다음은 귀농귀촌 희망자를 위한 적금 상품설명서의 일부이다. 이어지는 질문에 답하시오. [25~26]

〈귀농출발 적금〉

1. 상품 특징
   귀농귀촌 자금 마련을 위해 최장 20년까지 적립할 수 있는 장기 적금 상품
2. 거래 조건

구분	내용
가입대상	개인
대상과목	자유적립적금
적립금액	초입금 10만 원 이상 매회 1만 원 이상(계좌별) 매월 5백만 원 이내(1인당) ※ 단, 계약기간 3/4 경과 후 적립할 수 있는 금액은 이전 적립누계액의 1/2 이내
계약기간	1년 이상 20년 이내(연 단위)
적용이율 (연 %, 세전)	자유적립적금 기본이율 적용(해당 연차별로 응당일에 변경 적용) - 적립기간 : 자유적립적금 1년제 금리 - 재예치기간 : 자유적립적금 각각 2년제(재예치 1년 차), 3년제(재예치 2년 차 이상) 금리
우대이율	최고 0.4%p 내에서 농·축협별 적용(재예치 및 만기 시 적용, 자동 재예치 전 적립액 인출 시 및 만기 후 적용 배제) 	구분	우대조건	우대이율
---	---	---
귀농귀촌 우대이율	귀농귀촌 고객[1] 「귀농귀촌종합센터」 회원 가입 고객[2]	최고 0.05%p 이내
거래고객 우대이율	연금(급여) 이체 고객[3] 「귀농start통장」 가입 고객[4] 인터넷(스마트)뱅킹 가입 고객	
농·축협별 우대이율	농·축협별 자체 우대조건 (조합원, 하나로 고객, 공과금 이체 실적 등)	최고 0.15%p 이내	 1) 가입 농·축협 소재 시군구 이외의 지역에서 1년 이상 거주하다가 귀농귀촌을 목적으로 가입 농·축협 소재 시군구로 전입한 고객(주민등록등본 등으로 확인) 2) 귀농귀촌종합센터(www.returnfarm.com) 회원으로 가입하고 '마이페이지' 화면을 출력하여 제출한 고객 3) 이 예금 가입월 전 3개월간 농·축협 요구불통장에 공사적연금 또는 급여가 매월 이체된 실적이 있는 고객(급여이체는 하나로가족고객 급여이체 실적인정 기준을 따름) 4) 이 예금과 통장 관리 농·축협이 동일한 경우에 한함
중도해지이율 (연 %, 세전)		경과기간	이율 / 적용률	경과기간	이율 / 적용률
---	---	---	---
1개월 미만	보통예탁금 이율	6개월 미만	(기준금리)×(경과기간별 적용률)
3개월 미만	(기준금리)×(경과기간별 적용률)	12개월 미만	(기준금리)×(경과기간별 적용률)	
중도인출	- 이 적금은 연 단위 적립원리금별로 중도인출 가능하며, 중도인출 시 연 단위 충족분은 기본금리를 적용하고 연 단위 미충족분은 만기 후 금리를 적용함 - 적립액 전부를 중도인출 시에는 계좌해지로 처리하며, 중도해지금리를 적용함
양도 및 담보대출	농·축협의 승낙을 받은 경우 양도 및 담보 제공이 가능
담보대출	예금담보대출 가능, 적용금리는 예·적금 담보대출 금리 적용
이자지급 방법	만기일시지급식

세제 관련	세금우대예탁금, 비과세종합저축으로 가입 가능 ※ 관련 세법 개정 시 세율이 변경되거나 세금이 부과될 수 있음
신규 가입 및 해지	영업점에서 신규 가입 및 해지 가능
제한사항	이 적금은 1년 이상 납입이 없을 경우 계약기간(적립기간) 중이라도 추가 적립할 수 없으며, 질권 설정 등의 지급제한사유가 있을 때에는 연 단위 적립원리금별로 구분하여 지급하지 않음
예금자 보호	이 예금은 예금자보호법에 따라 예금보험공사가 보호하되, 보호한도는 본 은행에 있는 고객의 모든 예금보호대상 금융상품의 원금과 소정의 이자를 합하여 1인당 '최고 5천만 원'이며, 5천만 원을 초과하는 나머지 금액은 보호하지 않음

25 A사원은 K고객에게 위 상품을 설명하고 있다. 다음 중 A사원이 잘못 설명한 것은?

① "고객님이 지금 40세이시니까 올해 가입하신다면 60세까지 적립 가능합니다."
② "고객님께서 만약 2개월째 되는 날 해지하신다면 보통예탁금 이율을 적용하여 원리금을 지급합니다."
③ "본 예·적금 상품은 담보 제공이 가능하나, 농·축협의 승낙을 받아야 합니다."
④ "이 상품은 영업점에 방문하여 해지가 가능합니다."

26 다음은 K고객이 위 상품 가입을 위해 A사원과 나눈 대화의 일부이다. 이를 통해 K고객에게 적용할 수 있는 우대이율은 몇 %p인가?(단, 각 우대조건을 만족할 경우 약관에 명시된 항목별 우대이율 범위에서 최고 이율을 지급한다)

> K고객 : 저는 태어나서 지금까지 서울에서만 살아오다가 이번에 이곳 진천군으로 내려오게 되었습니다. 오늘 전입신청을 했어요. 인터넷에서 귀농귀촌종합센터에 가입해서 이런 저런 정보를 얻게 되었는데, 이 적금이 좋다길래 상담하러 온 것입니다.
> A사원 : 네, 찾아와주셔서 정말 고맙습니다. 이 상품에는 우대금리가 적용되는데 혹시 인터넷이나 스마트뱅킹을 사용하고 계신가요?
> K고객 : 아니요. 조그마한 식당을 운영했는데, 가게 근처에 농협이 있어 그런 건 사용해본 적이 없었네요. 거래 실적이 좋아 하나로 고객 우수 등급이긴 합니다.
> A사원 : 아, 하나로 고객 등급이 높으시군요. 저희는 하나로 우수 등급 고객에게 자체적으로 지급할 수 있는 최대 비율로 우대이율을 지급하고 있습니다.

① 0.15%p
② 0.20%p
③ 0.25%p
④ 0.30%p

※ 다음 순서도 기호를 참고하여 이어지는 질문에 답하시오. [27~28]

<순서도 기호>

기호	설명	기호	설명
	시작과 끝을 나타낸다.		어느 것을 택할 것인지를 판단한다.
	데이터를 입력하거나 계산하는 등의 처리를 한다.		선택한 값을 인쇄한다.

27 민정이는 휴대폰의 블루투스 기능에 문제가 생겨 서비스센터에 방문했다. 서비스센터의 업무처리 순서도가 다음과 같을 때, 민정이의 경우 어떤 도형이 출력되는가?

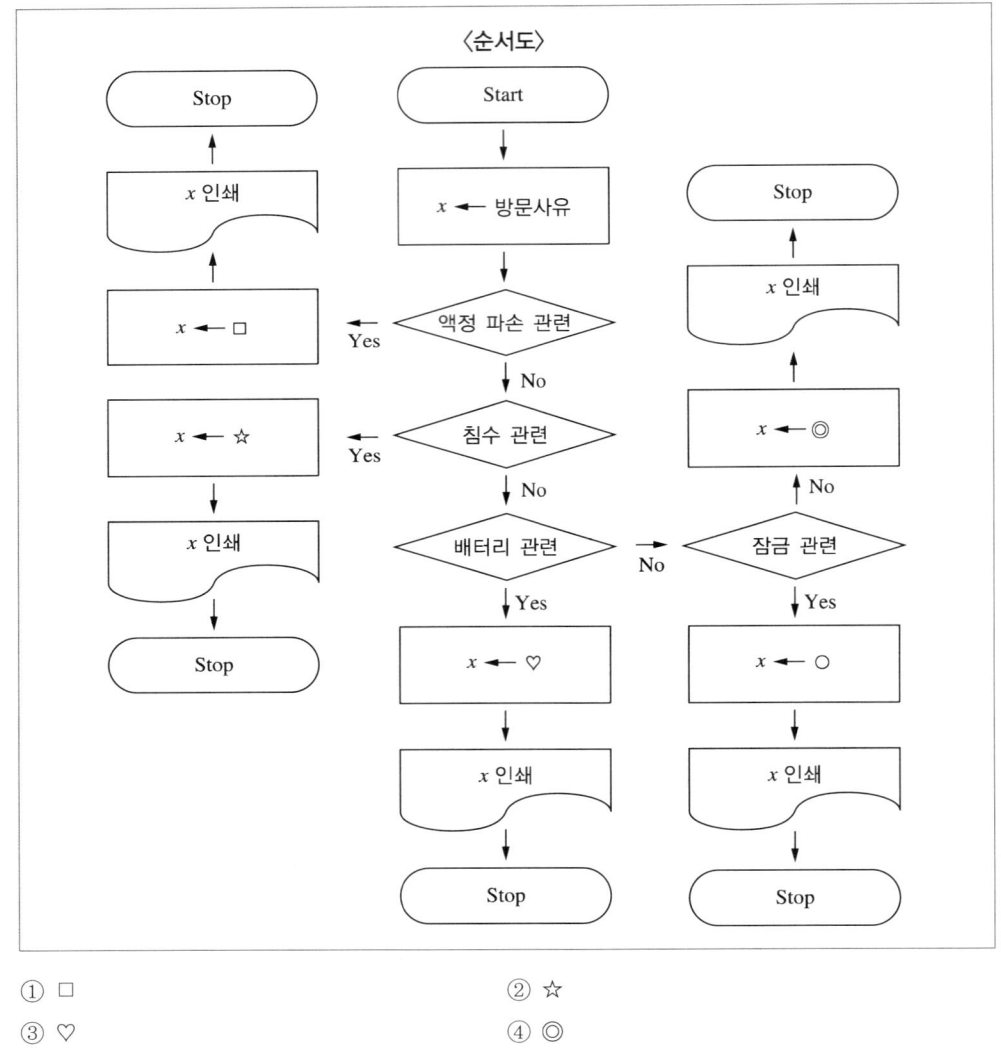

① □
② ☆
③ ♡
④ ◎

28 영진이는 주민등록증을 분실하여 재발급받기 위해 I동 행정복지센터에 방문했다. 최근 I동 행정복지센터는 입구 옆에 방문사유에 따라 창구를 안내해 주는 무인안내기를 설치했다. 영진이가 안내받을 창구의 번호로 옳은 것은?

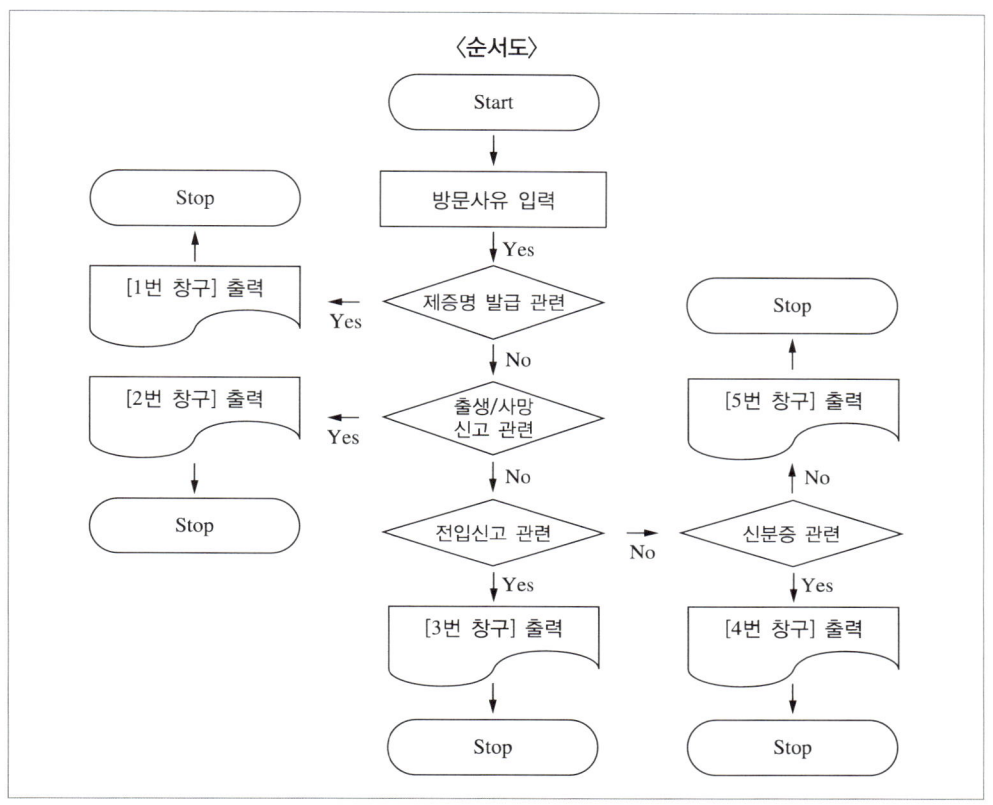

① 1번 창구 ② 2번 창구
③ 3번 창구 ④ 4번 창구

※ 다음 글을 읽고 이어지는 질문에 답하시오. [29~30]

다음은 ○○국가의 민원인 질의에 대한 챗봇의 답변내용 중 일부이다.

Q : 산지전용은 무엇이며 허가권자는 누구인가요?

A : 산지전용이란 산지를 본래의 용도[조림(造林), 입목의 벌채 등] 외로 사용하기 위해 그 형질을 변경하는 것을 말합니다. 산지전용을 하려는 사람은 산지의 종류 및 면적 등의 구분에 따라 허가권자의 허가를 받아야 합니다. 허가권자는 보전산지인지 그렇지 않은 산지인지에 따라 다릅니다. 보전산지는 산림청장이 임업생산과 공익을 위해 지정하는 산지로서 산림청장 소관입니다. 보전산지에는 산림자원의 조성 등 임업생산 기능의 증진을 위해 지정하는 임업용산지와 재해방지, 국민보건휴양 증진 등 공익 기능을 위하여 지정하는 공익용산지가 있습니다. 산지전용 허가권자는 다음과 같습니다.

- 산지면적 200만 m^2 이상(보전산지의 경우 100만 m^2 이상) : 산림청장
- 산지면적 50만 m^2 이상 200만 m^2 미만(보전산지의 경우 3만 m^2 이상 100만 m^2 미만)
  - 산림청장 소관인 국유림의 산지인 경우 : 산림청장
  - 산림청장 소관이 아닌 국유림, 공유림 또는 사유림의 산지인 경우 : 시·도지사
- 산지면적 50만 m^2 미만(보전산지의 경우 3만 m^2 미만) : 시장·군수·구청장

Q : 산지전용 허가를 받기 위해서는 어떤 서류를 제출해야 하나요?

A : 산지전용 허가신청서와 사업계획서, 도면을 제출해야 합니다. 도면으로는 지적도와 임야도를 제출하는데, 이것은 지도나 지형도와는 개념이 다릅니다. 지적도와 임야도를 보면 해당 필지의 모양, 주변 필지와의 경계를 알 수 있습니다. 물론 지도와 마찬가지로 지적도와 임야도에도 축척을 사용합니다. 1/1,200의 대축척 도면은 좁은 지역을 상세하게 표시하고, 1/6,000의 소축척 도면은 넓은 지역을 간략하게 표시합니다. 지적도는 1/1,200 축척을 사용하고, 임야도는 1/6,000 축척을 사용합니다. 임야는 다른 지목의 토지보다 넓어서 1/1,200 축척의 도면에 전체 면적을 담기 어렵기 때문입니다.

Q : 산지면적을 표시할 때 여러 단위를 쓰지 않나요?

A : 토지의 면적은 미터법(m^2)으로 표기하는 것이 원칙이나, 일상에서 '평'으로 표기하기도 합니다. 1평은 3.3m^2입니다. 그런데 산지는 면적이 넓어 편리하게 'ha(헥타르)'나 '정보(町步)'로 표기하기도 합니다. 1ha는 가로와 세로가 각각 100m인 정사각형의 면적을 말하며 1정보는 3,000평입니다.

29 윗글을 근거로 판단할 때, 다음 〈보기〉 중 옳은 것을 모두 고르면?

> **보기**
> ㉠ 임야도의 경우 넓은 지역의 전체 면적을 담기 위해 대축척을 사용한다.
> ㉡ 보전산지의 지정권자는 면적에 관계없이 산림청장이다.
> ㉢ 산지전용 허가를 받기 위해서는 지도와 지형도를 제출해야 한다.
> ㉣ 산림청장 소관이 아닌 사유림의 소유자가 그 산지에서 입목의 벌채를 하려는 경우 산지전용 허가를 받아야 한다.

① ㉠
② ㉡
③ ㉠, ㉢
④ ㉡, ㉣

30 윗글과 다음 상황을 근거로 판단할 때, X임야와 Y임야의 산지전용 허가권자를 바르게 연결한 것은?

> 개발업자 甲은 X임야와 Y임야에 대한 산지전용 허가를 받고자 한다. X임야는 산림청장이 국민보건 휴양 증진을 위해 보전산지로 지정한 국유림으로서 산지면적이 100정보이며, Y임야는 甲의 소유로서 산지면적이 50ha이다.

	X임야	Y임야
①	시·도지사	시장·군수·구청장
②	산림청장	산림청장
③	산림청장	시·도지사
④	시·도지사	시·도지사

※ 다음은 다문화 신혼부부의 성별 출신국적 현황에 대한 자료이다. 이어지는 질문에 답하시오. [31~32]

〈다문화 신혼부부의 성별 출신국적 현황〉

(단위 : 명)

주요국적 순위별	2023년				2024년			
	남편		아내		남편		아내	
	국적	인원수	국적	인원수	국적	인원수	국적	인원수
합계	합계	22,114	합계	38,745	합계	21,792	합계	36,766
1순위	중국	9,597	중국	10,239	중국	9,335	중국	9,928
2순위	미국	3,725	베트남	6,456	미국	3,549	베트남	5,234
3순위	베트남	1,531	필리핀	5,897	베트남	1,911	필리핀	4,872
4순위	일본	1,443	일본	3,037	일본	1,194	일본	2,992
5순위	캐나다	1,018	캄보디아	2,575	캐나다	968	캄보디아	2,534
6순위	대만	518	미국	1,933	대만	530	태국	2,417
7순위	영국	478	태국	1,775	영국	490	미국	1,962
8순위	파키스탄	430	우즈벡	1,038	파키스탄	375	우즈벡	1,002
9순위	호주	384	대만	919	호주	348	대만	993
10순위	프랑스	278	몽골	799	프랑스	295	몽골	781
11순위	뉴질랜드	248	캐나다	618	뉴질랜드	236	캐나다	627
기타	기타	2,464	기타	3,459	기타	2,561	기타	3,424

31 다음 〈보기〉 중 위 자료에 대한 설명으로 옳지 않은 것을 모두 고르면?

> **보기**
> ㉠ 영국 출신의 남편의 수는 2023년과 2024년에 동일하다.
> ㉡ 남편의 국적과 아내의 국적의 인원이 많은 순위는 각각 2023년과 2024년에 동일하다.
> ㉢ 프랑스 출신의 남편의 수는 2023년보다 2024년에 많다.
> ㉣ 2023년 다문화 신혼부부 중 중국 국적인 남편의 수는 필리핀 국적인 아내의 수의 2배 이상이다.

① ㉠, ㉢
② ㉡, ㉣
③ ㉠, ㉡, ㉣
④ ㉠, ㉢, ㉣

32 2023년과 2024년 다문화 신혼부부 중 호주 국적의 남편의 수의 합과 미국 출신 아내의 수의 합의 합계로 옳은 것은?

① 2,810명
② 3,759명
③ 4,210명
④ 4,627명

※ 다음은 근로자의 고용형태에 따른 훈련 인원과 개인지원방식의 훈련방법별 훈련 인원에 대한 자료이다. 이어지는 질문에 답하시오. **[33~34]**

〈근로자의 고용형태에 따른 훈련 인원〉

(단위 : 명)

구분			훈련 인원		
			총계	남성	여성
사업주지원방식	총계		512,723	335,316	177,407
	A유형	계	480,671	308,748	171,923
		정규직	470,124	304,376	165,748
		비정규직	10,547	4,372	6,175
	B유형	계	32,052	26,568	5,484
		정규직	32,052	26,568	5,484
개인지원방식	총계		56,273	20,766	35,497
	C유형	계	37,768	15,938	21,830
		정규직	35,075	15,205	19,870
		비정규직	2,693	733	1,960
	D유형	계	18,505	4,838	13,667
		비정규직	18,505	4,838	13,667

〈개인지원방식의 훈련방법별 훈련 인원〉

(단위 : 명)

구분			훈련 인원		
			총계	남성	여성
개인지원방식	총계		56,273	20,776	35,497
C유형	집체훈련	일반과정	29,138	12,487	16,651
		외국어과정	8,216	3,234	4,982
	원격훈련	인터넷과정	414	217	197
D유형	집체훈련	일반과정	16,118	4,308	11,810
		외국어과정	1,754	334	1,420
	원격훈련	인터넷과정	633	196	437

33 다음 〈보기〉 중 위 자료에 대한 설명으로 옳은 것을 모두 고르면?

> 보기
> ㉠ B유형의 정규직 인원은 C유형의 정규직 인원보다 3,000명 이상 적다.
> ㉡ 집체훈련 인원의 비중은 D유형이 C유형보다 높다.
> ㉢ A, C, D유형에서 여성의 비정규직 인원이 남성의 비정규직 인원보다 많다.
> ㉣ C, D유형의 모든 훈련과정에서 여성의 수가 남성의 수보다 많다.

① ㉡
② ㉠, ㉢
③ ㉡, ㉢
④ ㉠, ㉢, ㉣

34 다음 중 위 자료에 대한 설명으로 옳지 않은 것은?

① A유형의 훈련 인원 중 비정규직 여성의 비중이 비정규직 남성의 비중보다 높다.
② C유형의 비정규직 인원 중 남성의 비중이 A유형의 비정규직 인원 중 남성의 비중보다 높다.
③ C유형의 훈련 인원 중 외국어과정이 차지하는 비중이 D유형의 훈련 인원 중 외국어과정이 차지하는 비중보다 높다.
④ 개인지원방식에서 원격훈련이 차지하는 비중은 10% 미만이다.

※ 다음은 I은행의 I-편한 정기예금에 대한 자료이다. 이어지는 질문에 답하시오. [35~36]

〈I-편한 정기예금〉

구분	내용
가입대상	• 개인부분, 기타임의단체(대표자 주민등록번호)
계약기간	• 1개월 이상 60개월 이하(1일 단위)
가입금액	• 1만 원부터(제한 없음)
이자지급시기	• 만기일시지급
만기일 연장 서비스	• 여유 있는 자금관리를 위하여 만기일을 최장 3개월까지 연장할 수 있는 서비스 ※ I은행 I-bank를 통해 신청 가능 ※ 자동재예치 등록 계좌의 경우 신청 불가 - 연장가능기간 : 최초 신규시점에 계약한 만기일로부터 3개월 이내 ※ 최초 계약기간이 3개월 이내인 경우에는 최초 계약기간 범위 내에서 연장 가능함
약정이율	• 연 3.70%
중도해지이율	• 가입 당시 영업점 및 인터넷 홈페이지에 고시한 예치기간별 중도해지 이자율 적용 - 1개월 미만 : 연 0.10% - 1개월 이상 : (기본이자율)×[1-(차감률)]×(경과월수)÷(계약월수) (단, 연 0.10% 미만으로 산출될 경우 연 0.10% 적용) ※ 차감률 <table><tr><td>경과기간</td><td>1개월 이상</td><td>3개월 이상</td><td>6개월 이상</td><td>9개월 이상</td><td>11개월 이상</td></tr><tr><td>차감률</td><td>80%</td><td>70%</td><td>30%</td><td>20%</td><td>10%</td></tr></table>
만기 후 이율	• 만기 후 1개월 이내 : 만기일 당시 일반정기예금 약정기간에 해당하는 만기지급식 고시이자율의 1/2(단, 최저금리 0.10%) • 만기 후 1개월 초과 6개월 이내 : 만기일 당시 일반정기예금 약정기간에 해당하는 만기지급식 고시이자율의 1/4(단, 최저금리 0.10%) • 만기 후 6개월 초과 : 연 0.10%
계약해지 방법	• 영업점 및 비대면 채널을 통해서 해지 가능 - 만기가 휴일인 계좌를 영업점에서 전(前) 영업일에 해지할 경우, 중도해지가 아닌 만기해지로 적용(단, 이자는 일수로 계산하여 지급)
자동해지	• 만기일(공휴일인 경우 다음 영업일)에 자동해지되어 근거계좌로 입금 (단, 예금이 담보로 제공되어 있거나 사고등록 등 자동해지 불가 사유가 있는 경우 자동해지되지 않음)
일부해지	• 만기일 전 영업일까지 매 계약기간(재예치 포함)마다 2회 가능 ※ 일부해지금액의 이자는 선입선출법에 따라 중도해지이율로 지급

35 다음 중 I-편한 정기예금 상품에 대해 이해한 내용으로 옳은 것은?

① I은행 I-bank를 통해 가입해야 하는 상품이야.
② 한번 가입하면 해지를 원할 때까지 만기일을 연장할 수 있어.
③ 만기 이후에도 일정 기간 동안에는 약정이율에 따른 이자를 지급하는 상품이야.
④ 중도해지할 경우에 예치기간이 아무리 짧아도 최소한 연 0.1%의 이자는 받을 수 있어.

36 다음 중 I-편한 정기예금에 가입하기에 가장 적절한 사람은?

① 매월 월급의 일부를 저축하고자 하는 직장인 A씨
② 퇴직시점까지 10년 이상 장기저축을 원하는 B씨
③ 원금손실의 위험을 감수하고 주식이나 가상화폐와 같이 높은 기대수익률을 가진 상품에 투자하기 원하는 C씨
④ 1년 뒤 떠날 졸업여행 경비를 안전하게 보관해두고자 하는 대학생 D씨

※ 다음 순서도에 의해 출력되는 값을 고르시오. [37~38]

37

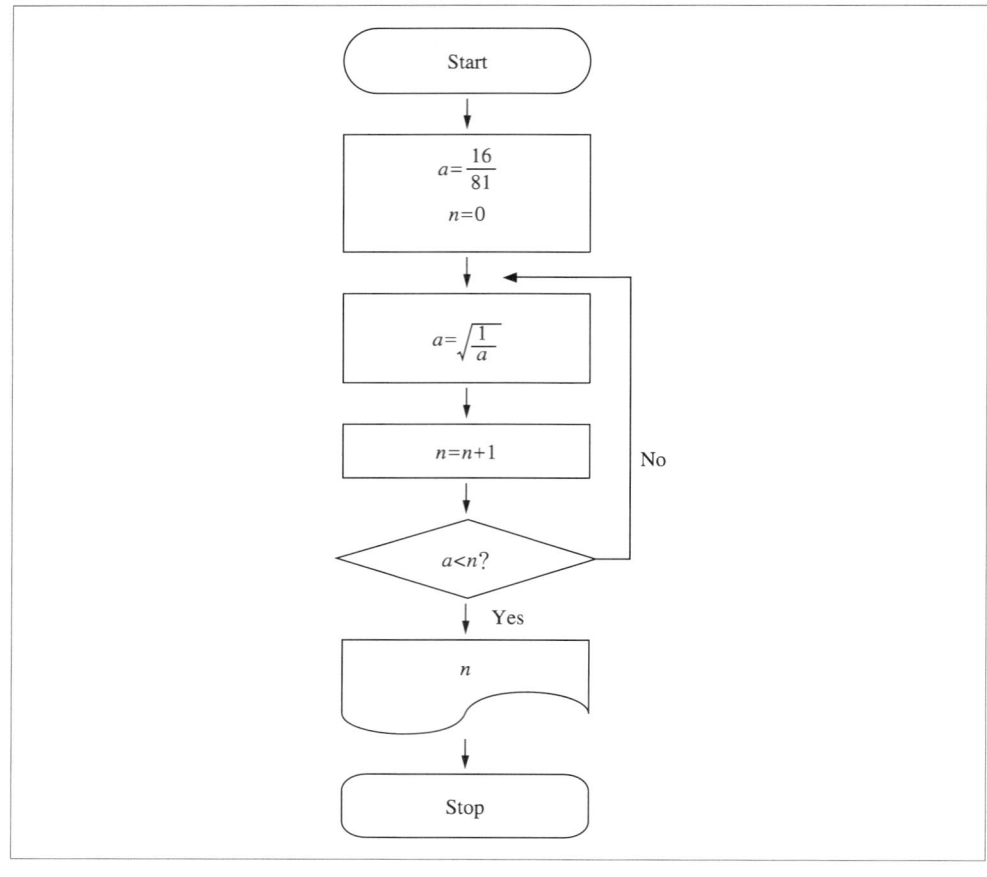

① 2 ② 3
③ 4 ④ 5

38

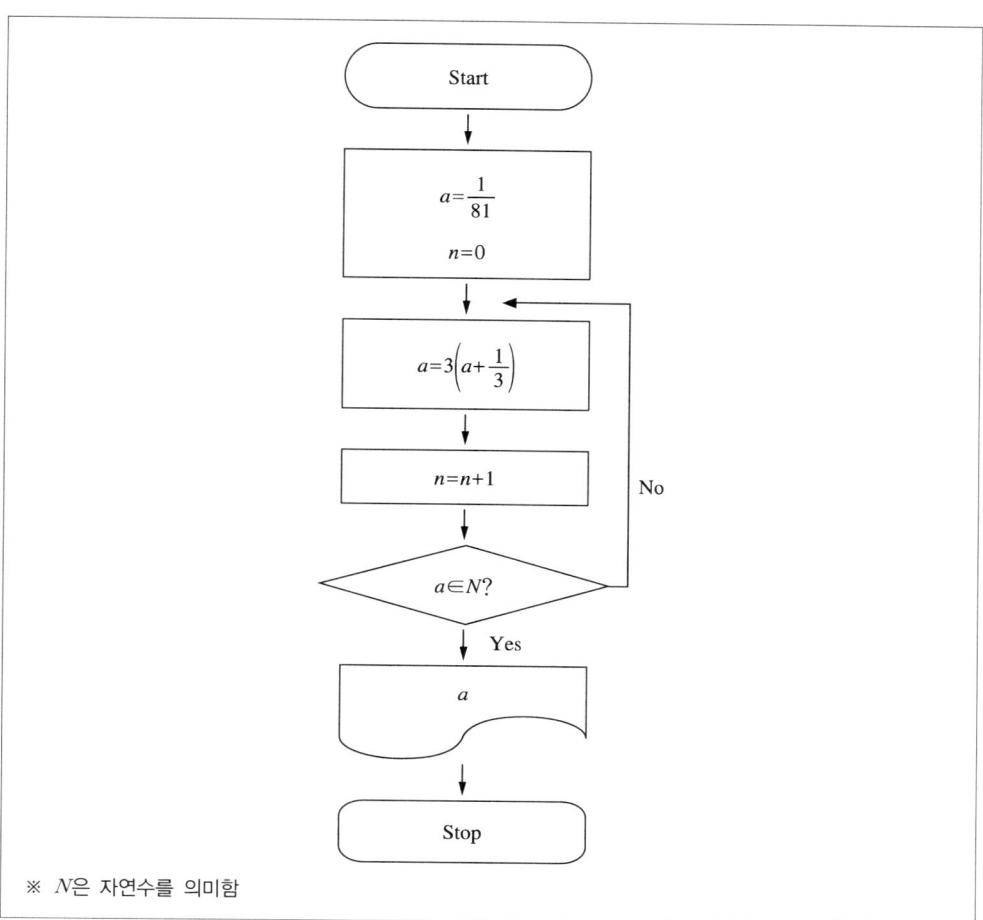

① 18 ② 28
③ 37 ④ 41

※ 다음은 I사 보조배터리의 시리얼넘버에 대한 자료이다. 이어지는 질문에 답하시오. [39~40]

- 시리얼넘버는 11자리로 구성되어 있다.

A	BB	C	DD	E	FFFF
제조국	용도	USB포트 개수	고속충전 가능 여부	용량	제조순번

제조국	용도	USB포트 개수
1 : 한국 2 : 중국 3 : 일본 4 : 인도 5 : 미국	01 : 스마트폰 10 : 태블릿 11 : PC	A : 1개 B : 2개 C : 3개

고속충전 가능 여부	용량	제조순번
KA : 고속충전 가능 BU : 고속충전 불가	A : 5,000mAh B : 8,000mAh C : 10,000mAh D : 20,000mAh E : 40,000mAh	0001 ~ 9999 [예] 25번째 제조=0025

Easy

39 다음 중 882번째 제조한 USB포트가 두 개인 용량 10,000mAh의 보조배터리로, 중국에서 제조하였으며 PC용으로 고속충전 가능한 보조배터리의 시리얼넘버는?

① 210BKAC882
② 211BKAC882
③ 201BKAC0882
④ 211BKAC0882

40 다음은 A씨가 구매한 보조배터리에 대한 정보이다. 이 보조배터리의 시리얼넘버로 옳은 것은?

A씨는 전자제품 매장에서 USB포트가 3개인 스마트폰 전용 보조배터리를 구매하였다. USB포트가 여러 개인 만큼 용량 또한 40,000mAh로 큰 미국 제품이었다. 단 하나 아쉬운 점은 고속충전이 불가능하다는 것이다. 현재 2,800개가 제조되었고 A씨가 구매한 제품이 가장 마지막으로 제조된 것이라고 하였다.

① 501CBUD2800
② 501CBUD28000
③ 501CBUE280
④ 501CBUE2800

02 직무수행능력

| 금융일반 - 객관식 |

01 다음 중 외관상 중립적으로 보이나 선택한 정보나 전달 방식이 미묘하게 편향적이어서 수용자의 인식을 왜곡시키는 것을 뜻하는 용어는?

① 선별 효과 이론
② 프레이밍 효과
③ 침묵의 나선 이론
④ 칵테일파티 효과

02 다음 중 소비자의 특성을 세분화하여 특정 소비자층만을 공략하는 마케팅 전략으로 '틈새시장 전략'을 뜻하는 용어는?

① 니치 마케팅
② 넛지 마케팅
③ 매스 마케팅
④ 노이즈 마케팅

03 다음 중 경기를 예측하는 데 사용할 수 없는 지표는?

① 구인구직 비율
② 소비자 기대지수
③ 코스피지수
④ 회사채유통수익률

04 다음 중 고전적 경영이론에 대한 설명으로 옳지 않은 것은? [Hard]

① 고전적 경영이론은 인간의 행동이 합리적이고 경제적인 동기에 의해 이루어진다고 가정한다.
② 차별 성과급제, 기능식 직장제도는 테일러의 과학적 관리법을 기본이론으로 한다.
③ 페이욜은 기업활동을 기술활동, 영업활동, 재무활동, 회계활동 4가지 분야로 구분하였다.
④ 베버는 조직을 합리적이고 법적인 권한으로 운영하는 관료제 조직을 가장 합리적이라고 주장한다.

05 I회사의 2024년도 이자비용 30,000원에는 사채할인발행차금 상각액 3,000원이 포함되어 있다. 미지급 이자비용의 기초잔액과 기말잔액은 각각 3,800원과 5,200원이고, 선급이자비용의 기초잔액과 기말잔액은 각각 2,000원과 2,700원이다. I회사의 2024년도 현금이자지급액은?

① 24,900원
② 26,300원
③ 29,100원
④ 30,900원

06 다음 중 체계적 위험과 비체계적 위험에 대한 설명으로 옳은 것은?

① 투자자는 포트폴리오를 구성할 때 하나의 자산만 편입시켜 위험을 상쇄한다.
② 2개 이상의 자산으로 포트폴리오를 구성했을 때 기대수익률은 유지하면서 위험만 줄일 수 있는데, 이를 포트폴리오 효과 또는 분산효과라고 한다.
③ 아무리 분산투자를 하여도 제거할 수 없는 위험을 비체계적 위험이라고 한다.
④ 특정 기업만 가질 수 있는 사건이나 상황의 변동에서 발생되는 위험을 체계적 위험이라고 한다.

07 다음의 사례에 적용할 수 있는 마케팅 기법으로 옳은 것은? [Easy]

- 소셜커머스로 레스토랑 할인쿠폰을 구매한다.
- 매장 사이트를 방문하여 예약을 한다.
- 지도앱 등을 통해 가장 가까운 카페 중 한 곳을 고른다.

① 코즈 마케팅
② 스토리텔링 마케팅
③ O2O 마케팅
④ 플래그십 마케팅

08 어느 완전경쟁기업의 X재 생산의 이윤극대화 생산량이 100단위이고, 이윤극대화 생산량 수준에서 평균비용이 24원, 평균고정비용이 10원, 한계비용이 40원일 때, 준지대의 크기는 얼마인가?

① 2,000원
② 2,300원
③ 2,600원
④ 2,900원

09 다음 중 현금 및 현금성자산의 총액에 변동을 초래하지 않는 거래는?

① 보통예금통장에 이자수익이 20,000원 입금되었다.
② 물품대금으로 받은 타인발행수표 1,200,000원을 보통예금에 예입하였다.
③ 외상매입금 750,000원을 당좌수표를 발행하여 거래처에 지급하였다.
④ 외상매출금 1,000,000원을 90일 만기 양도성예금증서로 받았다.

10 다음 자료를 이용할 경우 재무상태표에 표시될 현금 및 현금성자산은?

(단위 : 원)

당좌예금	1,000	당좌개설보증금	350
배당금지급통지표	455	수입인지	25
임차보증금	405	우편환증서	315
차용증서	950	타인발행수표	200

① 1,655원
② 1,970원
③ 2,375원
④ 2,400원

11 다음은 I국의 총생산함수를 나타낸 것이다. 실질GDP증가율이 7%, 노동증가율이 4%, 자본증가율이 8%라면 솔로우 잔차(Solow Residual)은 얼마인가?(단, Y는 실질GDP, A는 기술수준, L은 노동, K는 자본을 의미한다)

$$Y = AL^{0.5}K^{0.5}$$

① 1% ② 2%
③ 3% ④ 4%

12 다음 중 토빈(J. Tobin)의 q에 대한 설명으로 옳은 것은?

① 장기적으로 임금변화율과 실업률의 관계를 설명하는 지표이다.
② q값이 1보다 클 경우 투자규모는 증가한다고 설명한다.
③ q값은 자본비용을 자본의 시장가치로 나눈 값으로 도출된다.
④ q값은 자본의 상대적 효율성을 나타내는 지표이며, 신규투자의 변화와는 관련이 없어 거시경제지표로 활용하기 어렵다.

13 효용을 극대화하는 소비자 A는 X재와 Y재, 두 재화만 소비한다. 다른 조건이 일정하고 X재의 가격만 하락하였을 경우, A의 X재에 대한 수요량이 변하지 않았다고 할 때, 〈보기〉 중 이에 대한 설명으로 옳은 것을 모두 고르면?

> **보기**
> ㉠ 두 재화는 완전보완재이다.
> ㉡ X재는 열등재이다.
> ㉢ Y재는 정상재이다.
> ㉣ X재의 소득효과와 대체효과가 서로 상쇄된다.

① ㉠, ㉡ ② ㉢, ㉣
③ ㉡, ㉢, ㉣ ④ ㉠, ㉡, ㉢, ㉣

Hard

14 다음 중 인덱스펀드에 대한 설명으로 옳지 않은 것은?

① 지수를 구성하는 여러 종목에 분산투자하는 효과가 있다.
② 소극적 투자방식을 특징으로 하는 투자신탁(펀드)의 한 가지이다.
③ 시장의 평균수익을 실현하는 것을 목표로 설계되고 운용되는 펀드를 말한다.
④ 투자 위험 대비 고수익을 추구하는 투기성 자본으로, 소수의 고액투자자를 대상으로 하는 사모투자자본이다.

15 다음 〈보기〉 중 외부효과에 대한 설명으로 옳은 것을 모두 고르면?

〈보기〉
㉠ 외부효과가 존재할 경우 시장은 자원을 비효율적으로 배분한다.
㉡ 부정적 외부효과가 존재할 경우 사회적 비용은 사적 비용보다 작다.
㉢ 부정적 외부효과를 시정하기 위해 고안된 세금을 피구세(Pigouvian Tax)라고 한다.
㉣ 긍정적 외부효과가 존재할 경우 시장생산량은 사회적으로 바람직한 생산량보다 많다.

① ㉠, ㉡
② ㉠, ㉢
③ ㉡, ㉣
④ ㉢, ㉣

16 다음 중 기업의 이윤극대화 조건을 바르게 표현한 것은?(단, MR은 한계수입, MC는 한계비용, TR은 총수입, TC는 총비용이다)

① MR=MC, TR>TC
② MR=MC, TR<TC
③ MR>MC, TR>TC
④ MR>MC, TR<TC

17 다음 중 재무회계의 한계점에 대한 설명으로 옳지 않은 것은?

① 과거의 정보를 분석하므로 의사결정을 위한 미래정보의 제공이 어렵다.
② 기업 내부정보이용자를 위한 회계시스템이므로 외부정보이용자에게 인정받기 어렵다.
③ 계량적인 자료를 중심으로 정보를 분석하므로 비계량적 요소와 질적 요소를 반영할 수 없다.
④ 회계처리에 여러 대체적인 방법이 존재하여 기업 간 비교가능성이 저하되므로 정보자체의 유용성이 떨어질 수 있다.

18 다음 글의 빈칸 ㉠~㉢에 들어갈 단어가 바르게 연결된 것은?

> J-Curve 효과란 환율이 ____㉠____ 하면 일시적으로는 경상수지가 ____㉡____ 되고 시간이 경과된 이후에는(도) ____㉢____ 되는 효과가 나타나는 것을 의미한다.

	㉠	㉡	㉢
①	상승	개선	악화
②	상승	악화	개선
③	하락	개선	악화
④	하락	악화	개선

Easy

19 다음 중 엥겔의 법칙을 설명할 수 있는 곡선은 무엇인가?

① 소득・소비곡선 ② 가격・소비곡선
③ 생산가능곡선 ④ 등량선

20 다음 중 재화의 수요가격이 의미하는 것은?

① 재화의 생산비 ② 재화의 한계효용
③ 재화의 한계생산력 ④ 재화의 평균생산력

21 다음 중 단기의 독점기업에 대한 설명으로 옳지 않은 것은?

① 손실을 입을 수도 있다.
② 제품공급량과 제품가격을 동시에 자기가 원하는 수준으로 결정할 수 있다.
③ 균형은 한계비용과 한계수입이 일치하는 곳에서 이루어진다.
④ 첫 단위 제품을 제외하고는 항상 가격이 한계수입보다 더 크다.

22 다음과 같은 정보를 가진 기업의 기회비용은?

- 총수입 : 5,000억 원
- 명시적 비용 : 2,000억 원
- 경제적 이윤 : 1,000억 원

① 4,000억 원 ② 3,000억 원
③ 2,000억 원 ④ 1,000억 원

23 다음 수요예측기법 중 성격이 나머지와 다른 하나는?

① 델파이 기법 ② 역사적 유추법
③ 시계열 분석 방법 ④ 시장조사법

24 다음 중 평가센터법에 대한 설명으로 옳지 않은 것은?

① 한 번에 1명의 피평가자를 다수의 평가자들이 평가한다.
② 평가의 기준이 사전에 정해져 있어 평가자의 주관적 판단을 감소시킨다.
③ 실용성을 최대화하기 위해 평가자와 피평가자가 모두 사전에 철저한 훈련을 받는다.
④ 피평가자들에게 주어지는 조건들은 가급적 동등하며, 보통 피평가자들의 행동을 주로 평가한다.

25 다음 중 수직적 통합의 이유로 옳은 것은?

① 대기업이 시장점유율을 높여 가격선도자 역할을 하기 위해
② 중소기업이 생산규모를 확대하고, 판매망을 강화하기 위해
③ 원료부터 제품까지의 기술적 일관성을 위해
④ 대규모 구조조정을 통한 경영혁신을 위해

26 다음 정보에 따라 계산된 매출원가는?(단, 계산의 편의상 1년은 360일로 하고, 평균 재고자산은 기초와 기말의 평균이다)

- 기초재고자산 : 90,000원
- 기말재고자산 : 210,000원
- 재고자산보유(회전)기간 : 120일

① 350,000원　　　　　　　　② 400,000원
③ 450,000원　　　　　　　　④ 500,000원

Easy

27 다음 중 미국의 투자은행인 모건 스탠리가 발표하는 세계 주가 지수는?

① S&P 지수　　　　　　　　② MSCI 지수
③ FTSE 지수　　　　　　　　④ FT월드 지수

28 다음 중 공급사슬관리(SCM)의 목적으로 옳은 것은?

① 제품 생산에 필요한 자재의 소요량과 소요시기를 결정한다.
② 기업 내 모든 자원의 흐름을 정확히 파악하여 자원을 효율적으로 배치한다.
③ 자재를 필요한 시각에 필요한 수량만큼 조달하여 낭비 요소를 근본적으로 제거한다.
④ 자재의 흐름을 효과적으로 관리하여 불필요한 시간과 비용을 절감한다.

29 민츠버그(Mintzberg)는 조직의 구조가 조직의 전략 수행, 조직 주변의 환경, 조직의 구조 그 자체의 역할에 의해 좌우된다는 조직구성론을 제시하였다. 다음 중 다섯 가지 조직형태에 해당하지 않는 것은?

① 단순구조 조직
② 기계적 관료제 조직
③ 전문적 관료제 조직
④ 매트릭스 조직

Hard

30 다음 중 환율제도에 대한 설명으로 옳지 않은 것은?

① 시장평균환율제 : 외환시장의 수요와 공급에 따라 결정되는 환율제도
② 고정환율제 : 외환시세의 변동을 전혀 인정하지 않고 고정시켜 놓은 환율제도
③ 복수통화바스켓 : 자국과 교역비중이 큰 복수국가의 통화들의 가중치에 따라 결정하는 환율제도
④ 공동변동환율제 : 역내에서는 변동환율제를 채택하고, 역외에서는 제한환율제를 택하는 환율제도

| 금융일반 – 주관식 |

01 다음 〈보기〉 중 필립스곡선에 대한 설명으로 옳은 것의 개수는?

> **보기**
> ㉠ 장기 필립스곡선이 수직이 되는 이유는 장기에는 화폐환상이 사라지기 때문이다.
> ㉡ 필립스곡선은 실업률과 인플레이션율 사이의 관계를 나타낸다.
> ㉢ 스태그플레이션은 필립스곡선이 불안정함을 보여주는 사례이다.
> ㉣ 새고전학파에 따르면 예상된 정부정책이 실시되었을 때 필립스곡선이 단기에서도 자연실업률 수준에서 수직이 된다.
> ㉤ 필립스곡선이 우하향할 때 예상 인플레이션율이 상승하면 필립스곡선은 하방으로 이동한다.

(개)

02 어떤 복권의 당첨 확률이 50%이고, 이 복권의 가격은 1만 원이다. 당첨이 될 경우 50만 원의 상금이 주어지며, 당첨이 되지 않을 경우 복권가격의 200%에 해당하는 벌금이 부과된다. 이 사람의 기대소득과 기대효용이 같다고 할 때, 이 복권을 살 경우 기대효용은 얼마인가?

(만 원)

03 어떤 나라의 총인구가 6,000만 명, 15세 미만 인구가 2,800만 명, 비경제활동인구가 1,400만 명, 취업자가 1,200만 명, 실업자가 600만 명일 때, 이 나라의 경제활동참가율은?(단, 소수점 첫째 자리에서 반올림한다)

(%)

04 다음 글의 빈칸에 들어갈 내용으로 옳은 것을 〈보기〉에서 모두 고르면?

> 제품은 소비자들의 기본적인 욕구를 충족시키기 위한 것으로 시장에 출시되어 사용이나 소비 등의 대상이 된다. 제품은 핵심제품, 유형제품, 확장제품으로 구성되며, 유형제품에는 _____ 등이 있다.

보기
ㄱ. 상표 ㄴ. 포장
ㄷ. 애프터 서비스 ㄹ. 특징
ㅁ. 배달 ㅂ. 설치
ㅅ. 스타일 ㅇ. 대금결제 방식
ㅈ. 제품 사후 보증 ㅊ. 품질

(   )

05 당기 포괄손익계산서상 대손상각비가 70원일 때, 기중 실제 대손으로 확정된 금액은 얼마인가? (단, 대손확정은 손상발생의 객관적인 증거가 파악되었으며, 기중 현금으로 회수된 회수불능 매출채권은 없다)

(단위 : 원)

구분	기초	기말
매출채권	15,000	10,000
대손충당금	150	100

(원)

| 디지털 - 객관식 |

01 다음 중 릴레이션 R1에 저장된 튜플이 릴레이션 R2에 있는 튜플을 참조하려면 참조되는 튜플이 반드시 R2에 존재해야 한다는 무결성 규칙은?

① 개체 무결성 규칙　　　　　② 참조 무결성 규칙
③ 영역 무결성 규칙　　　　　④ 트리거 규칙

02 다음 중 N-S(Nassi-Schneiderman) Chart에 대한 설명으로 옳지 않은 것은?

① 논리의 기술에 중점을 둔 도형식 표현 방법이다.
② 연속, 선택 및 다중 선택, 반복 등의 제어 논리 구조로 표현한다.
③ 주로 화살표를 사용하여 논리적인 제어 구조로 흐름을 표현한다.
④ 조건이 복합되어 있는 곳의 처리를 시각적으로 명확히 식별하는 데 적합하다.

03 다음 SQL 명령에서 DISTINCT의 의미에 대한 설명으로 옳은 것은?

> SELECT DISTINCT 학과명 FROM 학생 WHERE 총점 > 80;

① 학과명이 중복되지 않게 검색한다.
② 중복된 학과명만 검색한다.
③ 동일한 총점을 가진 학생만 검사한다.
④ 학과명만 제외하고 검색한다.

04 다음에서 설명하는 TCP/IP 프로토콜이 속한 계층은?

> ARP : 호스트의 IP 주소를 호스트와 연결된 네트워크 접속장치의 물리적 주소(MAC 주소)로 바꿈

① 전송 계층　　　　　② 인터넷 계층
③ 응용 계층　　　　　④ 데이터링크 계층

05 다음 중 레코드의 키(Key)값을 임의의 소수로 나누어 그 나머지 값을 해시값으로 사용하는 해싱 함수의 기법은?

① 제산법 ② 접지법
③ 기수 변환법 ④ 무작위법

06 다음 중 레코드가 직접 액세스 기억장치의 물리적 주소를 통해 직접 액세스되는 파일 구조는?

① Sequential File ② Indexed Sequential File
③ Direct File ④ Partitioned File

07 다음 중 로킹(Locking) 단위에 대한 설명으로 옳은 것은?

① 로킹 단위가 크면 병행성 수준이 낮아진다.
② 로킹 단위가 크면 병행 제어 기법이 복잡해진다.
③ 로킹 단위가 작으면 로크(Lock)의 수가 적어진다.
④ 로킹은 파일 단위로 이루어지며, 레코드 또는 필드는 로킹 단위가 될 수 없다.

Easy
08 다음 중 암호화(Encryption)에 대한 설명으로 옳지 않은 것은?

① 대칭형 암호 방식에 DES가 있다.
② 비밀키는 지정된 인정기관에 의해 제공받는다.
③ 전자서명은 비대칭형 암호 방식에 기반을 두고 있다.
④ 자기 자신만이 쓸 수 있는 비밀키는 암호화와 복호화 모두에 쓰인다.

09 다음 중 오버플로(Overflow) 처리 방식 중 충돌 후 다음 버킷을 차례로 검색하여 처음에 나오는 빈 버킷에 데이터를 넣는 방식은?

① 삽입(Insert) 방식
② 재해싱(Rehashing) 방식
③ 개방 주소(Open Addressing) 방식
④ 폐쇄 주소(Close Addressing) 방식

10 다음 C 프로그램의 실행 결과로 옳은 것은?

```
#include <stdio.h>
int main( )
{
    char ch='A';
    printf("%c, %d %c, %c\n", 'a', ch, ch, 'B');
}
```

① A, 65 A, B
② B, 65 B, A
③ A, 64 B, A
④ B, 65 A, B

11 다음 SQL문에 대한 설명으로 옳지 않은 것은?

DELETE * FROM 회원 WHERE 회원번호=300 COMMIT

① 레코드를 삭제한 다음에는 삭제한 내용은 되돌릴 수 없다.
② [회원] 테이블에서 회원번호가 300인 레코드를 삭제한다.
③ WHERE절 이하 부분이 없으면 아무 레코드도 삭제하지 않는다.
④ 질의문을 실행하는 경우 레코드 수에는 변화가 있을 수 있지만 필드 수에는 변화가 없다.

12 다음 중 최초의 라디오 패킷(Radio Packet) 통신방식을 적용한 컴퓨터 네트워크 시스템은?

① DECNET
② ALOHA
③ SNA
④ KMA

Hard
13 다음 중 Java에 대한 설명으로 옳은 것은?

① 부모 생성자 안에서는 오버라이딩된 자식 메서드를 호출할 수 없다.
② 같은 리터럴 "Java" 두 개는 서로 다른 객체로 저장된다.
③ String equals( ) 대신 ==를 쓰면 컴파일 오류가 발생한다.
④ 부모 생성자 내부에서 문자열을 ==로 비교하면 '값' 대신 '참조'가 비교된다.

14 다음 중 DSU(Digital Service Unit)의 특징에 대한 설명으로 옳지 않은 것은?

① 여러 개의 저속 데이터 흐름을 동시에 전송할 수 있다.
② 전송 선로의 양쪽 끝에 설치되어 디지털 신호를 전송로에 전송할 수 있다.
③ 직렬 단극형(Unipolar) 신호를 변형된 양극형(Bipolar) 신호로 바꾸어 준다.
④ DTE에서 출력되는 디지털 신호를 디지털 회선망에 적합한 신호 형식으로 변환한다.

15 다음 중 해싱함수 중 주어진 키를 여러 부분으로 나누고, 각 부분의 값을 더하거나 배타적 논리합(XOR; eXclusive OR) 연산을 통하여 나온 결과로 주소를 취하는 방법은?

① 폴딩 방법(Folding Method)
② 제산 방법(Division Method)
③ 중간 제곱 방법(Mid-square Method)
④ 기수 변환법(Radix Conversion Method)

16 다음 중 컴퓨터의 저장장치 중 다르게 분류되는 것은?

① RAM
② SSD
③ HDD
④ ODD

17 다음 중 이진 검색 알고리즘의 특징이 아닌 것은?

① 검색할 데이터가 정렬되어 있어야 한다.
② 탐색 효율이 좋고 탐색 기간이 적게 소요된다.
③ 피보나치 수열에 따라 가감산을 이용하여 다음에 비교할 대상을 선정한다.
④ 비교 횟수를 거듭할 때마다 검색 대상이 되는 데이터의 수가 절반으로 줄어든다.

18 다음 중 LAN의 방식 "10Base-T"에서 10이 의미하는 것은?

① 케이블의 굵기가 10mm이다.
② 데이터 전송 속도가 10Mbps이다.
③ 접속할 수 있는 단말의 수가 10대이다.
④ 배선할 수 있는 케이블의 길이가 10m이다.

Easy

19 다음 중 한 개의 채널에 여러 개의 입출력 장치를 연결하여 시분할 공유(Time Share) 방식으로 입출력하는 채널은?

① 입력 채널(Input Channel)
② 셀렉터 채널(Selector Channel)
③ 블록 멀티플렉서 채널(Block Multiplexor Channel)
④ 바이트 멀티플렉서 채널(Byte Multiplexor Channel)

20 다음 중 인터럽트 처리 동작의 수행 순서를 바르게 나열한 것은?

㉠ 현재 수행 중인 명령을 중단	㉡ 인터럽트 요청 신호 발생
㉢ 보존한 프로그램 상태로 복귀	㉣ 인터럽트 처리 루틴을 수행
㉤ 현재 프로그램 상태 보존	

① ㉡ - ㉠ - ㉣ - ㉤ - ㉢
② ㉡ - ㉠ - ㉤ - ㉣ - ㉢
③ ㉡ - ㉣ - ㉠ - ㉤ - ㉢
④ ㉡ - ㉤ - ㉠ - ㉣ - ㉢

21 다음 중 SQL문의 WHERE절에 대한 설명으로 옳지 않은 것은?

① WHERE 부서='영업부' : 부서 필드의 값이 '영업부'인 레코드들이 검색됨
② WHERE 입사년도=1994 : 입사년도 필드의 값이 1994인 레코드들이 검색됨
③ WHERE 나이 BETWEEN 28 IN 40 : 나이 필드의 값이 29에서 39 사이인 레코드들이 검색됨
④ WHERE 생일=#1996-5-10# : 생일 필드의 값이 1996-5-10인 레코드들이 검색됨

22 다음 중 후보 키에 대한 설명으로 옳지 않은 것은?

① 릴레이션의 후보 키는 유일성과 최소성을 모두 만족해야 한다.
② 릴레이션에서 튜플을 유일하게 구별해 주는 속성 또는 속성들의 조합을 의미한다.
③ 릴레이션의 기본 키와 대응되어 릴레이션 간의 참조 무결성 제약조건을 표현하는 데 사용되는 중요한 도구이다.
④ 하나의 릴레이션에 속하는 모든 튜플들은 중복된 값을 가질 수 없으므로 모든 릴레이션은 반드시 하나 이상의 후보 키를 갖는다.

23 다음 〈보기〉 중 정규화에 대한 설명으로 옳은 것을 모두 고르면?

보기
㉠ 정규화하는 것은 테이블을 결합하여 종속성을 증가시키는 것이다.
㉡ 제1정규형은 릴레이션에 속한 모든 도메인이 원자 값만으로 되어 있는 릴레이션이다.
㉢ 제2정규형은 반드시 제1정규형을 만족해야 한다.
㉣ BONF는 강한 제3정규형이라고도 한다.

① ㉠, ㉡
② ㉡, ㉢
③ ㉡, ㉢, ㉣
④ ㉠, ㉡, ㉢, ㉣

24 다음 중 프로그래밍 과정에서 문자열만을 출력하는 것은?

① return( )문   ② printf( )문
③ main( )문   ④ scanf( )문

25 다음 중 C 프로그램의 기본 사항에 대한 설명으로 옳지 않은 것은?

① main( ) 함수는 아래쪽으로 "["로 시작하여 "]"로 종료된다.
② 하나의 문장이 끝날 때마다 반드시 세미콜론(;)을 입력한다.
③ 프로그램을 실행한다는 의미로 반드시 main( ) 함수로부터 시작된다.
④ 주석(설명문)은 /*와 */의 사이에 놓이며, 컴파일러는 이를 번역하지 않는다.

26 다음 중 신호 처리에 사용되는 샘플링(Sampling) 기법의 목적으로 옳은 것은?

① 아날로그 방식의 데이터가 변경될 수 없도록 데이터를 보호하는 것이다.
② 디지털 방식의 비선형적인 특성을 파악하기 위해 몇 개를 선택하는 것이다.
③ 선형적인 데이터를 비선형적 데이터로 취급할 수 있도록 디지털화하는 것이다.
④ 아날로그와 디지털 방식의 상호 변환이 불가능하도록 데이터 특성을 고정하는 것이다.

※ 다음은 C언어의 반복문과 제어식에 대한 설명이다. 이어지는 질문에 답하시오. [27~29]

for (초기식;조건식;증감식) { 명령 }; - 조건식이 참인 동안 {}안의 명령을 계속 반복한다.
while (조건식) { 명령 }; - 조건식이 참인 동안 {}안의 명령을 계속 반복한다.
switch (조건 값) { case 값1: 명령1; break;   …. case 값n: 명령n; break; default: 명령; break; - switch는 설정한 조건값에 따라 각기 다른 명령을 수행한다.
goto Lable;   Lable: - Lable이 지정된 곳으로 무조건 점프하는 제어문이다.
break; - 루프를 강제로 벗어날 때 사용한다.
continue; - 루프의 나머지 부분을 무시하고 조건 점검부로 점프하여 루프의 다음 값을 실행하도록 하는 명령이다.

27 다음 프로그램의 실행 결과로 옳은 것은?

```c
#include <stdio.h>
void main() {
    int num[10]={ 7, 9, 3, 7, 6, 16, 0, 7, 9, 15 };
    int value=0;
    for (int i=0; i<10; i++) {
        if (num[i] % 3==0 ) {
            value++;
        }
    }
    printf("%d", value);
}
```

① 6 ② 5
③ 4 ④ 3

28 다음 프로그램의 실행 결과로 옳은 것은?

```c
#include <stdio.h>
void main() {
    int arr[10]={1, 2, 3, 4, 5};
    int num=10;
    int i;

    for (i=0; i<10; i++) {
      num+=arr[i];
    }
    printf("%d\n", num);
}
```

① 10
② 20
③ 25
④ 30

Hard

29 다음 프로그램을 실행했을 때 count의 값으로 옳은 것은?

```
#include <stdio.h>
void main() {
    int find,low,high,mid,count;
    int data[10]={2,3,5,7,8,9,11,13,15,20};
    low=0, high=9, find=7;
    count=0;

    while (1) {
        count++;
        if (low<=high) {
            mid=(low+high) / 2;
            if (find==data[mid]) {
                printf("%d", count);
                break;
            }
            if (find<=data[mid]) {
                high=mid;
            } else {
                low=mid;
            }
        }
    }
}
```

① 1 ② 2
③ 3 ④ 4

30 다음 Python 프로그램에 〈보기〉와 같이 입력하였을 때 출력되는 값은?

```
N = int(input( ))
D = [int(imput( )) for I in range(N))
sorted_D = sorted(D)
for num in sorted_D:
        print(num)
```

보기

4
3
2
1
5

① 1
   2
   3
   4
   5

② 4
   1
   2
   3
   5

③ 1
   2
   3
   5

④ 4
   1
   2
   3

| 디지털 - 주관식 |

01 다음에서 설명하는 내용과 관련 있는 것을 〈보기〉에서 모두 고르면?

> DML이란 데이터베이스 사용자가 저장된 데이터를 실질적으로 관리하는 데 사용되는 언어이다. DML은 데이터베이스 사용자와 데이터베이스 관리 시스템 간의 인터페이스를 제공한다.

보기
ㄱ CREATE　　　　　　　　ㄴ INSERT
ㄷ SELECT　　　　　　　　ㄹ DELETE

(　　　　　　　)

02 다음 파이썬 프로그램의 실행 결과로 나타나는 값은?

```
>>> a="3"
>>> b="4"
>>> print(a+b)
```

(　　　　　　　)

Easy
03 다음 〈보기〉 중 정보통신기술(ICT)의 융합으로 이뤄지는 차세대 산업혁명으로, '초연결', '초지능', '초융합'으로 대표되는 4차 산업혁명을 대표하지 않는 것을 모두 고르면?

보기
ㄱ 인공지능(AI)　　　　　　　　ㄴ 자율주행차
ㄷ AR(Augmented Reality)　　　ㄹ VR(Virtual Reality)
ㅁ 자동화 생산　　　　　　　　ㅂ 증기기관
ㅅ IoT(Internet of Things)　　　ㅇ 드론(Drone)

(　　　　　　　)

04 다음 〈보기〉 중 FCFS(First Come First Served) 스케줄링에 대한 설명으로 옳은 것의 개수는?

> 보기
> ㉠ 선점형 스케줄링이다.
> ㉡ 우선순위가 높은 프로세스가 먼저 실행된다.
> ㉢ 도착 순서대로 처리하는 비선점형 스케줄링이다.
> ㉣ 실행 시간이 짧은 프로세스가 우선권을 갖는다.

(개)

05 다음 프로그램의 실행 결과로 나타나는 값은?

```c
#include <stdio.h>
#define XN(n) x ## n

int main(void)
{
    int XN(1)=10;
    int XN(2)=20;
    printf("%d", x2);

    return 0;
}
```

(   )

PART 4
면접

CHAPTER 01 면접 유형 및 실전 대책
CHAPTER 02 IBK기업은행 실제 면접

CHAPTER 01 면접 유형 및 실전 대책

01 면접 주요사항

면접의 사전적 정의는 면접관이 지원자를 직접 만나보고 인품(人品)이나 언행(言行) 따위를 시험하는 일로, 흔히 필기시험 후에 최종적으로 심사하는 방법이다.

최근 주요 기업의 인사담당자들을 대상으로 채용 시 면접이 차지하는 비중을 설문조사했을 때, 50~80% 이상이라고 답한 사람이 전체 응답자의 80%를 넘었다. 이와 대조적으로 지원자들을 대상으로 취업 시험에서 면접을 준비하는 기간을 물었을 때, 대부분의 응답자가 2~3일 정도라고 대답했다.

지원자가 일정 수준의 스펙을 갖추기 위해 자격증 시험과 토익을 치르고 이력서와 자기소개서까지 쓰다 보면 면접까지 챙길 여유가 없는 것이 사실이다. 그리고 서류전형과 인적성검사를 통과해야만 면접을 볼 수 있기 때문에 자연스럽게 면접은 취업시험 과정에서 그 비중이 작아질 수밖에 없다. 하지만 아이러니하게도 실제 채용 과정에서 면접이 차지하는 비중은 절대적이라고 해도 과언이 아니다.

기업들은 채용 과정에서 토론 면접, 인성 면접, 프레젠테이션 면접, 역량 면접 등의 다양한 면접을 실시한다. 1차 커트라인이라고 할 수 있는 서류전형을 통과한 지원자들의 스펙이나 능력은 서로 엇비슷하다고 판단되기 때문에 서류상 보이는 자격증이나 토익 성적보다는 지원자의 인성을 파악하기 위해 면접을 더욱 강화하는 것이다. 일부 기업은 의도적으로 압박 면접을 실시하기도 한다. 지원자가 당황할 수 있는 질문을 던져서 그것에 대한 지원자의 반응을 살펴보는 것이다.

면접은 다르게 생각한다면 '나는 누구인가'에 대한 물음에 해답을 줄 수 있는 가장 현실적이고 미래적인 경험이 될 수 있다. 취업난 속에서 자격증을 취득하고 토익 성적을 올리기 위해 앞만 보고 달려온 지원자들은 자신에 대해서 고민하고 탐구할 수 있는 시간을 평소 쉽게 가질 수 없었을 것이다. 자신을 잘 알고 있어야 자신에 대해서 자신감 있게 말할 수 있다. 대체로 사람들은 자신에게 관대한 편이기 때문에 자신에 대해서 어떤 기대와 환상을 가지고 있는 경우가 많다. 하지만 면접은 제삼자에 의해 개인의 능력을 객관적으로 평가받는 시험이다. 어떤 지원자들은 다른 사람에게 자신을 표현하는 것을 어려워한다. 평소에 잘 사용하지 않는 용어를 내뱉으면서 거창하게 자신을 포장하는 지원자도 많다. 면접에서 가장 기본은 자기 자신을 면접관에게 알기 쉽게 표현하는 것이다.

이러한 표현을 바탕으로 자신이 앞으로 하고자 하는 것과 그에 대한 이유를 설명해야 한다. 최근에는 자신감을 향상시키거나 말하는 능력을 높이는 학원도 많기 때문에 얼마든지 자신의 단점을 극복할 수 있다.

1. 자기소개의 기술

자기소개를 시키는 이유는 면접자가 지원자의 자기소개서를 압축해서 듣고, 지원자의 첫인상을 평가할 시간을 가질 수 있기 때문이다. 면접을 위한 워밍업이라고 할 수 있으며, 첫인상을 결정하는 과정이므로 매우 중요한 순간이다.

(1) 정해진 시간에 자기소개를 마쳐야 한다.

쉬워 보이지만 의외로 지원자들이 정해진 시간을 넘기거나 혹은 빨리 끝내서 면접관에게 지적을 받는 경우가 많다. 본인이 면접을 받는 마지막 지원자가 아닌 이상, 정해진 시간을 지키지 않는 것은 수많은 지원자를 상대하기에 바쁜 면접관과 대기 시간에 지친 다른 지원자들에게 불쾌감을 줄 수 있다.

또한 회사에서 시간관념은 절대적인 것이므로 반드시 자기소개 시간을 지켜야 한다. 말하기는 1분에 200자 원고지 2장 분량의 글을 읽는 만큼의 속도가 가장 적당하다. 이를 A4 용지에 10point 글자 크기로 작성하면 반 장 분량이 된다.

(2) 간단하지만 신선한 문구로 자기소개를 시작하자.

요즈음 많은 지원자가 이 방법을 사용하고 있기 때문에 웬만한 소재의 문구가 아니면 면접관의 관심을 받을 수 없다. 이러한 문구는 시대적으로 유행하는 광고 카피를 패러디하는 경우와 격언 등을 인용하는 경우, 그리고 지원한 회사의 CI나 경영이념, 인재상 등을 사용하는 경우 등이 있다. 지원자는 이러한 여러 문구 중에 자신의 첫인상을 북돋아 줄 수 있는 것을 선택해서 말해야 한다. 자신의 이름을 문구 속에 적절하게 넣어서 말한다면 좀 더 효과적인 자기소개가 될 것이다.

(3) 무엇을 먼저 말할 것인지 고민하자.

면접관이 많이 던지는 질문 중 하나가 지원동기이다. 그래서 성장기를 바로 건너뛰고, 지원한 회사에 들어오기 위해 대학에서 어떻게 준비했는지를 설명하는 자기소개가 대세이다.

(4) 면접관의 호기심을 자극해 관심을 불러일으킬 수 있게 말하라.

면접관에게 질문을 많이 받는 지원자의 합격률이 반드시 높은 것은 아니지만, 질문을 전혀 안 받는 것보다는 좋은 평가를 기대할 수 있다. 질문을 받기 위해 면접관의 호기심을 자극할 수 있는 가장 좋은 방법은 대학생활을 이야기하면서 자신의 장기를 잠깐 넣는 것이다. 물론 장기자랑에 자신감이 있어야 한다(최근에는 장기자랑을 개인별로 시키는 곳이 많아졌다).

지원한 분야와 관련된 수상 경력이나 프로젝트 등을 말하는 것도 좋다. 이는 지원자의 업무 능력과 직접 연결되는 것이므로 효과적인 자기 홍보가 될 수 있다. 일부 지원자들은 자신만의 특별한 경험을 이야기하는데, 이때는 그 경험이 보편적으로 사람들의 공감대를 얻을 수 있는 것인지 다시 생각해봐야 한다.

(5) 마지막 고개를 넘기가 가장 힘들다.

첫 단추도 중요하지만, 마지막 단추도 중요하다. 하지만 왠지 격식을 따지는 인사말은 지나가는 인사말 같고, 다르게 하자니 예의에 어긋나는 것 같은 기분이 든다. 이때는 처음에 했던 자신만의 문구를 다시 한 번 말하는 것도 좋은 방법이다. 자연스러운 끝맺음이 될 수 있도록 적절한 연습이 필요하다.

2. 1분 자기소개 시 주의사항

(1) 자기소개서와 자기소개가 똑같다면 감점일까?

아무리 자기소개서를 외워서 말한다 해도 자기소개가 자기소개서와 완전히 똑같을 수는 없다. 자기소개서의 분량이 더 많고 회사마다 요구하는 필수 항목들이 있기 때문에 굳이 고민할 필요는 없다. 오히려 자기소개서의 내용을 잘 정리한 자기소개가 더 좋은 결과를 만들 수 있다. 하지만 자기소개서와 상반된 내용을 말하는 것은 적절하지 않다. 지원자의 신뢰성이 떨어진다는 것은 곧 불합격을 의미하기 때문이다.

(2) 말하는 자세를 바르게 익혀라.

지원자가 자기소개를 하는 동안 면접관은 지원자의 동작 하나하나를 관찰한다. 그렇기 때문에 바른 자세가 중요하다는 것은 우리가 익히 알고 있다. 하지만 문제는 무의식적으로 나오는 습관 때문에 자세가 흐트러져 나쁜 인상을 줄 수 있다는 것이다. 이러한 습관을 고칠 수 있는 가장 좋은 방법은 캠코더 등으로 자신의 모습을 담는 것이다. 거울을 사용할 경우에는 시선이 자꾸 자기 눈과 마주치기 때문에 집중하기 힘들다. 하지만 촬영된 동영상은 제삼자의 입장에서 자신을 볼 수 있기 때문에 많은 도움이 된다.

(3) 정확한 발음과 억양으로 자신 있게 말하라.

지원자의 모양새가 아무리 뛰어나도, 목소리가 작고 발음이 부정확하면 큰 감점을 받는다. 이러한 모습은 지원자의 좋은 점까지 악영향을 끼칠 수 있다. 직장을 흔히 사회생활의 시작이라고 말하는 시대적 정서에서 사람들과 의사소통을 하는 데 문제가 있다고 판단되는 지원자는 부적절한 인재로 평가될 수밖에 없다.

3. 대화법

전문가들이 말하는 대화법의 핵심은 '상대방을 배려하면서 이야기하라.'는 것이다. 대화는 나와 다른 사람의 소통이다. 내용에 대한 공감이나 이해가 없다면 대화는 더 진전되지 않는다.

베스트셀러 『카네기 인간관계론』의 작가인 철학자 카네기가 말하는 최상의 대화법은 자신의 경험을 토대로 이야기하는 것이다. 즉, 살아오면서 직접 겪은 경험이 상대방의 관심을 끌 수 있는 가장 좋은 이야깃거리인 것이다. 특히, 어떤 일을 이루기 위해 노력하는 과정에서 겪은 실패나 희망에 대해 진솔하게 얘기한다면 상대방은 어느새 당신의 편에 서서 그 이야기에 동조할 것이다.

독일의 사업가이자, 동기부여 트레이너인 위르겐 힐러의 연설법 중 가장 유명한 것은 '시즐(Sizzle)'을 잡는 것이다. 시즐이란, 새우튀김이나 돈가스가 기름에서 지글지글 튀겨질 때 나는 소리이다. 즉, 자신의 말을 듣고 시즐처럼 반응하는 상대방의 감정에 적절하게 대응하라는 것이다.

말을 시작한 지 10~15초 안에 상대방의 '시즐'을 알아차려야 한다. 자신의 이야기에 대한 상대방의 첫 반응에 따라 말하기 전략도 달라져야 한다. 첫 이야기의 반응이 미지근하다면 가능한 한 그 이야기를 빨리 마무리하고 새로운 이야깃거리를 생각해내야 한다. 길지 않은 면접 시간 내에 몇 번 오지 않는 대답의 기회를 살리기 위해서 보다 전략적이고 냉철해야 하는 것이다.

4. 차림새

(1) 구두

면접에 어떤 옷을 입어야 할지를 며칠 동안 고민하면서 정작 구두는 면접 보는 날 현관을 나서면서 즉흥적으로 신고 가는 지원자들이 많다. 특히, 남자 지원자들이 이러한 실수를 많이 한다. 구두를 보면 그 사람의 됨됨이를 알 수 있다고 한다. 면접관 역시 이러한 것을 놓치지 않기 때문에 지원자는 자신의 구두에 더욱 신경을 써야 한다. 스타일의 마무리는 발끝에서 이루어지는 것이다. 아무리 멋진 옷을 입고 있어도 구두가 어울리지 않는다면 전체 스타일이 흐트러지기 때문이다.

정장용 구두는 디자인이 깔끔하고, 에나멜 가공처리를 하여 광택이 도는 페이턴트 가죽 소재 제품이 무난하다. 검정 계열 구두는 회색과 감색 정장에, 브라운 계열의 구두는 베이지나 갈색 정장에 어울린다. 참고로 구두는 오전에 사는 것보다 발이 충분히 부은 상태인 저녁에 사는 것이 좋다. 마지막으로 당연한 일이지만 반드시 면접을 보는 전날 구두 뒤축이 닳지는 않았는지 확인하고 구두에 광을 내 둔다.

(2) 양말

양말은 정장과 구두의 색상을 비교해서 골라야 한다. 특히 검정이나 감색의 진한 색상의 바지에 흰 양말을 신는 것은 시대에 뒤처지는 일이다. 일반적으로 양말의 색깔은 바지의 색깔과 같아야 한다. 또한 양말의 길이도 신경 써야 한다. 바지를 입을 경우, 의자에 바르게 앉거나 다리를 꼬아서 앉을 때 다리털이 보여서는 안 된다. 반드시 긴 정장 양말을 신어야 한다.

(3) 정장

지원자는 평소에 정장을 입을 기회가 많지 않기 때문에 면접을 볼 때 본인 스스로도 옷을 어색하게 느끼는 경우가 많다. 옷을 불편하게 느끼기 때문에 자세마저 불안정한 지원자도 볼 수 있다. 그러므로 면접 전에 정장을 입고 생활해 보는 것도 나쁘지는 않다.

일반적으로 면접을 볼 때는 상대방에게 신뢰감을 줄 수 있는 남색 계열의 옷이나 어떤 계절이든 무난하고 깔끔해 보이는 회색 계열의 정장을 많이 입는다. 정장은 유행에 따라서 재킷의 디자인이나 버튼의 개수가 바뀌기 때문에 너무 오래된 옷을 입어서 다른 사람의 옷을 빌려 입고 나온 듯한 인상을 주어서는 안 된다.

(4) 헤어스타일과 메이크업

헤어스타일에 자신이 없다면 미용실에 다녀오는 것도 좋은 방법이다. 그리고 자신에게 어울리는 메이크업을 하는 것도 괜찮다. 지나치게 화려한 메이크업이 아니라면 보다 준비된 지원자처럼 보일 수 있다.

5. 첫인상

취업을 위해 성형수술을 받는 사람들에 대한 이야기는 더 이상 뉴스거리가 되지 않는다. 그만큼 많은 사람이 좁은 취업문을 뚫기 위해 이미지 향상에 신경을 쓰고 있다. 이는 면접관에게 좋은 첫인상을 주기 위한 것으로, 지원서에 올리는 증명사진을 이미지 프로그램을 통해 수정하는 이른바 '사이버 성형'이 유행하는 것과 같은 맥락이다. 실제로 외모가 채용 과정에서 영향을 끼치는가에 대한 설문조사에서도 60% 이상의 인사담당자들이 그렇다고 답변했다.

하지만 외모와 첫인상을 절대적인 관계로 이해하는 것은 잘못된 판단이다. 외모가 첫인상에서 많은 부분을 차지하지만, 외모 외에 다른 결점이 발견된다면 그로 인해 장점들이 가려질 수도 있다. 이러한 현상은 아래에서 다시 논하겠다.

첫인상은 말 그대로 한 번밖에 기회가 주어지지 않으며 몇 초 안에 결정된다. 첫인상을 결정짓는 요소 중 시각적인 요소가 80% 이상을 차지한다. 첫눈에 들어오는 생김새나 복장, 표정 등에 의해서 결정되는 것이다. 면접을 시작할 때 자기소개를 시키는 것도 지원자별로 첫인상을 평가하기 위해서이다. 첫인상이 중요한 이유는 만약 첫인상이 부정적으로 인지될 경우, 지원자의 다른 좋은 면까지 거부당하기 때문이다. 이러한 현상을 심리학에서는 초두효과(Primacy Effect)라고 한다.

한 번 형성된 첫인상은 여간해서 바꾸기 힘들다. 이는 첫인상이 나중에 들어오는 정보까지 영향을 주기 때문이다. 첫인상의 정보가 나중에 들어오는 정보 처리의 지침이 되는 것을 심리학에서는 맥락효과(Context Effect)라고 한다. 따라서 평소에 첫인상을 좋게 만들기 위한 노력을 꾸준히 해야만 하는 것이다.

좋은 첫인상이 반드시 외모에만 집중되는 것은 아니다. 오히려 깔끔한 옷차림과 부드러운 표정 그리고 말과 행동 등에 의해 전반적인 이미지가 만들어진다. 누구나 이러한 것 중에 한두 가지 단점을 가지고 있다. 요즈음은 이미지 컨설팅을 통해서 자신의 단점들을 보완하는 지원자도 있다. 특히, 표정이 밝지 않은 지원자는 평소 웃는 연습을 의식적으로 하여 면접을 받는 동안 계속해서 여유 있는 표정을 짓는 것이 중요하다. 성공한 사람들은 인상이 좋다는 것을 명심하자.

02 면접 유형 및 실전 대책

1. 면접의 유형

과거 천편일률적인 일대일 면접과 달리 면접에는 다양한 유형이 도입되어 현재는 "면접은 이렇게 보는 것이다."라고 말할 수 있는 정해진 유형이 없어졌다. 그러나 현재까지는 집단 면접과 다대일 면접이 진행되고 있으므로 어느 정도 유형을 파악하여 사전에 대비가 가능하다. 면접의 기본인 단독 면접부터, 다대일 면접, 집단 면접의 유형과 그 대책에 대해 알아보자.

(1) 단독 면접

단독 면접이란 응시자와 면접관이 1대1로 마주하는 형식을 말한다. 면접위원 한 사람과 응시자 한 사람이 마주 앉아 자유로운 화제를 가지고 질의응답을 되풀이하는 방식이다. 이 방식은 면접의 가장 기본적인 방법으로 소요시간은 10 ~ 20분 정도가 일반적이다.

① 장점

필기시험 등으로 판단할 수 없는 성품이나 능력을 알아내는 데 가장 적합하다고 평가받아 온 면접방식으로 응시자 한 사람 한 사람에 대해 여러 면에서 비교적 폭넓게 파악할 수 있다. 응시자의 입장에서는 한 사람의 면접관만을 대하는 것이므로 상대방에게 집중할 수 있으며, 긴장감도 다른 면접방식에 비해서는 적은 편이다.

② 단점

면접관의 주관이 강하게 작용해 객관성을 저해할 소지가 있으며, 면접 평가표를 활용한다 하더라도 일면적인 평가에 그칠 가능성을 배제할 수 없다. 또한 시간이 많이 소요되는 것도 단점이다.

> **단독 면접 준비 Point**
>
> 단독 면접에 대비하기 위해서는 평소 1대1로 논리 정연하게 대화를 나눌 수 있는 능력을 기르는 것이 중요하다. 그리고 면접장에서는 면접관을 선배나 선생님 혹은 아버지를 대하는 기분으로 면접에 임하는 것이 부담도 훨씬 적고 실력을 발휘할 수 있는 방법이 될 것이다.

(2) 다대일 면접

다대일 면접은 일반적으로 가장 많이 사용되는 면접방법으로 보통 2 ~ 5명의 면접관이 1명의 응시자에게 질문하는 형태의 면접방법이다. 면접관이 여러 명이므로 다각도에서 질문을 하여 응시자에 대한 정보를 많이 알아낼 수 있다는 점 때문에 선호하는 면접방법이다.

하지만 응시자의 입장에서는 질문도 면접관에 따라 각양각색이고 동료 응시자가 없으므로 숨 돌릴 틈도 없게 느껴진다. 또한 관찰하는 눈도 많아서 조그만 실수라도 지나치는 법이 없기 때문에 정신적 압박과 긴장감이 높은 면접방법이다. 따라서 응시자는 긴장을 풀고 한 시험관이 묻더라도 면접관 전원을 향해 대답한다는 기분으로 또박또박 대답하는 자세가 필요하다.

① 장점

면접관이 집중적인 질문과 다양한 관찰을 통해 응시자가 과연 조직에 필요한 인물인가를 완벽히 검증할 수 있다.

② 단점

면접시간이 보통 10 ~ 30분 정도로 좀 긴 편이고 응시자에게 지나친 긴장감을 조성하는 면접방법이다.

> **다대일 면접 준비 Point**
>
> 질문을 들을 때 시선은 면접위원을 향하고 다른 데로 돌리지 말아야 하며, 대답할 때에도 고개를 숙이거나 입속에서 우물거리는 소극적인 태도는 피하도록 한다. 면접위원과 대등하다는 마음가짐으로 편안한 태도를 유지하면 대답도 자연스러운 상태에서 좀 더 충실히 할 수 있고, 이에 따라 면접위원이 받는 인상도 달라진다.

(3) 집단 면접

집단 면접은 다수의 면접관이 여러 명의 응시자를 한꺼번에 평가하는 방식으로 짧은 시간에 능률적으로 면접을 진행할 수 있다. 각 응시자에 대한 질문내용, 질문횟수, 시간배분이 똑같지는 않으며, 모두에게 같은 질문이 주어지기도 하고, 각각 다른 질문을 받기도 한다.

또한 어떤 응시자가 한 대답에 대한 의견을 묻는 등 그때그때의 분위기나 면접관의 의향에 따라 변수가 많다. 집단 면접은 응시자의 입장에서는 개별 면접에 비해 긴장감은 다소 덜한 반면에 다른 응시자들과의 비교가 확실하게 나타나므로 응시자는 몸가짐이나 표현력·논리성 등이 결여되지 않도록 자신의 생각이나 의견을 솔직하게 발표하여 집단 속에 묻히거나 밀려나지 않도록 주의해야 한다.

① 장점

  집단 면접의 장점은 면접관이 응시자 한 사람에 대한 관찰시간이 상대적으로 길고, 비교 평가가 가능하기 때문에 결과적으로 평가의 객관성과 신뢰성을 높일 수 있다는 점이며, 응시자는 동료들과 함께 면접을 받기 때문에 긴장감이 다소 덜하다는 것을 들 수 있다. 또한 동료가 답변하는 것을 들으며, 자신의 답변 방식이나 자세를 조정할 수 있다는 것도 큰 이점이다.

② 단점

  응답하는 순서에 따라 응시자마다 유리하고 불리한 점이 있고, 면접위원의 입장에서는 각각의 개인적인 문제를 깊게 다루기가 곤란하다는 것이 단점이다.

> **집단 면접 준비 Point**
>
> 너무 자기 과시를 하지 않는 것이 좋다. 대답은 자신이 말하고 싶은 내용을 간단명료하게 말해야 한다. 내용이 없는 발언을 한다거나 대답을 질질 끄는 태도는 좋지 않다. 또 말하는 중에 내용이 주제에서 벗어나거나 자기중심적으로만 말하는 것도 피해야 한다. 집단 면접에 대비하기 위해서는 평소에 설득력을 지닌 자신의 논리력을 계발하는 데 힘써야 하며, 다른 사람 앞에서 자신의 의견을 조리 있게 개진할 수 있는 발표력을 갖추는 데에도 많은 노력을 기울여야 한다.
> - 실력에는 큰 차이가 없다는 것을 기억하라.
> - 동료 응시자들과 서로 협조하라.
> - 답변하지 않을 때의 자세가 중요하다.
> - 개성 표현은 좋지만 튀는 것은 위험하다.

(4) 집단 토론식 면접

집단 토론식 면접은 집단 면접과 형태는 유사하지만 질의응답이 아니라 응시자들끼리의 토론이 중심이 되는 면접방법으로 최근 들어 급증세를 보이고 있다. 이는 공통의 주제에 대해 다양한 견해들이 개진되고 결론을 도출하는 과정, 즉 토론을 통해 응시자의 다양한 면에 대한 평가가 가능하다는 집단 토론식 면접의 장점이 널리 확산된 데 따른 것으로 보인다. 사실 집단 토론식 면접을 활용하면 주제와 관련된 지식 정도와 이해력, 판단력, 설득력, 협동성은 물론 리더십, 조직 적응력, 적극성과 대인관계 능력 등을 쉽게 파악할 수 있다.

토론식 면접에서는 자신의 의견을 명확히 제시하면서도 상대방의 의견을 경청하는 토론의 기본자세가 필수적이며, 지나친 경쟁심이나 자기 과시욕은 접어두는 것이 좋다. 또한 집단 토론의 목적이 결론을 도출해 나가는 과정에 있다는 것을 감안하여 무리하게 자신의 주장을 관철시키기보다 오히려 토론의 질을 높이는 데 기여하는 것이 좋은 인상을 줄 수 있다는 점을 알아야 한다. 취업 희망자들은 토론식 면접이 급속도로 확산되는 추세임을 감안해 특히 철저한 준비를 해야 한다. 평소에 신문의 사설이나 매스컴 등의 토론 프로그램을 주의 깊게 보면서 논리 전개방식을 비롯한 토론 과정을 익히도록 하고, 친구들과 함께 간단한 주제를 놓고 토론을 진행해 볼 필요가 있다. 또한 사회·시사문제에 대해 자기 나름대로의 관점을 정립해 두는 것도 꼭 필요하다.

(5) PT 면접

PT 면접, 즉 프레젠테이션 면접은 최근 들어 집단 토론 면접과 더불어 그 활용도가 점차 커지고 있다. PT 면접은 기업마다 특성이 다르고 인재상이 다른 만큼 인성 면접만으로는 알 수 없는 지원자의 문제해결 능력, 전문성, 창의성, 기본 실무능력, 논리성 등을 관찰하는 데 중점을 두는 면접으로, 지원자 간의 변별력이 높아 대부분의 기업에서 적용하고 있으며, 확산되는 추세이다.

면접 시간은 기업별로 차이가 있지만, 전문지식, 시사성 관련 주제를 제시한 다음, 보통 20 ~ 50분 정도 준비하여 5분가량 발표할 시간을 준다. 면접관과 지원자의 단순한 질의응답식이 아닌, 주제에 대해 일정 시간 동안 지원자의 발언과 발표하는 모습 등을 관찰하게 된다. 정확한 답이나 지식보다는 논리적 사고와 의사표현력이 더 중시되기 때문에 자신의 생각을 어떻게 설명하느냐가 매우 중요하다.

PT 면접에서 같은 주제라도 직무별로 평가요소가 달리 나타난다. 예를 들어, 영업직은 설득력과 의사소통 능력에 중점을 둘 수 있겠고, 관리직은 신뢰성과 창의성 등을 더 중요하게 평가한다.

> **PT 면접 준비 Point**
> - 면접관의 관심과 주의를 집중시키고, 발표 태도에 유의한다.
> - 모의 면접이나 거울 면접으로 미리 점검한다.
> - PT 내용은 세 가지 정도로 정리해서 말한다.
> - PT 내용에는 자신의 생각이 담겨 있어야 한다.
> - PT 중간에 자문자답 방식을 활용한다.
> - 평소 지원하는 업계의 동향이나 직무에 대한 전문지식을 쌓아둔다.
> - 부적절한 용어 사용이나 무리한 주장 등은 하지 않는다.

(6) 합숙 면접

합숙 면접은 대체로 1박 2일이나 2박 3일 동안 해당 기업의 연수원이나 수련원 등에서 이루어지는 면접으로, 평가 항목으로는 PT 면접, 토론 면접, 인성 면접 등을 기본으로 새벽등산, 레크리에이션, 게임 등 다양한 형태로 진행된다. 경쟁자들과 함께 생활하고 협동해야 하는 만큼 스트레스도 많이 받는 경우가 허다하다.

모든 지원자를 하루 동안 평가하게 되므로 지원자 1명을 평가하는 데 걸리는 시간은 짧게는 5분에서 길게는 1시간 이상 정도인데, 이 시간으로는 지원자를 제대로 평가하기에는 한계가 있다. 합숙 면접은 24시간 이상을 지원자와 면접관이 함께 생활하면서 다양한 프로그램을 통해 지원자의 역량을 폭넓게 평가할 수 있기 때문에 기업에서는 합숙 면접을 선호한다. 대체로 은행, 증권 등 금융권에서 합숙 면접을 통해 지원자의 의도되고 꾸며진 모습 외에 창의력, 의사소통 능력, 협동심, 책임감, 리더십 등 다양한 모습을 평가하였지만, 최근에는 기업에서도 많이 실시되고 있다.

합숙 면접에서 좋은 점수를 얻기 위해서는 무엇보다 팀워크를 중시하는 모습을 보여야 한다. 합숙 면접은 일반 면접과는 달리 개인보다는 그룹별로 과제가 주어지고 해결해야 하므로 조원 또는 동료와 얼마나 잘 어울리느냐가 중요한 평가기준이 된다. 장시간에 걸쳐 평가하기 때문에 힘든 부분도 있지만, 지원자들이 지쳐 있거나 당황하고 있는 사이에도 면접관들은 지원자들의 조직 적응력, 적극성, 사회성, 친화력 등을 꼼꼼하게 체크하기 때문에 잠시도 긴장을 늦춰서는 안 된다.

> **합숙 면접 준비 Point**
> - 합숙 기간 동안 평가되기 때문에 긴장을 늦춰서는 안 된다.
> - 다른 지원자와 협동할 수 있는 자세를 보여줘야 한다.
> - 장시간 지원자들과 경쟁해야 하므로 평소 체력관리를 잘 해두자.
> - 전공과 함께 지원한 직무, 사회경제 전반에 걸친 상식을 준비해 두자.
> - 해당 기업의 기출문제를 통해 어떤 방식의 면접이 진행되는지 미리 알아두자.

2. 면접의 실전 대책

(1) 면접 대비사항

① 지원 회사에 대한 사전지식을 충분히 준비한다.

필기시험에서 합격 또는 서류전형에서의 합격통지가 온 후 면접시험 날짜가 정해지는 것이 보통이다. 이때 수험자는 면접시험을 대비해 사전에 자기가 지원한 계열사 또는 부서에 대해 폭넓은 지식을 준비할 필요가 있다.

> **지원 회사에 대해 알아두어야 할 사항**
> - 회사의 연혁
> - 회장 또는 사장의 이름, 출신학교, 관심사
> - 회장 또는 사장이 요구하는 신입사원의 인재상
> - 회사의 사훈, 사시, 경영이념, 창업정신
> - 회사의 대표적 상품, 특색
> - 업종별 계열회사의 수
> - 해외지사의 수와 그 위치
> - 신 개발품에 대한 기획 여부
> - 자기가 생각하는 회사의 장단점
> - 회사의 잠재적 능력개발에 대한 제언

② 충분한 수면을 취한다.

충분한 수면으로 안정감을 유지하고 첫 출발의 상쾌한 마음가짐을 갖는다.

③ 얼굴을 생기 있게 한다.

첫인상은 면접에 있어서 가장 결정적인 당락요인이다. 면접관에게 좋은 인상을 줄 수 있도록 화장하는 것도 필요하다. 면접관들이 가장 좋아하는 인상은 얼굴에 생기가 있고 눈동자가 살아 있는 사람, 즉 기가 살아 있는 사람이다.

④ 아침에 인터넷 뉴스를 읽고 간다.

그날의 뉴스가 질문 대상에 오를 수가 있다. 특히 경제면, 정치면, 문화면 등을 유의해서 볼 필요가 있다.

> **출발 전 확인할 사항**
>
> 이력서, 자기소개서, 성적증명서, 졸업(예정)증명서, 지갑, 신분증(주민등록증), 휴지, 볼펜, 메모지 등을 준비하자.

(2) 면접 시 옷차림

면접에서 옷차림은 간결하고 단정한 느낌을 주는 것이 가장 중요하다. 색상과 디자인 면에서 지나치게 화려한 색상이나, 노출이 심한 디자인은 자칫 면접관의 눈살을 찌푸리게 할 수 있다. 단정한 차림을 유지하면서 자신만의 독특한 멋을 연출하는 것, 지원하는 회사의 분위기를 파악했다는 센스를 보여주는 것 또한 코디네이션의 포인트이다.

> **복장 점검**
> - 구두는 잘 닦여 있는가?
> - 옷은 깨끗이 다려져 있으며 스커트 길이는 적당한가?
> - 손톱은 길지 않고 깨끗한가?
> - 머리는 흐트러짐 없이 단정한가?

(3) 면접요령

① 첫인상을 중요시한다.

상대에게 인상을 좋게 주지 않으면 어떠한 얘기를 해도 이쪽의 기분이 충분히 전달되지 않을 수 있다. 예를 들어, '저 친구는 표정이 없고 무엇을 생각하고 있는지 전혀 알 길이 없다.'처럼 생각되면 최악의 상태이다. 우선 청결한 복장, 바른 자세로 침착하게 들어가야 한다. 건강하고 신선한 이미지를 주어야 하기 때문이다.

② 좋은 표정을 짓는다.

얘기를 할 때의 표정은 중요한 사항의 하나다. 거울 앞에서 웃는 연습을 해본다. 웃는 얼굴은 상대를 편안하게 하고, 특히 면접 등 긴박한 분위기에서는 천금의 값이 있다 할 것이다. 그렇다고 하여 항상 웃고만 있어서는 안 된다. 자기의 할 얘기를 진정으로 전하고 싶을 때는 진지한 얼굴로 상대의 눈을 바라보며 얘기한다. 면접을 볼 때 눈을 감고 있으면 마이너스 이미지를 주게 된다.

③ 결론부터 이야기한다.

자기의 의사나 생각을 상대에게 정확하게 전달하기 위해서 먼저 무엇을 말하고자 하는가를 명확히 결정해 두어야 한다. 대답을 할 경우에는 결론을 먼저 이야기하고 나서 그에 따른 설명과 이유를 덧붙이면 논지(論旨)가 명확해지고 이야기가 깔끔하게 정리된다.

한 가지 사실을 이야기하거나 설명하는 데는 3분이면 충분하다. 복잡한 이야기라도 어느 정도의 길이로 요약해서 이야기하면 상대도 이해하기 쉽고 자기도 정리할 수 있다. 긴 이야기는 오히려 상대를 불쾌하게 할 수가 있다.

④ 질문의 요지를 파악한다.

면접 때의 이야기는 간결성만으로는 부족하다. 상대의 질문이나 이야기에 대해 적절하고 필요한 대답을 하지 않으면 대화는 끊어지고 자기의 생각도 제대로 표현하지 못하여 면접자로 하여금 수험생의 인품이나 사고방식 등을 명확히 파악할 수 없게 한다. 무엇을 묻고 있는지, 무슨 이야기를 하고 있는지 그 요점을 정확히 알아내야 한다.

면접에서 고득점을 받을 수 있는 성공요령

1. 자기 자신을 겸허하게 판단하라.
2. 지원한 회사에 대해 100% 이해하라.
3. 실전과 같은 연습으로 감각을 익히라.
4. 단답형 답변보다는 구체적으로 이야기를 풀어나가라.
5. 거짓말을 하지 말라.
6. 면접하는 동안 대화의 흐름을 유지하라.
7. 친밀감과 신뢰를 구축하라.
8. 상대방의 말을 성실하게 들으라.
9. 근로조건에 대한 이야기를 풀어나갈 준비를 하라.
10. 끝까지 긴장을 풀지 말라.

CHAPTER 02 IBK기업은행 실제 면접

'인재를 중시하는 IBK기업은행'은 세계인·책임인·창조인·도전인을 갖춘 전문인을 인재상으로 하여 시장 경쟁력을 갖추고, 고객을 감동시키게 하며 성과를 창출하는 인재를 추구한다. IBK기업은행 면접은 원래 합숙 면접을 본 후 최종적으로 임원 면접을 보았으나, 2020년 상반기부터는 코로나19의 영향으로 합숙 없이 하루 동안 면접을 진행했다. 면접 프로그램은 협상 면접, 팀 프로젝트(PT), 세일즈 면접, 마인드맵 PT 면접, 인성 면접 등이 있는데 이는 최근 변화한 면접에도 적용되었다. 2025년 상반기에는 1차 면접에 해당하는 실기시험에서 팀 프로젝트, 토론 면접, 세일즈 면접, 인성 면접(개인 인터뷰) 등이, 2차 면접에 해당하는 최종 면접에서는 임원 면접이 진행되었다.

1. 1차 면접

(1) 아이스 브레이킹 & IBK 챌린지

처음 만난 조원들과 어색함을 없애고 친목을 도모하는 등 팀워크를 위해 여러 가지 게임을 진행하는 면접이다. 조별로 지정된 좌석에 앉아서 조장, 진행보조자, 구호 등을 정한 다음 자기 소개, 난센스와 퀴즈 맞히기, 볼바운딩, 풍선 릴레이 등의 IBK 챌린지를 진행한다. 조원과의 협동심과 순발력이 있어야 하는 것들로 구성되며, 리더십과 적극성으로 조원들의 호응을 끌어내는 것이 중요하다.

(2) 팀 프로젝트(PT 면접)

스케치북에 하나의 주제를 주고 팀이 한마음이 되어 문제를 해결하는 형식으로 팀원끼리 토론하고, 스케치북에 키워드 등을 적어 PT를 준비한다. 면접 시간은 약 1시간 30분으로 준비가 끝나면 10분 휴식 후 발표(20분)한다. 팀별로 발표한 후에 2~3개의 질의응답을 갖는다. 2025년 상반기에는 제시된 주제와 자료를 가지고 약 40분 동안 팀별로 정리 및 발표 준비를 하는 시간을 가진 뒤, PT 발표를 진행하였다. 이후 같은 주제에 대해 찬성과 반대가 바뀐 채로 토론 면접이 진행되는데, 토론 면접은 약 35분 정도 진행되었고 그중 30분은 토론, 5분은 찬성과 반대 중 어떤 팀이 이긴 것 같은지와 그 이유에 대해 의견을 나누었다고 한다.

> **Tip**
> 결과물을 만드는 과정에서 적극적인 모습과 팀과 융화되는 모습이 중요하며 리더의 기질을 보여주는 것도 좋다.

기출 질문

- 반려동물 공적보험 도입 찬성 / 반대
- 사모펀드 규제강화 찬성 / 반대
- 소득세 물가 연동제 도입 찬성 / 반대
- 금융권 동의의결제 도입 찬성 / 반대
- 법무 AI 도입 활성화 찬성 / 반대
- AI로봇 법인격 부여 찬성 / 반대
- 지방 공공은행 설립 및 확대 찬성 / 반대
- 사회신용 시스템 찬성 / 반대
- IT기술을 은행에 도입할 수 있는 아이디어
- IBK기업은행이 대중친화적이고, 이미지 상승 효과를 얻을 수 있는 광고나 시나리오를 작성
- 제조업 경기하락과 고비용 저효율로 어려운 중소기업에 대한 IBK기업은행의 전략 방안 작성
- 복합점포 개발 방안 작성
- IBK기업은행이 인구통계학적으로 고객을 유치할 수 있는 방안
- IBK기업은행 동반자금융이 나아가야 할 방향
- 3.0의 방향성과 전략
- MICE 산업 활성화 방안
- IBK기업은행을 흥(興)하게 만드는 전략
- IBK기업은행의 아시아 또는 아프리카 진출 전략
- 외국인 노동자와 다문화가정을 위한 상품 및 서비스 개발
- 30 ~ 40대 독신남녀를 유치할 수 있는 방안
- 고객기반을 확충할 수 있는 상품 개발
- 현재 은행의 이동통신사 또는 유통업체와의 전략적 제휴를 효율적으로 하기 위한 방안
- 신개념 영업점을 만들기 위한 아이디어와 마케팅 전략 도출
- IBK기업은행이 스마트폰 시장에서 우위를 점하기 위한 제품, 서비스, 채널 아이디어
- 40 ~ 50대를 위한 신상품 개발
- MZ세대의 수요와 니즈에 맞춘 상품 개발
- IBK기업은행의 글로벌화 전략
- 비대면 채널
- 솔로이코노미를 겨냥한 IBK기업은행의 전략
- 새내기 직장인을 위한 상품과 마케팅 방안
- 우리나라에서 노벨과학상을 받기 위한 방안
- IT 기업이 금융권에 진출하고 있는데 우리나라가 IT, 금융 모두 글로벌 선두자가 되기 위한 상품, 서비스, 제휴 방안
- 가치소비를 활용한 MZ세대 유입 방안

(3) 세일즈 면접

2017년까지 시행된 후 마인드 맵 PT 면접으로 대체되었던 세일즈 면접이 2019년 하반기에 다시 부활하였다. 세일즈 면접은 영업 역량 테스트 면접으로, 무작위로 3가지 상품명과 각 상품에 대한 정보가 적혀있는 종이를 뽑아 해당 상품을 면접을 보조하는 서포터즈에게 판매해야 한다. 2025년 상반기의 경우 면접 시작 전 약 20분 동안 상품설명서를 바탕으로 발표 자료를 작성할 시간을 주며, 세일즈 대상층을 선정하고 약 4 ~ 5분 동안 면접관들에게 세일즈하는 형태로 진행되었다.

> **Tip**
> 일방적인 정보전달보다는 대화를 통해 고객이 무엇을 원하는지를 도출해 나가는 것이 중요하다. 강매하거나 감정에 호소하는 느낌을 주는 방식은 마이너스 요인이 된다.

> **기출 질문**
> 단기 예금, 외화적금, 자유예적금 통장, IRP, 신용카드, 프리랜서를 위한 상품, 1인가구를 위한 상품, 챌린지형 상품, 여행상품, 냉장고, 정수기, 족발, 씨름, 백지, 무리지어 가는 아주머니들, 와인글라스, 가래떡, 새우, 아기, 과일 깎는 기계, 자동차, 보쌈, 헬스운동기구, 소화기, 열기구, 기관총, 화초, 카드, 팝콘기계, 연탄과 자원 봉사자, 국가대표 사진, 장구, 알람시계, 석굴암, 뱀, 사자, 김연아, 로봇, 반기문, 박지성, 딸기, 북극곰, 우산 등을 서포터즈에게 판매하기

(4) 인성 면접(개인 인터뷰)

다른 조의 면접관과 본인 조의 면접관과 옆 조 면접관이 진행하며, 각 조의 1명씩 2명에서 2 : 2로 면접을 진행한다. 보통 제출했던 자소서를 바탕으로 4 ~ 5개의 질문을 한다. 2025년 상반기에는 약 15분 동안 다대일 면접으로 진행되었다고 한다.

> **Tip**
> 긴장하지 않고, 자기 생각을 솔직하고 자신 있게 전달하는 것이 좋다.

기출 질문

- 자기소개를 해 보시오.
- 본인을 다섯 글자나 세 글자로 표현해 보시오.
- 원하지 않는 직무나 지역으로 배치되면 어떻게 할 것인가?
- 디지털 플랫폼이 강점을 띄고 있는데 이와 관련하여 입행해서 하고 싶은 일은 무엇인가?
- 다른 시중은행이 아닌 IBK기업은행이어만 하는 이유는 무엇인가?
- 가장 존경하는 인물과 그 이유는 무엇인가?
- 본인이 잘한 면접과 못한 면접이 무엇인가?
- 대학생들이 보는 IBK기업은행의 이미지는 어떠한가?
- 전공이 다른데 은행에 왜 지원했는가?
- IBK기업은행의 장단점은 무엇인가?
- 오늘 조원들 중 누가 가장 잘했다고 생각하는가?
- 은행원이 안 된다면 무엇을 할 것인가?
- 가장 기억에 남은 면접 프로그램은 무엇인가?
- 오늘 면접 프로그램 중에서 어떤 점이 아쉬웠는가?
- 자신의 성격 중 장점은 무엇인가?
- 오늘 남에게 배울 점은 무엇이 있었는가?
- 은행에 오기 위한 자신의 열정에는 무엇이 있는가?
- 자신의 실패경험은 무엇인가?
- 자신이 생각하는 최고의 직장은 어디인가?
- 오후 근무 시간이 오프라면, 어디서 무엇을 하며 시간을 보낼 것인가?
- 봉사를 좋아하는가?
- 영업에서 중요한 것은 무엇인가?
- 자신이 남들보다 뛰어난 점은 무엇인가?
- 인턴을 한 후에 IBK기업은행에 대한 이미지가 어떻게 달라졌는지 말해 보시오.
- 단점을 고치기 위해 했던 노력을 말해 보시오.
- 행원에게 가장 필요한 역량이 뭐라고 생각하는지, 본인은 해당 역량을 갖추고 있는지 말해 보시오.

(5) The 콜라보레이션

단체 미션과 그룹 미션의 두 가지 미션이 진행된다. 단체 미션은 20분간 진행되며 조의 이름·구호·노래 등을 정한다. 그룹 미션은 한 조가 두 팀이 되어 팀 PT를 진행한다.

> **Tip**
> 단체 미션, 그룹 미션 각각 발표자가 있으므로 팀에서 돌아가면서 발표를 하는 것이 보기에 좋다.

기출 질문

- IBK기업은행이 100년 기업이 되기 위한 조건과 경쟁력
- IBK기업은행에 합격하기 위해 우리들이 포기한 것
- IBK기업은행 면접에 새로운 프로그램 제안

(6) 협상면접

같은 조를 반으로 나누어 각 팀의 입장에서 원하는 결과를 도출하는 면접이다. 1시간 10분 정도 진행하며 협상에 들어가기 전에 팀원과 논의할 시간이 주어지며 이 과정 역시 면접 진행하는 곳에서 같이 진행한다.

> **Tip**
> 협상력뿐 아니라 태도 역시 중요하기 때문에 차분하게 자신의 생각 또는 의견을 상대 팀에게 어필하는 것이 중요하며, 협상결과가 한쪽에 치우치지 않는 것이 좋다.

기출 질문
- 월 임대료
- 행사 횟수
- 수수료
- 계약기간

2. 임원면접

임원들이 면접관으로 들어오고, 여러 명이 한 조가 되어 면접을 본다. 임원 중 인사 담당자 1명만이 지금까지 전형들의 점수를 알고 있으며, 다른 면접관들은 블라인드 면접으로 이루어진다. 인성 질문이 주를 이룬다.

> **Tip**
> 학과나 대외활동의 경험, 인턴을 한 사람들은 인턴을 하면서 무엇을 느꼈는지는 반드시 물어보기 때문에 이 부분을 준비를 해두어야 한다. 자기소개서의 내용도 종종 질문하므로 어떤 내용을 썼는지 체크해 두는 것도 중요하다. 또한 질문에 답하려고 노력하기보다는 임원들과 편안히 대화한다는 마음가짐으로 임하는 것이 좋은 결과를 가져올 수 있다.

인성 기출 질문

- 요즘 취업난을 해결하기 위해 기업의 입장에서 어떤 방법이 있을지 개인의 의견을 말해 보시오.
- 입행이 결정되고 한 달의 시간이 주어진다면 어떤 것을 해보고 싶은가?
- 은행원으로서 가장 중요하게 생각하는 덕목은 무엇인가?
- K은행의 나라사랑카드와 IBK기업은행의 나라사랑카드의 장단점은 무엇인가?
- 은행원이 되고 싶은 이유는 무엇인가?
- 이 자격증을 취득한 이유는 무엇인가?
- 어떤 은행원이 되고 싶은가?
- 전공이 이쪽이 아닌데 왜 은행에 관심을 가지게 되었나?
- 인턴은 왜 지원하였나?
- 학점에 비해 대외활동의 흔적이 적은데 학교 수업에 치중하였나?
- 면접을 하면서 느낀 점은 무엇인가?
- 취미는 무엇인가?
- 졸업하고 난 후 기간이 있는 편이다. 무엇을 하였는가?
- 이전 직장을 그만둔 이유는 무엇인가?
- 어학연수를 가서 어떤 점이 좋았고, 어떤 점이 싫었는가?
- 인턴활동을 했던 곳은 어떤 곳이었나?
- 어떤 은행들에 지원을 했나?
- 만약 다른 은행에서 합격발표가 난다면 어디를 갈 것인가?
- 전에 다니던 회사의 건물과 IBK기업은행의 건물을 비교해 보시오.
- 특기가 무엇인가?
- 이 면접이 끝나고 무엇을 할 것인가?
- 언제부터 은행원을 준비해왔는가?
- 본인의 친구들이 본인을 뭐라고 부르는가?
- 자격증이 없는데, 왜 준비를 안 했는가?
- 자신의 단점은 무엇이고, 단점과 관련된 사례나 경험에 대해서 말해 보시오.
- 최근에 읽은 책에 대해서 말해 보시오.
- 은행에 들어오면 어떤 일을 하고 싶은가?
- 인생의 좌우명이 있는가? 있다면 설명해 보시오.
- 어떤 점이 자신의 매력 포인트라고 생각하는가?
- 취득한 자격증은 무엇이며, 그 자격증에 대한 특징과 이를 은행 업무에 어떻게 적용할 것인지 말해 보시오.
- IBK기업은행의 예금상품을 설명해 보시오.
- IBK기업은행에 대해 얼마나 알고 있는가? 자산규모가 얼마인지 아는가? 영업점의 수가 몇 개인지 아는가?
- IBK기업은행과 자신이 어떤 점에서 어울린다고 생각하는가?
- IBK기업은행에 필요한 인재는 어떤 인재라고 생각하는가?
- IBK기업은행에 어떻게 이바지할 것인가?
- IBK기업은행과 자신과의 연결점을 찾아서 설명해 보시오.
- 수업 중 가장 흥미롭거나 기억에 남았던 수업에 대해서 말해 보시오.
- 인턴 당시 무슨 일을 주로 했는지, 기억에 남는 경험이 있는지 말해 보시오.
- 자신의 차별화된 역량은 무엇이며, 왜 IBK기업은행에 지원하였는지 말해 보시오.

시사상식 기출 질문

- 크라우드 펀딩이란?
- 골디락스 경제란?
- 글로벌 위기가 왜 진행되었는가?
- 달러 캐리 트레이드란?
- 최근 경제 성장의 모멘텀 약화 중 IBK기업은행의 극복방안은?
- 하우스푸어가 무엇인지 아는가?
- 경제와 환율의 관계에 대해 말해 보시오.
- CP와 RP란?
- CMA란 무엇인가?
- 가계부채 문제와 해결법은?
- 토빈세란 무엇인가?
- 기준금리 인상에 대한 자신의 의견은?
- 반 월가 시위란?
- 은행세란 무엇인가?

답안채점 • 성적분석 서비스

모바일 OMR

| 도서 내 모의고사 우측 상단에 위치한 QR코드 찍기 | 로그인 하기 | '시작하기' 클릭 | '응시하기' 클릭 | 나의 답안을 모바일 OMR 카드에 입력 | '성적분석 & 채점결과' 클릭 | 현재 내 실력 확인하기 |

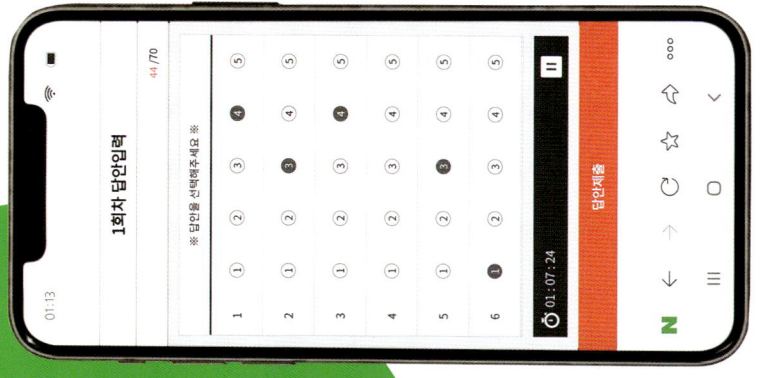

도서에 수록된 모의고사에 대한 객관적인 결과(정답률, 순위)를 종합적으로 분석하여 제공합니다.

※OMR 답안채점 / 성적분석 서비스는 등록 후 30일간 사용 가능합니다.

시대에듀
금융권 필기시험
시리즈

알차다!
꼭 알아야 할 내용을
담고 있으니까

친절하다!
핵심내용을 쉽게
설명하고 있으니까

명쾌하다!
상세한 풀이로 완벽하게
익힐 수 있으니까

핵심을 뚫는다!
시험 유형과 흡사한
문제를 다루니까

"신뢰와 책임의 마음으로 수험생 여러분에게 다가갑니다."

"농협" 합격을 위한 시리즈

농협 계열사 취업의 문을 여는
Master Key!

※ 도서의 이미지 및 구성은 변동될 수 있습니다.

2025 하반기 All-New

모바일 OMR 답안채점 / 성적분석 서비스 · NCS 핵심이론 및 대표유형 무료 PDF · 온라인 모의고사 무료쿠폰

통합기본서

IBK 기업은행

정답 및 해설

편저 | SDC(Sidae Data Center)

SDC
SDC는 시대에듀 데이터 센터의 약자로 약 30만 개의 NCS · 적성 문제 데이터를
바탕으로 최신 출제경향을 반영하여 문제를 출제합니다.

최신기출유형 ╋ 모의고사 1회 ╋ 온라인 모의고사 5회 ╋ 무료 NCS 특강

대표기출유형 및 기출응용문제로 필기시험 대비!
2025년 상반기 변경된 출제경향 완벽 반영!

시대에듀

PART 1
NCS 직업기초능력

CHAPTER 01	의사소통능력
CHAPTER 02	문제해결능력
CHAPTER 03	조직이해능력
CHAPTER 04	자원관리능력
CHAPTER 05	수리능력
CHAPTER 06	정보능력

끝까지 책임진다! 시대에듀!

QR코드를 통해 도서 출간 이후 발견된 오류나 개정법령, 변경된 시험 정보, 최신기출문제, 도서 업데이트 자료 등이 있는지 확인해 보세요! **시대에듀 합격 스마트 앱**을 통해서도 알려 드리고 있으니 구글 플레이나 앱 스토어에서 다운받아 사용하세요. 또한, 파본 도서인 경우에는 구입하신 곳에서 교환해 드립니다.

CHAPTER 01 의사소통능력

대표기출유형 01 기출응용문제

01 정답 ①

- 첫 번째 빈칸 : 공간 정보가 정보 통신 기술의 발전으로 시간에 따른 변화를 반영할 수 있게 되었다는 빈칸 뒤의 내용을 통해 빈칸에는 시간에 따른 공간의 변화를 포함한 공간 정보를 이용할 수 있게 되면서 '최적의 경로 탐색'이 가능해졌다는 내용의 ㉠이 적절함을 알 수 있다.
- 두 번째 빈칸 : ㉡은 빈칸 앞 문장의 '탑승할 버스 정류장의 위치, 다양한 버스 노선, 최단 시간 등을 분석하여 제공하는' 지리정보시스템이 '더 나아가' 제공하는 정보에 대해 이야기한다. 따라서 빈칸에는 ㉡이 적절하다.
- 세 번째 빈칸 : 빈칸 뒤에서는 공간 정보가 활용되고 있는 다양한 분야와 앞으로 활용될 수 있는 분야를 이야기한다. 따라서 빈칸에는 공간 정보의 활용 범위가 계속 확대되고 있다는 ㉢이 적절함을 알 수 있다.

02 정답 ③

- 첫 번째 빈칸 : 빈칸 뒤의 저금리 상황에서는 이자가 적기 때문에 사람들이 저축을 신뢰하지 못한다는 내용을 통해 빈칸에는 저금리가 유지되고 있는 사회에서 저축에 대한 사람들의 인식이 회의적이라는 내용의 ㉡이 적절함을 알 수 있다.
- 두 번째 빈칸 : 빈칸 앞 문단에서는 '저금리 시대의 저축률은 줄어드는 것이 당연하다.'고 하였는데, 빈칸 뒤에서는 오히려 가계저축률이 상승한 사례를 제시하고 있다. 따라서 빈칸에는 금리가 낮은 수준에 머물고 있을 때에도 저축률이 상승하였다는 내용의 ㉠이 적절함을 알 수 있다.
- 세 번째 빈칸 : 빈칸 앞 문장에서는 '저금리 상황에서 저축을 하지 않는 것이 경제적 이득을 얻는 것처럼 보일 수 있다.'고 하였으나, 빈칸 뒤의 내용에서는 저축을 하지 않으면 사회 전반의 불안감을 높일 수 있으므로 저축이 가지는 효용 가치를 단기적인 측면으로 한정해서 바라보아서는 안 된다고 하였다. 따라서 빈칸에는 저축을 하지 않을 경우의 부정적인 측면을 설명하는 ㉢이 적절함을 알 수 있다.

03 정답 ④

㉠ : ㉠에서 '민간화'와 '경영화'의 두 가지 방법으로써 지역 주민의 요구를 수용하려는 이유는 첫 번째 문단의 내용처럼 전문적인 행정 담당자 중심의 정책 결정으로 인해 정책이 지역 주민의 의사와 무관하거나 배치되는 문제를 개선하기 위한 것이다. 또한 (나)의 바로 뒤에 있는 문장의 '이 둘'은 '민간화'와 '경영화'를 가리킨다. 따라서 ㉠은 (나)에 들어가는 것이 가장 적절하다.

㉡ : 마지막 문단 첫 번째 문장의 '이러한 한계'는 ㉡에서 말하는 '행정 담당자들이 기존의 관행에 따라 업무를 처리하는 경향'을 가리키므로 ㉡은 마지막 문단의 바로 앞에 있어야 한다. 따라서 ㉡은 (라)에 들어가는 것이 가장 적절하다.

04 정답 ④

㉠ : ㉠은 반본질주의자가 본질주의자를 비판하는 주장으로서, 두 번째 문단 마지막 문장의 '반(反)본질주의는 그런 본질이란 없으며, …… 본질의 역할을 충분히 달성할 수 있다.'는 내용을 요약한 것이다. 따라서 ㉠은 (나)에 들어가는 것이 가장 적절하다.

㉡ : ㉡에서 말하는 '비판'은 마지막 문단에서 지적한 '아직까지 본질적인 것을 명확히 찾는 데 성공하지 못했다.'는 본질주의가 받는 비판에 해당한다. 이는 앞의 내용이 뒤의 내용의 원인이 될 때 쓰는 접속 부사 '그래서'를 통해서도 알 수 있다. 따라서 ㉡은 (라)에 들어가는 것이 가장 적절하다.

대표기출유형 02　기출응용문제

01　정답 ④

빈칸에 들어갈 내용을 판단하기 위해 앞 문단에서 제기한 질문의 형태에 유의해야 한다. 즉, 올바른 답을 추론해 내는 데 필요한 모든 정보와 정답 제시가 올바른 추론능력의 필요충분조건은 아니라는 것이 제시문의 중심 내용이다. 따라서 왓슨의 어리석음은 추론에 필요한 정보를 활용하지 못한 데에 있는 것이므로 빈칸에는 ④가 가장 적절하다.

[오답분석]
① 왓슨의 문제는 정보를 올바르게 추론하지 못한 데 있다.
② 왓슨은 올바른 추론의 방법을 알고 있지 못했다.
③ 왓슨이 전문적인 추론 훈련을 받지 못했다는 정보는 없다.

02　정답 ③

제시문은 태양의 온도를 일정하게 유지해 주는 에너지원에 대한 설명하는 글이다. 태양의 온도가 일정하게 유지되는 이유는 태양 중심부의 온도가 올라가 핵융합 에너지가 늘어나면 에너지의 압력으로 수소를 밖으로 밀어내어 중심부의 밀도와 온도를 낮춰주기 때문이다. 즉, 태양 내부에서 중력과 핵융합 반응의 평형상태가 유지되기 때문에 태양은 50억 년간 빛을 낼 수 있었고, 앞으로도 50억 년 이상 더 빛날 수 있는 것이다. 따라서 빈칸에는 ③이 가장 적절하다.

03　정답 ②

2023년과 2024년의 신청 자격이 동일하다고 하였는데, 민원인이 두 해 모두 신청을 하였으므로 농업인과 토지 요건은 모두 충족시키고 있음을 확인할 수 있다. 그러므로 남은 것은 부정 수령과 관련된 사항이며, 이를 정리하면 다음과 같다.
ⅰ) 2023년 부정 수령 판정 여부 : No(신청 가능), Yes(ⅱ)
ⅱ) 이의 제기 여부 : No(신청 불가), Yes(ⅲ)
ⅲ) 이의 제기 기각(신청 불가), 인용 or 심의 절차 진행 중(신청 가능)
따라서 2023년 A보조금 부정 수령 판정 여부, 이의 제기 여부, 이의 제기 기각 여부만 알면 민원인이 B보조금의 신청 자격이 있는지 확인 가능하다.

04　정답 ④

갑은 법령과 조례가 서로 다른 것이므로 법령에 위배되지 않는다면 문제가 없다는 생각이지만 을은 조례가 법령의 범위 내에 있으므로 서로 충돌되는 것이 아니라는 입장이다. 이에 따르면 조례에 반하는 학칙은 교육법에 저촉되는 것이 된다. 따라서 빈칸에는 ④가 가장 적절하다.

[오답분석]
①·③ 조례와 학칙 간의 충돌이 있을 경우에 대한 법적 판단을 묻고 있는데 선택지는 이와는 무관한 내용이다.
② 을은 '제8조 제1항에서의 법령에는 조례가 포함된다고 해석하고 있으며'라고 말하고 있으므로 선택지는 이와 반대된다.

대표기출유형 03　기출응용문제

01　　정답 ③

세 번째 문단에 따르면 전자상거래협정에 가입하지 않더라도 각료회의의 일원으로서 해당 협정의 부속서 4의 포함 여부에 영향을 미칠 수 있다.

오답분석
① '임계질량 복수국간 무역협정 방식'에 따라 채택된 협정의 경우, 그 혜택은 모든 WTO 회원국에 적용되는 반면 협정의 의무는 협정 당사국에만 부여되므로 협정의 혜택을 받는 국가는 해당 협정의 의무를 부담하는 국가보다 적을 수 없다.
② 총의 제도의 경우 회의에 불참하면 찬성으로 간주된다.
④ 총의 제도가 무역자유화 촉진 및 확산이라는 목표를 충분히 달성하기 어려워져 '부속서 4 복수국간 무역협정 방식'이 도입된 것이므로 총의 제도가 유지된다면 이러한 목적이 충분히 달성되기 어려울 것이다.

02　　정답 ③

몬테카를로 방법은 적분하기 어려운 복잡한 도형의 넓이를 산출할 때 주로 사용되지만, 제시문에서와 같이 원의 넓이를 구할 때에도 사용될 수 있으므로 ③은 적절하지 않다.

오답분석
① 마지막 문단에서 핵분열 시 중성자의 경로가 매우 복잡해 예측하기 어려워 몬테카를로 방법이 사용되었다고 하였다.
② 몬테카를로 방법은 무작위 추출된 난수를 이용하여 함수의 값을 추정하는 통계학적 방법이다.
④ 세 번째 문단에서 해석학적으로 적분하기 극히 어려운 복잡한 도형의 넓이 산출 등에 사용된다고 하였다.

03　　정답 ②

마지막 문단에 따르면 정치적 요인과 같은 외부적 요인도 있겠지만 인간 내부에서도 그 요인을 찾아볼 수 있다고 하였다.

오답분석
① 첫 번째 문단에서 개인의 감정과 무관하게 참인 것을 찾으려고 노력하면 우리 모두에게 이익이 된다고 하였다.
③ 첫 번째 문단에 따르면 진실을 부정하는 사람들은 믿고 싶지 않은 사실에는 높은 검증 기준을 들이대지만, 부합하는 것에는 검증 기준을 낮추거나 맹신한다고 하였다.
④ 제시된 2016년의 사례들은 탈진실 현상의 예일 뿐이고, 그것이 탈진실 현상의 시작은 아니다.

04　　정답 ④

약관의 제7항을 살펴보면 '변경 기준일로부터 1개월간'이라고 제시되어 있으므로, 변경 기준일부터 40일간이라고 이해한 D직원은 적절하지 않다.

대표기출유형 04 기출응용문제

01
정답 ④

먼저 각국에서 추진 중인 오픈뱅킹에 대해 설명하는 (다) 문단이 처음에 오는 것이 적절하며, 그다음으로는 우리나라에서 추진하고 있는 오픈뱅킹 정책을 이야기하며 지난해 시행된 오픈뱅킹시스템에 대해 설명하는 (나) 문단과 올해 도입된 마이데이터 산업에 대해 설명하는 (라) 문단이 차례로 오는 것이 적절하다. 그리고 마지막으로 이러한 오픈뱅킹 정책을 성공적으로 시행하기 위해서는 현재의 오픈뱅킹시스템에 대한 법적 근거와 효율적 문제 해결 체계를 갖춰야 한다는 내용의 (가) 문단이 오는 것이 적절하다. 따라서 (다) - (나) - (라) - (가) 순으로 나열하는 것이 가장 적절하다.

02
정답 ②

제시문은 진리에 대한 세 가지 이론인 대응설, 정합설, 실용설을 소개하고 그 한계점에 대하여 설명하고 있다. 그러므로 가장 먼저 진리에 대한 세 가지 이론을 소개하는 (나)가 와야 한다. 그다음으로 대응설 이론을 소개하는 (바)와 대응설의 한계점에 대해 언급하는 (사)가 오는 것이 적절하다. 그 뒤로는 정합설 이론을 소개하는 (가)와 정합설의 한계점에 대해 언급하는 (마)가 차례대로 오는 것이 적절하다. 그리고 마지막으로 실용설 이론을 소개하는 (다)와 실용설의 한계점에 대한 내용인 (라)가 와야 한다. 따라서 (나) - (바) - (사) - (가) - (마) - (다) - (라) 순으로 나열하는 것이 가장 적절하다.

03
정답 ③

제시문은 경기적 실업에 대한 고전학파의 입장을 설명하고 있으며, (나)의 '이들'은 바로 이 고전학파를 지시하고 있다. 그러므로 제시된 글 바로 다음에 (나)가 와야 함을 알 수 있다. 다음으로 (가)의 '이렇게 실질임금이 상승하게 되면'을 통해 실질임금 상승에 대해 언급하는 (나) 뒤에 (가)가 와야 함을 알 수 있다. 마지막으로 정부의 역할에 반대하는 고전학파의 주장을 강조하는 (다)는 결론에 해당한다. 따라서 (나) - (가) - (다) 순으로 나열하는 것이 가장 적절하다.

04
정답 ④

제시문은 기업 결합과 그 위법성을 심사하는 단계에 대해 설명하는 글이다. 그러므로 기업 결합 심사의 '시작' 부분을 설명한 (다)가 제시된 글 뒤에 가장 먼저 오고, (다)에서 언급한 '단일 지배 관계의 형성'을 확인하는 예가 되는 (마)가 그다음에 이어진다. 이어서 '반면에'라는 접속어를 사용하여 (마)와 상반되는 결합 성립의 경우에 대하여 설명한 (나), (나)에서 언급한 정부의 '시장 범위 확정'의 기준에 대한 설명인 (가), (가)에서 언급한 '민감도'에 대한 보충 설명인 (라)가 순서대로 이어져야 한다. 따라서 (다) - (마) - (나) - (가) - (라) 순으로 나열하는 것이 가장 적절하다.

대표기출유형 05 기출응용문제

01
정답 ②

제시문은 종합지급결제사업자 제도가 등장한 배경과 해당 제도를 통해 얻을 수 있는 이익 및 우려되는 상황에 대한 글이다. 따라서 ②가 가장 적절한 주제이다.

오답분석
① 제시문은 은행의 과점체제 해소를 위한 여러 방안 중 금융당국 판단에서 가장 큰 효과가 기대되는 종합지급결제사업자 제도에 대해서만 언급하고 있으므로 지나치게 포괄적인 주제이다.
③ 제시문은 비은행 업계가 은행의 권리를 침해한다기보다는 은행의 과점체제인 현 상황을 개선하기 위해 은행 업무 중 일부를 비은행 기관이 같이 하게 된 배경과 그로 인해 발생하는 장점과 단점을 다루고 있다. 따라서 제시문 전체에 대한 주제로는 적절하지 않다.

④ 제시문은 종합지급결제사업자 제도의 도입으로 인한 은행과 비은행의 경쟁과 그로 인해 발생할 수 있는 장점과 단점을 다루고 있으며, 이는 소비자의 실익에만 국한되어 있지 않기 때문에 주제로 적절하지 않다.

02

정답 ③

제시문은 책을 사거나 빌리는 것만으로는 책을 진정으로 소유할 수 없다고 하며, 책을 진정으로 소유하기 위한 독서의 방법과 책을 고르는 기준을 제시하고 있다. 따라서 ③이 중심 내용으로 가장 적절하다.

오답분석
①·② 제시문 전체 내용을 포괄하지 못하므로, 중심 내용으로 적절하지 않다.
④ 제시문의 논점에서 벗어난 내용이므로, 중심 내용으로 적절하지 않다.

03

정답 ②

제시문은 시장집중률의 정의와 측정 방법 등 그 개념과 의의에 대해 이야기하고 있다. 따라서 중심 화제로 가장 적절한 것은 ②이다.

04

정답 ③

제시문은 현대 사회의 소비 패턴이 '보이지 않는 손' 아래의 합리적 소비에서 벗어나 과시 소비가 중심이 되었으며, 그 이면에는 소비를 통해 자신의 물질적 부를 표현함으로써 신분을 과시하려는 욕구가 있다고 설명하고 있다. 따라서 제시문의 제목으로 ③이 가장 적절하다.

대표기출유형 06   기출응용문제

01

정답 ②

제시문은 저작권 소유자 중심의 저작권 논리를 비판하며 저작권의 의의를 가지려면 저작물이 사회적으로 공유되어야 한다고 주장하고 있다. 따라서 이 주장에 대한 비판으로 ②가 가장 적절하다.

02

정답 ④

(나)에 따르면 자신보다 우월한 사람들을 준거집단으로 삼는 경향이 한국보다 강한 나라는 상대적 박탈감과 좌절을 더욱 크게 느낄 것이고 그에 따라 한국보다 행복감이 낮아야 한다. 따라서 해당 국가의 행복감이 한국보다 높다면 이는 (나)의 입장과 정면으로 배치되어 (나)를 약화한다.

오답분석
① 지위재로 행복감을 설명하는 (가)의 입장에 따를 때 경제적 수준이 비슷한 나라들과 비교하여 지위재가 풍부하다면 행복감도 비교적으로 높아야할 것이다. 따라서 한국이 지위재가 풍부하지만 행복감이 낮다면 이는 (가)의 입장을 약화하는 사례가 된다.
② (가)는 지위재로 행복을 설명하고 있으므로 지위재에 대한 정보가 있어야 행복감을 비교할 수 있다. 따라서 한국과 일인당 소득 수준이 비슷한 나라의 지위재가 한국과 비교하여 상대적으로 풍부한지는 알 수 없기 때문에 이는 (가)를 강화하지 않는다.
③ 한국보다 소득 수준이 높고 입시 경쟁이 매우 치열한 나라에 대해 (나)는 해당 국가가 한국보다 행복감이 낮을 것이라는 해석을 제시할 수 있으므로 (나)를 약화한다고 볼 수 없다.

03

정답 ③

제시문은 인간에게 어떠한 이익을 주는가에 초점을 맞춰 생물 다양성의 가치를 논하고 있다. 즉, 인간 자신의 이익을 위해 생물 다양성을 보존해야 한다는 것이다. 따라서 생물 다양성에 대한 인간 중심적인 시각을 비판할 수 있다.

[오답분석]
① 마지막 문단에 문제 해결의 구체적 실천 방안이 제시되었다.
② 생물 다양성의 경제적 가치뿐만 아니라 생태적 봉사 기능, 학술적 가치 등을 설명하며 동등하게 언급하였다.
④ 자연을 우선시하고 있지는 않지만, 마지막 문단에서 인간 중심에 따른 생태계 파괴의 문제를 지적하고 보존 대책을 제시하는 등 인간과 자연이 공존할 수 있는 길을 모색하고 있다.

04

정답 ②

첫 번째 문단에 따르면 철학은 지적 작업에 포함되고, 두 번째 문단에 따르면 귀추법은 귀납적 방법에 해당한다. 따라서 철학의 일부 논증에서 귀추법의 사용이 불가피하다는 주장은 모든 지적 작업에서 귀납적 방법의 필요성을 부정하는 견해인 (나)를 반박한다.

[오답분석]
㉠ (가)는 귀납적 방법이 철학에서 불필요하다는 견해이므로 과학의 탐구가 귀납적 방법에 의해 진행된다는 주장은 이를 반박한다고 볼 수 없다.
㉢ (가)는 철학이라는 지적 작업에서 귀납적 방법의 필요성을, (나)는 모든 지적 작업에서 귀납적 방법의 필요성을 부정하는 견해이다. 따라서 연역 논리와 경험적 가설 모두 의존하는 지적 작업이 있다는 주장은 (나)를 반박할 수는 있지만 (가)는 철학에 한정된 주장이므로 이를 반박한다고 볼 수 없다.

대표기출유형 07 기출응용문제

01

정답 ②

임상시험 이전의 문헌 조사는 윤리적인 문제를 일으킬 소지가 적고, 연구 대상자인 인간에게 직접적인 위험을 끼칠 가능성도 없으므로, IRB의 심의 대상에 해당한다고 볼 수 없다.

[오답분석]
① IRB의 심의 대상이 되는 연구에는 심층 인터뷰가 포함되며, 연구자는 연구 대상자에게 연구계획서에 포함된 정보를 충분히 설명하고 동의를 받아야 한다. 또한 연구 대상자가 외국인일 경우 통역사를 입회자로 참석하게 하여 연구에 대한 설명을 온전히 이해할 수 있도록 해야 한다.
③ IRB의 심의 대상이 되는 연구에는 임상시험이 포함되며, 연구자들은 IRB에 연구계획서를 제출해 심의를 받고, IRB 규정을 준수할 법적 의무가 있다. 이때 IRB는 연구의 잠재적 위험 가능성 등의 정보가 연구계획서에 포함되어 있는지 그리고 연구자가 연구 대상자에게 이러한 내용을 충분히 설명했는지 확인한다.
④ IRB의 심의 대상이 되는 연구에는 설문조사가 포함되며, 연구자들은 IRB에 연구계획서를 제출해 심의를 받아야 할 법적 의무가 있다. 이때 연구계획서에는 개인정보의 취득 여부와 보관 및 폐기 방법 등의 정보가 포함되어 있어야 한다.

02

정답 ④

두 번째 문단에 따르면 국민연금제도는 1가구 1연금의 원칙을 따르며, 이러한 국민연금제도는 제도적 가족주의의 대표적인 예이다. 반면 마지막 문단에서는 현실적으로 제도적 가족주의의 존속은 사회적 문제를 유발하고 있다고도 하였다. 따라서 국민연금제도는 제도적 가족주의로 인해 발생하는 문제를 해결하기 위한 정책이라는 것은 추론할 수 없다.

오답분석

① 가부장의 권위가 약화되고 다양한 삶의 방식이 출현하고 있는 현실에서 제도적 가족주의의 존속으로 인해 가족을 형성하지 않거나 못한 개인, 가족에게 돌봄을 제대로 받지 못하는 개인에게는 불이익이 초래될 수 있다. 따라서 제도적 가족주의의 존속은 1인 가구의 구성원에게 불리하게 작용할 수 있다고 추론할 수 있다.
② 서구 사회의 제도적 개인주의는 가족이 아닌 개인을 중심으로 제도들을 재편함으로써 개인이 삶의 단위가 되도록 유도한다. 따라서 제도적 개인주의는 가족이 아닌 개인을 기본단위로 한다고 추론할 수 있다.
③ 제시문을 통해 추론할 수 있다.

03

정답 ①

외부 참여 가능성이 높은 모형은 C이고, 제시문에 따르면 C는 관료제의 영향력이 작고 통제가 약한 분야에서 주로 작동한다.

오답분석

② 상호 의존성이 보통인 모형은 B이고, 배타성이 강해 다른 이익집단의 참여를 철저히 배제하는 특징을 가진 것은 A이다.
③ 합의 효율성이 높은 모형은 A이다. 제시문에 따르면 특정 이슈에 대해 유기적인 연계 속에서 기능하는 경우, B가 A보다 효과적으로 정책 목표를 달성할 수 있다.
④ 제시된 정보만으로 각 모형에 참여하는 이익집단의 정책 결정 영향력을 비교할 수 없다.

04

정답 ③

네 번째 문단에서 석유류가격과 농산물가격은 속도가 다를 뿐 모두 상승하였음을 알 수 있다.

오답분석

① 두 번째 문단을 보면 앞으로 보호무역주의가 확산될 것이라고 예측할 수 있다.
② 네 번째 문단을 보면 소비자물가 상승률의 오름세가 확대될 것임을 알 수 있다.
④ 마지막 문단을 보면 미·중 무역분쟁으로 인해 주가가 변동하는 것을 알 수 있다.

CHAPTER 02 문제해결능력

대표기출유형 01 기출응용문제

01

정답 ③

'도서관에 간 날'을 A, '공부를 충분히 한 날'을 B, '집에 늦게 돌아온 날'을 C라고 하면, 첫 번째 명제는 A → B, 결론은 C → B이므로 C → A → B가 성립하기 위해서 필요한 두 번째 명제는 C → A나 그 대우인 ~A → ~C이다. 따라서 빈칸에 들어갈 명제로 적절한 것은 '도서관에 가지 않은 날은 집에 늦게 돌아온 날이 아니다.'이다.

02

정답 ④

'좋은 자세로 공부한다.'를 A, '허리의 통증이 약해진다.'를 B, '공부를 오래 한다.'를 C, '성적이 올라간다.'를 D라고 하면, 첫 번째 명제는 ~B → ~A, 두 번째 명제는 C → D, 네 번째 명제는 ~D → ~A이므로 네 번째 명제가 도출되기 위해서는 세 번째 명제에 ~C → ~B가 필요하다. 따라서 대우 명제인 ④가 답이 된다.

03

정답 ④

네 번째 조건을 제외한 모든 조건과 그 대우를 논리식으로 표현하면 다음과 같다.
- ~(D∨G) → F / ~F → (D∧G)
- F → ~E / E → ~F
- ~(B∨E) → ~A / A → (B∧E)

네 번째 조건에 따라 A가 투표를 하였으므로, 세 번째 조건의 대우에 의해 B와 E 모두 투표를 하였다. 또한 E가 투표를 하였으므로, 두 번째 조건의 대우에 따라 F는 투표하지 않았으며, F가 투표하지 않았으므로 첫 번째 조건의 대우에 따라 D와 G는 모두 투표하였다. A, B, D, E, G 5명이 투표하였으므로 네 번째 조건에 따라 C는 투표하지 않았다.
따라서 투표를 하지 않은 사람은 C와 F이다.

04

정답 ④

먼저 첫 번째 조건에 따라 A과장은 네 지역으로 모두 출장을 가므로 E사원과 함께 광주광역시로 출장을 가는 직원은 A과장임을 알 수 있다. 다음으로 두 번째 조건에 따라 모든 특별시에는 A과장과 B대리가 출장을 가므로 C대리와 D대리는 특별시로 함께 출장을 갈 수 없다. 그러므로 세 번째 조건에서의 C대리와 D대리가 함께 출장을 가는 지역은 인천광역시임을 알 수 있다. 또한 마지막 조건에 따라 한 지역으로만 출장을 가는 사람은 E사원뿐이므로 C대리와 D대리는 세종특별시 또는 서울특별시 중 한 곳으로 더 출장을 가야 한다.
출장 지역에 따른 팀원을 정리하면 다음과 같다.

구분	세종특별시	서울특별시	광주광역시	인천광역시
경우 1	A과장, B대리, C대리	A과장, B대리, D대리	A과장, E사원	A과장, C대리, D대리
경우 2	A과장, B대리, D대리	A과장, B대리, C대리	A과장, E사원	A과장, C대리, D대리

따라서 항상 참이 되는 것은 'D대리는 E사원과 함께 출장을 가지 않는다.'이다.

05

정답 ②

제시문의 내용을 정리하면 다음과 같다.
- 생산·평화 → 사회 원리
- 사회 원리 → ~권리 침해
- ~자유 → 권리 침해
- 권리 침해 → 물리
- 지식 교환 → 생산·평화

㉠ 논리 기호로 표현하면 생산·평화 → 자유이다. 첫 번째, 두 번째, 세 번째 문장의 대우를 연결하면 도출 가능한 내용이다.
㉣ 논리 기호로 표현하면 권리 침해 → ~지식 교환이다. 첫 번째, 두 번째, 다섯 번째 문장 각각의 대우를 연결하면 도출 가능한 내용이다.

[오답분석]
㉡ 논리 기호로 표현하면 ~물리 → 생산·평화이다. 정리한 내용에 따라 도출할 수 없는 내용이다.
㉢ 논리 기호로 표현하면 물리 → ~자유이다. 세 번째와 네 번째 문장을 통해 이 명제의 역이 성립한다는 사실은 확인할 수 있으나, 그로부터 ㉢의 내용이 참인지는 알 수 없다.

06

정답 ①

제시문의 내용을 정리하면 다음과 같다.
- M → X ∧ Y, X
- 방화 → 감시 ∧ 방범, 방범 → ~B ∧ ~C, ~B, 감시
- 누전 → 을 ∨ 병, 을 → ~정

㉠ 제시된 조건으로부터 X, Y공장에서 모두 화재가 발생했다고 해서 기계 M의 오작동이 화재의 원인이라고 단정할 수 없다.
㉢ 제시된 조건에서 C지역에 화재가 확대되었다면, 방범용 비상벨이 작동하지 않았을 것이고, 방범용 비상벨이 작동하지 않았다면 방화가 이번 화재의 원인이 아님을 알 수 있다.

[오답분석]
㉡ 병에게 책임이 없다고 해도 을에게 책임이 있는지 여부는 알 수 없으므로, 정의 책임 여부를 확정할 수 없다.
㉣ 정에게 이번 화재의 책임이 있다면 을에게는 이번 화재의 책임이 없지만, 을에게 이번 화재의 책임이 없다는 것만으로는 제시된 조건하에서 누전이 화재의 원인이라고 단정할 수 없다.

대표기출유형 02 기출응용문제

01

정답 ②

병은 무가 수용분야에 선정되지 않았다고 진술하고, 정은 무가 수용분야에 선정되었다고 진술하고 있으므로 병과 정의 진술이 동시에 참일 수는 없다. 그러므로 다섯 명 중 병 혹은 정이 틀린 진술을 한 사람이므로 둘 중 한 사람의 말이 참이고 다른 한 사람의 말은 거짓인 경우를 가정하여 접근해야 한다.

- 병의 진술이 참이고 정의 진술이 거짓인 경우
  을은 이해분야에 선정되지 않고 무는 수용분야에 선정되지 않아야 한다. 또한 갑, 을, 무의 진술 역시 참이어야 하므로 무의 진술에 따라 병은 선정되지 않고, 정은 확산분야에 선정되어야 한다. 이에 따르면 무는 수용분야에 선정되지 않고, 정은 확산분야에 선정되어야 하는데, 이는 을의 진술과 모순이다.
- 병의 진술이 거짓이고 정의 진술이 참인 경우
  갑은 융합분야에, 무는 수용분야에 선정되고, 무의 진술에 따라 정은 확산분야에 선정되며, 병을 제외한 네 명이 선정되어야 하므로 을은 이해분야에 선정되어야 한다.

따라서 추론할 수 있는 것은 ②이다.

02

정답 ①

D와 E의 주장이 서로 상반되므로 둘 중 1명은 거짓을 말하고 있는 범인인 것을 알 수 있다.
- D가 범인인 경우
  D가 거짓을 말하고 있으므로 A는 범인이 아니다. A가 범인이 아니며, E는 진실을 말하고 있으므로 B 또한 범인이 아니다. 따라서 B가 범인이라고 주장한 C가 범인이고, 나머지는 진실만을 말하므로 범인이 아니다.
- E가 범인인 경우
  E가 거짓을 말하고 있으므로 A와 B는 범인이다. 즉, 범인은 모두 3명이 되어 모순이 발생된다.

따라서 C와 D가 범인이므로 A와 D 중 범인이 있다고 하는 ①은 옳다.

03

정답 ④

5명 중 단 1명만이 거짓말을 하고 있으므로 C와 D 중 1명은 반드시 거짓을 말하고 있다.
ⅰ) C의 진술이 거짓일 경우
  B와 C의 말이 모두 거짓이 되므로 1명만 거짓말을 하고 있다는 조건이 성립하지 않는다.
ⅱ) D의 진술이 거짓일 경우

구분	A	B	C	D	E
출장지역	잠실		여의도	강남	

이때, B는 상암으로 출장을 가지 않는다는 A의 진술에 따라 상암으로 출장을 가는 사람은 E임을 알 수 있다.
따라서 ④는 반드시 거짓이 된다.

04

정답 ①

대화 내용을 살펴보면 영석이의 말에 선영이가 동의했으므로, 영석과 선영은 진실 혹은 거짓을 함께 말한다는 것을 알 수 있다. 이때 지훈은 선영이가 거짓말만 한다고 하였으므로 반대가 된다. 그리고 동현의 말에 정은이가 부정했기 때문에 둘 다 진실일 수 없다. 하지만 정은이가 둘 다 좋아한다는 경우의 수가 있으므로 둘 다 거짓일 수 있다. 또한 마지막 선영이의 말로 선영이가 진실일 경우에는 동현과 정은은 모두 거짓만을 말하게 된다. 이를 미루어 경우의 수를 표로 나타내 보면 다음과 같다.

구분	경우 1	경우 2	경우 3
동현	거짓	거짓	진실
정은	거짓	진실	거짓
선영	진실	거짓	거짓
지훈	거짓	진실	진실
영석	진실	거짓	거짓

문제에서 지훈이가 거짓을 말할 때 진실만을 말하는 사람을 찾고 있으므로 경우 1에 따라 선영, 영석이 된다.

대표기출유형 03 기출응용문제

01 정답 ④

D는 A, B, C와 같은 요일에 면접을 보지 않으므로 월요일 또는 수요일에 면접을 본다. 또한 A는 B, C와 같은 요일에 면접을 보지 않으므로 월요일 또는 수요일에 면접을 본다. 따라서 B와 C는 화요일에 면접을 본다.

02 정답 ③

A가 네 사람 중 가장 먼저 면접을 본다면 월요일에 면접을 보게 되며, B와 C는 화요일, D는 수요일에 면접을 본다.

03 정답 ③

세 번째 조건에 따라 D는 6명 중 두 번째로 키가 크므로 1팀에 배치되는 것을 알 수 있다. 또한 두 번째 조건에 따라 B는 2팀에 배치되므로 한 팀에 배치되어야 하는 E와 F는 아무도 배치되지 않은 3팀에 배치되는 것을 알 수 있다. 마지막으로 네 번째 조건에 따라 B보다 키가 큰 A는 2팀에 배치되므로 결국 A, B, C, D, E, F는 다음과 같이 배치된다.

1팀	2팀	3팀
C>D	A>B	E, F

따라서 키가 가장 큰 사람은 C이다.

04 정답 ②

1층에는 남성인 주임을 배정해야 하므로 C주임이 배정된다. 그러면 3층에 배정 가능한 직원은 남성인 B사원 또는 E대리이다. 먼저 3층에 B사원을 배정하는 경우, 5층에는 A사원이 배정된다. 그리고 D주임은 2층에, E대리는 이보다 위층인 4층에 배정된다. 3층에 E대리를 배정하는 경우, 5층에 A사원이 배정되면 4층에 B사원이 배정되고, 5층에 B사원이 배정되면 4층에 A사원이 배정된다. 그리고 D주임은 항상 E대리보다 아래층인 2층에 배정된다. 이를 정리하면 다음과 같다.

층수	경우 1	경우 2	경우 3
5층	A사원	A사원	B사원
4층	E대리	B사원	A사원
3층	B사원	E대리	E대리
2층	D주임	D주임	D주임
1층	C주임	C주임	C주임

따라서 5층에 A사원이 배정되더라도, 4층에는 B사원이 아닌 E대리가 배정될 수도 있다.

[오답분석]
① D주임은 항상 2층에 배정된다.
③ 5층에 B사원이 배정되면 3층에는 E대리, 4층에는 A사원이 배정된다.
④ C주임은 항상 1층에 배정된다.

05

정답 ③

김대리의 10월 일정을 달력에 정리하면 다음과 같다.

〈10월 일정〉

일	월	화	수	목	금	토
				1 추석	2 추석연휴, 제주도 여행	3 개천절, 제주도 여행
4 제주도 여행	5 제주도 여행	6 제주도 여행, 휴가 마지막 날	7	8	9 한글날	10
11	12	13	14	15	16	17
18	19	20 외부출장	21 외부출장	22 외부출장	23 외부출장	24
25	26	27	28 프로젝트 발표	29 프로젝트 발표	30	31

따라서 12일 월요일부터 그 주에 스케줄이 없으므로 이틀간 연차를 쓰고 할머니댁 방문이 가능하다.

[오답분석]
① 제주도 여행 기간이며, 주말에는 할머니댁에 가지 않는다고 하였다.
② 6일은 제주도 여행에서 돌아오는 날로 휴가 기간이다.
④ 20 ~ 23일까지 외부출장이 있다.

06

정답 ④

제시된 조건을 토대로 원탁에 앉으면 서울 대표를 기준으로 하여 시계 방향으로 '서울 – 대구 – 춘천 – 경인 – 부산 – 광주 – 대전 – 속초' 순서이다. 따라서 경인 대표의 맞은편에 앉은 사람은 속초 대표이다.

대표기출유형 04　기출응용문제

01　　　　　　　　　　　　　　　　　　　　　　　　　　　　　　　　　　　　　　정답　④

을의 주민등록번호 앞 6자리는 3가지 숫자로만 구성되어 있으므로 이에 따라 ②가 답에서 제외되고, 같은 숫자가 연속되는 부분이 있으므로 이에 따라 ①이 답에서 제외된다. 짝수해에는 지급 대상자 중 짝수일에 태어난 사람에게 기념품을 증정하므로 기념품을 받지 못한 을은 짝수일에 태어나지 않았다. 이에 따라 ③도 답에서 제외된다. 또한 을이 2022년 4월 10일에 만 20세가 되었다면, 생년월일은 2002년 4월 10일이다. 2002년 4월 11일 이후에 태어났다면, 2022년에 지원금을 받을 수 없다.
따라서 ④가 을의 주민등록번호 앞 6자리로 가능하다.

02　　　　　　　　　　　　　　　　　　　　　　　　　　　　　　　　　　　　　　정답　③

- A : 청년수당 가입유지율이 30% 미만이므로 참여가 불가하다.
- B : 고용보험 피보험자 수가 5인 이상이고, 청년수당 가입유지율이 30% 이상이므로 참여가 가능하다.
- C : 고용보험 피보험자 수가 5인 미만이고, 청년기업에 해당되지 않아서 참여가 불가하다.
- D : 고용보험 피보험자 수가 5인 미만이지만 청년기업이기 때문에 참여 자격이 되고, 청년수당 가입유지율이 30% 미만이지만 청년수당 가입인원이 2인 이하인 경우이므로 참여가 가능하다.
- E : 고용보험 피보험자 수가 5인 미만이고, 사업 개시 경과연수가 7년이 초과되어 청년기업에 해당되지 않아서 참여가 불가하다.

따라서 참여 가능한 기업은 B, D이다.

03　　　　　　　　　　　　　　　　　　　　　　　　　　　　　　　　　　　　　　정답　④

ⓒ 온라인은 복지로 홈페이지, 오프라인은 읍면동 주민센터에서 보조금 신청서를 작성 후 제출하면 되며, 카드사의 홈페이지에서는 보조금 신청서 작성이 불가능하다.
ⓔ 오프라인 신청 시 읍면동 주민센터 또는 해당 카드사 지점을 방문하여 카드를 발급받을 수 있다.

[오답분석]
ⓐ 어린이집 보육료 및 유치원 학비는 신청자가 별도로 인증하지 않아도 보조금 신청 절차에서 인증된다.
ⓑ 오프라인과 온라인 신청 모두 연회비가 무료임이 명시되어 있다.

04　　　　　　　　　　　　　　　　　　　　　　　　　　　　　　　　　　　　　　정답　③

여행상품별 투표 결과를 정리하면 다음과 같다.

(단위 : 명)

구분	1인당 비용(원)	총무팀	영업팀	개발팀	홍보팀	공장 1	공장 2	합계
A	500,000	2	1	2	0	15	6	26
B	750,000	1	2	1	1	20	5	30
C	600,000	3	1	0	1	10	4	19
D	1,000,000	3	4	2	1	30	10	50
E	850,000	1	2	0	2	5	5	15
합계	-	10	10	5	5	80	30	140

ⓐ 가장 인기가 높은 상품은 D이다. 그러나 공장 1의 고려사항은 회사에 손해를 줄 수 있으므로, 2박 3일 상품이 아닌 1박 2일 상품 중 가장 인기 있는 B상품이 선택된다. 따라서 총 여행상품 비용은 750,000×140=105,000,000원이므로 옳다.
ⓒ B상품을 고른 30명 중 $\frac{2}{3}$인 20명이 공장 1의 직원이므로 옳다.

[오답분석]
ⓑ 가장 인기가 높은 상품은 D이므로 옳지 않다.

대표기출유형 05 기출응용문제

01
정답 ①

SO전략은 강점을 살려 기회를 포착하는 전략이므로 TV프로그램에 출연하여 좋은 품질의 재료만 사용한다는 점을 홍보하는 것은 SO전략으로 적절하다.

02
정답 ④

WT전략은 외부 환경의 위협 요인을 회피하고 약점을 보완하는 전략이다. ④는 강점을 강화하는 방법에 대해 이야기하고 있으므로 적절하지 않다.

오답분석
① SO전략은 기회를 활용하면서 강점을 더욱 강화시키는 전략이므로 적절하다.
② ST전략은 외부 환경의 위협을 회피하며 강점을 적극 활용하는 전략이므로 적절하다.
③ WO전략은 외부의 기회를 사용해 약점을 보완하는 전략이므로 적절하다.

03
정답 ③

해결해야 할 전략 과제란 취약한 부분에 대해 보완해야 할 과제를 말한다. 따라서 이미 우수한 고객서비스 부문을 강화한다는 것은 전략 과제로 삼기에 적절하지 않다.

오답분석
① 해외 판매망이 취약하다고 분석되었으므로 중국시장의 판매유통망을 구축하는 전략 과제를 세우는 것은 적절하다.
② 중국시장에서 보조배터리 제품의 구매 방식이 대부분 온라인으로 이루어지는 데 반해, 자사의 온라인 구매시스템은 미흡하기 때문에 온라인 구매시스템을 강화한다는 전략 과제는 적절하다.
④ 보조배터리 제품에 대해 중국기업들 간의 가격 경쟁이 치열하다는 것은 제품의 가격이 내려가고 있다는 의미인데, 자사는 생산원가가 높다는 약점이 있다. 그러므로 원가 절감을 통한 가격경쟁력 강화 전략은 적절하다.

04
정답 ④

ⓒ 특허를 통한 기술 독점은 기업의 내부환경으로 볼 수 있다. 따라서 내부환경의 강점(Strength) 사례이다.
ⓒ 점점 증가하는 유전자 의뢰는 기업의 외부환경(고객)으로 볼 수 있다. 따라서 외부환경에서 비롯된 기회(Opportunity) 사례이다.

오답분석
㉠ 투자 유치의 어려움은 기업의 외부환경(거시적 환경)으로 볼 수 있다. 따라서 외부환경에서 비롯된 위협(Threat) 사례이다.
㉣ 높은 실험 비용은 기업의 내부환경으로 볼 수 있다. 따라서 내부환경의 약점(Weakness) 사례이다.

05

정답 ②

㉠ 기술개발을 통해 연비를 개선하는 것은 막대한 R&D 역량이라는 강점으로 휘발유의 부족 및 가격의 급등이라는 위협을 회피하거나 최소화하는 전략에 해당하므로 적절하다.
㉣ 생산설비에 막대한 투자를 했기 때문에 차량모델 변경의 어려움이라는 약점이 있는데, 레저용 차량 전반에 대한 수요 침체 및 다른 회사들과의 경쟁이 심화되고 있으므로 생산량 감축을 고려할 수 있다.
㉤ 생산공장을 한 곳만 가지고 있다는 약점이 있지만 새로운 해외시장이 출현하고 있는 기회를 살려서 국내 다른 지역이나 해외에 공장들을 분산 설립할 수 있을 것이다.
㉥ 막대한 R&D 역량이라는 강점을 이용하여 휘발유의 부족 및 가격의 급등이라는 위협을 회피하거나 최소화하기 위해 경유용 레저 차량 생산을 고려할 수 있다.

[오답분석]

㉡ 소형 레저용 차량에 대한 수요 증대라는 기회 상황에서 대형 레저용 차량을 생산하는 것은 적절하지 않다.
㉢ 차량모델 변경의 어려움이라는 약점을 보완하는 전략도 아니고, 소형 또는 저가형 레저용 차량에 대한 선호가 증가하는 기회에 대응하는 전략도 아니다. 또한, 차량 안전 기준의 강화 같은 규제 강화는 기회 요인이 아니라 위협 요인이다.
㉦ 기회는 새로운 해외시장의 출현인데 내수 확대에 집중하는 것은 기회를 살리는 전략이 아니다.

06

정답 ②

㉡ A여행사가 이미 갖추고 있는 네트워크, 인력, 자본 구조라는 강점을 활용해 고객 충성도라는 또 다른 강점을 더욱 강화하는 전략이다. 그러나 외부의 기회를 활용할 수 있는 내용은 아니므로 SO전략이라 할 수 없다.
㉢ 시장 점유율 1위라는 강점을 활용해 경쟁에서 승리함으로써 부동의 1위라는 기업 위상을 더욱 공고히 하는 전략은 내부의 강점을 더욱 강화할 수 있지만, 위협을 최소화 또는 극복하는 내용은 포함하지 않으므로 ST전략이라 할 수 없다.
㉤ A여행사는 자유 여행 상품보다는 패키지 여행 상품으로 수익을 창출하고 있으므로 패키지 상품의 인기 감소와 자유 상품의 상대적 약진은 극복해야 할 약점으로 작용할 수 있다. 그런데 패키지 상품 판매를 촉진해 얻은 추가 수익으로 자유 상품 판매에서의 부진을 메우려고 하는 것은 약점을 보완할 수는 있지만 위협에 대응할 수 있는 내용은 아니므로 WT전략이라 할 수 없다. 또한, 자유 여행 상품의 상대적 약진은 여행업을 영위하는 A여행사의 입장에서는 새로운 기회가 될 수 있으므로 위협으로 간주할 수 없다.

[오답분석]

㉠ 국내 소비자들의 여가 시간이 늘어난 것을 기회로 삼아 이들을 타깃으로 하여 보다 세분화된 해외여행 상품을 선보이는 것은 차별화된 개인 맞춤형 여행 패키지 상품 출시로 상품 종류의 다양화라는 A여행사의 강점을 더욱 강화할 수 있는 SO전략에 해당한다.
㉣ 코로나19 종식으로 인한 중국 시장의 리오프닝을 기회로 삼아 중국 관광객들에게 할인 상품을 제공해 국내 여행 산업을 코로나19 사태 이전으로 회복시키려는 것은 외부의 기회를 활용하며 내부의 약점을 보완하는 WO전략에 해당한다.
㉥ A여행사가 N사 등의 신흥 경쟁사와 제휴해 자유 여행 상품을 공동 출시하는 것은 자유 여행 상품의 약진이라는 A여행사의 약점을 보완하고 공존상생으로서 경쟁사의 위협을 극복할 수 있으므로 WT전략에 해당한다.

CHAPTER 03 조직이해능력

대표기출유형 01 기출응용문제

01 정답 ③

시장 조사 결과 보고서를 보면 소비자의 건강에 대한 관심이 커지고 있어 가격보다는 제품의 기능을 중시해야 하고, 취급 점포를 체계적으로 관리하며 상품의 가격을 조절해야 할 필요성이 나타나고 있다. 따라서 '고급화 전략을 추진한다.'와 '전속적 또는 선택적 유통 전략을 도입한다.'라는 마케팅 전략을 구사해야 한다.

02 정답 ①

마이클 포터(Michael E. Porter)의 본원적 경쟁전략
- 차별화 전략 : 조직이 생산품이나 서비스를 차별화하여 고객에게 가치가 있고 독특하게 인식되도록 하는 전략이다. 이를 위해서는 연구개발이나 광고를 통하여 기술, 품질, 서비스, 브랜드 이미지를 개선할 필요가 있다.
- 원가우위 전략 : 원가절감을 통해 해당 산업에서 우위를 점하는 전략으로, 이를 위해서는 대량생산을 통해 단위 원가를 낮추거나 새로운 생산기술을 개발할 필요가 있다. 1970년대 우리나라의 섬유업체나 신발업체, 가발업체 등이 미국시장에 진출할 때 취한 전략이 여기에 해당한다.
- 집중화 전략 : 특정 시장이나 고객에게 한정된 전략으로, 원가우위나 차별화 전략이 산업 전체를 대상으로 하는 데 비해 집중화 전략은 특정 산업을 대상으로 한다. 즉, 경쟁조직들이 소홀히 하고 있는 한정된 시장을 원가우위나 차별화 전략을 써서 집중적으로 공략하는 방법이다.

03 정답 ②

- ㉠ : 여름과 겨울에 일정하게 매출이 증가함으로써 일정 주기를 타고 성장, 쇠퇴를 거듭하는 패션형에 해당한다.
- ㉡ : 매출이 계속 성장하는 모습을 보여줌으로써 연속성장형에 해당한다.
- ㉢ : 광고 전략과 같은 촉진활동을 통해 매출이 상승함으로써 주기·재주기형에 해당한다.
- ㉣ : 짧은 시간에 큰 매출 효과를 가졌으나, 며칠이 지나지 않아 매출이 급감함을 볼 때, 패드형에 해당한다.

04 정답 ①

I기업은 원가우위 전략에 속하는 가격 고정이라는 카테고리 전략을 하였다.

오답분석

② 차별화 전략 : 둘 이상의 세분시장들을 표적시장으로 선정하여, 각 세분시장에 적합한 마케팅 믹스프로그램을 제공하는 전략이다.
③ 집중화 전략 : 기업이 전체 시장을 대상으로 하지 않고 시장의 일부에만 집중적으로 마케팅 활동을 하거나 작은 하위시장을 독점상태로 유도하는 마케팅 전략이다.
④ 혁신 전략 : 기존의 제품을 간단하게 외형만 바꾸지 않고, 의미 있고 독특한 변화를 통해 혁신을 추구하는 전략이다.

05

정답 ④

전략 평가 및 피드백은 기업 실적을 객관적으로 분석하여 결과에 대한 근본 원인을 도출하는 단계로 제시문에서는 I기업의 원가우위 전략과 차별화된 정책이 근본 원인이라고 도출하고 있다.

[오답분석]
① 전략 환경 분석 : 내·외부 환경을 분석하는 것으로 시장, 경쟁사, 기술 등을 분석하여 경쟁에서 성공요인을 도출하도록 한다.
② 경영전략 도출 : 경쟁우위 전략을 도출하여 기업성장과 효율성 극대화라는 목표를 달성할 수 있도록 지원하는 것이다.
③ 경영전략 실행 : 목표와 미션을 이해하고 조직 역량을 분석하며 세부 실행 계획을 수립하여 업무를 실행한다.

대표기출유형 02 기출응용문제

01

정답 ④

홈페이지 운영 등은 정보사업팀에서 한다.

[오답분석]
① 감사실(1개)와 11개의 팀으로 되어 있다.
② 예산기획과 경영평가는 전략기획팀에서 관리한다.
③ 경영평가(전략기획팀), 성과평가(인재개발팀), 품질평가(평가관리팀) 등 평가 특성에 따라 다른 팀에서 담당한다.

02

정답 ④

품질평가에 대한 관련 민원은 평가관리팀이 담당하고 있다.

03

정답 ①

조직 개편 방향에 따르면 마케팅본부를 신설한다고 하였다.

04

정답 ②

- 경영본부 : 기획조정실, 경영지원팀, 재무관리팀, 미래사업팀, 사회가치실현(TF팀), 인사관리팀 → 6팀
- 운영본부 : 물류전략실, 항만관리팀, 물류단지팀, 물류정보팀, 안전·보안(TF)팀 → 5팀
- 건설본부 : 항만개발실, 항만건설팀, 항만시설팀, 갑문운영팀, 스마트갑문(TF)팀 → 5팀

05

정답 ③

조직 개편 방향에 따르면 마케팅본부에는 글로벌마케팅1·2팀, 국내마케팅팀, 홍보팀이 속한다.

대표기출유형 03   기출응용문제

01
정답 ③

홍보팀은 브로슈어 제작을 위해 사내 디자인 공모전이 아니라 외주 업체 탐색과 외주 업체를 대상으로 디자인 공모를 할 예정이다.

02
정답 ②

우선 회의에서 도출된 6월 행사 관련 보안 사항을 정리한 후 보고서를 작성한다(㉠). 그 후 팀별 개선 방안 및 업무 진행 방향을 체크하고(㉢), 브로슈어 제작 관련 외주 업체 탐색 및 디자인 공모전을 개최한다(㉣). 마지막으로 이 모든 사항을 바탕으로 7월 데이행사 기획안을 작성한 후 보고한다(㉡).

03
정답 ①

서약서 집행 담당자는 보안담당관으로, 보안담당관은 총무국장이므로 서약서는 이사장이 아닌 총무국장에게 제출해야 한다.

04
정답 ③

재무분석은 회계감사 분야의 직무내용으로 인사팀이 아닌 재무회계팀이 담당하는 업무이다.

05
정답 ①

예산편성 및 원가관리 개념은 경영기획 분야에서 필요로 하는 지식으로, 경영기획 분야에서는 주로 사업 환경을 분석하고, 사업별 투자와 예산, 경영 리스크 등을 관리한다.

오답분석

②·③·④ 마케팅 전략 계획 수립과 신상품 기획 등의 직무를 수행하는 마케팅 전략기획 분야에서 필요로 하는 지식·기술·태도이다.

CHAPTER 04 자원관리능력

대표기출유형 01   기출응용문제

01
정답 ③

402 항공편의 비행시간은 32시간 30분이다. 반면 150 항공편은 36시간 20분이다. 따라서 402 항공편의 비행시간이 가장 길다는 설명은 옳지 않다.

02
정답 ③

11월 21일의 팀미팅은 워크숍 시작 전 오후 1시 30분에 끝나므로 3시에 출발 가능하며, 22일의 일정이 없기 때문에 11월 21 ~ 22일이 워크숍 날짜로 가장 적절하다.

오답분석
① 11월 9 ~ 10일 : 다른 팀과 함께하는 업무가 있는 주로 워크숍이 불가능하다.
② 11월 18 ~ 19일 : 19일은 주말이므로 워크숍이 불가능하다.
④ 11월 28 ~ 29일 : E대리 휴가로 모든 팀원 참여가 불가능하다.

03
정답 ②

I은행 당직근무규정과 3월 당직근무 참고사항을 통해 사원마다 잘못 배정된 경우는 다음과 같다.
- A사원 : 2월 26일에 첫 출근이므로 2주 후인 3월 12일까지 당직근무를 설 수 없으므로, 3월 2일(일직), 3월 7일(숙직)이 잘못 배정되었음 → 2번
- B사원 : 3월 29일부터 30일까지 출장 예정이므로 출장 전날인 3월 28일(일직)이 잘못 배정되었음 → 1번
- C사원 : 3월 27일 연차는 C사원의 3월 당직근무에 영향을 주지 않음
- D주임 : 3월 21일부터 26일까지 출장 예정이므로 출장 전날인 3월 20일(일직)과 3월 23일(숙직)이 잘못 배정되었음 → 2번
- E대리 : 3월 16일과 29일 연차 예정이므로 3월 29일(숙직)이 잘못 배정되었음 → 1번
- F대리 : 3월 12일부터 14일까지 휴가 예정이므로 3월 12일(일직)과 휴가 복귀 후 출근 당일인 3월 15일(숙직)이 잘못 배정되었음 → 2번
- G과장 : 3월 5일부터 6일까지 휴가 예정이므로 휴가 복귀 후 출근 당일인 3월 7일(일직)이 잘못 배정되었음 → 1번

따라서 잘못 배정된 경우는 총 9번이다.

대표기출유형 02 기출응용문제

01

정답 ④

- F팀의 평일 오전 대관 요일이 화요일인 경우

구분	월	화	수	목	금	토
9:00 ~ 10:30		F팀	A팀	D팀	A팀	A팀
10:30 ~ 12:00	B팀		B팀			B팀
12:00 ~ 13:00						
13:00 ~ 14:30	E팀		C팀	D팀	−	
14:30 ~ 16:00					−	
16:00 ~ 17:30	−	−				
17:30 ~ 19:00	(B팀, C팀, F팀)	(B팀, C팀, F팀)	(B팀, C팀, F팀)			

- F팀의 평일 오전 대관 요일이 목요일인 경우

구분	월	화	수	목	금	토
9:00 ~ 10:30		D팀	A팀	F팀	A팀	A팀
10:30 ~ 12:00	B팀		B팀			B팀
12:00 ~ 13:00						
13:00 ~ 14:30	−	D팀	C팀	E팀		
14:30 ~ 16:00	−					
16:00 ~ 17:30	−			−	−	
17:30 ~ 19:00	(B팀, C팀, F팀)		(B팀, C팀, F팀)	(B팀, C팀, F팀)		

A ~ F팀의 대관료는 두 경우 모두 동일하며 그 비용은 다음과 같다.
- A팀 대관료 : $15,000 \times 3 + (15,000 + 5,000) = 65,000$원
- B팀 대관료 : $15,000 \times 2 + (15,000 + 5,000) \times 2 = 70,000$원
- C팀 대관료 : $15,000 \times 3 + (15,000 + 5,000) = 65,000$원
- D팀 대관료 : $15,000 \times 5 + (15,000 + 5,000) = 95,000$원
- E팀 대관료 : $15,000 \times 4 = 60,000$원
- F팀 대관료 : $15,000 \times 2 + (15,000 + 5,000) = 50,000$원

따라서 대관료가 가장 많은 팀은 D팀이고, 대관료가 가장 적은 팀은 F팀이다.

02

정답 ①

제시된 조건에 따라 각 연구팀이 받는 점수를 정리하면 다음과 같다.

(단위 : 점)

구분	연구실적 건수	피인용 횟수	연구계획서 평가결과	특허출원 건수	합계
A	30	9	20	9	68
B	45	12	25	12	94
C	30	17	15	15	77
D	60	7	20	6	93
E	15	33	25	6	79

이에 따르면 1위는 B이고, 2위는 D임을 알 수 있는데, B는 연구계획서 평가에서 우수를 받아 1억 원이 증액된 11억 원을 받게 되며, D는 특허출원이 3건 미만이므로 1억 원이 감액된 6억 원을 받게 된다.
따라서 I연구지원센터에서 지급할 연구비 총액은 17억 원이다.

03

정답 ②

배상비율을 구하기 위해서 구입일과 사용개시일 사이의 일수를 정확하게 구할 필요는 없고, 어느 구간에 속하는지만 판단하면 된다.
- 셔츠 : 1년 / 45~134일 구간 / 60% → 24,000원
- 조끼 : 3년 / 404~808일 구간 / 40% → 24,000원
- 치마 : 2년 / 0~88일 구간 / 80% → 56,000원
- 세탁비 : 8,000원

따라서 가원이가 받을 총액은 24,000+24,000+56,000+8,000=112,000원이다.

04

정답 ③

2월 18일까지 모든 업체가 제작을 완료해야 하므로 18일까지 각 업체의 근무시간 및 제작 개수는 다음과 같다.

구분	1인 1개 제작시간(시간)	2월 18일까지 근무시간(시간)	2월 18일까지 1인 제작 수(개)	제작 직원 수(명)	2월 18일까지 총 제작 수(개)	개당 가격(만 원)
A업체	4	120	30	7	210	50
B업체	5	120	24	10	240	50
C업체	4	120	30	3	90	40
D업체	2	96	48	5	240	40
E업체	6	96	16	6	96	30

개당 가격이 가장 저렴한 업체에 최대한 많은 양을 의뢰한다. 그러므로 가격이 가장 저렴한 E업체에는 2월 18일까지 E업체가 제작 가능한 전자교탁의 총 개수인 96개의 제작을 의뢰할 수 있고, 가격이 두 번째로 저렴하면서 C업체보다 1인 1개 제작시간이 더 짧은 D업체에 남은 236개의 제작을 의뢰할 수 있다. 따라서 이때 필요한 비용이 최소가 되므로 E업체에 제작을 의뢰할 전자교탁의 수는 96개이다.

05

정답 ②

2월 9일까지 모든 업체가 제작을 완료하므로 9일까지 각 업체의 근무시간 및 제작 개수는 다음과 같다.

구분	1인 1개 제작시간(시간)	2월 9일까지 근무시간(시간)	2월 9일까지 1인 제작 수(개)	제작 직원 수(명)	2월 9일까지 총 제작 수(개)	개당 가격(만 원)
A업체	4	56	14	7	98	50
B업체	5	56	11	10	110	50
C업체	4	56	14	3	42	40
D업체	2	48	24	5	120	40
E업체	6	48	8	6	48	30

비용을 최소화하여야 하므로 개당 가격이 가장 저렴한 업체에 최대한 많이 의뢰한다. 그러므로 개당 가격이 가장 저렴한 E업체에 전자교탁 48개의 제작을 의뢰하고 그다음으로 저렴한 C업체와 D업체에 각각 42개, 120개의 제작을 의뢰한다. 이때 남은 전자교탁은 340−(48+42+120)=130개이고, 남은 두 업체의 개당 가격은 50만 원으로 같다. 따라서 필요한 비용은 130×50만+(42+120)×40만+48×30만=14,420만 원, 즉 1억 4,420만 원이다.

대표기출유형 03 기출응용문제

01
정답 ④

각 평가대상기관이 받는 점수는 다음과 같다.
- A : 3+3=6점
- B : 5+3=8점
- C : 1+1=2점
- D : 3+5=8점

B, D가 동점이므로 내진보강대상건수가 더 많은 기관이 높은 순위가 된다.
따라서 최종순위 최상위기관은 D이다.

02
정답 ④

각 상품의 가격은 다음과 같다.
- A상품
  - 포스터 : (60+30)×10+90=990원
  - 다이어리 : (50+15)×40+70=2,670원
  - 팸플릿 : (20+30)×10=500원
  - 도서 : (60+20)×700=56,000원
  - ∴ 990+2,670+500+56,000=60,160원
- B상품
  - 포스터 : (40+20)×15=900원
  - 다이어리 : (40+10)×60+50=3,050원
  - 팸플릿 : (40+40)×15=1,200원
  - 도서 : (80×600)+(6×90)=48,000+540=48,540원
  - ∴ 900+3,050+1,200+48,540=53,690원
- C상품
  - 포스터 : (80+35)×20+100=2,400원
  - 다이어리 : (20+5)×80=2,000원
  - 팸플릿 : (20+30)×16=800원
  - 도서 : (50+10)×800=48,000원
  - ∴ 2,400+2,000+800+48,000=53,200원
- D상품
  - 포스터 : (100+40)×10=1,400원
  - 다이어리 : (60+20)×50=4,000원
  - 팸플릿 : (10+20)×12+20=380원
  - 도서 : (45×900)+(9×50)=40,500+450=40,950원
  - ∴ 1,400+4,000+380+40,950=46,730원

따라서 D상품이 46,730원으로 가장 저렴하다.

03 정답 ①

두 번째 조건에서 총 구매금액이 30만 원 이상이면 총 금액에서 5% 할인을 해주므로 한 벌당 가격이 300,000÷50=6,000원 이상인 품목은 할인 적용이 들어간다. 이에 업체별 품목 금액을 보면 모든 품목이 6,000원 이상이므로 5% 할인 적용 대상이다. 그러므로 모든 품목에 할인 조건이 적용되어 정가로 비교가 가능하다.

마지막 조건에 따라 차순위 품목이 1순위 품목보다 총 금액이 20% 이상 저렴한 경우 차순위를 선택한다. 한 벌당 가격으로 계산하면 1순위인 카라 티셔츠의 20% 할인된 가격은 8,000×0.8=6,400원이다. 정가가 6,400원 이하인 품목은 A업체의 티셔츠이므로 지점장은 선호도 1순위인 카라 티셔츠보다 2순위인 A업체의 티셔츠를 구입할 것이다.

04 정답 ③

C호스텔의 대관료는 예산 범위 안에 포함되지만, 수용인원이 워크숍 참여인원보다 적으므로 C호스텔은 적절한 장소가 아니다. 따라서 적절하지 않은 의견을 제시한 사람은 T과장이다.

오답분석

① 워크숍에 참여하는 인원은 143명이므로 수용인원이 참여인원보다 적은 D호스텔을 제외하는 것은 적절하다.
② 예산은 175만 원이므로 대관료가 예산보다 비싼 A호스텔을 제외하는 것은 적절하다.
④ 적절한 거리에 대한 정보는 제시되어 있지 않으나, 앞선 대화에서 A호스텔과 D호스텔을 제외한 남은 세 호스텔 중에서 수용인원, 예산 범위를 모두 충족하는 호스텔은 B호스텔이다.

05 정답 ③

04번에서 B호스텔을 선정하였으므로 대관료는 150만 원이다.

대표기출유형 04 기출응용문제

01 정답 ④

A~E의 조건별 점수를 구하면 다음과 같다.

구분	직급	직종	근속연수	부양가족 수	주택 유무	합계
A	3점	5점	3점	–	10점	21점
B	1점	10점	1점	4점	10점	26점
C	4점	10점	4점	4점	–	22점
D	2점	3점	1점	6점	10점	22점
E	5점	5점	5점	6점	–	21점

C과장과 D주임의 경우 동점으로, 부양가족 수가 더 많은 D주임이 우선순위를 가진다.
따라서 가장 높은 점수인 B사원과 D주임이 사택을 제공받을 수 있다.

02 정답 ③

먼저 모든 면접위원의 입사 후 경력은 3년 이상이어야 한다는 조건에 따라 A, E, F, H, I, L직원은 면접위원으로 선정될 수 없다. 이사 이상의 직급으로 6명 중 50% 이상 구성되어야 하므로 자격이 있는 C, G, N은 반드시 면접위원으로 포함한다. 다음으로 인사팀을 제외한 부서는 2명 이상 구성할 수 없으므로 이미 N이사가 선출된 개발팀은 더 선출할 수 없고, 인사팀은 반드시 2명을 포함해야 하므로 D과장은 반드시 선출된다. 이를 정리하면 다음과 같다.

구분	1	2	3	4	5	6
경우 1	C이사	D과장	G이사	N이사	B과장	J과장
경우 2	C이사	D과장	G이사	N이사	B과장	K대리
경우 3	C이사	D과장	G이사	N이사	J과장	K대리

따라서 B과장이 면접위원으로 선출됐더라도 K대리가 선출되지 않는 경우도 있다.

03

정답 ④

제시된 조건을 정리하면 다음과 같다.
- A → (C∨F), B → G
- ~(D∧E)
- A∨C∨F
- ~A
- (B∨G) → D
- ~C

따라서 조건을 모두 만족하여 2025년 3월 인사 파견에서 선발될 직원은 D, F, G이다.

[오답분석]
① A는 근무 평정이 70점 이하여서 선발될 수 없으므로 옳지 않다.
② 과학기술과 직원인 C 또는 F 중 최소한 1명은 선발되어야 하므로 옳지 않다.
③ B가 선발될 경우 G도 같이 선발되어야 하므로 옳지 않다.

04

정답 ④

요일별로 당직 근무 일정을 정리하면 다음과 같다.

구분	월요일	화요일	수요일	목요일	금요일	토요일	일요일
주간	가, 나, 마	나, 다	다, 마	아, 자	바, 자	라, 사, 차	바
야간	라	마, 바, 아, 자	가, 나, 라, 바, 사	가, 사, 차	나, 다, 아	마, 자	다, 차

일정표를 보면 일요일 주간에 1명, 월요일 야간에 1명이 필요하고, 수요일 야간에 1명이 빠져야 한다. 그러므로 가, 나, 라, 바, 사 중 1명이 옮겨야 한다. 이때 세 번째 당직 근무 규칙에 따라 같은 날에 주간과 야간 당직 근무는 함께 설 수 없으므로 월요일 주간에 근무하는 '가, 나, 마'와 일요일 야간에 근무하는 '다, 차'는 제외된다.
따라서 '사'의 당직 근무 일정을 변경하여 일요일 주간과 월요일 야간에 당직 근무를 해야 한다.

05

정답 ④

- C강사 : 셋째 주 화요일 오전, 목요일·금요일 오전에 스케줄이 비어 있으므로 목요일과 금요일에 이틀간 강의가 가능하다.
- E강사 : 첫째 주·셋째 주 화~목요일 오전에 스케줄이 있으므로 수요일과 목요일 오후에 강의가 가능하다.

[오답분석]
- A강사 : 매주 수~목요일에 스케줄이 있으므로 화요일과 금요일 오전에 강의가 가능하지만 강의가 연속 이틀에 걸쳐 진행되어야 한다는 조건에 부합하지 않는다.
- B강사 : 화요일과 목요일에 스케줄이 있으므로 수요일 오후와 금요일 오전에 강의가 가능하지만 강의가 연속 이틀에 걸쳐 진행되어야 한다는 조건에 부합하지 않는다.
- D강사 : 수요일 오후와 금요일 오전에 스케줄이 있으므로 화요일 오전과 목요일에 강의가 가능하지만 강의가 연속 이틀에 걸쳐 진행되어야 한다는 조건에 부합하지 않는다.

CHAPTER 05 수리능력

대표기출유형 01 기출응용문제

01
정답 ④

처음 소금의 양은 $\frac{5}{100} \times 800 = 40$g이며, 30g의 소금을 더 넣었으므로 총 소금의 양은 70g이다.

증발한 물의 양을 xg이라고 하면 다음 식이 성립한다.

$\frac{40+30}{800+30-x} \times 100 = 14$

→ $14 \times (830-x) = 7,000$

→ $830 - x = 500$

∴ $x = 330$

따라서 증발한 물의 양은 330g이다.

02
정답 ④

- 둘 다 호텔 방을 선택하는 경우 : $_3P_2 = 3 \times 2 = 6$가지
- 둘 중 1명만 호텔 방을 선택하는 경우 : 호텔 방을 선택하는 사람은 A, B 둘 중에 1명이고, 1명이 호텔 방을 선택할 수 있는 경우의 수는 3가지이므로 $2 \times 3 = 6$가지

따라서 2명이 호텔 방을 선택하는 경우의 수는 2명 다 선택하지 않는 경우까지 포함하여 총 $6+6+1=13$가지이다.

03
정답 ②

갑과 을이 1시간 동안 만들 수 있는 곰 인형의 수는 각각 $\frac{100}{4} = 25$개, $\frac{25}{10} = 2.5$개이다.

함께 곰 인형 132개를 만드는 데 걸린 시간을 x시간이라고 하면 다음 식이 성립한다.

$(25+2.5) \times 0.8 \times x = 132$

→ $27.5x = 165$

∴ $x = 6$

따라서 갑과 을이 함께 곰 인형 132개를 만드는 데는 6시간이 걸린다.

04
정답 ②

현재 철수의 나이를 x세라고 하면 철수와 아버지의 나이 차가 25세이므로 아버지의 나이는 $(x+25)$세이다.

3년 후 아버지의 나이가 철수 나이의 2배가 되므로 다음 식이 성립한다.

$2(x+3) = (x+25) + 3$

∴ $x = 22$

따라서 철수의 현재 나이는 22세이다.

05

정답 ③

(좋아하는 색이 다를 확률)=1−(좋아하는 색이 같을 확률)이다.

- 2명 모두 빨간색을 좋아할 확률 : $\dfrac{2}{10} \times \dfrac{1}{9} = \dfrac{2}{90}$
- 2명 모두 노란색을 좋아할 확률 : $\dfrac{5}{10} \times \dfrac{4}{9} = \dfrac{20}{90}$
- 2명 모두 하늘색을 좋아할 확률 : $\dfrac{3}{10} \times \dfrac{2}{9} = \dfrac{6}{90}$

∴ $1 - \left(\dfrac{2}{90} + \dfrac{20}{90} + \dfrac{6}{90} \right) = 1 - \dfrac{14}{45} = \dfrac{31}{45}$

따라서 구하고자 하는 확률은 $\dfrac{31}{45}$ 이다.

06

정답 ②

배의 속력을 x km/h, 강물의 속력을 y km/h라고 하면 다음 식이 성립한다.
$4(x-y)=20 \rightarrow x-y=5 \cdots$ ㉠
$2(x+y)=20 \rightarrow x+y=10 \cdots$ ㉡
㉠과 ㉡을 연립하면 $x=7.5$, $y=2.5$이다.
따라서 강물이 흐르는 속력은 2.5km/h이다.

07

정답 ④

작년 남자 사원 수를 x명, 여자 사원 수를 y명이라고 하면 다음 식이 성립한다.
$x+y=500 \cdots$ ㉠
$0.9x+1.4y=500 \times 1.08 \rightarrow 0.9x+1.4y=540 \cdots$ ㉡
㉠과 ㉡을 연립하면 $x=320$, $y=180$이다.
따라서 작년 남자 사원은 320명이다.

08

정답 ①

상품의 원가를 x원이라 하면 처음 판매가격은 $1.23x$원이다.
여기서 1,300원을 할인하여 판매했을 때 얻은 이익은 원가의 10%이므로 다음 식이 성립한다.
$(1.23x-1,300)-x=0.1x$
$\rightarrow 0.13x=1,300$
∴ $x=10,000$
따라서 상품의 원가는 10,000원이다.

09

정답 ④

$1,250 \text{AUD} \times \dfrac{881.53원}{1\text{AUD}} \times \dfrac{1유로}{1,444.44원} = \dfrac{1,250 \times 881.53}{1,444.44}$ 유로 ≒ 762.86유로

대표기출유형 02 기출응용문제

01   정답 ③

A는 우대금리 적용을 받지 않으므로 적용금리는 2.0%이다. 환급이자를 계산하면 $100,000 \times \frac{26 \times 27}{2} \times \frac{0.02}{12} = 58,500$원이다.

원금은 $100,000 \times 26 = 2,600,000$원이다.

따라서 만기 환급금액은 $2,600,000 + 58,500 = 2,658,500$원이다.

02   정답 ④

A가 적용받는 우대사항은 '장기거래'와 '첫 거래', '주택청약종합저축'이다.
- A는 총 12회를 자동이체를 통해 납입하였는데, 이는 20개월의 2/3 이상인 14회에 미달되므로, '자동이체 저축' 우대이율은 적용받지 못한다.
- 2018년부터 5년 이상 거래하였으므로 '장기거래' 우대이율을 적용받는다.
- 2023년 1월에 가입한 K적금상품은 2024년 10월 5일 이전에 만기이므로, '첫 거래' 우대이율을 적용받는다.
- 2024년 12월 31일 이전에 주택청약종합저축에 가입하였으므로 우대이율을 적용받는다.

그러므로 적용금리는 기본금리 1.8%에 우대금리 0.6%p를 더한 2.4%이다.

이때 환급이자는 $100,000 \times \frac{20 \times 21}{2} \times \frac{0.024}{12} = 42,000$원이고, 원금은 $100,000 \times 20 = 2,000,000$원이다.

따라서 만기 환급금액은 2,042,000원이다.

03   정답 ②

- A주임이 I은행 튼튼준비적금에 가입하는 경우 만기 시 수령하는 이자액을 계산하면 다음과 같다.

  $100,000 \times \frac{36 \times 37}{2} \times \frac{0.018}{12} = 99,900$원

  A주임이 가입 기간 동안 납입할 적립 원금은 $100,000 \times 36 = 3,600,000$원이며, 만기환급금은 $99,900 + 3,600,000 = 3,699,900$원이다.

- A주임이 K은행 탄탄대로적금에 가입하는 경우 만기 시 수령하는 이자액을 계산하면 다음과 같다.

  $120,000 \times \frac{30 \times 31}{2} \times \frac{0.020}{12} = 93,000$원

  A주임이 가입 기간 동안 납입할 적립 원금은 $120,000 \times 30 = 3,600,000$원이며, 만기환급금은 $93,000 + 3,600,000 = 3,693,000$원이다.

따라서 만기환급금이 더 큰 것은 만기 시에 3,699,900원을 받는 I은행 튼튼준비적금이다.

04   정답 ④

- A주임이 I은행 튼튼준비적금에 가입하는 경우 A주임은 기본금리 연 1.8%에 월급이체 우대금리 연 0.10%p를 적용받아 연 1.90%의 금리를 적용받는다.

  이때 만기 시 수령하는 이자액을 계산하면 $100,000 \times \frac{36 \times 37}{2} \times \frac{0.019}{12} = 105,450$원이다.

- A주임이 K은행 탄탄대로적금에 가입하는 경우 A주임은 기본금리 연 2.0%에 우수거래고객 우대금리 연 0.20%p, 가족회원 우대금리 연 0.20%p를 적용받아 연 2.40%의 금리를 적용받는다.

  이때 만기 시 수령하는 이자액을 계산하면 $120,000 \times \frac{30 \times 31}{2} \times \frac{0.024}{12} = 111,600$원이다.

따라서 만기환급금이 더 큰 상품은 만기수령 이자액이 더 큰 K은행 탄탄대로적금이므로 A주임이 가입할 상품은 K은행 탄탄대로적금이고, 이때 적용 금리는 연 2.4%이다.

대표기출유형 03 기출응용문제

01
정답 ①

그래프에서 2024년의 총 진출 인원의 전년 대비 증가율이 가장 높음을 알 수 있다.
그러므로 선택지에 나와 있는 연도별 국제기구 총 진출 인원의 전년 대비 증가율을 구하면 다음과 같다.

- 2015년 : $\dfrac{316-248}{248} \times 100 ≒ 27.42\%$
- 2019년 : $\dfrac{458-398}{398} \times 100 ≒ 15.08\%$
- 2021년 : $\dfrac{530-480}{480} \times 100 ≒ 10.42\%$
- 2023년 : $\dfrac{571-543}{543} \times 100 ≒ 5.16\%$

따라서 국제기구 총 진출 인원의 전년 대비 증가율이 두 번째로 높은 해는 2015년이다.

02
정답 ①

선택지에 나와 있는 연도별 국제기구 총 진출 인원 중 고위직 진출 인원수의 비율을 구하면 다음과 같다.

- 2014년 : $\dfrac{36}{248} \times 100 ≒ 14.5\%$
- 2015년 : $\dfrac{36}{316} \times 100 ≒ 11.4\%$
- 2017년 : $\dfrac{40}{353} \times 100 ≒ 11.3\%$
- 2019년 : $\dfrac{42}{458} \times 100 ≒ 9.2\%$

따라서 비율이 가장 높은 연도는 2014년이다.

03
정답 ③

경제활동인구가 가장 많은 연령대는 30대(6,415천 명)이고, 30대의 실업률은 2.6%이다.
비경제활동인구가 가장 적은 연령대는 50대(1,462천 명)이고, 50대의 실업률은 2.0%이다.
따라서 30대의 실업률과 50대의 실업률 차이는 2.6-2.0=0.6%p이다.

04
정답 ③

선택지에 제시된 연령별 경제활동참가율을 구하면 다음과 같다.

- 20대 : $\dfrac{4,700}{7,078} \times 100 ≒ 66.4\%$
- 30대 : $\dfrac{6,415}{8,519} \times 100 ≒ 75.3\%$
- 40대 : $\dfrac{6,366}{8,027} \times 100 ≒ 79.3\%$
- 50대 : $\dfrac{3,441}{4,903} \times 100 ≒ 70.2\%$

따라서 경제활동참가율이 가장 높은 연령대는 40대이다.

대표기출유형 04　기출응용문제

01　정답 ②

조사 기간 동안 한 번도 0%를 기록하지 못한 곳은 강원, 경남, 대전, 부산, 울산, 충남 6곳이다.

오답분석
①・③ 자료를 통해 쉽게 확인할 수 있다.
④ 조사 기간 동안 가장 높은 유출된 예산 비중을 기록한 지역은 2022년 수도권으로 비중은 23.71%이다.

02　정답 ②

㉠ 자료를 통해 쉽게 확인할 수 있다.
㉢ 2020년 강원의 유출된 예산 비중은 21.9%로 다른 모든 지역의 비중의 합인 18.11%보다 높다.

오답분석
㉡ 지역별로 유출된 예산 비중의 총합이 가장 높은 연도는 2022년이다.
㉣ 2022년에 전년 대비 유출된 예산 비중이 1%p 이상 오르지 못한 곳은 경남, 광주, 대전 총 3곳이다.

03　정답 ②

부산광역시와 인천광역시는 2024년에 2019년 대비 어가인구가 각각 약 23%, 27% 감소하였으므로 옳다.

오답분석
① 2024년 울산광역시, 충청남도, 경상북도, 제주특별자치도에서는 어가인구 중 여성이 남성보다 많고 대구광역시는 여성과 남성이 동일하므로 옳지 않다.
③ 2019년과 2024년의 강원도와 경기도의 어가 수를 비교하면 다음과 같다.
- 2019년 : $\frac{3,039}{844} ≒ 3.6$배
- 2024년 : $\frac{2,292}{762} ≒ 3.0$배

따라서 강원도는 경기도의 4배 미만이다.
④ 2019년에 어가 수가 두 번째로 많은 지역은 충청남도이며, 어가인구가 두 번째로 많은 지역은 경상남도이다.

04　정답 ④

㉢ 대전광역시의 경우 어가가 소멸하였으므로 옳지 않다.
㉣ 서울특별시만 어가인구가 증가하였으므로 옳지 않다.

오답분석
㉠ 2019년 해수면어업 종사 가구가 가장 많은 구역은 전라남도이므로 옳다.
㉡ 가구 수가 가장 적은 행정구역은 대전광역시이며, 가구와 인구 측면에서 모두 최저를 기록하였다.

대표기출유형 05 기출응용문제

01
정답 ④

스리랑카는 총 5명, 파키스탄은 총 136명이 한국 국적을 취득하였다.

02
정답 ④

제시된 자료의 두 번째 표는 2024년 각국의 가계 금융자산 구성비를 나타낸 것이다. 따라서 ④의 2024년 각국의 가계 총자산 대비 예금 구성비와는 일치하지 않는다.

CHAPTER 06 정보능력

대표기출유형 01 기출응용문제

01 정답 ①
찾고자 하는 계정이 휴면 계정이 아니고, 실명, 이메일, 연락처 인증까지 모두 완료될 때 [5번 알림창]이 출력된다.

오답분석
② 실명 인증이 완료되지 않았을 때는 [2번 알림창]이 출력된다.
③ 이메일 인증이 진행되지 않았을 때는 [3번 알림창]이 출력된다.
④ 연락처 인증이 진행되지 않았을 때는 [4번 알림창]이 출력된다.

02 정답 ④
K학생의 모의고사는 평균 2등급이고(Yes →, Yes →), 교외 공모전 수상작이 3점 이상이며(Yes →), 해외 소재 대학에 입학하기를 희망하므로(Yes →) E반으로 배정받는다.

03 정답 ③

a	n
$\frac{11}{8}$	1
$1+\frac{5}{4}=\frac{9}{4}$	2
$2+\frac{5}{4}=\frac{13}{4}$	4
$3+\frac{5}{4}=\frac{17}{4}$	8

04 정답 ③

a	n
$\frac{7}{64}$	1
$\frac{64}{7}\times 2=\frac{128}{7}$	2
$\frac{7}{128}\times 4=\frac{7}{32}$	4
$\frac{32}{7}\times 8=\frac{256}{7}$	8
$\frac{7}{256}\times 16=\frac{7}{16}$	16

대표기출유형 02 기출응용문제

01
정답 ④

LARGE 함수는 데이터 집합에서 N번째로 큰 값을 구하는 함수이다. 따라서 ④를 입력하면 [D2:D9] 범위에서 두 번째로 큰 값인 20,000이 산출된다.

오답분석
① MAX 함수는 최댓값을 구하는 함수이다.
② MIN 함수는 최솟값을 구하는 함수이다.
③ MID 함수는 문자열의 지정 위치에서 문자를 지정한 개수만큼 돌려주는 함수이다.

02
정답 ①

SUMIF 함수는 주어진 조건에 의해 지정된 셀들의 합을 구하는 함수이며, 「=SUMIF(조건 범위,조건,계산할 범위)」로 구성된다. 따라서 ①을 입력하면 계산할 범위 [C2:C9] 안에서 [A2:A9] 범위 안의 조건인 [A2](의류)로 지정된 셀들의 합인 42가 산출된다.

오답분석
② COUNTIF 함수는 지정한 범위 내에서 조건에 맞는 셀의 개수를 구하는 함수이다.
③·④ VLOOKUP 함수와 HLOOKUP 함수는 배열의 첫 열/행에서 값을 검색하여 지정한 열/행의 같은 행/열에서 데이터를 돌려주는 찾기/참조 함수이다.

대표기출유형 03 기출응용문제

01
정답 ③

서식지정자 lf는 double형 실수형 값을 표시할 때 쓰이며, %.2lf의 .2는 소수점 2자리까지 표시한다는 의미이다.

02
정답 ①

버블정렬을 보여주는 코드이다. 버블정렬이란 인접한 두 수를 비교하여 가장 큰 원소부터 가장 오른쪽에 정렬하는 방법이다.

PART 2
직무수행능력

CHAPTER 01   경제·경영·금융

CHAPTER 02   시사상식

CHAPTER 03   IT·디지털

CHAPTER 01 경제 · 경영 · 금융

01 경제

| 객관식 |

01	02	03	04	05	06	07	08	09	10
④	③	④	③	②	③	②	③	③	①

01 정답 ④

역선택(Adverse Selection)은 정보가 없는 쪽에서 볼 때 관찰할 수 없는 속성이 바람직하지 않게 작용하는 경향이다. 이 현상이 나타나는 대표적인 사례가 중고차 시장이다. 중고차 판매자는 차량 결점을 잘 알지만 구매자는 잘 모르는 경우가 많기 때문이다. 구매자가 양질의 중고차 판매자와 거래하고 싶으나 정보 부족으로 불량한 판매자를 거래 상대방으로 선택(역선택)하는 경우가 생기는 것이다. 또 다른 사례로 보험 가입도 가입자가 보험회사보다 더 많은 정보를 갖고 있기 때문에 보험회사로선 건강한 사람보다 그렇지 않은 사람과 거래하는 역선택이 발생하기 쉽다.

02 정답 ③

생산물 가격이 하락할수록 요소수요는 감소하므로 노동수요곡선이 좌측으로 이동하면서 새로운 균형에서는 임금과 고용량이 모두 감소한다.

03 정답 ④

독점시장의 시장가격은 완전경쟁시장의 가격보다 높게 형성되므로 소비자잉여는 줄어든다.

04 정답 ③

A국의 실질GDP, 명목GDP, GDP 디플레이터를 2023년 기준으로 계산하면 다음과 같다.

구분	실질GDP	명목GDP	GDP 디플레이터
2024년	$(2\times16)+(4\times12)=80$	$(4\times16)+(2\times12)=88$	110
2023년	$(2\times20)+(4\times10)=80$	$(2\times20)+(4\times10)=80$	100

GDP 디플레이터는 명목GDP를 실질GDP로 나누어 100을 곱한 값이다. 그러므로 2023년은 100이며, 2024년은 110이다. 또한 2023년 대비 2024년의 GDP 디플레이터 상승률은 10%이다. 따라서 ③이 옳다.

05 정답 ②

㉠ 세로축이 세율이라면 해당 그래프는 과세대상액이 커질수록 세율도 높아지는 누진세를 나타낸다. 우리나라에서 부가가치세(VAT)는 현재 일률적으로 10%의 세율을 적용하므로 비례세에 해당한다.
㉡ 세로축이 세액이라면 과세대상액이 커질수록 세액이 일정한 기울기로 커지므로 해당 그래프는 비례세를 나타낸다. 법인세의 경우 누진세율이 적용되므로 과세대상액이 커지면 기울기가 세율구간별로 증가하는 형태로 나타난다.

[오답분석]
㉢ 조세부담의 역진성이란 소득이 낮은 자가 소득이 높은 자에 비해 상대적으로 높은 세율을 부담하는 것으로, 비례세의 경우 이론적으로 조세부담의 역진성이 나타난다.
㉣ 비례세에 해당하므로 모든 과세대상에 동일한 세율이 적용된다.

06 정답 ③

GDP 디플레이터(Deflator)는 명목GDP와 실질GDP 간의 비율로서 국민경제 전체의 물가압력을 측정하는 지수로 사용되며, 통화량 목표설정에 있어서도 기준 물가상승률로 사용된다.

07 정답 ②

기대인플레이션율은 단기필립스곡선과 장기필립스곡선이 교차하는 점 A에서의 인플레이션율인 5%이다. 현재 경제상황인 점 B에서의 실제인플레이션율은 7%이므로 실제인플레이션율이 기대인플레이션율보다 높은 상태이다.

오답분석

① · ③ 장기필립스곡선은 자연실업률 수준에서 수직선으로 도출되고 이 경제의 자연실업률은 4%이며 현재의 실업률은 3%이므로 실제실업률이 자연실업률보다 낮다. 이는 실제GDP가 잠재GDP를 초과하는 상태임을 의미한다.

④ 기대인플레이션율이 하락하면 필립스곡선상에서 이동하는 것이 아니라 단기필립스곡선 자체가 하방으로 이동한다.

08 정답 ③

화폐수량설에 따르면 $MV=PY$이다.

즉, $\dfrac{\Delta M}{M}+\dfrac{\Delta V}{V}=\dfrac{\Delta P}{P}+\dfrac{\Delta Y}{Y}$ 이다.

그러므로 $\dfrac{\Delta P}{P}=\dfrac{\Delta M}{M}+\dfrac{\Delta V}{V}-\dfrac{\Delta Y}{Y}=6+0-3=3\%$이다.

피셔방정식에 따르면 i(명목이자율)$=r$(실질이자율)$+\pi\left(물가상승률, 즉 \dfrac{\Delta P}{P}\right)$이다.

따라서 $r=i-\pi=10-3=7\%$이다.

09 정답 ③

오답분석

㉠ 화폐수요의 이자율 탄력성이 높은 경우(=이자율의 화폐수요 탄력성은 낮음)에는 총 통화량을 많이 증가시켜도 이자율의 하락폭은 작기 때문에 투자의 증대효과가 낮다. 반면, 화폐수요의 이자율 탄력성이 낮은 경우(=이자율의 화폐수요 탄력성은 높음)에는 총 통화량을 조금만 증가시켜도 이자율의 하락폭은 커지므로 투자가 늘어나고 이로 인해 국민소득이 늘어나므로 통화정책의 효과가 높아진다.

10 정답 ①

정부가 실업률을 낮추기 위해서는 확장적 재정정책이나 금융정책을 실시해야 한다.

오답분석

② · ④ 긴축적 재정정책에 해당한다.
③ 긴축적 금융정책에 해당한다.

주관식

01	02	03	04	05
㉡, ㉣	4	㉡, ㉣, ㉤	㉡, ㉢, ㉣, ㉤	2

01 정답 ㉡, ㉣

㉡ 경기호황으로 인한 임시소득의 증가는 소비에 영향을 거의 미치지 않기 때문에 저축률이 상승하게 된다.
㉣ 소비가 현재소득뿐 아니라 미래소득에도 영향을 받는다는 점에서 항상소득가설과 유사하다.

오답분석

㉠ 직장에서 승진하여 소득이 증가한 것은 항상소득의 증가를 의미하므로 승진으로 소득이 증가하면 소비가 큰 폭으로 증가한다.
㉢ 항상소득가설에 의하면 항상소득이 증가하면 소비가 큰 폭으로 증가하지만 임시소득이 증가하는 경우에는 소비가 별로 증가하지 않는다. 따라서 항상소득에 대한 한계소비성향이 임시소득에 대한 한계소비성향보다 더 크게 나타난다.

02 정답 4

확장적 재정정책을 실시하면 IS곡선이 (정부지출증가분)×(승수)만큼 오른쪽으로 이동하면서 국민소득이 증가한다. 국민소득이 증가하면 화폐수요가 증가하므로 이자율이 상승하고 이에 따라 민간투자가 감소하는 구축효과가 발생한다. 그러므로 IS-LM 모형에서는 확장적 재정정책을 실시하더라도 승수모형에서보다 국민소득이 적게 증가한다. 확장적 재정정책을 실시할 때 국민소득이 크게 증가하려면 일차적으로 IS곡선의 이동폭이 커야 하므로 승수가 커야 한다. 즉, 한계소비성향이 높을수록, 소득세율이 낮을수록 승수효과가 크므로 국민소득에 미치는 영향이 크다. 또한, 국민소득이 크게 증가하려면 구축효과가 작아야 한다. 구축효과는 화폐수요의 이자율 탄력성이 높을수록(LM곡선이 완만할수록), 민간투자의 이자율 탄력성이 작을수록(IS곡선이 급경사일수록) 작아진다.

03 정답 ㉡, ㉣, ㉤

증여세, 교육세, 소득세는 국세이다.

국세
- 내국세 : 법인세, 소득세, 농어촌특별세, 상속세, 교육세, 교통·에너지·환경세, 증여세, 증권거래세, 인지세, 주세, 개별소비세, 부가가치세, 종합부동산세
- 관세 : 외국으로부터 물품을 수입할 때 부과하는 세금

04

정답 ㉡, ㉢, ㉣, ㉤

일자리를 구하는 중인 주부는 경제활동인구 중 실업자에 포함되며 취업한 장애인, 일시적으로 휴직한 취업자, 부모가 운영하는 식당에서 유급으로 일한 대학생은 취업자에 해당하므로 경제활동인구에 포함된다.

[오답분석]
㉠ 경제활동인구란 일할 능력과 일할 의사가 있는 인구여야 하는데, 실망노동자의 경우에는 일할 능력은 있지만 일할 의사가 없으므로 비경제활동인구다.

05

정답 ②

㉠ '외국인의 국내 부동산 구입 증가'와 ㉡ '국내 기준금리 인상'은 자본유입이 발생하므로 외환의 공급이 증가하여 환율이 하락한다(=원화가치 상승).

[오답분석]
㉢ '미국의 확대적 재정정책 시행'과 ㉣ '미국의 국채이자율 상승' 모두 미국의 이자율이 상승하면서 자본유출이 발생하므로 외환의 수요가 증가하여 환율이 상승한다(=원화가치 하락).

02 경영

| 객관식 |

01	02	03	04	05	06	07	08	09	10
④	③	③	②	①	④	①	③	④	④

01

정답 ④

고정주문기간 모형은 일정한 시점이 되면 정기적으로 필요한 만큼의 양을 주문하는 형태의 주문 시스템 모형으로, 주문량이 매번 달라질 수 있어 수요변동이 크지만 주문 기간과 간격은 일정하다. 또한 재고의 수시파악이 어려운 다품종 저가 품목 용도로 사용된다.

[오답분석]
① ABC 관리 : 재고 부품을 A, B, C 세 종류로 분류하여 관리함으로써 재고 비용을 감소시키려는 재고 관리 방식이다.
② ERP(전사적 자원관리) : 기업의 경쟁력을 강화하기 위하여 경영 활동에 쓰이는 기업 내의 모든 자원을 효율적으로 관리하는 통합 정보 시스템이다.
③ 고정주문량 모형 : 현재 재고수준이 미리 정한 재주문점(ROP)에 도달하면 미리 정해 놓은 주문량을 발주하는 시스템이다.

02

정답 ③

EPS는 주당순이익으로, 기업의 당기순이익을 발행주식수로 나누어 구하며, 기업이 1주당 얼마를 벌었는지 알 수 있다.

03

정답 ③

㉡ 명성가격은 가격이 높으면 품질이 좋다고 판단하는 경향으로 인해 설정되는 가격이다.
㉢ 단수가격은 가격을 단수(홀수)로 적어 소비자에게 싸다는 인식을 주는 가격이다(예 9,900원).

[오답분석]
㉠ 구매자가 어떤 상품에 대해 지불할 용의가 있는 최고가격은 유보가격이다.
㉣ 심리적으로 적당하다고 생각하는 가격 수준은 준거가격이라고 한다. 최저수용가격이란 소비자들이 품질에 대해 의심 없이 구매할 수 있는 가장 낮은 가격을 의미한다.

04   정답 ②

이론적인 작업장 수는 순과업시간을 목표주기시간으로 나누어 계산한 숫자를 정수 단위로 올림하여 산출한다.

$$\frac{(순과업시간)}{(목표주기시간)} = \frac{300초}{96초} = 3.125개$$

따라서 정수 단위로 올려서 4개이다.

05   정답 ①

자사주 매입과 현금배당 모두 PER을 낮추는 효과를 가진다. 자사주 매입을 통해 유통주식수가 감소하면 PER이 낮아지게 되며, 현금배당을 통해 자본총계가 감소하면 PER이 낮아지게 된다.

오답분석
② 자사주 매입은 유통주식수가 줄어들므로 EPS(순이익/유통주식수)가 그만큼 높아지게 된다.
③ 현금배당은 유통주식수에 변동을 미치지 않으며, 이익잉여금을 현금으로 배분하므로 자본총계에 영향을 미친다.

06   정답 ④

이표채의 경우, 표면이자율과 시장이자율이 같을 경우 채권의 현재가격은 액면가와 동일하다.
따라서 이표채의 현재가격은 액면가와 같은 1,000,000원이다.

이표채 계산식
매년 발생하는 현금흐름을 모두 현재가치로 환산하고 이를 모두 더하는 방식으로 계산한다.
(이표채 현재가격)=(1년 차 이자)÷$(1+시장이자율)^1$
+(2년 차 이자)÷$(1+시장이자율)^2$+⋯+(n년 차 이자+원금)÷$(1+시장이자율)^n$

07   정답 ①

최초 재평가로 인한 평가이익은 재평가잉여금(기타포괄손익누계액)으로, 최초의 손실은 재평가손실(당기비용)로 처리한다.

08   정답 ③

I사의 은행계정 조정표는 다음과 같다.

(단위 : 원)

당점	(12,490)	은행	13,500
차감	570	가산	2,560
가산	90	차감	4,050
조정 후 금액	12,010	조정 후 금액	12,010

09   정답 ④

마이클 포터는 경쟁에서 우위를 차지하기 위해서 차별화 혹은 비용 우위전략의 둘 중 하나에 집중해야 한다고 주장했다.

10   정답 ④

단계배부법은 보조부문 원가의 배부순서를 정하여 그 순서에 따라 단계적으로 보조부문 원가를 다른 보조부문과 제조부문에 배부하는 방법이다.

A보조부문 배부액	• B : 400,000×0.2=80,000원 • C : 400,000×0.3=120,000원 • D : 400,000×0.5=200,000원
B보조부문 배부액	• C : $(480,000+80,000) \times \frac{0.3}{0.6}$ =280,000원 • D : $(480,000+80,000) \times \frac{0.3}{0.6}$ =280,000원
D에 배부된 보조부문 원가합계	• D : 200,000+280,000 =480,000원

따라서 D가 배부받을 보조부문 원가합계는 480,000원이다.

| 주관식 |

01	02	03	04	05
㉠, ㉣, ㉤	4	22,000	630	150

01   정답 ㉠, ㉣, ㉤

오답분석
㉡ 수직적 마케팅시스템은 구성원인 제조업자, 도매상, 소매상, 소비자를 각각 개별적으로 파악하는 것이 아니라, 구성원 전체가 소비자의 필요와 욕구를 만족시키는 유기적인 전체 시스템을 이룬 유통경로체제이다.
㉢ 수직적 마케팅시스템에서는 구성원들의 행동이 각자의 이익을 극대화하는 방향이 아닌 시스템 전체의 이익을 극대화하는 방향으로 조정된다.

02   정답 4

㉡ 자기자본을 발행주식수로 나누어 계산한다.
㉢ 성장성이 아닌 안정성을 보여주는 지표이다.
㉣ 채권자가 아닌 주주가 배당받을 수 있는 자산의 가치를 의미한다.
㉤ 순자산보다 주가가 높게 형성되어 고평가되었다고 판단한다.
따라서 보기 중 주가순자산비율에 대한 설명으로 옳지 않은 것은 4개이다.

03

정답 22,000

항상성장모형 : $\dfrac{D_1}{\gamma-g} = \dfrac{1,100}{0.2-0.15} = \dfrac{1,100}{0.05} = 22,000$

(γ : 요구수익률, g : 성장률, D_1 : 차기주당배당금)

따라서 고든의 항상성장모형에 따른 I기업 주식의 현재가치는 22,000원이다.

04

정답 630

원재료에 대한 정보를 표로 정리하면 다음과 같다.

(단위 : kg)

기초	50	사용액	600
구입액	(630)	기말	80
합계	680	합계	680

따라서 2026년에 구입해야 할 원재료는 630kg이다.

05

정답 150

(공헌이익률) = $\dfrac{(단위공헌이익)}{(판매가격)} = \dfrac{1-0.6}{1} = 0.4$

(손익분기점매출액) = $\dfrac{(고정비)}{(공헌이익률)} = \dfrac{600,000}{0.4} = 1,500,000$원

따라서 손익분기점 매출액은 150만 원이다.

03 금융

객관식

01	02	03	04	05	06	07	08	09	10
④	①	②	②	②	③	①	②	②	②

01

정답 ④

오답분석

① TRS(Total Return Swap) : 증권사가 일정 증거금을 담보로 주식·채권·메자닌 등 자산을 운용사 대신 매입해 주는 스왑 계약을 가리킨다.
② PEF(Private Equity Fund) : 사모펀드로, 일정 수 이하의 제한된 투자자들을 모집하여 비공개적으로 운영되는 펀드이다.
③ MMF(Money Market Funds) : 단기금융집합투자기구로, 펀드 재산을 단기금융상품에 주로 투자하고, 수시입출금이 가능한 펀드를 가리킨다.

02

정답 ①

오답분석

② CMA(Cash Management Account) : 고객이 예치한 자금을 LP나 양도성예금증서(CD)·국공채 등의 채권에 투자하여 그 수익을 고객에게 돌려주는 금융상품이다. 종합자산관리계정이라고도 한다.
③ IRLS(Interest Rate Linked Securities) : CD 금리, LIBOR 금리 등의 이자율이 연계된 파생상품을 운용하는 펀드이다.
④ MMDA(Money Market Deposit Account) : 가입 당시 적용되는 금리가 시장금리의 변동에 따라 결정되는 시장금리부 수시입출금식 저축성예금 계좌이다.

03

정답 ②

웩더독(Wag the Dog)은 '개의 꼬리가 몸통을 흔든다'는 뜻으로, 주식시장에서 선물시장(꼬리)이 현물시장(몸통)에 큰 영향을 미치는 현상을 가리킬 때 보통 사용한다. 웩더독은 정치·경제 분야에서 모두 사용된다.

04

정답 ②

DSR(Debt Service Ratio)은 총부채원리금상환비율의 약자로, 대출을 받으려는 사람의 총소득에서 금융부채의 원리금 상환액이 차지하는 비율을 말한다.

오답분석

③ LTV(Loan To Value ratio) : 주택의 담보가치에 따른 대출금의 비율인 주택담보대출비율을 의미한다.

④ DTI(Debt To Income) : 연간 총소득에서 금융회사에 갚아야 하는 주택담보대출의 원금과 이자가 차지하는 비율인 총부채상환비율을 의미한다.

05 정답 ②

오답분석
① 피셔 효과(Fisher Effect) : 1920년대 미국의 경제학자 어빙 피셔의 주장으로 인플레이션이 심해지면 금리 역시 따라서 올라간다는 이론이다.
③ 베블런 효과(Veblen Effect) : 가격이 오르는데도 오히려 수요가 증가하는 현상(가격은 가치를 반영)이다.
④ 디드로 효과(Diderot Effect) : 새로운 물건을 갖게 되면 그것과 어울리는 다른 물건도 원하는 효과이다.

06 정답 ③

(주식의 기대수익률)=(배당수익률)+(EPS 장기성장률)

07 정답 ①

효율적 증권 중 최적증권의 선택은 투자자의 위험성향에 달려 있다.

08 정답 ②

㉠ 유동비율 : 유동자산을 유동부채로 나눈 값으로 부채비율보다 유동비율이 높을수록 건전하다고 할 수 있다.
㉢ 부채비율 : 부채를 자본으로 나눈 값으로 재무건전성을 파악하는 데 가장 중요한 정보이다.

오답분석
㉡ 자기자본이익률 : 수익성 관점에서의 재무제표 분석 정보에 해당한다.
㉣ 총자산증가율 : 성장성 관점에서의 재무제표 분석 정보에 해당한다.

09 정답 ②

원·달러 환율이 하락할 때에는 달러의 가치가 하락하므로 달러를 시장가격보다 높게 매도할 수 있는 풋옵션을 매입해 놓은 경우 이익을 볼 수 있다.

10 정답 ②

예금보험제도는 동일한 종류의 위험을 대비하지만 위험의 정도가 다르기 때문에 금융사들이 내는 예금보험료는 금융회사별로 다르다. 즉, 신용도가 낮은 금융사일수록 요율이 높아진다. 예금보험제도는 예금, 적금, 개인이 가입한 보험 등이 예금보호 대상이며 주식, 펀드와 같은 투자형 상품은 보호 대상이 아니다. 또한 은행, 보험사, 저축은행, 증권사 등은 예금보험제도에 가입해 있지만 새마을금고나 신용협동조합, 지역농협과 수협 등은 예금보험에 가입해 있지 않고 자체 기금으로 예금을 보호한다.

| 주관식 |

01	02	03	04	05
㉡, ㉢, ㉣	1	㉠, ㉣	㉠	㉢

01 정답 ㉡, ㉢, ㉣

오답분석
㉠ 금융시장이란 기업, 가계, 정부, 금융기관 등 경제 주체들이 금융상품을 거래하여 필요한 자금을 조달하고 여유자금을 운용하는 조직화된 장소를 말한다. 이는 추상적인 것으로 어느 특정 건물이나 장소를 의미하는 것은 아니다.

02 정답 1

㉠은 변동금리에 대한 설명이다. 연동금리란 시장 실세금리에 연동, 매일 또는 매월 금리가 고시되고 이 금리를 일정 기간 확정·부여한다. 따라서 보기 중 금융상품의 금리에 대한 설명으로 옳지 않은 것은 1개이다.

03 정답 ㉠, ㉣

예금자 보호제도란 금융회사 파산 등으로 인해 고객의 예금을 지급하지 못하게 될 경우 예금보험공사에서 예금자 1인당 예금 원리금 합계 5천만 원까지 보장해 주는 제도를 말한다. 보기 중 양도성예금증서와 금현물거래예탁금은 예금자 보호 대상 상품에 해당하지 않는다.

04 정답 ㉠

신포도 대신 체리만 골라 먹는 사람이라는 뜻으로, 신용카드 회사의 특별한 서비스 혜택은 다 누리고 카드는 사용하지 않는 고객을 의미하는 체리 피커(Cherry Picker)에 대한 설명이다.

05 정답 ㉢

제시된 설명은 낙타의 코에 대한 것으로, 낙타가 사막 추위를 피하기 위해 처음엔 코만 천막 안에 넣었다가 시간이 지나면 몸 전체를 밀고 들어와 결국 상인이 천막을 빼앗기게 되었다는 내용의 우화에서 유래된 용어이다.

CHAPTER 02 시사상식

01	02	03	04	05	06	07	08	09	10
②	②	②	①	①	③	①	②	④	①
11	12	13	14	15					
④	④	②	①	②					

01 정답 ②

캘린더 효과(Calender Effect)는 매년 특정한 기간에 주식시장이 일정한 흐름을 보여주는 것을 말한다. 산타랠리, 1월 효과, 서머랠리 등이 이에 해당한다. 산타랠리는 성탄절 즈음 소비 심리가 상승하면서 이것이 주가에 영향을 끼친다는 것이고, 이 흐름이 이듬해 1월까지 이어진다는 것이 1월 효과다. 서머랠리는 사람들이 여름철 휴가를 떠나기 전에 미리 주식을 매입하면서 주가에 변동이 발생한다는 의미이다.

02 정답 ②

노블레스 말라드(Noblesse Malade)는 '귀족'을 뜻하는 프랑스어 'Noblesse'와 '아픈, 병든'을 뜻하는 프랑스어 'Malade'의 합성어로, '부패한 귀족'을 의미한다. 오늘날로 말하면 갑질을 하는 기득권층이나 권력에 기대 부정부패를 일삼는 부유층이라 할 수 있다. '노블레스 오블리주'와 반대되는 개념이다.

03 정답 ②

메세나(Mecenat)는 기업 혹은 유산층이 문화, 예술, 과학, 스포츠 등의 분야를 지원하는 사회공헌 활동을 뜻한다. 로마 제국 초기의 대신으로 예술, 문화의 옹호자이며, 문화 예술가들에게 지원을 아끼지 않았던 마에케나스(G. Maecenas)로부터 유래되었다.

04 정답 ①

카르텔은 동일 업종의 기업들이 경쟁의 제한 또는 완화를 목적으로 가격, 생산량, 판로 등에 대하여 협정을 맺는 것으로 형성하는 독점 형태 또는 그 협정을 뜻한다. 각 기업의 독립성이 유지된다는 점에서 트러스트와는 다르다.

오답분석
② 트러스트 : 같은 업종의 기업이 경쟁을 피하고 보다 많은 이익을 얻을 목적으로 자본에 의하여 결합한 독점 형태로서, 가입 기업의 개별 독립성은 사라진다.
③ 오픈숍 : 고용자가 노동조합의 가입 여부와 상관없이 채용할 수 있고, 근로자 또한 노동조합의 가입이나 탈퇴가 자유로운 제도를 뜻한다.
④ 클로즈드숍 : 근로자를 고용할 때 노동조합 가입을 고용조건으로 내세우는 제도로서, 노조에 가입된 사람만을 고용할 수 있으며, 노조에서 탈퇴하면 자동 해고된다.

05 정답 ①

'여론을 알아보기 위한 관측 수단'을 뜻하는 용어는 발롱데세(Ballon Dessai)로, 이는 원래 기상 상태를 관측하기 위하여 띄우는 기구라는 뜻이다. 상대방의 의견이나 여론의 방향을 알아보기 위해 시험적으로 특정 의견 또는 정보를 언론에 흘림으로써 여론의 동향을 탐색하는 수단, 즉 직접 상대방을 겨냥하지는 않지만 상대방의 의견을 타진하기 위하여 흘려 보내는 의견이나 정보를 이르는 말로 사용된다. 국제간에서는 타국의 여론이나 지도자의 의도를 탐지하기 위하여 고의로 발표하거나 의식적으로 조작한 정보나 의견을 이른다.
반면 데마고그(Demagogue)는 감정적으로 대중을 기만하여 권력을 취하려는 선동적 중우정치를 일삼는 정치인을 뜻한다. 어원은 그리스어의 데마고고스(Demagogos)인데, 고대 그리스・로마 시대에 대중의 지지를 기반으로 하는 정치가 또는 웅변가를 일컫는 말이었다.

06 정답 ③

ⓒ 현행 『대한민국 헌법』(1987년 전부개정)은 '제10장 헌법개정(제128조 ~ 제130조)'에서 개헌과 관련한 규정을 명시하고 있다. 제안된 헌법개정안은 대통령이 20일 이상의 기간 이를 공고하여야 한다(대한민국 헌법 제129조).
ⓔ 국회는 헌법개정안이 공고된 날로부터 60일 이내에 의결하여야 하며, 국회의 의결은 재적의원 3분의 2 이상의 찬성을 얻어야 한다(대한민국 헌법 제130조 제1항).
ⓜ 헌법개정안은 국회가 의결한 후 30일 이내에 국민투표에 붙여 국회의원 선거권자 과반수의 투표와 투표자 과반수의 찬성을 얻어야 한다(대한민국 헌법 제130조 제2항).

오답분석
㉠ 헌법개정은 국회재적의원 과반수 또는 대통령의 발의로 제안된다(대한민국 헌법 제128조 제1항).
㉡ 헌법개정안·국민투표안·조약안·법률안 및 대통령령안은 국무회의의 심의를 거쳐야 한다(대한민국 헌법 제89조 제3호).

07 정답 ①
오답분석
② 수요분석 : 상품 또는 항목별 수요량과 가격 소득 등의 관계를 분석하여 수요와 그 결정요인과의 관계를 규명하는 일이다.
③ 시장분석 : 시장조사의 일부로, 시장의 크기를 측정하고 시장특성을 판정하는 일이다.
④ 판매예측 : 입안된 마케팅 계획 또는 활동과 경영상의 여러 여건에 입각하여 장래의 일정 기간에 대한 매출액을 금액 및 물리적으로 예측하는 것으로, 수요예측을 전제로 한다.

08 정답 ②
3종 오류란 정책문제를 잘못 인지하여 여전히 정책문제가 해결되지 못한 현상을 말한다.

09 정답 ④
국가의 세입·세출의 결산, 국가 및 법률이 정한 단체의 회계검사와 행정기관 및 공무원의 직무를 감찰하기 위하여 대통령 소속하에 감사원을 둔다(대한민국 헌법 제97조). 즉, 감사원은 헌법상에 규정된 대통령 소속 헌법기관이다.

10 정답 ①
글래스 – 스티걸법(Glass – Steagall Act)은 1929년 경제 대공황의 원인 중 하나를 상업은행의 무분별한 투기 행위로 판단하여 1933년에 제정된 법으로, 상업은행과 투자은행의 업무를 분리하여 상업은행이 고객의 예금으로 투자를 할 수 없게 한 법이다.
오답분석
② 볼커 룰(Volcker Rule) : 2015년 미국 금융기관의 위험투자를 제한하고, 대형화를 억제하기 위해 만든 금융기관 규제방안이다.
③ 그램 – 리치 – 블라일리법(Gramm – Leach – Bliley Act) : 1999년 은행과 증권, 보험이 서로 경쟁할 수 있도록 금융규제를 완화한 내용의 법이다. 이 법의 제정으로 글래스 – 스티걸법은 폐지되었다.
④ 프랍 트레이딩(Proprietary Trading) : 금융기관이 이익을 얻을 목적으로 고객의 예금이나 신탁자산이 아닌 자기자본 또는 차입금 등을 주식이나 채권, 통화, 옵션, 파생상품 등의 금융상품에 투자하는 것이다.

11 정답 ④
물이나 기름을 세탁 용제로 이용하는 일반적인 세탁기와 달리 냉각·압축해 액화된 이산화탄소를 사용하는 이산화탄소 세탁기는 물을 사용하지 않으므로 무수(無水) 세탁기라고도 부른다. 액화 이산화탄소는 물보다 점도가 낮아 세탁물의 섬유 사이로 잘 침투하기 때문에 물보다 쉽게 오염 물질을 제거한다. 또한 세탁에 사용한 액화 이산화탄소를 다시 기체 상태로 만들어 보관해 재사용하기 때문에 이산화탄소를 배출하지 않으므로 탄소중립에도 기여할 수 있고, 폐수를 배출하지 않으므로 환경오염이 상대적으로 적다. 스웨덴에서 이미 상용화에 성공한 사례가 있다.

12 정답 ④
오답분석
① 석패율제도 : 한 후보자가 지역구와 비례대표에 동시에 출마하는 것을 허용하고 중복 출마자들 중에서 가장 높은 득표율로 낙선한 후보를 비례대표로 뽑는 제도이다.
② 로그롤링 : 정치세력이 자기의 이익을 위해 경쟁세력의 요구를 수용하거나 암묵적으로 동의하는 정치적 행위를 말한다.
③ 국민소환제 : 선거로 선출·임명한 국민의 대표나 공무원을 국민의 발의에 의하여 파면·소환하는 제도이다.

13 정답 ②
㉠ 쿼드(Quad)에 참여하는 나라는 미국, 인도, 호주, 일본 4개국이다.
㉣ 비공식 안보회의체였던 쿼드는 2020년 군사적 다자 안보동맹으로 공식화되었으며, 2021년부터 국가 정상회담으로 격상되었다.
오답분석
㉡ 쿼드는 2004년 동남아 쓰나미 피해의 복구 및 지원을 위한 '쓰나미 코어 그룹'에서 비롯되었으며, 이후 중국이 인도양 진출을 위한 군사적 거점을 마련하려는 움직임을 보이자 이에 대한 대응으로 2007년 초 일본 아베 총리가 4자 안보대화를 제안하며 본격화되었다.
㉢ 쿼드는 중국의 세력 확장으로 인해 촉발된 갈등과 위기의식의 고조로 인해 중국에 대항하는 군사적 동맹으로서의 성격이 강하다.

㉤ 2020년 8월 미국 스티븐 비건 국무부장관은 쿼드의 확대와 역량 강화를 목적으로 한국, 뉴질랜드, 베트남 등 3개국을 더한 쿼드플러스로 확대할 의사를 드러냈다. 그러나 미국 조 바이든 대통령이 방한해 윤석열 전 대통령을 만난 2022년 5월에 미국 고위 당국자는 "현재로선 한국의 쿼드 추가는 고려하지 않는다."며 "새 회원국의 가입을 고려하기보다는 쿼드가 이미 제시한 것들을 발전, 강화하는 게 지금의 목표"라고 말했다.

14 정답 ①

㉠ 중앙은행이 재할인율을 높이면 시중은행에 돈이 덜 유통되므로 화폐의 공급이 줄어든다.
㉡ 중앙은행이 통화량을 조절하기 위해 국채, 공채 등의 유가증권을 사고파는 것을 공개시장조작이라 한다. 이때 중앙은행이 시중에 국채를 매각해 원화를 거두어들이면 본원통화가 감소해 통화량도 줄어든다.

오답분석
㉢ 예금자(민간)이 보유한 현금이 감소하면 상대적으로 은행이 보유한 예금통화가 증가하므로 통화승수가 증가하고 통화량 또한 많아진다.
㉣ 초과지급준비율이 감소할수록 은행의 대출 여력이 커져 더 많이 대출하게 되므로 통화승수가 증가하고 통화량 또한 많아진다.

15 정답 ②

기관투자자는 고객, 수익자 등 타인의 자산을 관리·운영하는 수탁자로서 투자 대상 회사의 중장기적인 가치를 제고하여 투자자산의 가치를 보존하고 높일 수 있도록 투자 대상 회사를 정기적으로 점검할 의무가 있다.

오답분석
① 기관투자자는 투자 대상 회사와의 공감대 형성을 지향하고, 필요한 경우 수탁자 책임 이행을 위한 활동 전개 시기와 절차, 방법에 관한 내부지침을 마련해 수탁자로서의 책임을 충실히 이행하여야 한다.
③ 기관투자자는 의결권 행사를 위한 지침·절차·세부 기준을 포함한 의결권 정책을 마련하여 공개함으로써 고객 및 수익자의 신뢰를 얻을 수 있다.
④ 기관투자자가 이해 상충 문제에 직면했을 경우에는 문제 해결 방안에 대한 정책 내용을 공개하여 효과적이고 명확하게 해결하는 것이 바람직하다.

CHAPTER 03 IT · 디지털

객관식

01	02	03	04	05	06	07	08	09	10
③	④	③	④	①	③	④	②	③	④
11	12	13	14	15					
④	④	②	③	①					

01 정답 ③

버즈 워드(Buzz Word)에서 Buzz란 잡음을 의미한다. 즉, 사실상 의미 없는 단어를 검색하게 되면 너무 많은 자료가 나타나, 실제로 찾고자 하는 자료의 수색을 오히려 방해시키는 결과를 가져온다.

오답분석

① 애비워드(AbiWord) : 리눅스, 윈도우 등에서 사용되는 자유 워드 프로세서를 말한다.
② 하프 워드(Haff Word) : 반단어라고 불리며, 일정하게 정해진 기준은 없지만, 일반적으로 컴퓨터에서 취급하는 한 단어 길이의 절반에 해당하는 정보를 말한다.
④ 직렬 워드(Serial Word) : 컴퓨터가 순서대로 처리하는 정보의 단위를 말한다.

02 정답 ④

양자컴퓨터란 기존의 전산 방식의 계산을 양자역학을 이용한 계산 방식으로 바꾸어, 현재 슈퍼컴퓨터의 수억 배의 계산속도를 낼 수 있다고 예상되는 미래의 컴퓨터이다. 양자컴퓨터를 구현하기 위해서는 원자를 고정시켜 신호를 저장할 수 있어야 하는데, 이렇게 만들어진 양자 정보를 '퀀텀비트'라 한다.

03 정답 ③

토픽 맵(Topic Map)이란 많은 양의 비정형 데이터를 핵심 내용인 토픽(Topic)을 중심으로 나눈 뒤, 각 데이터의 상관관계에 따라 지도 형태로 나타낸 기술을 말한다.

오답분석

① 온맵(On Map) : 국토교통부에서 무료로 제공하는 인터넷 및 프로그램이 없이도 이용할 수 있는 전자지도를 말한다.
② 기호 맵(Symbol Map) : 프로그램 내의 기호의 명칭과 기억영역주소의 연결관계를 표현한 것을 말한다.
④ 메모리 맵(Memory Map) : 기억 장치 내에서 각 대상의 위치 정보를 도식화한 것을 말한다.

04 정답 ④

제로 데이 공격이란 시스템에서의 보안 문제가 알려지기도 전에 진행되는 공격을 의미한다.

오답분석

① 스니핑(Sniffing) : 도청프로그램을 통해 개인정보를 해킹하는 공격을 말한다.
② 사전공격(Dictionary Attack) : 컴퓨터 프로그램을 통해 사전에 존재하는 모든 단어를 입력하여 이용자의 암호를 해킹하는 공격을 말한다.
③ 키로거 공격(Key Logger Attack) : 이용자의 컴퓨터에 사전에 설치된 해킹 프로그램을 통해 키보드 움직임을 감지하여 개인정보를 유출해 가는 공격을 말한다.

05 정답 ①

상호 배제(Mutual Exclusion)란 프로세스들이 필요로 하는 자원에 대해 배타적인 통제권을 요구하는 것으로 한 프로세스가 사용 중이면 다른 프로세스는 반드시 기다려야 하는 경우이다.

06 정답 ③

공개키 암호화 기법은 RSA가 가장 대표적이며, 이는 Ron Rivest, Adi Shamir, Leonard Adleman라는 세 사람이 개발하였다.

07 정답 ④

개인키 / 비밀키

- 암호키와 복호키 값이 동일하고, 암호문 작성과 해독 과정에서 개인키를 사용한다.
- 알고리즘이 간단하여 암호화 속도가 빠르고, 파일의 크기가 작아 경제적이다.

08 정답 ②

인증(Authentication)은 정보를 보내는 사람의 신원을 확인하는 것으로 사용자 접근 권한 및 작업 수행을 조사한다. 또한, 네트워크 보안 유지 수단의 하나로 네트워크에 접속하는 사용자 ID 등을 검사하여 거짓 인증으로부터 시스템과 정보를 보호한다.

09 정답 ④

프로세스(Process)는 현재 실행 중인 프로그램을 의미하며, 프로세서가 할당된 개체(Entity)로 프로세스 제어 블록(PCB)에 명백히 존재한다(비동기적 행위를 일으키는 주체).

10 정답 ④

CISC는 필요한 명령어 셋을 갖춘 프로세서로 가장 효율적인 방법으로 요구 능력을 제공한다. 가변 길이의 명령어 형식은 CISC의 특징이고, 단일 사이클의 명령어 실행은 RISC의 특징이다.

11 정답 ④

오답분석
① 데이터 이주 : 서로 다른 사이트에 있는 데이터에 접근할 때 시스템의 전송 방안을 모색하며, 한 노드의 사용자가 다른 노드에 접근할 때 데이터의 전체나 일부분을 전송한다.
③ 프로세스 이주 : 프로세스의 일부 또는 모두가 다른 컴퓨터에서 수행되거나 프로세스를 실행할 때 다른 노드에서도 연산을 수행한다.

12 정답 ④

RISC는 적은 수의 명령어를 지원하며, 복잡한 연산을 수행하려면 제공하는 명령어들을 반복 수행해야 하므로 프로그램이 복잡해진다. 또한 속도가 빠른 그래픽 응용 분야에 적합하므로 워크스테이션에 주로 사용된다.

13 정답 ②

누화 및 상호 변조 잡음은 하나의 주파수 대역폭을 나누어 사용하는 채널들이 겹치면서 생기는 오류로 주파수 분할 다중화기(FDM)에 해당된다.

오답분석
① TDM : 하나의 통신회선을 여러 사람이 동시에 사용할 수 있게 하기 위해 사용하는 방식이다.
③ WDM : 한 가닥의 광섬유에 채널별로 여러 개의 파장을 동시에 전송하는 기술이다.
④ STDM : 입회선(入回線)을 사이클릭하게 주사함으로써 동일한 동기 통신 회선을 시분할적으로 사용하는 통신 방식이다.

14 정답 ③

블루투스는 블루투스를 켜 놓은 상태에서 해킹이 쉽다는 보안상의 문제점이 있다.

오답분석
① 주로 10m 안팎의 근거리 무선 통신 기술이다.
② ISM(Industrial Scientific and Medical) 주파수 대역인 2,400 ~ 2,483.5MHz를 사용한다.
④ 마스터 기기가 생성하는 주파수 호핑에 슬레이브 기기를 동기화시키지 못하면 두 기기 간 통신이 이루어지지 않는다.

15 정답 ①

통신 제어장치(CCU)는 전송 회선과 컴퓨터의 전기적 결합으로 전송 문자를 조립, 분해하는 장치로 통신의 시작과 종료 제어, 송신권 제어, 동기 제어, 오류 제어, 흐름 제어, 응답 제어, 오류 복구, 제어 정보의 식별, 기밀 보호, 관리 기능 등을 담당한다.

주관식

01	02	03	04	05
1	㉠, ㉡	㉢	㉠, ㉣, ㉤, ㉡, ㉢	23

01
정답 1

RSA(Rivest, Shamir, Adleman)는 암호화키와 해독키가 서로 다른 방법으로 암호화키는 공개하고, 해독키는 비밀로 하여 데이터의 송수신 시 보안을 유지한다. 그러므로 암호화키를 사용하여 해독키를 유도하는 것은 불가능하므로 ㉣은 옳지 않다. 따라서 보기 중 옳지 않은 것은 1개이다.

02
정답 ㉠, ㉡

㉠ 데이터베이스에서 관련이 없는 속성을 단일한 특정 릴레이션에 모아둘 경우에는 데이터 중복이 빈번해지며 삽입 이상, 갱신 이상, 삭제 이상 등의 이상 현상이 발생할 수 있다. 정규화는 함수의 종속성을 이용해 릴레이션을 연관성이 있는 속성들로만 구성되도록 분해하여 불필요한 데이터의 중복을 제거하고 이상 현상이 일어나지 않는 릴레이션으로 만드는 과정을 가리킨다. 또한 릴레이션이 정규화된 정도를 말하는 정규형은 제1정규형・제2정규형・제3정규형, 보이스-코드 정규형 등의 기본 정규형, 제4정규형・제5정규형 등의 고급 정규형으로 구별할 수 있다. 정규형의 차수가 높을수록 요구되는 제약 조건이 많아지고 엄격해진다.

㉡ 차수가 높은 정규형에 속하는 릴레이션일수록 데이터 중복이 감소해 이상 현상 발생 또한 줄어든다. 그러나 데이터베이스를 설계할 때 제5정규형이 항상 가장 바람직한 것은 아니며, 릴레이션의 특성에 따라 가장 적절한 정규형이 다를 수 있다. 제5정규형을 만족할 때까지 릴레이션을 분해하는 것은 비효율적이고 유용하지 않은 경우가 많기 때문이다.

[오답분석]

㉢ 제1정규형(First NF)은 릴레이션에 속한 모든 속성이 더는 분해할 수 없는 원자 값(Atomic Value)으로만 구성되어 있는 정규형이다.

㉣ 제2정규형(Second NF)은 릴레이션이 제1정규형에 속하고, 기본키가 아닌 모든 속성이 기본키에 완전 함수 종속되어 있는 정규형이다.

㉤ 제3정규형(Third NF)은 릴레이션이 제2정규형에 속하고, 기본키가 아닌 모든 속성이 기본키에 이행적 함수 종속이 아닌 정규형이다. 또한 보이스-코드 정규형(Boyce-Codd NF)은 릴레이션의 함수 종속 관계에서 모든 결정자가 후보키인 정규형이다.

03
정답 ㉡

클래스(Class)는 하나 이상의 유사한 객체들을 묶어 공통된 특성을 표현한 데이터의 추상화로 객체들이 갖는 속성과 적용 연산을 정의하는 툴(Tool)에 해당한다(객체 타입으로 공통된 성질의 객체들을 하나로 묶어 줌).

[오답분석]

㉠ 메소드(Method) : 객체가 수행하는 기능으로 객체가 갖는 데이터 (속성, 상태)를 처리하는 알고리즘이다.

㉢ 상속성(Inheritance) : 이미 정의된 상위 클래스의 모든 속성과 연산을 하위 클래스가 물려 받는 것을 의미한다.

㉣ 메시지(Message) : 객체들 간 상호작용을 하는 데 사용되는 수단으로 객체에게 행위 지시를 하는 명령이다.

㉤ 인스턴스(Instance) : 정의해 놓은 것을 불러서 사용한다.

04
정답 ㉠, ㉤, ㉣, ㉡, ㉢

회선(전송) 제어 5단계 절차
- 회선 접속 : 송수신 간 물리적 경로 확보
- 데이터 링크 확립 : 송수신 간 논리적 경로 확보
- 데이터 전송 : 오류, 순서를 확인하면서 데이터 전송
- 데이터 링크 해제 : 설정된 논리 경로 절단
- 회선 절단 : 송수신 간 물리적인 경로 절단

05
정답 23

x값을 1 증가하여 x에 저장하고, 변경된 x값을 y값에 저장한 후 y값을 1 증가하여 y값에 저장한다. 이후 x값과 y값을 더하여 p에 저장한다.

따라서 $x=10+1=11$, $y=x+1=12$이므로 $p=x+y=23$이다.

PART 3
최종점검 모의고사

최종점검 모의고사

01 NCS 직업기초능력

01	02	03	04	05	06	07	08	09	10	11	12	13	14	15	16	17	18	19	20
④	②	④	①	②	④	②	④	②	③	③	③	④	②	③	①	④	③	④	③
21	22	23	24	25	26	27	28	29	30	31	32	33	34	35	36	37	38	39	40
④	②	④	③	③	④	④	④	②	③	③	④	②	④	④	④	①	④	④	④

01
정답 ④

㉠ 붉은색 구슬이 15개로 바뀌는 경우 선택 1의 확률은 1/6으로 감소한다. 이제 검은색을 뽑을 확률을 b라고 하자. 합리적 선택의 경우 선택 1을 택하고 기댓값 최대화 원리에 따라 같은 선택을 하게 된다면 (1/6>b)를 만족해야 한다. 선택 3과 4에 있어서도 합리적 선택의 경우 선택 4를 택하고, 이 경우 기댓값 최대화 원리로 만족시키기 위해서는 (1−b<5/6)을 만족시켜야 한다. 그러나 두 조건은 양립 불가능하고 (가)는 여전히 성립한다.
㉡ (가)는 다섯 번째 문단의 선택이 합리적 선택임을 전제로 이루어진 경우라고 할 수 있다. 선택지처럼 해당 선택들이 합리적인 결정이 아니라면 충돌의 대상이 될 합리적 결정이 무엇이고 충돌이 이루어지는지 알 수 없다.
㉢ 다섯 번째 문단은 임의의 확률 b를 바탕으로 기댓값 최대화 원리를 가정하여 적용하고 있다. 선택지의 '정확한 정보가 주어지지 않은 경우에는 기댓값 사이의 크기를 비교할 수 없다'를 받아들인다면 항아리 문제는 결론을 도출하는 것이 불가능하다고 할 수 있다.

02
정답 ②

㉠ 내기 1에서는 양자가 동일한 선택을 하므로 차이가 없다. 따라서 갑과 을이 같은 액수의 상금을 받는 경우는 선택 3과 선택 4 역시 동일한 보상을 받는 경우인 노란색 구슬을 뽑았을 때뿐이다.
㉡ 검은색 구슬이 뽑힐 확률을 b라고 할 때, 선택 1의 기댓값은 1/3만 원, 선택 2의 기댓값은 b만 원, 선택 3의 기댓값은 1−b만 원, 선택 4의 기댓값은 2/3만 원이다. 항아리에 있는 검은색 구슬이 20개 미만이라면 b는 2/9 미만이 되므로 기댓값이 가장 큰 것은 선택 1과 선택 3이 된다. 따라서 갑의 선택은 기댓값이 가장 큰 선택이다.

오답분석
㉢ 을이 선택 1과 선택 4를 택하기 때문에 을은 어떤 구슬이 나와도 항상 1만 원을 받는다. 그러므로 갑이 을보다 더 많은 상금을 받는 경우는 붉은색 공을 뽑아 2만 원을 받는 경우이다. 이때 확률은 1/3이며, 그렇지 않은 경우의 확률은 2/3이다.

03
정답 ④

㉠ input은 레코드를 이용하여 변수에 수를 저장하는 것을 의미한다. 또한 예시에 따르면 input 명령문의 변수는 레코드의 특정 위치에 있는 수를 저장한다. 따라서 input 명령문은 레코드에서 위치를 지정하여 변수에 수를 저장할 수 있다.
㉢ 프로그램 2와 같이 input 명령문이 하나이고 여러 개의 레코드가 있을 경우 모든 레코드를 차례대로 이용한다. 따라서 하나의 input 명령문이 다수의 레코드를 이용하여 변수에 수를 저장할 수 있다.

오답분석
㉡ input 명령문이 다수인 경우, 어느 한 input 명령문에 @가 있으면 바로 다음 input 명령문은 @가 있는 input 명령문과 같은 레코드를 이용한다. 따라서 두 개의 input 명령문은 같은 레코드를 이용하여 변수에 수를 저장할 수 있다.

04

정답 ①

input a와 input b는 첫 번째 레코드의 1 ~ 6번째 숫자와 3 ~ 4번째 숫자를 각각 저장한다. 그러므로 a는 020824, b는 8이다.
input c는 두 번째 레코드의 5 ~ 6번째 숫자를 저장한다. 그러므로 c는 2이다.
input d는 input c에서 @가 사용되었으므로, 두 번째 레코드의 3 ~ 4번째 숫자를 저장한다. 그러므로 d는 11이다.
input e는 세 번째 레코드의 3 ~ 5번째 숫자를 저장한다. 그러므로 e는 50이다.
따라서 모두 더하면 20824+8+2+11+50=20895이다.

05

정답 ②

지원자별 종합점수를 계산하면 다음과 같다.
- A : 112×0.3+84×0.7=92.4점
- B : 114×0.3+84×0.7=93점
- C : 110×0.3+86×0.7=93.2점
- D : 118×0.3+82×0.7=92.8점
- E : 118×0.3+86×0.7=95.6점
- F : 114×0.3+88×0.7=95.8점

제시된 자료에서 종합점수가 92.8점인 D는 불합격이지만 93점인 B는 합격이므로 합격한 사람은 종합점수가 높은 순서대로 F, E, C, B임을 알 수 있다.

06

정답 ④

ⓒ D가 1차 면접 2번 문항에서 1점을 더 받는다면 D의 종합점수는 119×0.3+82×0.7=93.1점이 된다. 따라서 결과가 합격인 B보다 0.1점 높아지므로 D의 결과도 합격이 된다.

ⓔ 2차 면접 문항별 실질 반영률은 1, 2번이 둘 다 $\frac{10}{50}=0.2$로 명목 반영률보다 낮으므로 실질 반영률이 명목 반영률보다 높은 항목은 인성이다. 인성 문항에서 지원자 중 가장 낮은 점수를 받은 지원자는 D이고, D는 2차 합계 점수도 82점으로 가장 낮다.

[오답분석]

㉠ 1차 면접의 문항 번호별 명목 반영률은 1 ~ 4번 순서대로 0.17, 0.25, 0.25, 0.33이다. 실질 반영률은 1 ~ 4번 순서대로 0.17, 0.33, 0.17, 0.33이다. 따라서 명목 반영률이 높다고 실질 반영률이 높은 것은 아니다.

ⓒ ㉠에서 구한 바에 따르면, 문항별 실질 반영률의 합은 교양이 0.5, 전문성이 0.5로 동일하다.

07

정답 ②

가장 많은 종류의 문제를 해결하는 인공지능이 아니라 말의 의미를 이해하는 인공지능이 강한 인공지능이다.

[오답분석]

① 두 번째 문단에서 '인공지능으로 작동하는 번역기가 ~ 이해한다고 볼 이유를 제공하지는 않는다'로부터, 이 인공지능이 약한 인공지능일 것임을 알 수 있다.
③ 일반지능은 하나의 인지 체계가 온갖 종류의 지적 능력을 발휘하는 것이며, 이러한 일반지능을 갖춘 것처럼 보이는 인공지능을 인공일반지능이라고 한다.
④ 썰의 정의에 따르면 아무리 다양한 종류의 과업을 훌륭하게 수행하더라도 말의 의미를 이해하지 못하면 '약한 인공지능'이므로, 말의 의미를 이해하지만 해낼 수 있는 일이 별로 없는 '강한 인공지능'에 비해 이러한 '약한 인공지능'이 특정 과업에서 더 우수한 역량을 보일 수 있다.

08

정답 ④

ⓒ 뛰어난 성능의 인공지능이 말의 의미를 이해하지 못한다는 것은 인간적 편견에 불과하며, 그러한 인공지능이 말의 의미를 이해할 수도 있다는 내용이므로 (가)를 약화한다.
ⓔ 말의 의미를 이해하는 것과 말의 의미를 이해하는 것처럼 보이는 것을 전혀 구별할 수 없다면, 말의 의미를 이해하는 것처럼 보인다는 것으로부터 말의 의미를 실제로 이해한다는 것이 따라 나오는지 그렇지 않은지도 구별할 수 없게 될 것이므로 (나)를 약화한다고 할 수 있다.

[오답분석]

㉠ (가)는 강한 인공지능이 실현될 가능성에 대해 매우 회의적인 반면, ㉠의 내용은 최근 강한 인공지능의 개발이 현실화되고 있다는 내용이므로 (가)를 강화하는 내용이라고 볼 수 없다.

09

정답 ②

㉠ 암호화는 평문을 암호문으로 변화하는 것이며, 반대로 암호문에서 평문으로 변환하는 것은 복호화라고 한다.
ⓔ 마지막 문단에 따르면 오늘날에는 컴퓨팅 기술의 발전으로 인해 DES 알고리즘은 더 이상 안전하지 않아 DES 알고리즘보다는 삼중 DES 알고리즘을 사용하고 있다. 따라서 DES 알고리즘보다 삼중 DES 알고리즘이 안전성이 높다고 볼 수 있다.

[오답분석]

ⓒ 비대칭키 방식의 경우에는 수신자가 송신자의 키를 몰라도 자신의 키만 알면 암호를 해독할 수 있다.
ⓓ 단어, 어절 등의 순서를 바꾸는 것은 치환이고, 대체는 각 문자를 다른 문자나 기호로 일대일로 대응시키는 것이다.

10

정답 ③

- 56비트로 만들 수 있는 키의 수 : 2^{56}개
- 60비트로 만들 수 있는 키의 수 : $2^{60}=2^{56}\times2\times2\times2\times2=2^{56+1+1+1+1}$개

컴퓨터의 체크 속도가 2배가 될 때마다 컴퓨터는 10만 원씩 비싸지므로 60비트로 만들 수 있는 키를 1초에 모두 체크할 수 있는 컴퓨터의 최소 가격은 $1,000,000+(100,000\times4)=1,400,000$원이다. 따라서 (가)에 해당하는 수는 1,400,000이다.

11

정답 ③

폐수처리량이 가장 적었던 연도는 $204,000\text{m}^3$를 기록한 2023년이다. 그러나 오수처리량이 가장 적은 연도는 $27,000\text{m}^3$를 기록한 2024년이다.

[오답분석]

① $\dfrac{2,900}{3,100}\times100≒94$%이므로 ㉠에는 94가 들어간다.
② 온실가스 배출량은 2022년 $1,604,000\text{tCO}_2\text{eq}$에서 2024년 $1,542,000\text{tCO}_2\text{eq}$까지 매년 감소하고 있다.
④ $(1,700+2,900+2,400)\div3≒2,333$백만 원이므로 3년 동안의 녹색제품 구매액의 평균은 약 23억 3,300만 원이다.

12

정답 ③

연도별 환경지표점수를 산출하면 다음과 같다.

(단위 : 백만 원, TJ, m^3, 점)

구분	녹색제품 구매액	에너지 사용량	폐수처리량	합계
2022년	5	5	5	15
2023년	10	10	10	30
2024년	10	5	5	20

따라서 환경지표점수가 가장 높은 연도는 2023년이고, 그 점수는 30점이다.

13

정답 ④

표에서 확인할 수 있는 내용이다.

오답분석
① 4월에 가격 차이가 가장 큰 정유사는 D(20원)이고, 5월은 B(45원), 6월도 B(47원)이므로 다르다.
② 4월에 휘발유 가격보다 경유 가격이 낮은 정유사는 없다.
③ 5월에 휘발유 가격이 가장 높은 정유사는 C인데, 경유 가격이 가장 높은 정유사는 D이므로 다르다.

14

정답 ②

5월 C의 경유 원가가 4월과 같다고 하였으므로 먼저 4월 원가(y원)를 구하면 $y+0.5y+0.15y=1.65y=1,806$원이므로, 4월 원가는 약 1,094원이다. 5월 C의 경유 유류세가 600원/L이라고 가정하면 경유 가격은 $1,094+600+169.4=1,863.4$원이 되는데 실제 가격은 1,885원으로 이보다 더 크다. 따라서 유류세는 600원/L 이상이다.

오답분석
㉠ 5월 B의 휘발유 원가를 x원으로 놓고 계산해 보면, $x+0.4x+0.14x=1.54x=1,849$원이 되어 x는 약 1,200원이다.
㉢ 유류세의 금액이 같은 상황에서 6월의 경유 가격이 4월보다 더 크다는 것은 6월의 경유 원가가 4월보다 크다는 것을 의미한다. 그런데 경유 원가에 유류세율을 곱한 유류세가 같다고 하였으므로 유류세율은 6월이 4월의 50%보다 낮아야 한다.

15

정답 ③

A ~ E대학 중 ○○대학이 어디인지 찾아야 한다. 국제화 부문에서 각 세부지표 가중치가 동일하므로, 세부지표별 점수의 평균을 구하면 된다. 2024년 국제화 부문 점수는 22.7점이므로, ○○대학은 E대학이다. 따라서 (가)에는 40.5, (나)에는 11.6이 들어가야 한다.

16

정답 ①

㉠ 보고서의 두 번째 문단에서 세계대학평가 결과를 제시하고 있고, 첫 번째 표에는 갑국의 A ~ E대학의 순위만 제시되어 있으므로 이 자료가 추가적으로 필요하다.
㉡ 보고서의 마지막 문단에서 C대학의 연구와 산학협력 부문 점수가 2023 ~ 2024년 사이에 대폭 하락했다고 하였으나, 제시된 자료에는 E대학의 2024년 부문별 점수만이 제시되어 있다.

오답분석
㉢ 세부지표 리스트는 두 번째 표에 제시되어 있다.
㉣ A대학의 2024년 부문별 점수는 첫 번째 표에 제시되어 있으며, 2023년 점수는 보고서에서 다루고 있지 않다.

17

정답 ④

강화학습이 시작되면 지도학습으로 찾아낸 각 가중치를 조금씩 바꿔보게 된다. 이때 주로 이긴 인공신경망의 가중치를 선택하게 되므로 인공신경망의 가중치는 강화학습 전과 달라질 수 있다.

오답분석
① 오답에 따른 학습을 반복할수록 인공신경망의 정확도는 향상된다.
② 알파고는 기보 16만 건에서 약 3,000만 건의 착점을 학습했다. 따라서 기보 1건당 187.5건의 착점을 학습한 것이다.
③ 알파고는 기존 인공지능의 수읽기 능력에 더하여 정책망과 가치망이라는 두 가지 인공신경망을 통해 감각적 예측 능력과 형세판단 능력을 구현했다. 또한, 형세판단 능력이 정확한 함수를 찾기 위해서는 정책망이 아니라 가치망을 이용한 시뮬레이션이 필요하다. 마지막 문단에서 이런 식으로 알파고는 아주 정확한 평가 함수를 찾아갈 수 있는 것이라고 하였으므로 지도학습만으로 정확한 형세판단 능력의 평가 함수를 찾았다고 말하기는 어렵다.

18

정답 ③

모든 조건이 동일한 상태에서 한 가중치만 바꾼 인공신경망과 기존의 인공신경망을 여러 번 대국시켰을 때, 주로 이긴 인공신경망의 가중치를 선택한다.

상황에 따르면 5번의 가중치 변화에 따른 대국이 있었다. 첫 번째, 두 번째, 네 번째 가중치 변화 상황을 보면, 가중치 A는 0.4가 0.3보다 낫고, 0.5가 0.3보다 나으며 0.4가 0.5보다 낫다. 따라서 최종적으로 선택할 가중치 A는 0.4이다.

한편 세 번째, 다섯 번째 가중치 변화 상황을 보면, 가중치 B는 0.3이 0.4보다 낫고, 0.3이 0.2보다 낫다. 따라서 최종적으로 선택할 가중치 B는 0.3이다.

19

정답 ④

ⓒ 특수임무로 폭격을 수행하고, 기본임무로 수송을 수행하는 영구보존처리된 수직단거리이착륙기는 항공기 식별코드를 GBCV로 가질 수 있다.
ⓒ 특수임무로 수송을 수행하고, 기본임무로 지상공격을 수행하는 현재 정상적으로 사용되는 헬리콥터는 항공기 식별코드를 CAH로 가질 수 있다.
② 현재 정상적으로 사용되는 일반항공기로 기본임무만 수행하는 정찰기는 항공기 식별코드를 R로 가질 수 있다.

오답분석

⊙ 현재상태부호와 항공기종류부호에 해당하는 부호를 포함하고 있지 않으므로 (특수임무부호)(기본임무부호)로 구성되어 있음을 알 수 있다. 이때 특수임무부호는 항공기가 기본임무와 다른 임무를 수행할 때 붙이는 부호이므로 같은 임무를 나타내는 부호를 중복해서 사용할 수 없다.

20

정답 ③

현재 정상적으로 사용 중인 개량하지 않은 일반 비행기는 앞부분 코드로 특수임무부호와 현재상태부호, 항공기종류번호를 포함하지 않는다. 개량하지 않은 최초의 모델은 항상 A를 개량형부호로 부여받으므로, 뒷부분 코드로는 설계번호와 개량형부호를 포함한다. 따라서 문제에 제시된 항공기 식별코드 형식은 (기본임무부호) – (설계번호)(개량형부호)가 된다.

21

정답 ④

예산집행 조정, 통제 및 결산 총괄 등 예산과 관련된 업무는 자산팀이 아닌 예산팀이 담당하는 업무이다. 자산팀은 물품 구매와 장비ㆍ시설물 관리 등의 업무를 담당한다.

22

정답 ②

전문자격 시험의 출제정보를 관리하는 시스템의 구축ㆍ운영 업무는 개인정보 보안과 관련된 업무를 담당하는 정보보안전담반의 업무로는 적절하지 않다.

23

정답 ④

직원별 성과내용에 따른 점수를 환산하면 다음과 같다.

(단위 : 점)

구분	예·적금 상품	보험상품	대출상품	총점
임미리	3×3=9	1×5=5	3×8=24	38
이윤미	5×3=15	4×5=20	-	35
조유라	2×3=6	1×5=5	5×8=40	51
구자랑	-	3×5=15	3×8=24	39
조다운	-	2×5=10	4×8=32	42
김은지	6×3=18	-	2×8=16	34
권지희	5×3=15	1×5=5	1×8=8	28
윤순영	2×3=6	3×5=15	1×8=8	29

점수가 높은 사람부터 정리하면 '조유라>조다운>구자랑>임미리>이윤미>김은지>윤순영>권지희' 순이다. 또한 등급별 인원과 해당되는 직원은 다음 표와 같다.

구분	A등급	B등급	C등급
인원 수	8×0.25=2명	8×0.5=4명	8×0.25=2명
해당 직원	조유라, 조다운	구자랑, 임미리 이윤미, 김은지	윤순영, 권지희

따라서 등급별로 한 사람씩 바르게 나열된 선택지는 ④이다.

24

정답 ③

기존 등급으로 나눈 직원 명단은 A등급은 '조유라, 조다운', B등급은 '구자랑, 임미리, 이윤미, 김은지', C등급은 '윤순영, 권지희'이다. 변경된 규정에 따라 등급별 인원은 A등급 8×0.125=1명, B등급 8×0.5=4명, C등급 8×0.25=2명, D등급 8×0.125=1명이다. 따라서 인원수에 따라 각 등급에 해당되는 직원을 다시 배치하면 다음과 같다.

구분	A등급	B등급	C등급	D등급
인원 수	1명	4명	2명	1명
해당 직원	조유라	조다운, 구자랑 임미리, 이윤미	김은지, 윤순영	권지희

따라서 등급이 변경된 사람은 조다운(A → B), 김은지(B → C), 권지희(C → D)로 세 사람의 성과급의 총합은 (350×0.3)+(220×0.2)+(320×0.1)=181만 원이다.

25

정답 ②

중도해지이율에 관한 약관을 통해 계약이 1개월 미만 경과했을 경우에는 보통예탁금 이율을, 3개월 미만 경과했을 경우에는 (기준금리)×(경과기간별 적용률)에 따른 이율을 적용함을 알 수 있다. 따라서 2개월째 해지하게 된다면 3개월 미만 경과기간에 따른 중도해지이율을 적용받는다.

26

정답 ③

K고객은 귀농귀촌 고객 조건을 만족하여 0.05%p, 귀농귀촌종합센터 회원 가입 고객이므로 0.05%p, 농·축협별 자체 우대조건을 만족하여 0.15%p의 우대이율을 각각 적용받을 수 있다. 따라서 K고객이 받을 수 있는 우대이율은 0.05+0.05+0.15=0.25%p이다.

27   정답 ④

민정이가 서비스센터를 방문한 이유는 블루투스 기능에 문제가 생겼기 때문이다. 그러므로 액정 파손(No →), 침수 관련(No →), 배터리 관련(No →), 잠금 관련(No →)을 따라가면 ◎가 출력된다. 앞서 언급한 내용과 블루투스 기능은 무관하므로 답은 ④번이다.

28   정답 ④

[1번 창구]는 제증명 발급 관련, [2번 창구]는 출생/사망 신고 관련, [3번 창구]는 전입신고 관련, [4번 창구]는 신분증 관련, [5번 창구]는 앞서 언급한 4개 민원 이외의 경우일 때 출력된다. 영진이는 주민등록증 재발급을 위해 복지센터에 방문했기 때문에 [4번 창구]를 안내받는다.

29   정답 ②

면적에 따라 소관이 달라지는 것은 산지전용의 허가에 관한 것이며, 보전산지를 지정하는 것은 오로지 산림청장뿐이다.

오답분석
㉠ 임야도는 1/6,000의 소축척 도면을 사용한다.
㉢ 산지전용 허가를 받기 위해서는 도면으로 지적도와 임야도를 제출해야 한다.
㉣ 입목의 벌채는 산지를 본래의 용도에 따라 사용하는 것이어서 별도의 허가가 필요없다.

30   정답 ③

- X임야 : 100정보는 30만 평이며 이는 99만 m^2와 같으므로, 소관에 따라 허가권자가 달라지는데 X임야는 산림청장의 소관인 국유림이므로 허가권자 역시 산림청장이다.
- Y임야 : 50ha는 50만 m^2와 같은데, 산림청장 소관이 아닌 사유림의 산지는 시·도지사가 허가권자이다.

31   정답 ③

㉠ 영국 출신의 남편의 수는 2023년에 478명, 2024년에 490명으로 서로 다르다.
㉡ 제시된 자료를 통해 서로 다름을 알 수 있다.
㉣ 2023년 중국 국적인 남편 수는 9,597명으로, 필리핀 국적의 아내 수의 2배인 5,897×2=11,794명보다 적다.

오답분석
㉢ 프랑스 출신의 남편 수는 2023년에 278명, 2024년에 295명으로 2024년에 더 많다.

32   정답 ④

2023년과 2024년 호주 국적의 남편의 수의 합은 384+348=732명이며, 미국 출신 아내의 수의 합은 1,933+1,962=3,895명이다. 따라서 호주 국적의 남편의 수의 합과 미국 출신 아내의 수의 합은 732+3,895=4,627명이다.

33   정답 ②

㉠ B유형과 C유형의 정규직 인원 차이를 구하면 35,075-32,052=3,023명이므로 옳다.
㉢ A, C, D유형에서 비정규직 인원은 여성이 항상 더 많다.

오답분석
㉡ C유형의 집체훈련 비중은 $\frac{29,138+8,216}{29,138+8,216+414}\times100≒98.9\%$이고, D유형의 집체훈련 비중은 $\frac{16,118+1,754}{16,118+1,754+633}\times100$ ≒96.6%로, D유형이 C유형보다 낮다.
㉣ C유형 인터넷과정의 남성 수는 217명으로 197명인 여성보다 더 많다.

34 정답 ②

C유형의 비정규직 인원 중 남성의 비중은 $\frac{733}{2,693}\times100≒27.2\%$, A유형의 비정규직 인원 중 남성의 비중은 $\frac{4,372}{10,547}\times100≒41.4\%$로 A유형이 더 높다.

[오답분석]
① 여성이 남성보다 비정규직 수가 많으므로 옳다.
③ C유형이 D유형보다 총 인원수에서 두 배 정도 많은데 외국어과정은 4배 이상 많기 때문에 C유형이 더 높다.
④ 개인지원방식에서 원격훈련이 차지하는 비중은 $\frac{414+633}{56,273}\times100≒1.8\%$이다.

35 정답 ④

예치기간에 따라 차등적인 차감률을 적용하여 중도해지이율을 산출하는데, 산출값이 0.1% 미만인 경우에는 0.1%의 중도해지이율을 적용한다.

[오답분석]
① I은행 I-bank를 통해 신청 가능하다고 명시된 부분은 만기일 연장 서비스에 대한 것이다.
② 만기일 연장은 최장 3개월까지만 가능하다.
③ 만기 후에는 기본금리가 아닌 만기 후 이율이 적용된다.

36 정답 ④

이 상품의 가입기간은 1~60개월로, 1년은 이 기간 내에 해당하므로 D씨에게 적합하다.

[오답분석]
① I-편한 정기예금은 거치식 상품으로 정기적인 납입을 위한 상품이 아니다.
② 이 상품의 최대 가입기간은 60개월(5년)로 B씨의 저축 목적에 맞지 않다.
③ 원금이 보장되고 정액의 이자를 지급하는 상품으로 높은 수익률을 원하는 C씨에게는 적합하지 않다.

37 정답 ①

a	n
$\frac{16}{81}$	0
$\sqrt{\frac{81}{16}}=\frac{9}{4}$	1
$\sqrt{\frac{4}{9}}=\frac{2}{3}$	2

38

정답 ④

a	n
$\dfrac{1}{81}$	0
$3 \times \dfrac{1}{81} + 1 = \dfrac{28}{27}$	1
$3 \times \dfrac{28}{27} + 1 = \dfrac{37}{9}$	2
$3 \times \dfrac{37}{9} + 1 = \dfrac{40}{3}$	3
$3 \times \dfrac{40}{3} + 1 = 41$	4

39

정답 ④

시리얼넘버 구성 순서로 정리하면 다음과 같다.
- 제조국 : 중국 → 2
- 용도 : PC → 11
- USB포트 개수 : 2개 → B
- 고속충전 가능 여부 : 가능 → KA
- 용량 : 10,000mAh → C
- 제조순번 : 882번 → 0882

따라서 보조배터리의 시리얼넘버는 '211BKAC0882'이다.

40

정답 ④

시리얼넘버 구성 순서로 정리하면 다음과 같다.
- 제조국 : 미국 → 5
- 용도 : 스마트폰 → 01
- USB포트 개수 : 3개 → C
- 고속충전 가능 여부 : 불가능 → BU
- 용량 : 40,000mAh → E
- 제조순번 : 2,800번 → 2800

따라서 보조배터리의 시리얼넘버는 '501CBUE2800'이다.

02 직무수행능력

금융일반 - 객관식

01	02	03	04	05	06	07	08	09	10	11	12	13	14	15	16	17	18	19	20
②	①	④	③	②	②	③	③	②	②	①	②	③	④	②	①	②	②	①	②
21	22	23	24	25	26	27	28	29	30										
②	①	③	①	③	③	②	④	④	④										

01 정답 ②

같은 사안이라도 질문이나 문제 제시 방법에 따라 사람들의 선택이나 판단을 달라질 수 있다. 이를 노려 정보의 제시자가 선택한 정보나 정보의 전달 방법 자체가 편향성을 지니고 있어 수용자의 인식이 왜곡되는 현상을 프레이밍 효과(Framing Effect)라고 한다.

02 정답 ①

대중 모두를 만족시키는 마케팅이 아니라 소비자를 세분화하여 특화하는 마케팅은 니치 마케팅이라고 한다.

03 정답 ④

회사채유통수익률은 경기후행지표에 해당한다.

오답분석
①·②·③ 경기선행지표에 해당한다.

04 정답 ③

페이욜은 기업활동을 기술활동, 영업활동, 재무활동, 회계활동, 관리활동, 보전활동 6가지 분야로 구분하였다.

오답분석
② 차별 성과급제, 기능식 직장제도, 과업관리, 계획부 제도, 작업지도표 제도 등은 테일러의 과학적 관리법을 기본이론으로 한다.
④ 베버의 관료제 조직은 계층에 의한 관리, 분업화, 문서화, 능력주의, 사람과 직위의 분리, 비개인성의 6가지 특징을 가지며, 이를 통해 조직을 가장 합리적이고 효율적으로 운영할 수 있다고 주장한다.

05 정답 ②

현금이자지급액은 $(30,000-3,000)-(5,200-3,800)+(2,700-2,000)=26,300$원이다.

06 정답 ②

오답분석
① 하나의 자산이 아닌 다양한 자산을 편입시켜 위험을 상쇄한다.
③ 비체계적 위험이 아닌 체계적 위험에 대한 설명이다.
④ 체계적 위험이 아닌 비체계적 위험에 대한 설명이다.

07 정답 ③

O2O 마케팅(Online to Offline)은 모바일 서비스를 기반으로 한 오프라인 매장의 마케팅 방법이다. 즉, 온라인을 통해 오프라인 매장에 대한 정보를 습득하고 매장에서 이용할 수 있는 공동구매나 쿠폰 등을 온라인에서 얻는 것을 말한다.

08 정답 ③

준지대란 공장설비 등과 같이 단기적으로 고정된 생산요소에 대한 보수로 총수입에서 총가변비용을 차감한 크기 또는 총고정비용에 초과이윤을 더한 크기이다.
완전경쟁이므로 X재의 가격은 40원이며, 균형에서 생산량이 100단위이므로 총수입은 4,000원이다. 생산량이 100단위일 때 평균비용은 24원, 평균고정비용이 10원이므로 총가변비용은 1,400원이다.
따라서 준지대는 4,000−1,400=2,600원이다.

09 정답 ②

타인발행수표와 보통예금은 모두 현금 및 현금성 자산으로 분류되는 계정과목이므로, 해당 계정과목 간의 변동은 현금 및 현금성자산 내에서의 변동일 뿐 총액에 대한 변동을 초래하지는 않는다.

10 정답 ②

당좌예금(1,000)+배당금지급통지표(455)+우편환증서(315)+타인발행수표(200)=1,970원

11 정답 ①

총생산함수 $Y=AL^{0.5}K^{0.5}$를 성장회계 방정식으로 나타내면 $\frac{\triangle Y}{Y}=\frac{\triangle A}{A}+0.5\frac{\triangle L}{L}+0.5\frac{\triangle K}{K}$이다.

문제에 제시된 증가율을 방정식에 대입하면 $7\%=\frac{\triangle A}{A}+0.5\times 4\%+0.5\times 8\%$이므로 솔로우 잔차$\left(\frac{\triangle A}{A}\right)$는 1%이다.

12 정답 ②

[오답분석]
① 토빈의 q는 장기적으로 투자와 주식시장 간의 관계를 설명하는 지표이다.
③ (토빈의 q)=$\frac{(주식시장에서 평가된 기업의 시장가치)}{(기업의 실물자본의 대체비용)}$
④ q값은 주식시장의 상황으로 신규투자를 이끌어 낼 수 있으므로 밀접한 관계가 있다.

13 정답 ③

열등재(Inferior Goods)는 소득효과가 음(−)인 경우의 재화이다. 그러므로 소득이 증가하면 수요가 감소한다. 우하향하고 원점에 대해 볼록한 통상적인 무차별곡선을 갖는 소비자를 가정했을 때, X재 가격이 하락할 때 X재 수요량이 변하지 않았다면, PCC는 수직이다. 이 경우 X재의 가격변화로 인한 대체효과는 항상 +이지만 총 효과가 0이므로 소득효과는 대체효과를 상쇄할 만큼의 −로 나타나야 하므로 X재는 열등재이다. 효용극대화를 위해 X재의 가격 하락에 따른 소득효과로 Y재의 소비량이 증가하여 Y재는 정상재이다. 따라서 옳은 것은 ㉡, ㉢, ㉣이다.

14 정답 ④

헤지펀드에 대한 설명이다.

> **인덱스펀드**
> 증권시장의 장기적 성장 추세를 전제로 하여 특정 주가지수의 수익률과 동일하거나 유사한 수익률을 달성할 수 있도록 포트폴리오를 구성·운용함으로써 시장의 평균 수익을 실현하는 것을 목표로 설계되고 운용되는 펀드를 말한다. 인덱스펀드의 목표수익률은 시장수익률 자체가 주된 목적이며, 이런 특성으로 인하여 인덱스펀드를 지수추종형펀드 또는 패시브형펀드라고도 한다.

15 정답 ②

[오답분석]
ⓒ 부정적 외부효과가 존재할 경우 사회적 비용은 사적 비용보다 크다.
ⓔ 긍정적 외부효과가 존재할 경우 시장생산량은 사회적으로 바람직한 생산량보다 적다.

16 정답 ①

이윤극대화가 성립되기 위해서는 MR=MC가 충족되면서 TR>TC도 성립하여야 한다. MR=MC가 성립하는 생산량은 손실극대화점과 이익극대화점 2개가 존재하기 때문이다.

17 정답 ②

재무회계는 기업 외부정보이용자를 위한 회계이다. 내부정보이용자를 위한 회계는 관리회계이다.

18 정답 ②

J-Curve 효과란 평가절하(환율 상승)를 실시하면 일시적으로는 경상수지가 악화되었다가 시간이 지남에 따라 개선되는 효과를 말한다. 평가절하가 이루어지면 단기에는 수출가격이 하락하나 수출물량이 별로 증가하지 않으므로 수출액이 감소하여 경상수지가 악화된다. 평가절하가 이루어져서 수출가격이 하락하면 장기에는 수출물량이 점차 증가하여 수출액이 증가하므로 경상수지가 개선된다.

19 정답 ①

엥겔의 법칙은 소득이 증가할수록 엥겔지수, 즉 소득 대비 가계 지출 비율이 낮아지는 현상을 말한다.

20 정답 ②

재화에 대한 수요곡선은 그 재화의 한계효용체감곡선이다. 반면 재화의 공급곡선은 그 재화의 생산비곡선이다.

21 정답 ②

독점기업이 시장에서 직면하는 수요곡선은 우하향하므로 가격과 판매량을 동시에 결정할 수 없다. 판매량을 증가시키기 위해서는 반드시 가격을 인하해야 하기 때문이다.

22 정답 ①

(경제적 이윤)=(총수입)−[경제적 비용(기회비용)]이므로 제시된 정보를 대입하면 다음과 같다.
1,000=5,000−(기회비용)
→ (기회비용)=5,000−1,000
∴ (기회비용)=4,000억 원

23 정답 ③

수요예측기법은 수치를 이용한 계산방법 적용 여부에 따라 정성적 기법과 정량적 기법으로 구분할 수 있다. 정성적 기법은 개인의 주관이나 판단 또는 여러 사람의 의견에 의하여 수요를 예측하는 방법으로, 델파이 기법, 역사적 유추법, 시장조사법, 라이프사이클 유추법 등이 있다. 정량적 기법은 수치로 측정된 통계자료에 기초하여 계량적으로 예측하는 방법으로, 사건에 대하여 시간의 흐름에 따라 기록한 시계열 데이터를 바탕으로 분석하는 시계열 분석 방법이 이에 해당한다.

[오답분석]
① 델파이 기법 : 여러 전문가의 의견을 되풀이해 모으고 교환하고 발전시켜 미래를 예측하는 방법이다.
② 역사적 유추법 : 수요 변화에 대해 과거 유사한 제품의 패턴을 바탕으로 유추하는 방법이다.
④ 시장조사법 : 시장에 대해 조사하려는 내용의 가설을 세운 뒤 소비자 의견을 조사하여 가설을 검증하는 방법이다.

24 정답 ①

평가센터법이란 주로 관리자들의 선발(Selection), 개발(Development), 적성·능력 등의 진단(Inventory)을 위하여 실시된 평가 방법 중 하나이다. 일반적으로 2～3일 동안 외부와 차단된 별도의 교육장소에서 다수의 평가자(인사 분야 전문가, 교수, 실무 담당자 등)가 일정한 기준을 가지고 평가를 실시하며, 평가를 실행함에 있어 시간과 비용이 크기 때문에 한 번에 다수의 피평가자들이 참여하며 다수의 평가자들이 평가한다.

25 정답 ③

수직적 통합은 원료를 공급하는 기업이 생산기업을 통합하는 등의 전방 통합과 유통기업이 생산기업을 통합하거나 생산기업이 원재료 공급기업을 통합하는 등의 후방 통합이 있으며, 원료 독점으로 경쟁자 배제, 원료 부문에서의 수익, 원료부터 제품까지의 기술적 일관성 등의 장점이 있다.

[오답분석]
①·② 동일 업종의 기업이 동등한 조건하에서 합병·제휴하는 일인 수평적 통합의 장점에 해당한다.
④ 대규모 구조조정은 수직적 통합의 이유와 관련이 없다.

26 정답 ③

- (재고자산회전율)=$\frac{[매출원가가 일어난 기간(회계기간)]}{(재고자산회전일수)}=\frac{360}{120}=3회$
- (평균 재고자산)=$\frac{90,000+210,000}{2}=150,000원$
- (매출원가)=(평균 재고자산)×(재고자산회전율)=150,000×3=450,000원

27 정답 ②

MSCI 지수는 미국의 투자은행인 모건 스탠리(Morgan Stanley)가 발표하는 국제 주가 지수다. 미국·유럽 등의 선진국 지수와 우리나라를 비롯한 아시아·중남미 등의 신흥국 지수 등 다양한 주가 지수를 발표한다. 글로벌 펀드의 투자 기준이 되는 공신력 있는 지수로 유동 주식 방식으로 산출한다.

28

정답 ④

공급사슬관리(SCM)란 공급자로부터 최종 고객에 이르기까지 자재 조달, 제품 생산, 유통, 판매 등의 흐름을 적절히 관리하는 것으로, 이를 통해 자재의 조달 시간을 단축하고, 재고 비용이나 유통 비용 등을 절감할 수 있다.

오답분석
① 자재소요량계획(MRP)에 대한 설명이다.
② 업무재설계(BPR)에 대한 설명이다.
③ 적시생산방식(JIT)에 대한 설명이다.

29

정답 ④

민츠버그(Mintzberg)는 조직을 다음과 같은 다섯 가지 형태로 구분하여 각 조직에서 표면적으로 관찰할 수 있는 유형이 그 조직이 처한 환경에 적합한지 판단하고 그렇지 않다면 해당 조직에게 필요한 변화를 모색할 수 있는 도구를 제시한다.
1. 단순구조 조직(Simple Structure)
2. 기계적 관료제 조직(Machine Bureaucracy)
3. 전문적 관료제 조직(Professional Bureaucracy)
4. 사업부제 조직(Divisional Structure)
5. 애드호크라시 조직(Adhocracy)

30

정답 ④

공동변동환율제는 역내에서는 제한환율제를 채택하고, 역외에서는 공동으로 변동환율제를 채택하는 환율제도이다.

금융일반 - 주관식

01	02	03	04	05
4	23	56	㉠, ㉡, ㉣, ㉥, ㉨	120

01

정답 4

[오답분석]

㉤ 필립스곡선이 우하향할 때 예상 인플레이션율이 상승하게 되면 필립스곡선은 오른쪽으로 이동하여 자연실업률로 복귀하게 되면서 상방으로 이동한다.

02

정답 23

상금의 기대치는 $0.5 \times 50 + 0.5 \times (-2) = 24$만 원이다. 그런데 복권 구입 시 1만 원의 가격을 지불해야 하므로 기대소득의 크기는 23만 원이다. 문제에서 기대소득과 기대효용이 같다고 가정했으므로 기대효용도 23만 원이 된다.

03

정답 56

경제활동참가율은 생산가능인구 중 경제활동인구가 차지하는 비율을 의미하며, 다음과 같다.

$$(경제활동참가율) = \frac{(경제활동인구)}{(생산가능인구)} \times 100 = \frac{(취업자) + (실업자)}{(경제활동인구) + (비경제활동인구)} \times 100$$

제시된 정보를 대입하면 $\frac{1,200+600}{1,200+600+1,400} \times 100 = \frac{1,800}{3,200} \times 100 = 56.25\%$이다.

따라서 소수점 첫째 자리에서 반올림하면 56%이다.

04

정답 ㉠, ㉡, ㉣, ㉥, ㉨

- 유형제품 : 상표, 포장, 특징, 스타일, 품질 등
- 핵심제품 : 핵심 혜택 등
- 확장제품 : 애프터 서비스, 배달, 설치, 대금결제 방식, 제품 사후 보증 등

05

정답 120

대손확정금액은 기초대손충당금(150)+대손상각비(70)-기말대손충당금(100)=120원이다.

대손충당금			
기말대손충당금	100	기초대손충당금	150
대손확정금액	(120)	대손상각비	70
	220		220

디지털 - 객관식

01	02	03	04	05	06	07	08	09	10	11	12	13	14	15	16	17	18	19	20
②	③	①	②	①	③	①	②	③	①	③	②	④	①	①	①	③	②	④	②
21	22	23	24	25	26	27	28	29	30										
③	③	③	②	①	③	①	③	③	③										

01
정답 ②

[오답분석]
① 개체 무결성 규칙 : 고유 키(유일 키) 개념과 관련된 개체 무결성은 모든 테이블이 기본 키(Primary Key)여야 하며, 기본 키로 선택된 열은 고유하고, 빈값은 허용하지 않음을 규정한다.
③ 영역(범위) 무결성 규칙 : 정의된 범위에서 관계형 데이터베이스의 모든 열이 선언되도록 규정한다.
④ 트리거 규칙 : 데이터베이스가 미리 정해 놓은 조건을 만족하거나 어떤 동작이 자동적으로 수행되는 동작으로 트리거는 데이터베이스에서 데이터의 유효성 조건과 무결성 조건을 기술하는 데 유용하다.

02
정답 ③

N-S(나씨-슈나이더만) Chart는 화살표를 사용하지 않고 박스(Box)로 논리 흐름을 표현한다.

03
정답 ①

SELECT문에 DISTINCT를 입력하면 검색 결과가 중복되는 레코드는 한 번만 표시된다.

04
정답 ②

ARP는 인터넷 계층의 프로토콜이다.

[오답분석]
④ 데이터링크 계층은 OSI 계층에 속한다.

05
정답 ①

제산법(Division Method)은 레코드의 키(Key)값을 임의의 소수(배열의 크기)로 나누어 그 나머지 값을 해시값으로 사용하는 방법이다. h(k)=k mod q(mod-나머지)로 표현한다.

06
정답 ③

직접 접근 방식 파일(Direct Access File)은 파일을 구성하는 레코드를 임의의 물리적 저장 공간에 직접 기록하는 파일 방식으로 데이터 내의 키 필드를 해싱 사상 함수에 의해 물리적인 주소로 변환하여 데이터를 기록하거나 검색한다. 또한 키에 일정 함수를 적용하여 상대의 레코드 주소를 얻고, 그 주소를 레코드에 저장한다.

[오답분석]
① 순차파일(Sequential File) : 가장 일반적으로 쓰이는 한 개의 선과 같은 파일이다.
② 색인순차파일(Indexed Sequential File) : 자기(磁氣) 디스크상에 구성되어 순차적 접근(Sequential Access)과 비순차적 접근(Random Access)이 모두 가능하도록 설계된 파일이다.
④ 분할된 파일(Partitioned File) : 다수의 순차 서브 파일로 구성된 파일이다.

07 정답 ①

로킹 단위가 작을수록 병행성 수준은 높아지지만 관리가 어렵고, 로크(Lock)의 수가 많아진다. 반대로 로킹 단위가 클수록 병행성 수준은 낮아지지만 관리가 쉽고, 로크(Lock)의 수가 적어진다.

08 정답 ②

비밀키는 암호 작성 및 해독 기법에서 암호화 및 복호화를 위해 비밀 메시지를 교환하는 당사자만이 알고 있는 키이다.

09 정답 ③

개방 주소(Open Addressing) 방식은 충돌이 일어난 자리에서 그다음 버킷을 차례로 검색하여 처음 나오는 빈 버킷에 데이터를 넣는 방식이다(=선형 방식).

[오답분석]
④ 폐쇄 주소(Close Addressing) 방식 : 해시 테이블에서 서로 다른 키값의 데이터가 해시 함수에 의해 같은 버킷에 배치되어 충돌이 발생할 경우 포인터를 이용하여 같은 해시 함수 값을 갖는 레코드를 연결 리스트로 연결하는 방식이다(연결 처리법, 오버플로 공간 처리법 등).

10 정답 ①

문자 정수 int의 타입과 char 타입으로 저장할 수 있다.
int 타입에서는 아스키 코드 65가 저장되고, char 타입에서는 65가 문자 A로 인식된다.

11 정답 ③

WHERE절 이하에 조건을 지정하지 않거나 아무런 내용이 없는 경우에는 모든 레코드가 삭제된다.
- DELETE * : 레코드를 삭제한다.
- FROM 회원 : '회원' 테이블을 검색한다.
- WHERE 회원번호=300 : 회원번호가 300인 레코드를 대상으로 한다.
- COMMIT : 모든 데이터 변경사항을 데이터베이스에 영구히 반영시킨다.

12 정답 ②

ALOHA(Additive Links On line Hawaii Area)는 최초의 무선(라디오) 패킷 교환 시스템이다.

13 정답 ④

Java에서 문자열 비교에 == 연산자를 사용하면, 두 문자열 객체의 참조(주소)가 같은지를 비교한다. 문자열의 값을 비교하려면 반드시 equals( ) 메서드를 사용해야 한다.

[오답분석]
① 부모 생성자 안에서도 오버라이딩된 자식 메서드를 호출할 수 있다(단, 이때 자식 객체의 초기화가 끝나지 않은 상태에서 자식 메서드가 실행될 수 있으므로, 예기치 않은 동작이 발생할 수 있다).
② 같은 문자열 리터럴(Java)은 상수 풀(String Pool)에 한 번만 저장되므로, 같은 리터럴을 여러 번 사용해도 같은 객체를 참조한다.
③ == 대신 equals( )를 사용해도 컴파일 오류가 발생하지는 않으며, 오히려 문자열 값 비교에는 equals( )를 사용하는 것이 올바른 방법이다.

14 정답 ①

①은 군 대역(Group Band) 모뎀에 대한 설명으로 음성 대역이 다중화된 넓은 대역폭을 사용한다.
DSU(Digital Service Unit)는 단말 장치와 디지털 데이터망 사이에 접속하여 디지털 신호를 변조하지 않고, 디지털 전송로를 이용하여 고속의 데이터 전송에 사용되는 회선 종단 장치로, 회로의 구성이 간단하고 직류 전송을 하기 때문에 모뎀에 비해 경제적이다.

15 정답 ①

폴딩 방법은 숫자를 키로 사용할 때 자릿수를 기준으로 몇 부분으로 나눈 다음 각 부분을 겹쳐서 더해서 해시 주소를 얻는 방법이다.

[오답분석]
④ 기수 변환법(Radix Conversion Method) : 연속한 키의 덩어리를 광범위하게 분산시켜 랜덤화해서 어드레스를 만드는 것을 목적으로 고안한 방법이다.

16 정답 ①

RAM(Random Access Memory)은 사용자가 자유롭게 내용을 읽고 쓰고 지울 수 있는 기억장치로 컴퓨터에서 수치·명령·자료 등을 기억하는 1차 기억장치인 '주기억장치'로 분류된다. 나머지는 모두 2차 기억장치인 '보조기억장치'로 분류된다.

[오답분석]
② SSD : 반도체를 이용하여 정보를 저장하는 보조기억장치로 HDD의 문제점인 긴 탐색시간, 반응시간, 기계적 지연, 실패율, 소음을 크게 줄인 것이 특징이다.
③ HDD : 비휘발성, 순차접근이 가능한 컴퓨터의 보조기억장치로 보호 케이스 속 플래터를 회전시켜 자기 패턴으로 정보를 기록한다.
④ ODD : 데이터를 읽고 쓰는 과정의 일부인 전자기 스펙트럼 근처의 레이저 빛이나 전자기적 파동을 이용하는 보조기억장치이다.

17 정답 ③

피보나치 검색(Fibonacci Search)에 대한 설명이다.

> **이진 검색(Binary Search)**
> 오름차순으로 정렬된 리스트에서 특정한 값의 위치를 찾는 알고리즘으로 처음 중간값을 임의의 값으로 정하고, 그 값과 찾고자 하는 값의 대소비교를 하는 방식을 채택한다. 정렬된 리스트에만 사용할 수 있다는 단점이 있지만, 검색을 반복할 때마다 목푯값을 찾을 확률이 두 배가 되므로 속도가 빠르고 효율이 좋다는 장점이 있다.

18 정답 ②

10Base-T에서 10은 전송 속도를 의미한다.

> **10Base-T**
> '10'은 전송속도 10Mbps, 'BASE'는 베이스 밴드 전송, 'T'는 케이블에 꼬인 상선을 사용했음을 의미한다.

19 정답 ④

[오답분석]
② 셀렉터 채널 : 하나의 채널을 입출력 장치가 독점해서 사용하는 방식으로 고속 전송에 적합한 채널이다.
③ 블록 멀티플렉서 채널 : 셀렉터 채널과 멀티플렉서 채널을 결합한 방식으로 융통성 있는 운용을 할 수 있다.

20 정답 ②

인터럽트의 처리 순서
인터럽트 요청 신호 발생 → 프로그램 실행 중단 → 현재 프로그램 상태 보존 → 인터럽트 처리 루틴 실행 → 인터럽트 서비스 루틴 실행 → 상태 복구 → 중단된 프로그램 실행 재개

21 정답 ③

BETWEEN 연산자는 필드의 값이 BETWEEN 연산자의 범위로 지정된 값 이내에 포함되는 레코드만 검색하는 연산자이다. 또한, WHERE절에 사용된 BETWEEN 연산자는 "BETWEEN 값1 AND 값2"와 같은 형식으로 사용해야 한다.

22 정답 ③

후보 키는 릴레이션의 튜플(Tuple)들을 구별할 수 있는 최소한의 속성 집합으로 모든 릴레이션은 최소한 하나의 후보 키를 갖는다. 후보 키의 조건으로 유일성은 해당 열(속성)에는 중복 값이 없어야 한다(각 셀은 원자 값이어야 함)는 것이며, 최소성은 유일한 식별을 하기 위해 꼭 필요한 속성으로만 구성한다(단일 키여야 함)는 것이다.

23 정답 ③

[오답분석]
㉠ 데이터베이스를 설계할 때, 함수적 종속성을 이용해 잘못 설계된 관계형 스키마를 더 작은 속성으로 분리하는 것을 정규화라고 한다.

24 정답 ②

printf( )문은 문자열만 출력하며, 문자열 외에 다른 데이터를 출력할 경우는 데이터를 문자열로 변환하기 위한 포맷 지정자(%로 시작)를 사용한다.

25 정답 ①

main( ) 함수는 아래쪽으로 "{"로 시작하여 "}"로 종료된다(블록 단위로 묶음).

26 정답 ③

샘플링은 아날로그 데이터를 디지털 데이터로 변환 전송 시에 대푯값을 찾는 단계로 아날로그 형태의 소리를 디지털 형태로 바꾸는 작업이다.

27 정답 ①

변수 i는 0에서 시작하여 1씩 증가하면서 10보다 작을 동안 반복된다. 루프 안의 if문은 배열 num의 i번째 값을 3으로 나누었을 때 나머지가 0인 경우에 value의 값을 1씩 누적시킨다. 특정 값을 3으로 나누었을 때 0으로 떨어지는 경우는 0이거나 3의 배수인 경우이므로 배열 num값 중 나머지가 0인 경우는 9, 3, 6, 0, 9, 15이므로 총 6회이다.

28

정답 ③

for 반복문은 i값이 0부터 1씩 증가하면서 10보다 작을 때까지 수행하므로 i값은 각 배열의 인덱스(0～9)를 가리키게 되고, num에는 i가 가리키는 배열 요소 값의 합이 저장된다. arr 배열의 크기는 10이고 초기값들은 배열의 크기 10보다 작으므로 나머지 요소들은 0으로 초기화된다. 따라서 배열 arr는 {1, 2, 3, 4, 5, 0, 0, 0, 0, 0}으로 초기화되므로 이 요소들의 합 15와 num의 초기값 10에 대한 합은 25이다.

29

정답 ③

해당 프로그램은 2진 검색 알고리즘으로 처음 중간의 값을 임의의 값으로 선택하여 그 값과 찾고자 하는 값의 크고 작음을 비교하여 처음 선택한 중앙값이 만약 찾는 값보다 크면 그 값은 새로운 최댓값이 되며 작으면 그 값은 새로운 최솟값이 된다. 문제에 주어진 7을 찾는 방법은 1번째 탐색에서 중간값((0+10)/2)인 5번째 인덱스값이 선택되어 값을 비교하게 된다. 이때 9는 7보다 작기에 high는 5로 변경된다. 2번째 탐색에서 중간값 2((0+5/2)의 인덱스값 3은 7보다 크기 때문에 low값은 3으로 변경된다. 3번째 탐색에서 중간값 4((3+5)/2)의 인덱스값이 7이기 때문에 루프는 종료하게 된다. 따라서 3번의 탐색으로 찾는 수인 7을 찾았기 때문에 총 탐색 횟수는 3회이다.

30

정답 ③

제시된 Python 프로그램은 첫 번째 입력받은 수(N)만큼 뒤이어 입력된 여러 수(D)를 오름차순으로 정렬하는 프로그램이다. 따라서 첫 번째 입력받은 수는 4이고 이어서 입력받은 수는 3, 2, 1, 5이므로 3, 2, 1, 5를 오름차순으로 정렬한 1, 2, 3, 5가 출력된다.

| 디지털 - 주관식 |

01	02	03	04	05
ⓛ, ⓒ, ⓔ	34	ⓜ, ⓗ	1	20

01

정답 ⓛ, ⓒ, ⓔ

DML에는 SELECT, INSERT, UPDATE, DELETE가 있고, DDL에는 CREATE, ALTER, DROP이 있다.

[오답분석]
㉠ CREATE는 DDL(Date Define Language)에 속한다.

02

정답 34

두 문자열에 대해 덧셈 기호는 문자열의 연결을 의미하므로 [34]라는 새로운 문자열이 생성되고 그 값이 print 함수에 의해 화면에 출력된다.

03

정답 ⓜ, ⓗ

ⓜ 자동화 생산은 인터넷이 이끈 컴퓨터 정보화와 자동화 시스템이 주도한 3차 산업혁명을 대표한다.
ⓗ 증기기관은 1차 산업혁명을 대표한다.

오답분석

ⓐ 인공지능(AI; Artificial Intelligence) : 인간의 학습능력과 추론능력, 지각능력, 자연언어의 이해능력 등을 컴퓨터 프로그램으로 실현한 기술이다.
ⓑ 자율주행차 : 운전자가 핸들과 가속페달, 브레이크 등을 조작하지 않아도 스스로 목적지까지 찾아가는 자동차이다.
ⓒ AR(Augmented Reality) : 현실의 이미지나 배경에 3차원 가상 이미지를 겹쳐 하나의 영상으로 보여주는 기술이다.
ⓓ VR(Virtual Reality) : 컴퓨터로 만들어 놓은 가상의 세계에서 사람이 실제와 같은 체험을 할 수 있도록 하는 최첨단 기술이다.
ⓢ IoT(Internet of Things) : 인터넷을 기반으로 모든 사물을 연결하여 정보를 상호 소통하는 지능형 기술 및 서비스이다.
ⓞ 드론(Drone) : 조종사 없이 무선전파의 유도에 의해서 비행 및 조종이 가능한 비행기나 헬리콥터 모양의 군사용 무인항공기이다.

04

정답 1

FCFS는 가장 먼저 도착한 프로세스를 먼저 처리하는 비선점형 스케줄링이다. 따라서 ⓒ만 옳다.

05

정답 20

두 개의 토큰을 하나의 토큰으로 결합해 주는 선행처리기 연산자. 이 연산자는 함수 같은 매크로뿐만 아니라 객체 같은 매크로의 대체 리스트에도 사용할 수 있다. 이 연산자를 사용하면 변수나 함수의 이름을 프로그램의 런타임에 정의할 수 있다. XN(n)이라는 매크로 함수를 사용하여 변수의 이름을 저장하므로 XN(2)에는 20이 저장되어 있다. 따라서 x2에 저장되어 있는 20이 출력된다.

IBK기업은행 필기시험 금융일반 직무 최종점검 모의고사 객관식 OMR 답안카드

문번	NCS 직업기초능력				문번	NCS 직업기초능력				문번	직무수행능력				문번	직무수행능력			
	1	2	3	4		1	2	3	4		1	2	3	4		1	2	3	4
1	①	②	③	④	21	①	②	③	④	1	①	②	③	④	21	①	②	③	④
2	①	②	③	④	22	①	②	③	④	2	①	②	③	④	22	①	②	③	④
3	①	②	③	④	23	①	②	③	④	3	①	②	③	④	23	①	②	③	④
4	①	②	③	④	24	①	②	③	④	4	①	②	③	④	24	①	②	③	④
5	①	②	③	④	25	①	②	③	④	5	①	②	③	④	25	①	②	③	④
6	①	②	③	④	26	①	②	③	④	6	①	②	③	④	26	①	②	③	④
7	①	②	③	④	27	①	②	③	④	7	①	②	③	④	27	①	②	③	④
8	①	②	③	④	28	①	②	③	④	8	①	②	③	④	28	①	②	③	④
9	①	②	③	④	29	①	②	③	④	9	①	②	③	④	29	①	②	③	④
10	①	②	③	④	30	①	②	③	④	10	①	②	③	④	30	①	②	③	④
11	①	②	③	④	31	①	②	③	④	11	①	②	③	④					
12	①	②	③	④	32	①	②	③	④	12	①	②	③	④					
13	①	②	③	④	33	①	②	③	④	13	①	②	③	④					
14	①	②	③	④	34	①	②	③	④	14	①	②	③	④					
15	①	②	③	④	35	①	②	③	④	15	①	②	③	④					
16	①	②	③	④	36	①	②	③	④	16	①	②	③	④					
17	①	②	③	④	37	①	②	③	④	17	①	②	③	④					
18	①	②	③	④	38	①	②	③	④	18	①	②	③	④					
19	①	②	③	④	39	①	②	③	④	19	①	②	③	④					
20	①	②	③	④	40	①	②	③	④	20	①	②	③	④					

※ 정답선을 따라 분리하여 실제 시험과 같이 사용하면 더욱 효과적입니다.

※ 본 답안카드는 마킹연습용 모의답안카드입니다.

교시장

성 명

수 험 번 호

감독위원 확인 (인)

IBK기업은행 필기시험 금융일반 직무 최종점검 모의고사 주관식 OMR 답안카드

고사장	
성 명	

수 험 번 호							
⓪	⓪	⓪	⓪	⓪	⓪	⓪	⓪
①	①	①	①	①	①	①	①
②	②	②	②	②	②	②	②
③	③	③	③	③	③	③	③
④	④	④	④	④	④	④	④
⑤	⑤	⑤	⑤	⑤	⑤	⑤	⑤
⑥	⑥	⑥	⑥	⑥	⑥	⑥	⑥
⑦	⑦	⑦	⑦	⑦	⑦	⑦	⑦
⑧	⑧	⑧	⑧	⑧	⑧	⑧	⑧
⑨	⑨	⑨	⑨	⑨	⑨	⑨	⑨

감독위원 확인
(인)

직무수행능력

			①	②	③	④	⑤				
01	십	⓪	①	②	③	④	⑤	⑥	⑦	⑧	⑨
02	일	⓪	①	②	③	④	⑤	⑥	⑦	⑧	⑨
03	십	⓪	①	②	③	④	⑤	⑥	⑦	⑧	⑨
	일	⓪	①	②	③	④	⑤	⑥	⑦	⑧	⑨
04		㉠	㉡	㉢	㉣	㉤	㉥	㉦	㉧	㉨	㉩
05	백	⓪	①	②	③	④	⑤	⑥	⑦	⑧	⑨
	십	⓪	①	②	③	④	⑤	⑥	⑦	⑧	⑨
	일	⓪	①	②	③	④	⑤	⑥	⑦	⑧	⑨

※ 본 답안카드는 마킹연습용 모의 답안카드입니다.

※ 절취선을 따라 분리하여 실제 시험과 같이 사용하면 더욱 효과적입니다.

IBK기업은행 필기시험 금융일반 직무 최종점검 모의고사 객관식 OMR 답안카드

IBK기업은행 필기시험 금융일반 직무 최종점검 모의고사 주관식 OMR 답안카드

고사장		
성 명		

수험번호: 0-9 digits grid

감독위원 확인: (인)

직무수행능력

01	①	②	③	④	⑤					
02	십	⓪	①	②	③	④	⑤	⑥	⑦	⑧	⑨
	일	⓪	①	②	③	④	⑤	⑥	⑦	⑧	⑨
03	십	⓪	①	②	③	④	⑤	⑥	⑦	⑧	⑨
	일	⓪	①	②	③	④	⑤	⑥	⑦	⑧	⑨
04	㉠	⓪	①	②	③	④	⑤	⑥	⑦	⑧	⑨
	㉡										
	㉢										
	㉣										
	㉤										
	㉥										
	㉦										
	㉧										
	㉨										
05	백	⓪	①	②	③	④	⑤	⑥	⑦	⑧	⑨
	십	⓪	①	②	③	④	⑤	⑥	⑦	⑧	⑨
	일	⓪	①	②	③	④	⑤	⑥	⑦	⑧	⑨

※ 본 답안카드는 마킹연습용 모의 답안카드입니다.

※ 절취선을 따라 분리하여 실제 시험과 같이 사용하면 더욱 효과적입니다.

IBK기업은행 필기시험 디지털 직무 최종점검 모의고사 객관식 OMR 답안카드

※ 절취선을 따라 분리하여 실제 시험과 같이 사용하면 더욱 효과적입니다.

고사장	

성 명	

수험번호

	⓪	⓪	⓪	⓪	⓪	⓪	⓪	⓪
①	①	①	①	①	①	①	①	①
②	②	②	②	②	②	②	②	②
③	③	③	③	③	③	③	③	③
④	④	④	④	④	④	④	④	④
⑤	⑤	⑤	⑤	⑤	⑤	⑤	⑤	⑤
⑥	⑥	⑥	⑥	⑥	⑥	⑥	⑥	⑥
⑦	⑦	⑦	⑦	⑦	⑦	⑦	⑦	⑦
⑧	⑧	⑧	⑧	⑧	⑧	⑧	⑧	⑧
⑨	⑨	⑨	⑨	⑨	⑨	⑨	⑨	⑨

감독위원 확인
㊞

IBK기업은행 필기시험 디지털 직무 최종점검 모의고사 주관식 OMR 답안카드

직무수행능력

01	㉠	㉡	㉢	㉣						
02	십	⓪	①	②	③	④	⑤	⑥	⑦	⑧	⑨
	일	⓪	①	②	③	④	⑤	⑥	⑦	⑧	⑨
03	㉠	㉡	㉢	㉣	㉤	㉥	㉦	㉧	㉨	
04	①	②	③	④						
05	십	⓪	①	②	③	④	⑤	⑥	⑦	⑧	⑨
	일	⓪	①	②	③	④	⑤	⑥	⑦	⑧	⑨

※ 본 답안카드는 마킹연습용 모의 답안카드입니다.

IBK기업은행 필기시험 디지털 직무 최종점검 모의고사 객관식 OMR 답안카드

IBK기업은행 필기시험 디지털 직무 최종점검 모의고사 주관식 OMR 답안카드

※ 점확선을 따라 분리하여 실제 시험과 같이 사용하면 더욱 효과적입니다.

고사장

성 명

수험번호

0	0	0	0	0	0	0	0
1	1	1	1	1	1	1	1
2	2	2	2	2	2	2	2
3	3	3	3	3	3	3	3
4	4	4	4	4	4	4	4
5	5	5	5	5	5	5	5
6	6	6	6	6	6	6	6
7	7	7	7	7	7	7	7
8	8	8	8	8	8	8	8
9	9	9	9	9	9	9	9

감독위원 확인

(인)

직무수행능력

01	㉠	㉡	㉢	㉣						
02	십	⓪	①	②	③	④	⑤	⑥	⑦	⑧	⑨
02	일	⓪	①	②	③	④	⑤	⑥	⑦	⑧	⑨
03	㉠ ①	㉡ ②	㉢ ③	㉣ ④	㉤ ⑤	㉥ ⑥	㉦ ⑦	㉧ ⑧	㉨ ⑨	㉩ ⑩	
04	십	⓪	①	②	③	④	⑤	⑥	⑦	⑧	⑨
05	일	⓪	①	②	③	④	⑤	⑥	⑦	⑧	⑨

※ 본 답안카드는 마킹연습용 모의 답안카드입니다.

2025 하반기 시대에듀 All-New
IBK기업은행 필기시험 통합기본서

개정23판1쇄 발행	2025년 08월 20일 (인쇄 2025년 07월 24일)
초 판 발 행	2013년 09월 20일 (인쇄 2013년 08월 30일)
발 행 인	박영일
책 임 편 집	이해욱
편 저	SDC(Sidae Data Center)
편 집 진 행	안희선・한성윤
표지디자인	김지수
편집디자인	김경원・장성복
발 행 처	(주)시대고시기획
출 판 등 록	제10-1521호
주 소	서울시 마포구 큰우물로 75 [도화동 538 성지 B/D] 9F
전 화	1600-3600
팩 스	02-701-8823
홈 페 이 지	www.sdedu.co.kr
I S B N	979-11-383-9646-2 (13320)
정 가	25,000원

※ 이 책은 저작권법의 보호를 받는 저작물이므로 동영상 제작 및 무단전재와 배포를 금합니다.
※ 잘못된 책은 구입하신 서점에서 바꾸어 드립니다.

통합기본서

IBK기업은행

정답 및 해설

금융권 필기시험 "기본서" 시리즈

최신 기출유형을 반영한 NCS와 직무상식을 한 권에! 합격을 위한
Only Way!

금융권 필기시험 "봉투모의고사" 시리즈

실제 시험과 동일하게 구성된 모의고사로 마무리! 합격으로 가는
Last Spurt!

NEXT STEP

시대에듀가 합격을 준비하는
당신에게 제안합니다.

성공의 기회
시대에듀를 잡으십시오.

시대에듀

기회란 포착되어 활용되기 전에는 기회인지조차 알 수 없는 것이다.
- 마크 트웨인 -